KB050785

내파하는 국민국가 가교하는 동아시아

「계간삼천리」1981

이 저서는 2017년도 정부(교육부)의 재원으로 한국연구재단의 지원을 받아 한림대학교 일본학연구소가 수행하는 인문한국플러스지원사업의 일환으로 이루어진 연구임 (2017S1A6A3A01079517)

This work was based on the Humanities Korea Plus Program (HK+) conducted by the Institute of Japanese Studies of Hallym University, supported by the National Research Foundation of Korea Grant funded by the Korean Government(MOE) (2017S1A6A3A01079517)

한림대학교 일본학연구소 일본학자료총서 II
〈계간 삼천리〉 시리즈

내파하는 국민국가 가교하는 동아시아

『계간삼천리』1981

한림대학교
일본학연구소

學古房

서문

본 HK+사업단은 〈포스트제국의 문화권력과 동아시아〉라는 아젠다를 수행하고 있다. '포스트제국'이라는 용어가 어쩌면 낯설게 들릴지도 모르지만 바로 그 '낯설음'을 통해 익숙함과 당연함을 한번쯤 멈춰서 생각해 보는 기회가 될 것이다. 사실 이는 서구 이론 중 '피식민자의 주체성' 회복을 주창한 포스트콜로니얼리즘의 비판적 재구성이기도 하다. 이를 위해 포스트라는 접두어를 가져와서 한자와 한글을 접목시켜 미완의 기획으로서 제국을 가져온 것이다. 'Post + 帝 + 국' 그 세계성 구축이기도 하다.

특히 권력이나 지배에 대한 '저항'의 위치를 주창하던 포스트콜로니얼리즘 이론은 어느 사이엔가 제도권이나 문화연구를 뒤덮는 '헤게모니/권력적' 이론이 되었다. 의문이나 각성 없이 수입 이론을 흉내 내고 그 이론을 대입하는 방식으로 문화연구를 진행하는 행위들을 탈식민주의의 실천이라고 착각하게까지 했다. 이것이야말로 비주체적이며 '식민주의'의 연장임을 각성하지 못한 채 향도嚮導하고 있는 것으로 보여진다. 특히 계급, 인종, 민족, 국민, 젠더 이론에 바탕을 두고 퍼져나간 '세계적 인식'들이 지知를 구성하게 된 것이 현실이다.

물론 이러한 개념들이 탈권력적이고 저항적 세계관을 위한 투쟁에 의해 형성된 부분도 있지만, 오히려 이를 강화한 측면도 존재했다. 이를 의식하면서 본 사업단에서는 이를 양가적이고 탈중심주의적인 다중주의 입장에서 재고찰하기 위해 포스트제국이라는 개념을 기획하고 실천해왔다.

구체적으로는 포스트제국을 보는 시각의 문제를 '사람'의 문제로 재구성해보고자 했다. 어쩌면 아카데미즘 속에서 담론의 세계로만 이야기되고 그에 만족해하는 '익숙한 방식'보다는 실질적이고 구체적인 예를 통해 이 포스트제국이 오히려 무엇을 은폐시키면서 제국주의를 포섭해왔는지를 도출해내는 쪽에 무게를 두었다.

즉, 담론을 정당화해가는 것이 아니라 그러한 담론적 세계를 만들어낸 이즘ism으로서 기억, 욕망이 무엇이었는가를 오히려 드러내고자 했다. 특히 문화에 내재된 전통 혹은 유산이 권력에 의해 재구성되고 생활자들 혹은 행위자들에게 '의식적·무의식적'으로 영향을 주었다는 역설을 적나라하게 그 실체를 보여주고자 했다. 특히 문화권력은 국민국가를 지탱하거나 혹은 국민국가의 폭력성을 합리화하여 타자를 지배하려는 욕망으로 변이되고 환류되어 나타난다. 다시 말해서 문화권력은 권력적으로 형성된 '규율적이고 동원된 지배적 이데올로기'라는 점을 내재적으로 합법화하면서 이를 사상적으로 해체하는 가능성을 함의하기도 한다. 바로 이것은 본 사업단에서 구체적으로 세분화한 '앎·지식, 문화·매체, 일상·생활'의 트리아데였다.

이러한 입각점은 결과적으로 '동아시아란 무엇인가'를 새로 묻게 되고 서구에서 부여받은 '동아시아, 극동아시아, 아시아, 아세아, 동북아시아'의 공간적 개념을 탈피하여 소통과 이해 그리고 연대의 '장場'으로서 재구성하고자 했다. 이것은 바로 본 사업단이 지향하는 하나의 한국적 인문학의 주체론이다.

이를 위한 실체를 찾기 위한 작업으로 정치적 팽창이나 관학적인 입장으로 재수렴되지 않겠다는 자각을 가지고, 실증적인 실천이 무엇인가를 고민하면서 일본에서 간행된 『계간삼천리』를 해제했다. 다시 말해서 아젠다 수행의 구체적 실천 중 하나가 『계간삼천리』의 해제 작업이었다. 이 『계간삼천리』는 재일한국·조선인 스스로가 편집위원으로 참가하여 그들의 문제뿐만 아니라 일본, 남북한 그리고 해외로 다시 이주한 코리안 네트워크의 문제를 총체적으로 다루었다.

『계간삼천리』는 재일조선인 역사학자 이진희와 박경식, 강재언, 소설가 김달수, 김석범, 이철, 윤학준이 편집위원으로 참여하였으며, 1975년 2월 창간을 시작으로 1987년 5월 종간에 이르기까지 12년간 총 50권이 발행된 잡지이다. 이러한 편집위원과 필진이다 보니 여기에는 한국과 일본을 비롯한 동아시아의 정세분석, 역사문제, 재일조선인의 문화와 일상, 차별문제, 일본인의 식민 경험과 조선체험 등 다양한 주제가 총망라되어 있다.

그런데 『계간삼천리』에서조차 재일조선인, 재일한국인, 재일한국·조선인, 재일코리언, 재일, 자이니치 등등 용어의 통일성 없이 사용되고 있다. 그 역사적 복잡성을 이 호칭 하나만 보아도 알 수 있게 해준다. 그렇기 때문에 오히려 이러한 용어들을 일괄적으로 무리해서 통일하기보다는 집필자 혹은 발제자의 입장에 맡겼다. 이는 독자들이 다시 복수적 총체성을 고민하도록 하나의 과제로 남겨두었다. 따라서 본 저서에서는 다양한 호칭들이 상용된다.

무엇보다도 『계간삼천리』의 글들은 1970년대 중후반과 1980년대 냉전시대의 동아시아 속 한국과 일본, 일본 속 재일조선인과 한국 등을 가르는 문화권력 지형의 변화를 검토하는 데 매우 유용한 자료이다. 우리는 이 잡지를 통해 '국민국가의 외부자'이면서 '국민국가의 내부자'인 재일한국·조선인의 '시각'에 초점을 맞추어 '냉전/탈냉전 시기 국민주의 성격'이 무엇인가에 대해 생각할 수 있는 기초 작업을 수행하게 되었다.

이 성과는 한국사회와 일본사회 그리고 더 나아가서 동아시아 속에서 해결해야만 하는 '국민국가' 문제나 '단일민족·다민족주의' 문제를 되돌아보게 하는 계기가 될 수 있을 것이다. 포스트콜로니얼리즘 이론으로 형성된 민족, 계급, 국가, 젠더의 이론들을 재검토하는 시각을 도출해

내는 시도이기도 했다. 특히 기존 선행연구들이 읽어내지 못한 재일의 세계관, 주체론, 공동체론, 전후 국가론'을 분석해내어 기존의 냉전과 디아스포라 문제를 '국가·탈국가'라는 이분법을 뛰어넘는 이론을 제고하게 되었다.

우선 첫 번째로 2019년 5월 24일 '『계간삼천리』의 세계성과 공동체론'이라는 주제로 해제작업 성과보고에 관한 워크숍을 가졌다. 사실 『계간삼천리』의 기사들은 재일조선인의 세계관을 이해하는데 매우 중요한 잡지였음에도 불구하고 한국에서는 이를 단편적으로 다루어왔거나 개별 연구에 그치고 있다는 점을 안타깝게 여겨 이를 극복하고자 하는 의도에서 출발했다. 해제작업에 참여한 연구진과 사업단 외부의 전문연구자들이 함께 모여 공동의 주제로 『계간삼천리』를 다룬 첫 번째 워크숍 모임이었다.

이 워크숍에서는 『계간삼천리』에서 교차하는 네 개의 공간인 '한국', '조선', '일본', 그리고 '재일'의 구성과 주체의 문제를 다루었고, 『계간삼천리』에 참여한 일본 진보지식인의 사상 등을 통해 재일조선인 사회에서의 담론 실천에 관한 내용을 검토했다. 그리고 디아스포라 미디어 공동체의 가능성과 피폭조선인 기사에 대한 구체적인 사례 분석 등을 공유했다. 이 워크숍은 『계간삼천리』가 분단을 통일로, 갈등을 화해로 변환시키고자 하는 오늘날의 한국과 일본, 그리고 동아시아 담론공간과 실천의 장에서 갖는 중요성을 재차 확인했으나 『계간삼천리』가 제시하는 새로운 공공체론이나 연대의 세계성은 전체적인 윤곽을 그려내기가 사실은 어려웠다.

그렇지만 역시 『계간삼천리』에서 논의되는 제국주의, 탈식민주의 그리고 국민국가의 내부와 외부가 상정/비상정되는 과정들을 보여줌으로써 포스트제국, 포스트식민의 의미를 찾아보고자 하는 실천의 단초를 마련할 수 있었다.

특히 중요한 것은 통일시대를 대비하여 재일조선인들이 해왔던 실천의 내용이 오늘날에도 여전히 중요한 담론과 실천의 방향을 제시한다는 점에서 반드시 재검토해야만 됨을 재차 인식하게 되었다. 그리고 '재일조선인과 한국 그리고 일본'의 관계를 재고하고, 다시 국경/민족에 대한 개념을 '문화와 권력'의 상관관계 속에서 파악하게 되는 계기가 되었다. 그 연장선상에서 단순하게 재인식에 그치는 것이 아니라, 워크숍에서 도출된 내용의 공유를 통해 향후 실체적인 글들을 어떻게 논문으로 발전시킬 것인가도 고민하게 되었다.

그리고 2020년 12월 17일 계간삼천리 해제 작업 마무리를 앞두고 HK 연구인력들이 성과발표를 공유하는 월례포럼을 가졌다. 이것은 특히 HK 연구인력들이 공동으로 사업단의 아젠다 심화를 위한 이론 찾기와 심화의 도전이었고, 당시 4차 년도의 연구주제와 연계하여 '탈국민국가론'으로서의 전회를 위한 논점 찾기의 시도였다. 구체적으로 '조선'을 하나의 키워드로 삼아 기획해보았다. 특히 이 '조선'은 일본 내에서 만들어진 심상으로서 존재하는 조선이며 실재하지 않는 조선일 수도 있다는 점에 주목했다. 동시에 그것은 기존에 논해지던 '창조된 조선' 혹은 '상상의 조선'이라는 시각을 넘는 새로운 지평을 찾아내고자 하는 시도였다. 즉 한반도에서 이주한 사할린(구 소련) 거주 조선인을 표상하는 일본 내의 이주자들이라는 점에서 '이동과 사람', '기억'의 문제가 착종되어 여기서 '국민은 누구인가?'라는 문제를 보여주고자 했다. 다시 말해서 이는 국가의 내부/외부라는 틈새(경계)로 비집고 들어가는 경험이기도 하며 역설적으로 이 틈새를 통해 기존의 국민국가론이 가진 문제점을 투사한 '탈국민국가론'으로의 전회는 어떤 조건/내용으로 가능한가를 도출해냈다.

그리고 마지막으로 2021년 3월 27일 본 사업단은 '재일·자이니치가 묻는 정주·국민·국가'를 주제로 하여 국제학술대회를 개최했다. 이 국제학술대회는 4년 동안의 연구 성과를 집대성한 『계간삼천리』해제집(총

8권) 간행을 기념하는 자리였고, 한국에서 '국민국가와 재일'의 문제를 제고하는 기회이기도 했다.

이는 기존의 정주를 기준으로 상정된 '국민국가'의 자장에서 벗어나기 위해 이동과 정주, 재일과 자이치의 '사이'에 초점을 맞추어 진행했다. 형이상학적 탈국민국가 또는 탈국민국가론으로서의 동아시아를 이야기하기 전에 역으로 국민국가는 어떻게 만들어진 것인가라는 규정, 규범, 인식의 틀 문제를 점검하고자 했다.

그리하여 국가의 경계에 내몰린 재일 당사자들의 입장에서는 어떻게 '국민, 국가, 국민국가, 동아시아'를 인식하고 있는지를 도출해내고자 했다. 『계간삼천리』가 지향하는 사람과 사람의 '가교', 새로운 '주체성', '차이성의 인정', 균질과 비균질의 위상을 어떻게 조정措定 가능할지에 대해 심도있게 논의했다. 이는 정주자 혹은 아이덴티티에 대해 전혀 의심하지 않는 제국주의의 잔존으로서 제국의 질서 속에 갇힌 국민국가의 문제를 상대화하기 위해 반드시 필요하다는 생각이었다.

기조강연에서 '재일코리언과 국민국가'를 제목으로 세 국가의 틈새에서 살아가고 있는 재일이 인간으로서의 삶을 어떻게 선택할 수 있었는가라는 주제를 다루었다. 그리고 패전과 재일 그리고 미국 제국주의의 문제, 시대적 규정성 문제, 월경의 세계 문제를 다루며 '누가 국민을 지정하는가'라는 질문으로 되돌아가 국민 개념이 갖는 부분성과 제한성의 문제를 다루었다.

이러한 실천들은 서구적 인식론들이 잉태한 근대적 인식을 실체적 자료와 인물들을 연구하는 방법으로서 기존 논리들에 대한 비판/반비판의 시도이기도 하다. 실물이나 실질성에서 도출된 내용들이 얼마나 이를 담지해내는가를 보완하는 의미의 '관계', 즉 이 둘 사이의 긴장관계를 지속적으로 제시하고자 했다. 특히 그것에 학문적 생명력과 긴장감을 유지하고자 했다.

이러한 세 번에 걸친 회의를 통해 결국 국가를 벗어난다거나 주체적으로 국민을 선택한다고 할 때 그것을 월경이라는 용어로 표현할 수도 있다. 그렇지만 이때 월경이라는 말이 너무 강한 언어로서 다른 작은 의미들을 소거시켜버린다. 반대로 국경을 상정하기 때문에 월경이 나타나는 것으로, 이 월경 속에는 이미 국경 혹은 경계 이데올로기에 감염되어 있고 선험적 인식의 틀에 머물러 있음을 보여주게 된다. 그렇기 때문에 월경을 이상화하거나 월경을 하나의 초국가라는 의미로 생각하는 '환영'에 빠지게 된다. 월경은 오히려 국가를 상정하고 재구성하는 것이지 넘는 것이 아니며 자신 스스로의 내부에 '국민국가의 전제' 인식이 작동하고 있다는 것을 인지해야만 할 것이다. 이는 동시에 정치적 시선이기도 하면서 순간적인 현실의 벽일 뿐이다.

이러한 문제점을 심화하고 국민국가론을 단순하게 비판으로만 다루는 '단충론'이 아니라 시대적 인식의 반대로 시대적 권력의 눈은 무엇인지, 어떻게 인지되어 그것들이 나타났는지, 어떻게 변용되었는지를 고찰해보고자 하는 의미에서 본 저서를 기획하게 되었다.

정주자 혹은 민족, 국민은 창출된 것이라는 입장에서만 논의하는 것이 아니라, 그 내용들이 어떻게 논의되고 만들어졌는지 그 실체를 보고자 했다. 이를테면 만들어진 것 그 자체를 고찰해보고자 했다. 다른 말로 바꾸어보면 이것은 주체의 문제이기도 하다. 실체적인 것을 통한 개인의 주체 문제를 문제로서 다루고자 하는 것이다. 이는 푸코가 말하는 언설 풍경이 바뀐다는 의미이기도 하다. 그러한 의미에서 본다면 앞서 언급한 포스트제국, 문화권력, 동아시아는 새로운 주체와 주권 권력의 문제를 제시하는 것으로 포스트제국의 문제는 끝난 것이 아니라 시작인 것이다.

일본은 '제국주의의 실패'라는 '패전'을 겪으면서 부흥을 시도하여 미국 민주주의의 틀 속에서 '평화민주주의 독립국가'를 내걸고 '전후'를 성공적으로 복구하고자 했다. 그러나 독립국가로서 평화민주주의라는 미혹적 아젠다는 과거 제국주의와 미국 식민지의 내재화라는 문제를 봉인해버리고 말았다. 일본은 과거 동아시아 식민지 종주국이었던 일본 제국주의가 서구 이데올로기의 무자각적인 동아시아의 대입이 작동했던 문제와 전후 미국 민주주의의 내재화 속에서 생겨난 식민지문제를 망각하게 되었다.

특히 외재적 민주주주의의 평화 논리 속에서 만들어내는 '일본인=균질적 국민화'는 이중의 식민지 체제에 종속시키고, 제국주의와 이중의 식민지국가라는 '비주체적' 국민들을 내면화시켜 버렸다.

마찬가지로 일본 내에서 시민, 국민, 공생, 다문화 등 세계사적 흐름 속에서 인권, 국민국가의 의미 재고의 문제가 새롭게 등장했다. 그런데 이것은 미국 민주주의와 서구 자유주의를 수용하는 새로운 제국주의나 식민지주의의 내재화의 문제를 자각하게 해주었고, 주체성 획득의 문제와 맞물리게 되었다.

이런 시대적 상황 속에서 특히 1970년대 후반과 1980년대 후반은 국민에 대한 의문이 제기되면서 국가와 민족, 조국의 저어齟齬를 인지하게 되었다. 이러한 시대상황은 역설적으로 국민국가를 형성한 이러한 세계적 인식들이 과연 국민의 해방을 가져올 수 있는 개념들인가라는 의문을 제기해 주었다. 동시에 서구적 이데올로기에 함몰이라는 비주체적 내면을 지속시키고 있는 것이 아닌가라는 각성의 기회를 갖게 해주었다. 이에 대해 근원적인 물음을 던지면서 새로운 매체로 등장한 것이 바로 『계간삼천리』였음을 다시 한 번 일깨워주었다. 일본 제국주의의 유재遺在인 재일한국·조선인이 일본 내에서 주체적으로 새로운 패러다임을 제시하고 있었다. 즉, 재일한국·조선인을 전전의 식민지지배 36년과 패전 후의 36년이라는 시간 속에서 '끝나지 않은 제국주의/식민지주의'의 문제를 연속/비연속의 문제로 다루는 시각을 제시했다.

이를 실체적으로 보여주고자 전후 일본에 등장한 평화, 독립은 GHQ

의 민주주의와 어떻게 연결되는지를 재고하지 않을 수 없게 되었다. 이것은 제1부의 소제목인 시대와 독립을 국민과 권력의 문제로 연결하여 해독해 보았다. 그것은 바로 박일 교수의 '재일코리안 40년'의 회고와 도노무라 마사루 교수의 시대 권력론이다. 안성일 교수의 패전 직후 미국 제국주의의 지배정책에 나타난 규정과 배제의 틀이 재일한국·조선인을 어떻게 예외에 두는지를 밝혀내고 있다. 김현아 교수 또한 국적법개정이 완결되기 이전 중간 시안에 담지된 동화론과 배제의 이중·삼중성을 고찰했다. 이러한 시대적 흐름 속에서 다나카 히로시 교수는 자신의 삶과 계간삼천리의 관계를 논했다. 임성숙 교수는 계간삼천리의 온돌방 코너를 분석해 보이지 않는 뒷이야기가 시대를 어떻게 반영하는 동시에 어떻게 움직이고 있었는가를 '다중적' 시각의 체현이라는 시점에서 분석했다. 히다 유이치 교수는 실제로 계간삼천리와 관련된 역사, 그리고 계간삼천리에서 시작한 무궁화 모임의 의의 등을 소상히 설명해주었다.

이러한 제1부의 논의들은 자유, 평등, 균질, 인권, 공생 그 자체가 문제화되지 않으면 왜 안 되는지를 여실히 보여주었다. 즉 일본 재일한국·조선인은 한국의 민주주의 또한 하나의 외부적 식민주의 이데올로기라는 시각에서 보았고, 정치적 상황은 다르지만, 독재와 민주화 개념의 딜레마를 고민하고 있었다. 『계간삼천리』에서는 일본 내에서 민단과 조총련의 외부에서 혹은 일본과 남북한의 외부에서 민주주의 혹은 국민국가의 문제 더 나아가 동아시아의 문제를 다루고 있었다. 이 문제는 일본에서 받아들인 민주주의와 한국에서 받아들인 민주주의가 과연 보편적인 민주주의인가를 묻게 했고 오히려 부여받은 것, 강제된 것으로서 '넘어야 할 민주주의'의 문제이며 그것이야말로 세계적인 문제로 확대되고 환류된다고 보았다.

즉 그것은 재일, 한국, 일본, 미국만의 문제가 아니라 '극복해야 할 현재'의 문제로서 이들 문제로 보고 이는 곧 미래를 엮어내는 시도이기도 했다.

이를 위해 제2부에서는 횡단과 가교의 의미를 통해 시민연대의 가능성을 재고했다. 히로세 요이치 교수는 『계간삼천리』의 창간 경위나 편집 방침 등을 구체적으로 고찰했다. 그리고 『계간삼천리』 편집위원들을 통해 1970년대와 1980년의 모습을 상세하게 묘사해주었다. 하라 유스케 교수는 『계간삼천리』에 나타난 조선식민자의 모습에 주목했다. 식민자 2세 혹은 3세에 주목하면서 식민자들의 식민지문제를 다루었다. 이 문제는 바로 단층의 구조를 보여주면서 탈식민주의의 이론으로 다가가고자 했다. 전성곤 교수는 『계간삼천리』에서 특집으로 다룬 '한恨'을 키워드로 내세워 '한'이 갖는 마이너스 의미와 긍정적 의미를 분석했다. 이 '한'이라는 개념이 주체의 변용이라는 보편성을 담지한다고 보고, 내적 변용의 의미를 신채호, 루쉰, 나쓰메 소세키를 비교하여 고찰했다. 야마구치 유카 교수는 『계간삼천리』의 신기수를 중심에 두고 재일조선인의 시점에서 실현하고자 한 시민연대의 의미를 구체적 자료를 통해 분석해냈다. 일본인과 재일조선인의 연대의 의미를 해독해냈고, 이해와 공감을 설정해가는 일상의 실천 양상을 설명했다. 사쿠라이 스미레 교수는 『계간삼천리』의 모임회 소개란을 분석하여 그 서클 활동이 1970년대 일본의 시민운동이 활성화되는 지점과 연결하여 개인과 국가의 문제를 풀어냈다. 동시에 여성연구자의 시각이 함께 출현하게 되는 특징도 보여주었다. 권연이 교수는 『계간삼천리』에 나타난 한국의 1970년대 민주화운동의 표상에 대해 고찰했다. 일본 지식인들이 본 유신체제의 문제를 폐색 구조로 분석하고 이 상황 속에서 전개된 시민연대의 가능성을 가교에서 찾고자 했다. 김경옥 교수는 『계간삼천리』에 게재된 재일조선인 여성, 구체적으로 '여공'에 초점을 맞추어 그 생활상을 보여주는 증언을 통해 분석해냈다. 노동자로서 여공의 경험이 갖는 다층성을 보여주며 하나의 역사만으로 묶어낼 수 없는 이주자의 삶을 적나라하게 보여주었다. 사토 노부유키 교수는 『계간삼천리』가 지향한 것은 무엇인지를 물으며 편집 실무자인 김달수와 이진희를 소개했다. 그리고 『계간삼천리』가 실제 일본인 자신에게 어떤 영향을 주었는지를 논하면서 일본에 정주하는 '재일'의 인권문제를 고찰했다. 결과적으로 식민주의가 끝나지 않은 미완의 해결 문제로 연결시키고 일본의 제국주의 문제의 현재성을 검증해냈다.

이러한 구성들은 처음에 언급했던 본 사업단의 아젠다인 포스트제국의 문제, 문화권력의 문제, 동아시아의 문제를 설명하는 방식이 어떻게 공유되고 그것이 시대적 경험으로서 어떠한 공통성을 갖게 되는가에 따라 기존의 범주나 규정이 어떻게 잠태적으로 존재했는가를 해부할 수 있게 된다는 점을 극명하게 보여주었다. 세계화 된다는 것은 전이, 분기, 환류, 원용 등을 동반하는데, 이를 통해 다시 세계화의 패러다임으로 맞닿게 되고 화해와 협력이라는 거대 담론에 실체적으로 접근하게 되는 제국 - 포스트제국의 연속성 그리고 소통과 이해의 내실이 무엇인가를 발견하고 근원적인 문제를 대안적 성찰로서 이야기하고자 했다.

그런 의미에서 주체와 평등의 시도는 동시에 재일한국·조선인 내부의 세대차이 문제, 정주의 문제, 참정권, 주민과 시민의 문제, 여성과 차별의 문제 등 '민족'의 문제로만 해결하지 않고 새로운 시대의 국가 정체성에 대한 의문, 세계적 보편 개념인 인권, 공생, 시민의 개념들조차도 식민지/탈식민지decolonizing의 문제로서 고찰하지 않으면 안 되었다.

그것은 서구와 쌍으로 등장한 동아시아 개념도 '동아시아의 비주체성' 혹은 내재적 다양성이라는 인식이 요구된다. 이러한 논의에 대해 『계간삼천리』에 제시된 동아시아 교류, 아시아연대의 문제를 다시 검토하기 위한 징검다리로서 '인적 네트워크'를 통한 주체적 동아시아론을 실체적 자료 속에서 다시 찾아내는 작업을 지속해나갈 것을 약속하면서 서문을 마치고자 한다.

서정완 사업단장, 전성곤 HK교수

목차

제2부 횡단과 가교를 묻다 시민이라는 연대

제 1 부

시대와 독립을 살다

국민이라는 권력

재일코리안 연구 40년을 돌아보며

재일코리안의 국가, 이름, 국적, 출신을 둘러싼 갈등

박일朴一, PARK Il

도시샤대학(同志社大学) 박사과정 졸업. 상학박사. 오사카시리쓰대학(大阪市立大学) 경제학부 조교수, 현재 교수. 재일코리안 한일·조일(朝日) 관계에 관한 연구에 매진하고 있다. 주요 저서로는 『"在日"という生き方–差異と平等のジレンマ』(1999), 『僕たちのヒーローはみんな在日だった』(2011), 『越境する在日コリアン 日韓の狭間で生きる人々』(2014) 외 다수.

1. 들어가며

나는 2022년 3월에 오사카시립대학에서 정년퇴임을 맞이한다. 도쿄의 릿쇼대학에서 오사카 시립대학으로 이적한 것이 1990년 10월이니 오사카시립대학에 재적한 기간은 약 30년으로, 릿쇼대학에서의 3년간과 도시샤대학 대학원 석박사 과정 8년간을 더하면 내 인생에서 연구자 생활은 어림잡아 40년에 이른다.

내 연구 분야는 대분류로는 한반도 지역 연구, 이른바 한국·북한을 대상으로 한 Area Study라고 할 수 있는데, 조금 더 자세히 들어가면, 한국과 북한의 정치 경제 분석과 한일, 북일의 틈바구니에서 휘둘려온 재일코리안에 관한 다양한 문제 연구이다. 연구 대상이 많이 세분화된 현재의 시각으로 보면 대상이 너무 광범위하다고 비판할 수도 있겠지만, 당시 한반도 연구자가 일본에는 몇 안 되는 상황에서 재일코리안을 둘러싼 여러 문제를 포함한 전방위적인 한반도 연구는 시대의 요청이었다고도 할 수 있다.

대학원 입학 시(1980) 내가 목표했던 연구자는 정치경제학 분야에서 조선사, 한국경제, 재일코리안에 관한 많은 연구 업적(『가지무라 히데키 저작집梶村秀樹著作集』전6권, 아카시서점)을 남긴 가나가와대학의 가지무라 히데키梶村秀樹 교수였다. 특정 분야에서 상당히 치밀한 연구가 요구되는 현재의 시각으로 보면, 가지무라 히데키 교수의 연구는 사회과학으로서 정밀성이 결여된 부분도 있고, 이데올로기적인 측면이 내재되었던 점은 부정할 수 없지만, 한국·북한 연구가 일본에서 마이너 분야였던 당시의 시대 상황을 고려하면 가지무라 히데키 교수는 한반도를 대상으로 한 지역 연구의 명백한 선두 주자였다.

이번 보고에서는, 비록 가지무라 히데키 교수의 연구에는 견줄 수 없지만, 지난 40년간의 연구 활동에서 큰 비중을 차지하는 재일코리안 연구를 총괄해 보고자 한다.

2. 지문 날인 거부 운동의 시대: 『계간삼천리』와의 만남

1980년대에 대학원에 입학한 나는 가지무라 교수의 연구에 촉발되어 한국·북한·재일코리안 연구를 시작했다. 대학원 시절의 연구 테마는 1950년대부터 1970년대의 한국의 경제 개발에 힘쓴 국가, 재벌, 외자의 역할로, 삼자(정부, 재벌, 외자) 관계를 주제로 학회지에 7, 8편의 논문을 발표했지만, 일본의 대학이 외국인 채용에 소극적인 경향이 있어 좀처럼 대학의 전임 교원으로 채용되지 못했다. 대학원 시절에는 연구에 매진하는 한편, 친구의 권유로 '지문날인거부예정자회의'라는 조직의 설립에 참여해 각지에서 확산된 재일 외국인 지문 날인 거부 운동에 참여했다.

대학생 시절에는 한국학생동맹이라는 학생운동 조직에 참가해 한국의 민주화 운동 지원 연대 활동에 빠져 재일코리안과 조국과의 관계에 지속적으로 질문을 던졌는데, 대학원 시절의 지문 날인 거부 운동은 재일코리안과 생활 거점인 일본 사회와의 관계를 묻는 것이었다.

그때 계간지 『계간삼천리』 편집부에서 '재일 외국인과 지문 날인'이

라는 테마로 특집을 편성할 예정이니 뭔가 써보라고 해서 「개인의 주체성을 존중하자」라는 에세이를 『계간삼천리』42호(1985)에 개제하게 되었다. 1960년대의 외국인 학교 법안 반대 운동과 한일회담 반대 투쟁은 '민족 조직'이 주도한 '탑다운 운동'이었는데 반해, 1980년대의 지문 날인 거부 운동은 '단 한 명의 반란'에서 시작된, 이른바 개인이 촉발한 '바텀업 운동'이었다는 재일 사회 운동사의 변화를 분석한 것이다.

이 논고는 사회학자 미타 무네스케見田宗介 교수가 담당했던 『아사히신문』의 '논단시평'에서 소개되어 이대로 학문을 계속해도 좋을지 불안하던 나에게 큰 격려가 되었다. 지금 생각하면, 이 『계간삼천리』에 투고한 논고가 나의 재일코리안 연구의 문단 데뷔작이었고 이후 재일코리안 연구의 원점이 되었다.

3. 『호르몬문화』(1990~2000)와 강좌 「민족문제론」(1990~)

서울 올림픽이 개최된 1988년, 나는 공모로 도쿄의 릿쇼대학 경제학부에 전임강사로 채용되었다. 대학에 적이 생기자 다양한 곳에서 원고 의뢰가 들어오기 시작했고, 나는 물 만난 물고기처럼 정력적으로 논문을 발표했다.

그때 계간 『계간삼천리』 편집부에 있던 고이삼高二三 씨가 새로 설립한 출판사(신칸샤)에서 『계간삼천리』를 대신할 재일 논단지를 창간하는

데 편집위원 멤버가 되어 달라고 권유했다. 편집위원 멤버는 강상중姜尚中, 문경수文京洙, 정아영鄭雅英, 김중명金重明, 조경달趙景達, 박일 등 6명으로, 정기적으로 편집위원회를 열어 각 호의 특집 내용과 집필 의뢰인을 선정하고, 편집위원은 의무적으로 재일을 테마로 자신이 쓰고 싶은 글을 쓰기로 했다. 내가 『호르몬 문화』에 발표한 논고는 다음과 같은데, 지금 생각하면 이러한 논고가 그 후의 내 재일코리안 연구로 이어졌다고 생각한다.

- 「귀화 국회의원의 신화」, 『호르몬 문화: 한 권 통째로 재일조선인』1호, 1990.
- 「외국인에게 대학 교원은 괜찮은 직업인가」, 『호르몬 문화: 일하는 재일조선인』2호, 1991.
- 「재일론 논쟁의 성과와 과제」, 『호르몬 문화: 재일조선인이 투표하러 가는 날』3호, 1992.
- 「조국으로 금의환향한 남자들 - 한일의 틈바구니에서 살아온 재일한국인 군상」, 『호르몬 문화: 흔들리는 가족상』4호, 1993.
- 「민족교육이란 무엇인가」, 『호르몬 문화: 민족교육의 행방』5호, 1995.
- 「전후의 영웅 역도산의 전설을 쫓다(전편)」, 『호르몬 문화: 전후 시대를 살아온 재일조선인』6호, 1996.
- 「전후의 영웅 역도산의 전설을 좇다(후편)」, 『호르몬 문화: 재일코리안 간사이 파워』7호, 1997.
- 「살아가고, 사랑하고, 그리고 죽었다: 아라이 쇼케이新井将敬의 유언장」, 『호르몬 문화: 재일조선인 '고향' 고찰』8호, 1998.

『호르몬 문화』의 목표는 재일 1세의 세계관이 담긴 『계간삼천리』로는 이룰 수 없었던 2세, 3세의 새로운 삶의 방식을 모색하는 재일관의 구축이었다. 『호르몬 문화』는, 편집위원회의 능력 부족으로 제9호(2000)로 종간했지만, 1990년대라는 시대 상황 속에서 신세대 재일코리안의 목소리를 대변했다는 점에서 나름의 역할은 완수했다고 생각한다.

1990년 10월, 나는 릿쇼대학에서 오사카시립대학으로 이적하면서 연구와 활동의 거점을 도쿄에서 오사카로 옮겼다. 이적한 오사카시립대학에서는 아시아 경제론과 더불어 '민족 문제론'(후에 '에스닉 스터디'로 강의명 변경)이라는 재일코리안이 안고 있는 여러 문제를 강의하는 일반교양과목도 담당하게 되었다.

'민족 문제론'은 1970년대에 학내에서 발생한 민족 차별 사건을 배경으로 개설된 인권 관련 과목으로, 강의를 개설할 당시에는 조선사의 대가 강재언姜在彦 교수와 개발도상국의 민족 문제에 대해 많은 논문을 발표한 오자키 히코사쿠尾崎彦朔 교수가 담당한 과목으로, 관련 분야의 연구 업적이 없는 나에게는 부담이 큰 과목이었다. '민족 문제론' 강의 내용은 시행착오를 거듭하며 매주 재일코리안의 역사, 민족교육, 법적 지위, 전후 보상, 사회 보장 등 다양한 분야의 자료를 수집해 강의 자료를 준비하는 작업에 쫓겼다. 하지만 지금 돌이켜보면, 매년 4학점 90분 강의×연 30회 강의(현재는 2학점, 100분×14시간)를 준비하는 작업을 통해 재일코리안을 둘러싼 여러 문제를 다시금 체계적으로 공부하는 기회가 되었다.

간사이關西로 연구 거점을 옮긴 뒤로 간사이의 여러 지자체에서 심의회 위원으로 위촉되어 외국 국적 주민 시책과 외국인 교육 지침 책정에 관여하는 기회도 늘어났다. 1993년에 이타미시의 재일 외국인 교육 기본 방침 책정 위원회 멤버로 선정된 것을 계기로 오사카시, 고베시, 사카이시, 오자키시의 외국인 시책 심의회 멤버가 되어 지자체에서 외국 국적 주민을 대상으로 설문조사를 실시해 외국 국적 주민 시책에 관한 기본 방침 책정에 관여할 수 있었다.

4. 『재일코리안의 삶』(1999)

1999년에 고단샤에서 출판된 『재일코리안의 삶 차이와 평등의 딜레마在日という生き方　差異と平等のジレンマ』(고단샤메티에)는 이러한 지자체에서 실시한 설문조사와 『호르몬 문화』에 발표한 논고를 바탕으로 재일코리안의 삶을 ①의식 조사, ②사회운동사, ③삶의 방식을 둘러싼 논쟁, ④1세, 2세, 3세의 생애사 관점에서 정리한 것이다. 본서는 새로운 재일코리안 연구로서 논단에서도 높은 평가를 받았고, 학술서로서는 이례적으로 10쇄까지 발행된 롱셀러가 되었다. 또, 감사하게도 전성곤 교수(현, 한림대학교)의 번역으로 한국어판(『재일한국인』, 범우사, 2005)도 출판되었다.

서평을 통해 본서에서 가장 높은 평가를 받은 부분은 제1장 「동화와 이화 사이에서 - 재일코리안의 현재」이다. 이 논문은 효고현 이타미시에서 재일코리안을 대상으로 실시한 설문조사를 기초 자료로 재일 1세부터 4세의 국적, 이름, 모국어 이해도를 고찰하고, 젊은 세대일수록 '일본명을 쓰고 모국어를 이해하지 못하며 일본 국적 취득에 거부감이 적다'는 기존의 재일 신세대 '동화'설에 의문을 제기한 것이다.

그 후, 본서의 문제 제기에 한정된 기간의 데이터로 신세대의 민족화를 뒷받침할 수 있느냐는 비판을 받고 다시금 10년 후에 젊은 세대를 대상으로 이름, 국적, 모국어 이해도에 대한 설문조사를 실시하여 새로 작성한 논문을 2008년 『계간 동북학』(17호)에 발표했다(한국어 번역은 『재일 한인의 역사』, 국사편찬위원회, 2009년에 게재). 이 논문에서는 재일코리안 4세, 5세 등 젊은 세대가 민족명과 국적, 모국어에 집착하면서 '본국 사람들에게 가까워지는 것'도 아니고 '일본인이 되는 것'도 아니라 그들 나름의 '민족적인 삶'을 모색하고 있다는 점을 분명히 했다. 이러한 연구는 재일코리안 신세대의 삶이 다양화되고 있다는 점을 데이터로 증명한 것이었다.

5. 재일코리안의 역사를 전하다: 『재일코리안의 역사』 교과서 (2006)

2000년, 나는 민단 중앙본부 김재숙金宰淑 단장(당시)이 설립한 21세기위원회 멤버로 뽑히면서 민족교육위원회에 소속되어 부위원장을 맡게 되었다. 21세기위원회는 지금까지 민단과는 인연이 없었던 대학 교원을 중심으로 한 학회, 법조계, 공인회계사나 세무사 등 전문직 분야에서 활약하는 스페셜리스트의 목소리를 반영하며 민단 개혁을 추진해 나가기 위한 것이었다.

2001년에 이 위원회가 고베에서 개최한 '제2차 미래 포럼'에서 나는 '민족교육 재생 5개년 계획'을 제언하고, ① 취학 통지와 졸업증서에 본명(민족명) 사용 요청, ② 『재일코리안의 역사 교과서』 제작과 관련 수업 개강을 민족학교에 요구한다, ③ 재일 동포 자료관 개설, ④ 일본의 국공립 대학에 한국어 강좌를 개설하게 한다는 등의 내용을 민단 내에서 운동화해 나갈 것을 민단 중앙본부에 호소했다[1].

민단의 대응은 의외로 빨랐다. 내가 제언한 『재일코리안의 역사 교과서』는 민족교육위원 내에서 바로 편집위원회가 출범해 각각의 시기 구분에 가장 정통한 전문가에게 원고를 청탁했다. 협의 결과, 재일코리안의 역사를 해방 전과 해방 후로 구분해 해방 전은 강재언 교수와 강덕상姜德相 교수, 해방 후는 나와 김경득金敬得 변호사가 담당하기로 하고, 각자 원고 집필의 전제가 되는 강연을 민단 오사카본부에서 실시해 강연회 녹취록을 시안으로 원고를 작성하기로 했다.

이리하여 2006년, 해방 전후 100년에 이르는 재일코리안의 역사를 후세에 전하는 교과서(『재일코리안의 역사在日コリアンの歷史』 아카시서점)를 세상에 선보일 수 있게 되었다(한국어판은 2007년 역사넷에서 출판되었다). 출판 후, 쓰다주쿠대학의 다카사키 소지高崎宗司 씨가 『도서신문』에서 본서를 '안정감이 있고 필요한 내용은 빠짐없이 언급되어 있다. … 서술이 쉽고 명료해서 예비지식이 적어도 어렵지 않게 읽을 수 있다. 재일조선인을 독자로 상정했지만 일본인이 읽어도 위화감이 없다. 향후 표준 교과서로 정평이 날 것이 틀림없다'[2]고 호의적인 서평을 써주셨다.

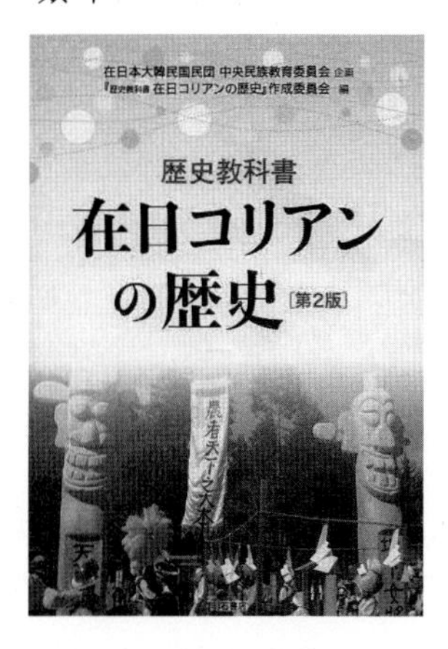

그리고 교토국제, 건국, 금강학교 등 민족 학교에서 본서를 교재로 '재일코리안의 역사'라는 과목을 개설해 다음 세대에게 재일코리안의 역사를 알리는 사업도 시작되었다. 재일한인역사자료관도 2000년부터 재일코리안 100년의 역사에 관한 자료 수집을 시작해 2005년 11월, 시나가와의 민단중앙회관 내에 오픈했다. 지금까지 자료관 내 전시자료도

1) 『민단신문』, 2001.11.21.
2) 『도서신문』, 2006.4.29.

해를 거듭할수록 충실해졌고, 온 세계 사람들이 자료관을 방문해 관내에서 다시 생명을 얻은 자료를 통해 재일코리안의 역사를 배울 수 있게 되었다. 앞으로도 더욱 큰 발전이 기대되는 부분이다.

6. 재일코리안 100년의 행보를 기록하다: 『재일코리안 사전』 (아카시서점, 2010)

2005년, 나는 국제고려학회 일본지부 회장으로 선출되었다. 일본지부 개설 20주년을 기념하여 학회에서 무엇을 할 수 있을까 고민하다 재일코리안 회원이 많은 고려학회의 맨파워를 활용해 재일코리안 사전을 편찬하자고 제안했다. 2010년은 재일코리안이 일본에서 살게 된 지 100주년을 맞이하는 해이므로, 지난 100년간 재일코리안이 일본과 조국에 무엇을 요구하고 어떤 운동을 전개했는지, 또, 재일코리안이 일본과 조국 발전에 어떤 공헌을 했는지, 재일코리안 100년의 행보를 사전이라는 형태로 망라해서 기록해 두고 싶었기 때문이다.

학회 창립 20주년 기념사업으로 2006년 봄부터 사전 편집 작업을 시작했는데, 편집 작업은 상상 이상의 어려움을 수반했다. 학회 회원을 중심으로 편집원회를 설치하고 2~3개월에 한 번씩 편집위원회를 열며 1년에 걸쳐 재일코리안에 관한 역사, 사회, 정치, 경제, 문화, 풍속과 관련된 중요한 인물, 사건, 현상 등을 800항목 정도 고른 후 항목마다 집필 적임자를 선정하는 작업을 진행했다. 하지만 감수에 참여한 선생님들로부터 항목이 현재사에 편중되어 있다는 지적을 받고 중간부터 학회 멤버가 아닌 연구자도 편집 작업에 참여시킴으로써 집필 항목은 더욱 방대해졌고 집필자 수도 늘어나게 되었다.

지금 생각하면, 100명 가까운 집필자와 기술면에서 의견을 조율하는 과정이 가장 골치 아픈 작업이었다. 왜냐하면, 하나의 역사적 사실을 기술한다 하더라도 북한 입장에 서느냐 남한 입장에 서느냐에 따라 기술 내용이 크게 달라질 가능성이 있었기 때문이다. 예를 들어, 1950년대 후반에 실시된 재일코리안의 북한 '귀환 사업'을 보더라도, 남한 관점에서는 '귀환 반대' 입장이므로 명칭도 '귀환 사업'이 아니라 '북송 운동'이라고 해야 한다는 비판도 있었다. 이러한 남북의 견해 차이는 '한국전쟁', '민단', '총련' 등 남북의 이데올로기 대립이 얽힌 사건이나 조직을 기술할 때에는 마땅히 따르는 문제이나, 되도록 중립적인 입장에서 이데올로기를 배제하고 기술할 것을 집필자에게 요청했다.

사전 출판을 수락해준 아카시서점 편집 담당자는 그 후 50번 넘게 열린 편집위원회에 모두 참여해 매일같이 집필자와 메일로 의견을 교환하며 귀찮은 편집 작업을 꼼꼼히 리드해 주었다. 그리고 마침내 2010년 11월, 일본에서 처음으로 『재일코리안 사전在日コリアン辞典』(아카시서점)이 출판되었다(한국어판은 2012년에 도서출판선인에서 출판되었다).

지금까지의 연구는 조금 거칠게 표현하면 나 혼자의 힘으로 집필한 것이지만, 『재일코리안의 역사교과서』와 『재일코리안 사전』은 수많은 연구자의 협력 하에 만들어졌고 나 혼자서는 불가능한 작업이었다. 그 중에서도 『재일코리안 사전』은 100명이 넘는 한국과 일본의 연구자가 힘을 합해 완성한 한일 국제 협력 사업이고, 이러한 일생에 한 번 있을까 말까 한 대사업을 끈기 있게 완성으로 인도해준 국제고려학회 회원들과 아카시서점에 감사를 표한다.

7. 재일코리안과 출신: 『우리의 영웅은 모두 재일코리안이었다』 (2011)

『재일코리안의 삶』(고단샤)을 출판한 후 본서 4장부터 7장에서 묘사한 '일본명을 쓰고 한반도 출신이라는 사실을 숨기고 일본 사회에서 활약하는' 재일코리안 유명인의 갈등에 초점을 맞춰 책을 쓰고 싶었는데, 그것이 『우리의 영웅은 모두 재일코리안이었다僕たちのヒーローはみんな在日だった』(고단샤, 2011)이다. 재일코리안과 출신이라는 핵심적인 테마가 기조인 본서는 요미우리신문, 마이니치신문, 고베신문, 교토신문, 시나노마이니치 등 많은 신문의 서평란에 소개되면서 문고본(2016, 고단샤+α문고)를 합쳐 15쇄를 찍는 롱셀러가 되었다.

일본 사회는 해방 후에도 일본에 머무는 재일코리안을 차별적인 시선으로 보았다. 재일코리안 1세, 2세 대부분은 그러한 일본인의 차별을 피하기 위해 일본명을 쓰며 민족적 출신을 숨기고 살아왔다. 일본 예능계, 스포츠계에서 활약하는 재일코리안 스타들도 비슷한 처지에 놓여왔다. 그들은 인기를 얻으면 얻을수록 한반도 출신이라는 사실을 들키지 않을까, 폭로당하지 않을까 하는 공포감에 시달리며 살아왔다. 그들이 일본 국적을 취득해 일본인이 된 뒤에도 그러한 공포감에서 벗어날 수는 없었다. 왜냐하면 국적은 변경할 수 있어도 재일코리안이라는 출신은 바뀌지 않기 때문이다. 본서는 그러한 재일코리안의 고뇌와 갈등을 역도산, 야시키 다카진やしきたかじん, 와다 아키코和田アキ子, 마쓰다 유사쿠松田優作, 마쓰자카 게이코松坂恵子, 아라이 쇼케이 등 저명한 재일코리안의 생애사를 통해 고찰한 것이다.

본서의 서평에서 교토대학 오구라 기조小倉紀蔵 교수가 지적하듯, '마쓰다 유사쿠와 아라이 쇼케이가 가장 말하고 싶었던 것은 자신들을 차별하고 멸시하는 일본 사회에 대한 고발이다. … 왜 자신에게 낙인을 찍는가. 그들의 고민 중 60% 정도는 그러한 차별에 대한 저항이었다'[3]라는 본서의 문제 제기에 오구라 교수는 '그들이 고민해온 실상은 좀 더 복잡하지 않았을까. 즉, 60%는 일본 사회에 대한 고발이었다 하더라도 나머지 40%는 그것과는 다른 고뇌가 아니었을까. … 자신이 코리안이라는 출신을 숨김으로써 이 사회와 자신에게 거짓말을 하며 살아가는 것이 아닐까. 하지만 이 사회는 재일코리안이 솔직하게 자신의 출신을 밝힐 수 있을 만큼 열려 있지 않다. 자신을 숨기는 것을 대체 언제까지 계속해야 하는가. … 무언가를 은폐함으로써 간신히 성립된 허구로서의 전후 일본에서 어쩌면 자신도 은폐 협력자가 아닐까. 이러한 생각은 윤리 감각이 예민한 재일코리안 2세들에게 참을 수 없는 고통이었을 게 틀림없다'(서평, p.116)고 지적하는데, 이 지적은 재일코리안 역시 재일코리안 차별의 공범이었다는 재일 문제의 본질을 파헤친다.

본서를 통해 재일코리안의 이름, 국적, 출신을 둘러싼 각종 문제를 제기하였는데, 역시 재일 문제의 본질은 출신을 둘러싼 갈등이다. 왜냐하면 재일코리안이 일본명을 쓰거나 일본 국적을 취득하는 것도 기본적으로는 재일이라는 출신을 둘러싼 갈등을 완화하기 위함이기 때문이다. 일본 사회에서는 오랫동안 재일이라는 출신에 대한 대중의 차별적인 시선이 구조화되어가는 가운데 재일코리안도 스스로 재일이라는 출신을 은폐하고 나아가 일부 분별없는 일본인이 그들의 출신을 폭로하는 악순

3) 오구라 기조, 「서평, 박일 『우리의 영웅은 모두 재일코리안이었다』」, 『경제학잡지』 제118권 제1호, 2017, p.116.

환이 반복되어 왔다. 이러한 악순환의 고리를 끊으려면 일본을 재일이라는 출신에 관대한 사회로 바꾸는 한편, 재일코리안도 자신들의 출신을 받아들이는 각오가 필요하지 않을까. 본서의 이러한 메시지는 어디까지나 문제 제기에 지나지 않으며, 일본 국적 취득자를 포함한 이름, 국적, 출신 문제는 앞으로 더욱 논의가 필요하다는 점은 말할 필요도 없다.

8. 재일코리안 기업인의 경제 활동과 한일 경제: 『재일 머니 전쟁』(2017)

내가 재일 기업가 문제에 관심을 두게 된 것은 후지와라서점에서 발행하는 『환環』이라는 잡지에서 '역사 속의 재일코리안'이라는 특집을 편성하고 거기에 「재일코리안의 경제 사정」(『환』11호, 2002)이라는 논문을 쓰면서부터이다. 재일코리안이 일본과 한국의 경제 발전에 어떠한 역할을 해왔는가라는 관점에서 다이쇼 시기부터 2000년까지 재일코리안의 취업 구조 변화와 경제인의 기업 활동을 정리한 것이다. 당시에는 재일코리안의 경제 활동을 학문적으로 제대로 고찰한 연구가 없기도 해서, 이 미완성 논문이 그 후 나의 재일 연구 방향성을 결정하게 되었다.

2006년부터 비슷한 관점에서 재일코리안의 경제 활동을 연구하던 류코쿠대학의 리수임李洙任 교수가 이끄는 과연공동연구(2006-2008 문부과학성 기반 연구C)에 참여하게 되면서 재일코리안의 경제 활동에 대해 시모노세키와 교토에서 현장조사를 실시했다. 마루한 코퍼레이션의 한창우韓昌祐 회장을 인터뷰한 것도 이 무렵이다. 이 공동연구에서는 일본의 경제에 이바지하는 재일코리안과 기업인의 역할을 고찰하는 것이 주안

점이었다. 공동연구 성과는 서울대학 일본연구소 주최 국제 심포지엄 「재일코리안의 경제 활동」(서울대학교, 2008.12.6)에서 보고했다. 그 성과는 리수임 편저 『재일코리안의 경제 활동』(후지출판, 2012)으로 결실을 맺었다.

그리고 2007년부터는 다이토분카대학의 나가노 신이치로永野慎一郎 교수가 주최하는 공동 연구 「한국의 경제 발전과 재일코리안 기업가」(2007-200 다이토분카대학 특별 연구)에 참여했다. 이 공동 연구에서는 본국에 투자한 대표적인 재일코리안 기업가에 초점을 맞춰, 재일코리안이 본국(한국)의 경제 발전에 어떠한 역할을 했는지를 고찰했다. 그 성과는 2010년, 나가노 신이치로 편저 『한국의 경제 발전과 재일코리안 기업인의 역할』(이와나미서점, 2010)에 수록되었는데, 나는 여기서 「재일코리안 사회의 과제와 전망」이라는 논문을 집필해 모국어를 모르는 젊은 재일코리안 상공인을 대상으로 실시한 설문조사에서 본국 투자에 관심이 있는 사람이 불과 9%도 되지 않았다는 결과를 통해 그들의 본국 투자에 관심이 희박해지고 있다는 과제를 검출했다. 역사 문제로 한일 경제 관계도 얼어붙고 있는 가운데, 한일을 경제적으로 이어온 재일코리안 상공인의 역할에도 재평가가 필요할 것이다.

또, 2010-2012년, 문부과학성에서 과연비(2010년도 기반 연구C)를 받아 6명의 연구자와 함께 '일본의 에스닉 시장에 관한 사회 경제적 연구'를 시작했다. 도쿄 신오쿠보와 오사카 쓰루하시의 민족 금융 기관과 한인 시장의 상호 의존 관계를 조사하고 신오쿠보, 쓰루하시라는 재일코리안 집주 지역 두 곳의 민족 금융 기관과 한인 시장의 생성·발전·쇠퇴 프로세스에 대하여 재일코리안 사업주를 대상으로 인터뷰 조사를 실시했다.

이러한 공동 연구를 바탕으로 작성한 논문이 「해방 전후의 한인 시장 형성과 민족 금융 기관의 역할」[4]이다. 논문에서는, 해방 후에 재일코리안 집주 지역인 오사카 쓰루하시에서 생겨난 한인 시장의 발전에는 재일코리안이 설립한 민족 금융 기관인 오사카흥은(후에 간사이흥은)과 이 금융 기관을 거친 한인 시장에 대한 본국의 지원금 공급이라는 에스닉 3자(한인 시장, 민족 금융 기관, 본국 자본)의 상호 의존 관계가 있었음을 실증한다. 이렇게 폐쇄적인 민족적 공간에서 발전해 온 민족 금융 기관은 다문화 공생 시대의 도래와 함께 그 역사적 역할을 마쳤다는 것이 본 논문의 결론이다.

그 후 뇌경색에 걸려 한동안 준비하던 공동 연구를 중단할 수밖에 없었는데, 같은 해 7월에 한일 국교 정상화 50주년을 기념하여 한일 양국에서 동시 출판된 『시리즈 한일 관계사 1965~2015シリーズ日韓関係史 1965~2015』[5]에 한일 공동 연구의 성과 「재일코리안의 한일 경제 활동과 그 역할」을 일본어와 한국어로 발표했다. 논문에서는 사카모토방적 서갑호徐甲虎, 롯데 신격호申格浩, 신한은행 이희건李熙健을 케이스 스터디로 삼아 재일 상공인의 본국 투자의 빛과 그림자를 고찰했다. 그들이 어떻게 대규모 본국 투자에 성공했는지, 혹은 실패했는지, 그 경위와 배경을 한일 쌍방의 자료를 통해 검토했다.

2017년에 새롭게 문고본으로 쓴 『재일 머니 전쟁在日マネー戦争』(고단샤+α문고)은, 이러한 일련의 연구를 밑바탕으로 왜 일본에 재일코리안 금융 기관이 필요했는가, 왜 재일코리안의 금융 기관은 차례차례 파산했는가, 그럼에도 왜 재일코리안은 다시 새로운 금융 기관을 만들려고 하는가라는 재일코리안 경제의 딜레마에 입각한 논픽션이다.

'재일코리안에 의한 재일코리안을 위한' 금융 기관 설립에 목숨을 건 이희건, 한창우, 아오키 사다오青木貞雄(유봉식兪奉植) 등 세 재일 1세 기업인이 풀어내는 금융 암투사의 장대한 드라마를 묘사하기 위해 일부러

4) 국제고려학회 『코리안 스터디스』제2호, 2014.
5) 일본어판, 도쿄대학출판회, 한국어판: 역사공간, 2015.

논픽션 기법을 사용해 써봤는데 성공 여부의 판단은 독자에게 맡기고자 한다. 서평을 써준 신슈대학의 김조설金早雪 교수는 '논픽션과 학술판으로 재검토해 보면 본서가 학술적인 뒷받침을 가지며 독자에 대한 서비스 정신도 왕성하고, 그 중간 지점에서 아주 절묘한 균형을 잡고 있음을 오히려 깨닫게 된다'[6]고 평가했는데, 본서의 집필을 통해 학술 논문 작법을 유지하면서 논픽션을 쓰는 것의 어려움을 새삼 깨달은 바이다.

마지막으로 재일 경제의 실태 해명에는 재일조선인의 북한 투자, 조은朝銀을 포함한 금융 기관이 재일 경제에 미친 영향 해명 등이 큰 과제로 남아 있다. 이를 향후의 연구 과제로 삼고자 한다.

참고문헌

재일코리안 연구에 관한 박일의 주요 업적

「個としての主体を尊重する」, 『季刊三千里』42号, 1985(単著論文)

『在日外国人教育ハンドブック』, 伊丹市教育委員会(共著)

『在日という生き方』講談社, 1999(単著)

「梁石日文学と在日世界」, 『ユリイカ』32号, 2000(単著論文)

「自治体の外国人労働者受け入れ·雇用対策に関する一考察~群馬県大泉町日系人労働者施策から」, 『経済学雑誌』第103巻第2号, 2002(単著論文)

『人権問題ハンドブック：在日外国人問題編』, 大阪市立大学人権問題研究センター(編著).

「在日外国人の人権課題と地方自治体」, 『NIRA政策研究』第18巻第5号, 2005(単著論文).

『在日コリアンってなんねんねん』講談社+α文庫, 2005(単著).

『在日韓國人』, ポンム社(ソウル), 2005(単著).

『歴史のなかの在日』藤原書店, 2005(共著).

『在日コリアンの歴史』明石書店, 2006(編著).

6) 서평: 김조설 「박일 『재일 머니 전쟁』, 고단샤+α신서, 2017, p.107.

『在日コリアン辞典』明石書店, 2010(編著).
『韓国の経済発展と在日コリアン企業人の役割』岩波書店, 2010(共著).
『僕たちのヒーローはみんな在日だった』講談社, 2011年(単著).
『在日コリアンの経済活動』, 不二書店(共著).
『越境する在日コリアン』明石書店, 2014(単著).
「在日コリアンの日韓での経済活動とその役割」, 安倍誠·金都亨編, 『日韓関係史 Ⅱ経済』東京大学出版会, ヨクサコンガン(韓国語版), 2015 (共著).
『僕たちのヒーローはみんな在日だった』, 講談社+α文庫, 2016(単著)
『在日マネー戦争』, 講談社+α文庫, 2017(単著)

역사로서 『계간삼천리』

시대의 규정성과 현상 변혁의 모색

도노무라 마사루外村大, TONOMURA Masaru

와세다대학(早稲田大学) 박사과정 수료. 문학박사. 와세다대학 사회과학연구소 조교, 고려대학 민족문화연구원 외국인연구원, 와세다대학 객원연구원을 거쳐 도쿄대학 교수. 주요 저서로 『재일조선인 사회의 역사학적 연구』(2010), 『조선인 강제연행』(2018), 『역사 화해를 위한 한일대화(역사편)』(공저, 2020) 외 다수.

1. 본 글의 과제

본 글에서는 『계간삼천리』를 역사적으로 생각해 볼 때 어떠한 점을 지적할 수 있을까를 이야기하고자 한다. 즉, 『계간삼천리』가 간행된 1974년부터 1987년의 시기가 어떠한 특징을 가지는 시기인지, 그 이전의 시기에서 살펴볼 수 있는 다양한 움직임이 『계간삼천리』에서 어떻게 이어지고 있는지, 『계간삼천리』가 동시대에 어떠한 영향을 끼치며, 이후 시기에 무엇을 남겼는 지와 같은 것을 살펴보면서 몇 가지 점에 대해서 지적하고자 한다.

다만 본 글에서 지적할 수 있는 것은 어디까지나 '몇 가지 점'에 지나지 않는다는 것이다. 『계간삼천리』의 편집위원, 편집자의 활동은 다방면에 걸치며, 게재된 논문의 내용 또한 더할 나위 없이 다채롭기에, 모든 내용을 논할 수는 없다. 필자 또한 『계간삼천리』전50호를 전부 읽은 것은 아니다. 관심이 있는 논문을 때때로 읽은 것에 지나지 않음을 솔직하게 밝혀 두고자 한다.

다만 일본 근현대사를 전공하고 조선반도 역사를 다소 공부한 사람의 입장에서 일본사회, 조선반도, 재일코리안이 처해 있는 상황과 역사적 변화와의 관계에서 『계간삼천리』가 어떠한 의미를 가지는가에 대해서 논재를 제공할 정도는 되지 않을까 생각한다. 또한 『계간삼천리』는 필자에게 먼 과거가 아니며, 편집위원과 편집자 중에서 직접 만난 적이 있는 사람이 있다. 동시대의 관찰자인 듯한 입장에서 적은 글도 금후 연구를 더 발전시켜갈 젊은 세대 연구자에게 의미가 있을 것이다. 그러한 점을 고려하여 다음과 같이 참고가 될 만한 글을 기술해 가고자 한다.

2. 그 특징과 지향점

『계간삼천리』가 지향한 것은 무엇인가? 그것을 기록한 문장으로는 창간호에 게재된 '창간의 말'이 있다. 그 처음 단락에 '잡지 『계간삼천리』에는 조선 민족의 염원인 통일에 대한 기본 방침을 나타낸 "7·4 공동성명"에 따른 "통일된 조선"을 실현하기 위한 절실한 바람이 담겨져 있다'는 문장이 있다. 이어지는 단락에서는 '조선과 일본 사이에서 복잡하게 얽혀 있는 실타래를 풀고 상호 이해와 연대를 도모하기 위한 하나의 다리를 연결하고 싶다'는 말이 적혀 있다.

조선 민족/한민족이라면 남북으로 갈라진 두 개의 정권의 대립 상태를 극복하고 통일을 실현하는 것은 지극히 당연한 거다. 또한 일본에 거주하고 있는 조선인/한국인이라면 누구라도 일본과 조선/한국 사이에서 우호적인 관계가 생겨나 두 민족 간에 편견과 응어리(일본사회 인구구성과 근현대사를 생각한다면, 일본인의 조선인/한국인에 대한 편견이야말로 큰 문제로 그 반대의 상황은 거의 문제가 되지 않는다)가 없어지기를 바랐던 것이다.

다만 그것을 실현하기 위한 방법에 대한 논의는 재일코리안 사이에서도 격렬한 대립이 있었다. 우선 통일에 대한 논의는 남북 쌍방 정권이 7·4 공동성명 – 앞서 살펴본 '창간의 말'에 언급되어 있다 – 이라는 합의가 있기는 했지만, 그 후 그것을 토대로 한 구체적인 진전은 없고, 반대로 각각의 정권은 자신들의 정당성에 대한 이데올로기적인 긴장을 강화하고 상대 정권과의 대립을 강화하였다. 그런 상황 속에서는 남북 각각의 정권이 중심이 된 통일론 이외의 다른 논의는 허용되지 않게 되었다. 일본에 있던 민족 단체도 결국 각각이 지지하는 남북 정권이 제창하는 통일 구상을 대변할 뿐, 개개인의 독자적 움직임에 대해서는 오히려 통제를 당하고 억압하는 자세를 취했다.[1)]

이에 반해서 『계간삼천리』 편집위원이 된 재일코리안 문화인들은 이 시점에서 남북 어느 쪽 민족단체를 절대적으로 지지하는 태도를 취하지 않았다(대부분은 이전에 조선총련에 소속해 있었는데 그곳에서 탈피했고 동시에 한국민단에 귀속하는 선택도 하지 않았다). 그들은 동시대의 한국 군사독재 정권에 대해서는 명확하게 비판적이었다. 『계간삼천리』 창간호 특집은 김지하였으며, 그 후로도 자주 민주화 운동을 소개하는 한편 박정희나 그 시책을 긍정적으로 평가하는 문장은 게재하지 않았다.

또 한편으로는 오늘날 일본에서 일상적으로 볼 수 있는 선상에서 북조선의 인권침해를 엄격하게 규탄하지는 않더라도, 북조선 정권을 지지하지 않고, 북조선계 민족 단체와 대립하고 있음을 지면을 통해서 알 수 있다.[2)] 즉 현존하는 정권의 어느 한 쪽에 치우치지 않는 형태의 통일을 지향한 것이다.

---

1) 예를 들면 역사연구가로서 활동하고 『계간삼천리』 편집위원이었던 박경식은 7·4남북공동성명을 듣고 이것을 환영하는 취지서를 신문에 투고했다. 그런데 당시 소속하고 있던 조선총련(朝鮮総連, 재일본조선인총연합회)로부터 비판을 받았다고 한다. 朴慶植, 『在日朝鮮人·強制連行·民族問題 : 古稀を記念して』, 三一書房, 1992 참조.

2) 오히려 조선총련으로부터 『계간삼천리』에 대한 비판이 있었고, 그것에 대해 편집위원들은 반론을 『계간삼천리』제20호(1979.11)에 제기했고, 김달수 등 편집위원에 의한 「총련·한덕수 의장에게 묻는다」라는 제목의 좌담회를 기재했다.

또한 일본 및 일본인과의 관계에 대해서는 일부러 조선인/한국인 입장에서 일본을 비판하는 것을 삼가고, 가해자로서 일본의 역사조차도 언급하지 않으며, 일본사회의 차별과 편견을 일부러 다루지 않는 방법도 가능하다. 실제 일본의 보수 정권과의 관계를 중시해 온 한국 정권과 그러한 정권과 직접적으로 연결된 민족 단체인 한국 민단은 일본인의 태도와 과거 일본이 저지를 가해 행위에 대해서 크게 문제 삼지 않은 적도 있었다.

한편 북조선 정권을 지지하는 조선총련에 대해서도 1960년대 중반 이후 재일한국인 인권 문제에 대해서 활동하는 단체와의 연계와 1970년대 중반 조선인 강제 연행 조사 실시라는 활동은 있었지만, 내정불간섭 원칙을 내세운 적도 있어, 일본과 일본인에 대한 언급은 자제하며, 가해의 역사를 추궁하는 활동에도 적극적이지 않았다. 오히려 그들이 중시한 것은 조국의 김일성 정권과 유대 확립이었다.

그렇다면 『계간삼천리』는 어떤 자세를 보여주고 있었을까. 『계간삼천리』도 특별히 일본의 죄악을 밝혀내는 것은 하지는 않았다. 오히려 일본과 조선의 우호적인 관계의 역사를 발굴해서 전하는 문장을 많이 기재했다. 다만 식민지 지배에 기인하는 조선인/한국인의 피해를 해방 후도 재일조선인의 곤란함과 그것을 야기시키는 일본사회의 문제를 다룬 문장은 역시 적지 않다(무엇보다도 그것은 흔히 일본인이 쓴 글에서도 확인할 수 있다).

이와 같이 일본이 과거에 저지른 가해의 역사와 동시대 일본사회의 모습을 문제시하며, 조선과 일본의 우호적인 관계를 만들어 내는 것이 『계간삼천리』의 특징이라고 말할 수 있다. 즉 역사를 청산한다는 점에서 (이와 같은 말투는 동시대에는 필시 사용되어지지 않지만) 평등·불평등의 관계를 구축한다는 지향성을 가지고 있다는 것이다.

상기 외에 「창간사」에는 명기되어 있지는 않지만 중요한 특징이 있다.

그것은 '재일'이라는 것에 대한 강한 의식이다. 『계간삼천리』에서는 '재일조선인'이라는 말이 들어간 특집이 구성되어 있는 것은 제8호(1976.11), 제12호(1977.11), 제18호(1979.5), 제20호(1979.11), 제24호(1980.11), 제28호(1981.11), 제35호(1983.8), 제39호(1984.8), 제46호(1986.5), 제48호(1986.11). 제50호(1987.5)로 11회에 이른다. 그 밖에도 간토대지진과 재외외국인, 해외재주조선인에 대한 특집이 구성된 호가 있으며, 특집호가 아니더라도 재일코리안의 생활과 역사, 문화 등에 관련된 기상 등은 거의 매호에 실려 있다.

재일코리안이 주체가 된 잡지에서 '재일'이라는 것이 중시되어 거론하는 것은 특별히 이상한 것이 아니라고 생각된다. 하지만 적어도 1970년대까지는 반드시 그런 것만도 아니라는 것을 밝혀 두고자 한다. 그 말인즉슨 본래 조선인/한국인은 조국에 돌아가야만 하는 존재이며, 일본은 어디까지나 '임시 머무는 곳'이라는 의미, 혹은 그것을 당연하게 생각하는 주장은 1970년대까지는 무시할 수 없는 영향력을 가지고 있었기 때문이다. 그와 같은 의식과 주장을 지닌 사람들에게 조선반도에 있는 '본국'의 조선인/한국인과 구별되는 '재일'만의 독자적인 역사와 문화에 가치를 두는 것은 없었다.

또한 재일코리안이 직면한 다양한 생활상의 곤란함도 우선 먼저 해결해야하는 문제가 되지는 못했다. 그런 이유는 조국의 통일 혹은 그를 위한 한국의 민주화와 같은 조국의 변혁이 실현되고, 귀국이 가능해지면 재일코리안의 문제는 해결될 수 있기 때문이라는 것이다. 재일코리안의 세대교체, 거주가 장기화되고 있는 현실은, 그러한 의식과 주장의 영향력이 점차 약화되고 있다고는 하지만, '재일'이라는 의미를 생각하고 그 독자성을 파악하고자 하는 논고를 많이 게재한 것은 『계간삼천리』의 커다란 특징이라고 말할 수 있을 것이다.

3. 해방 직후 민중 희구의 연속

이와 같은 『계간삼천리』의 특징과 지향성 중에 우선 이데올로기와 남북 어느 쪽의 정권에도 치우치지 않는 통일 조선의 실현은, 해방 직후의 -즉 이데올로기 대립이 격화되어 정권이 분립하기 이전- 조선/한국 민족에게는 당연한 바람이었다고 말할 수 있다. 또한 일본/일본인이 가해의 역사를 직시하고 그 청산을 한 후에 일본인과 조선인/한국인이 우호적인 관계를 구축하는 것도, 조선인/한국인 사이에서 널리 의식되어져 왔던 것이다.

다만 이데올로기 대립이 격화되고 남북에서 양 정권이 수립한 후에는 재일코리안도 포함해서 조선인/한국인은 그러한 지향을 포기, 혹은 일단 보류하지 않으면 안되는 상황이 지속되었다. 그러한 속에서 이데올로기 대립을 극복한 조선 통일과 일본이 가해 역사를 청산할 것을 강렬히 지속적으로 바라는 속에서 사람들 사이에서도 차이가 생겨난 것은 확실했다.

또한 '재일'이라는 것을 어느 정도 중시하는 가는 해방 직후부터 같은 재일코리안 사이에서도 다양했다. 세대와 체험의 모습, 예를 들어 생활환경 속에서도 일본인과의 접촉이 거의 대부분인지, 조선반도에서 성인인 된 후에 일본으로 건너왔는지, 어느 정도 오래 일본에 체재하고 있는지와 같은 점에서 일본으로의 귀속의식과 일본사회로부터 받은 영향은 다르기 때문이다.

이에 『계간삼천리』의 편집위원을 보면, 그들은 이데올로기 대립을 극복하고 조선 통일을 지속적으로 바라면서, 일본의 가해의 역사를 중시하며, '재일'이라는 것을 강하게 의식해 온 재일코리안이었다고 말할 수 있다. 『계간삼천리』의 편집위원은 시기에 따라서도 다르지만 창간 시점에서는 다음과 같은 사람들이었다. 즉 강재언, 김달수, 김석범, 박경식,

윤학준, 이진희, 이철이다.

우선 이러한 사람들 중에 해방 직후부터 단독 정부 수립을 이끌어 내는 세력의 지지자와 반공주의 진영의 일원으로 좌파계와 첨예하게 대립한 인물들은 없다. 물론 해방 전부터 빨치산파의 공산주의자와 연락을 이어오고 있던 사람들은 없다. 즉 해방 직후에 성립된 남쪽 정권 주류와 직결되는 인물은 편집위원 중에는 포함되어 있지 않다. 윤학준은 해방 후 정치적인 혼란기에 조선반도에 있었지만, 그 시기에는 공산주의에 접근했었고[3] 또한 김달수는 해방 직후부터 좌파계의 민족 단체에 소속되어 있었던 것은 확인되지만, 김일성 혹은 조선노동당에 충성을 서약하는 그룹과는 사상적으로는 거리가 있었다.

그리고 편집위원 중에는 남북 양 정권의 수립 이전에 이데올로기 대립을 극복하여 통일 조선으로 국가를 만들어야 한다고 주장하며, 활동하고 있었다는 점을 확인할 수 있는 사람도 있었다.

우선 해방 직후 서울에서 학생이었던 강재언은 근로인민당에 소속해서 활동했다. 말할 것도 없이 여운형을 리더로 하는 좌우합작을 추진한 정당이다. 또한 박경식은 우파하고도 좌파하고도 관련이 있었다. 박경식은 우파계의 민족 단체에 참가하였는데, 1947년 6월 즈음 좌파계의 단체로 옮기면서 조선학교의 교원으로 근무하면서 대학에 다녔다. 하지만 같은 시기 우파계의 재일코리안의 신문이었던 『문교신문』에도 관계하며, 민주주의적인 역사인식의 기사를 작성한 것으로도 확인된다. 이 신문은 남북 각각이 정권을 수립하려고 하였던 1948년 민족 단결, 단독정부 수립 반대를 호소하며, 박경식도 '극좌주의'를 경계하고, 국련과 소련이 타협점을 찾아내야만 한다는 점과 남북 정부가 수립한 후에 양 정부

3) 이 내용에 대해서는 필자가 1996년에 직접 윤학준 씨로부터 와세다대(早稲田大)에서 조선어 수업을 들었을 때 직접 들었다.

가 하나로 합치는 것을 추진해야 하는 점, 그것이 불가능하다면 미국과 소련이 철퇴 후에 분열 극복을 위해 사상 투쟁을 전개할 필요가 있다는 것을 호소하는 기사를 투고했다.[4)]

하지만 박경식과 강재언은 북조선이 건국되자 북의 정권을 지지하는 민족 단체에서 활동을 계속하게 되고, 1955년에 발족한 조선 총련에도 참가한다. 김달수와 이진희, 김석범도 조선 총련의 일원으로 활동하고 있다.[5)] 윤학준은 1958년에 일본으로 건너와, 그도 조선 총련에 참여한다.[6)] 조선총련은 알다시피 북조선을 지지하고 김일성의 정치노선에 충실하였다.

그렇지만 박경식, 강재언, 김달수 등은 조선총련에서 김일성에 직결하고자 한 주류파와는 다른 태도를 보였다. 이 배경에는 1950년대 후반 그들의 저술이 북조선 역사연구자나 조선총련의 주류파로부터 비판을 받게 된다. 문제가 된 것은 박경식, 강재언의 『조선의 역사』(1957)과 김달수의 『조선 - 민족, 역사, 문화』(1958)의 내용이었다. 여기에는 1920-1930년대의 민족해방투쟁이나 근대 조선문학사의 설명에서 계열의 빨치산파 이외의 사회주의자와 민족주의자, 프롤레타리아 문학 이외의 문학활동 등에 평가와 적어도 전면 부정적이지는 않은 언급이 있었다. 이것은 조선 민족의 역사를 총체적으로 파악하기 위해서는 극히 당연한 태도일 것이다. 그렇지만 당시의 조선노동당, 조선총련의 주류파 사람들은 이것을 문제시했다.[7)] 박경식, 강재언, 김달수 등은 실랄하게 비판받고, 박과

4) 朴慶植, 『在日朝鮮人 私の青春』, 三一書房, 1981 참조.

5) 각 개인별 경력은 国際高麗学会日本支部「在日コリアン辞典」編纂委員会編, 『在日コリアン辞典』 참조.

6) 高柳俊男, 「渡日初期の尹学準 - 密航·法政大学·帰国事業」, 『異文化』, 2004.4.

7) 이에 대한 비판적 글은 金錫亨, 「朴慶植 姜在彦『朝鮮の歴史』について」, 『朝鮮問題研究』, 1958.4. 呉在陽, 「金達寿著『朝鮮』の近代, 現代史部分について」, 『朝

강 등이 운영하던 조선 연구소는 해체되며, 조선 총련의 주류파가 결집한 조선 문제 연구소에 통합되게 되었다.[8] 이러한 사실은 박과 강, 김 등이 김일성 중심의 역사 정리에 치우치지 않고 민족주의와 비빨치산파의 사회주의자도 포함한 통일지향적 역사 이해를 보여주는 것이다.

또한 일본의 가해자적 역사를 중시하는 것은 『계간삼천리』의 편집위원들 사이에서 공통된 부분이었다고 생각한다. 이것은 세대라는 요소와 관계한다. 창간할 때 편집위원에 대해서, 연장자부터 생년을 표시하자면, 김달수 1920년 출생, 강재언 1926년 출생, 이진희 1929년 출생, 윤학준 1933년 출생이다. (이철에 대해서는 확인하지 못했다.) 즉 일본 제국이 총력 전쟁을 수행하면서 조선 민족의 문화를 부정하고, 천황에 대한 충성을 강요하는 정책을 철저히 했던 시기에 교육을 받은 세대들이다. 그들은 일본제국의 시책을 받으면서(저항을 느꼈다고 하더라도 수용할 수밖에 없었을 것이다), 소년기, 청년기를 지냈다. 그리고 8 · 15를 맞이하여, 조선 민족의 독자적인 역사와 문화, 암흑의 시기에도 계속 이어진 민족 해방 운동을 알게 되는 체험을 했다. 그러한 점에서 민족의 역사와 문화를 되돌리는 데 있어서 강함 바람과, 그것을 빼앗고 동화를 강요한 일본제국의 문제를 스스로 강하게 의식했던 것이다.

또한 일본의 가해의 역사를 문제시 하는 것은, 본국=북조선의 정치노선에 대해서 의문도 없이 추궁하는 것은 아니다. 그들의 자세 또한 관계하고 있으며, '재일'이라는 조건과 관계가 없지는 않았다. 본국=북조선에서 물론 일본제국의 시책은 규탄 받아 마땅한 죄악임에는 변함이 없다. 다만 일본 정부와 일본인 민중의 감정을 자극하지 않기 위해서도 그러한 일본 가해의 역사를 일부러 다루고 문제시하는 것은 하지 않았다.

鮮問題硏究』, 1958.12.가 있다.

8) 朴慶植, 『解放後在日朝鮮人運動史』, 三一書房, 1989.

그리고 '해방' 후 정권을 수립한 북조선의 사람들에게 일본의 죄악은 과거의 일로, 필시 현재까지 영향력을 미칠 것이라고는 크게 의식하지 않았다. 즉 현재 중요한 과제는 김일성의 지도 하에 사회주의 조국의 건설이며, 남의 '괴뢰정권'과 미국을 타도하고 민족 통일을 이룩하는 것에 있었다. 이에 대해서 『계간삼천리』의 편집위원들은 본국과 같은 민족적 주체를 되돌리는 데 곤란함을 느끼고 있었고, 원래 '해방'되었다고 하더라도 더욱 민족적 편견을 지니며 식민지 지배를 문제화하지는 않았던(오히려 은혜인 것처럼 생각하기도 했다) 일본사람에 둘러싸여서 생활을 보냈다. 그러한 속에서 과거 일본제국의 정책은 현재 새삼스럽게 문제화하지 않더라도 좋은 과거의 일은 아니고, 현재에도 영향을 끼치는 문제로 생각하였던 것이다.

이와 같은 일본의 가해 역사를 중시하는 '재일'이라는 조건은, 『계간삼천리』의 초기 편집위원들 중에서, 특히, 김달수, 박경식, 김석범에 의해 의식되어져 있었다. 김달수와 박경식은 재일 1세였지만, 소년기와 유소년기에 일본으로 건너왔기에, 조선반도에서 조선인에 둘러싸여서 성장한 것은 아니었다. 김석범은 오사카에서 태어났다. 그로 인해 조선반도의 조선인과는 미묘하게 다른 언어, 문화를 지니게 되었다. 하지만 그들이 접해 있던 재일조선인들 중에는 조선반도의 조선인과 같은 언어와 문화를 사용하는 자가 있었고(강재언과 윤학준은 '밀항'해서 전후 일본에 온 사람들이었다), 또한 김달수와 김석범은 전시 하에 자신의 고향을 방문, 혹은 그곳에서의 생활 체험이 있었다.

같은 조선인이라고 하더라도 '본국'의 조선인과 차이를 지닌 것을 강하게 의식하게 되었다. 김달수와 김석범은 『계간삼천리』 창간 이전의, 문학활동을 시작한 시기(김달수는 1940년대 초, 김석범은 1950년대)에 그 체험을 바탕으로 한 소설을 적었다. 게다가 조선 총련 안에서는 조선어로 문학 활동을 행하는 사람도 있어서, 양자는 왜 일본어로 작품을 쓰는가하는 질문을 받고, 그 의미에서도 '재일'이라는 것이 무슨 의미를 갖는가를 의식하지 않을 수 없는 환경에 있었다. 박경식도 1950년대 중반 재일조선인 운동에 대한 논문을 정리하였으며, 나아가 1960년대 전반에는 해방 전의 재일조선인 생활과 박해의 역사에 대한 조사를 계속하여, 이것이 1965년 『조선인 강제 연행의 기록』의 간행으로 이어졌다. 이 저서는 강제 연행이라는 말이 타이틀로 들어가 있는데, 전시 동원뿐만 아니라 그 이전의 재일조선인에 관련된 역사에 대해서도 기록했다.

하지만 이와 같은 해방 직후 재일조선인 민중 사이에 존재한 통일 조선에 대한 희구, 일본의 가해 역사에 대한 청산, '재일'이라는 의식은, 조국에 직결되는 민족 단체의 강한 통제를 받는 환경 속에서 자유롭게 이야기할 수 없었다. 1960년대 말 혹은 1970년대 초까지 조선총련에 소속해 있던 『계간삼천리』의 편집위원들은 그러한 조직의 논리의 제약을 받고 있었던 것이다. 물론 전혀 불가능한 것도 아니었다.

앞서 언급한 것처럼 박경식은 일본제국의 가해 역사에 대해 날카롭게 묻고, 재일코리안의 수난의 역사를 정리한 『조선인 강제연행의 기록』을 간행하였다. 하지만 그것은 소속 민족 단체로부터는 평가받지 못한 행위였다.[9] 즉 그러한 제약 속에서 통일 조선에 대한 희구, 일본의 가해 역사에 대한 청산, '재일'이라는 의식을 유지하고 있던 것이, 『계간삼천리』에 결집했던 재일조선인문화인이었으며, 민족 단체로부터 이탈하는

9) 생전 박경식 씨가 필자에게 말했던 것을 상기해 보면, 조선대학교에 소속한 교원이 외부로 발신하는 논저들은 조직의 비준이 필요하다는 내용이 있었는데, 박경식 씨는 비준을 얻지 못했었다. 이 저서가 간행될 수 있었던 것은 북조선 단체인 조선민주주의 법률가협회의 성명(声明)을 넣는 것으로 겨우 허가를 받았다고 한다. 필자의 추측으로는 일본제국주의 시기에 벌어진 조선인 학대 사실(史実)을 논하는 것은 일본인 일반인들의 반발을 살 수 있다는 것을 조선총련은 마음에 두고 있었던 듯하다.

것으로 그것을 이야기할 수 있게 되고, 널리 알리는 매체로서 『계간삼천리』가 활용되어졌다고 말할 수 있다.

4. 그 활동을 가능하게 한 것

그렇다면 1975년에 『계간삼천리』가 창간되면서, 재일조선인뿐만 아니라 조선에 관심이 있는 일본인도 호평으로 맞이하면서, 1987년까지 간행이 지속될 수 있었던 것은 왜일까? 그것을 가능하게 한 동시대의 조건으로는 다음과 같은 점을 지적할 수 있다.

우선 재일코리안 사이에서 이 시기는 민족과 국가를 단위로 하는 논의가 활발했다. 조선반도의 정치 정세는 이 시기 실제로 커다란 변화를 맞이했고, 재일코리안도 또한 변혁에 참여하지 않으면 안 된다는 의식이 강했다. 1세와 식민지로부터 해방을 동시대로 체험한 세대(『계간삼천리』의 창간 시 편집위원) 사람들에게 분단은 이상한 것이며, 통일조선의 실현은 당연히 이뤄야 하는 것이었다.

게다가 그들은 가족의 이산상태를 강요받은 상황에서 그들 자체도 조국을 방문할 수 없었다. 따라서 산소 참배도 할 수 없는 체 몇십 년간의 시간을 보냈다. 이러한 시기의 젊은 세대 재일코리안도 또한 그러한 자신의 부모 세대의 모습을 보면서 지내왔기에, 민족과 국가 단위의 변혁을 통한 조선 통일의 중요성은, 그들 사이에서도 인식되어져 왔던 것이다.

또한 재일코리안의 생활과 경제적 지위 등은 다양화되어 왔다고 말하더라도 정리와 공통점이 의식되어져 있기에, 개개인이 개별적으로 자기실현과 소소한 행복을 추구한다는 발상은(원래 젊은 세대의 재일코리안도 라이프코스로서 그러한 것을 가정하는 조건에는 두고 있지 않았기에) 보지 못

했고, 그러한 것을 이야기하는 것은 필시 거의 없었다.[10)]

그리고 '민족성'이 몸에 베인 '본국'과의 유대를 희구하는 1세와 그러한 지향을 지니지 않는, '본국'과는 다른 문화와 의식을 지니는 2세와 3세 사이에서는, 의견과 감각의 다름이 있는데, 그뿐만 아니라 '재일'이란 무엇인가? '재일'은 앞으로 어떻게 살아가야 하는 것인가? 하는 논의할 점이 많은 것으로 재일코리안은 의식하고 있다. 그 속에서 민족과 국가를 단위로 하는 논의가 게재된 『계간삼천리』는 재일코리안 사이에서도 관심을 가지고 읽혀지는 잡지가 될 수 있었다.

또한 『계간삼천리』의 지면에 실린 조선반도의 정치에 대한 태도와 과거 역사에 대한 논의는 동시대 일본사회에서 폭넓은 층에 수용되어지는 내용이었다. 전자에 대해서는 군사독재의 모습을 나타내는 당시 한국

10) 1980년대까지 일본사회에서는 대학에 입학하여 대기업이나 민간기업에 취직하는 것 혹은 공무원이 되어 정년까지 일하고 그곳에서 얻는 월급이나 기업의 복지를 통해 안정된 생활을 이어가는 라이프 코스를 목표로 삼는 것이 일반적인 것이었다. 그러나 민간기업에서 취직 차별이 존재하고, 공무원에 국적 조항이 설정되어 있었던 상황에서 재일코리언 청년이 그러한 장래를 구상하는 것은 매우 어려웠다. 이러한 상황에서 약간의 변화 전조가 보이기 시작한 것은 아마 1980년대 후반이다. 그리고 같은 시기에 민족이나 국가를 주어로하지 않고 개인의 고민이나 행복을 추구하던 재일코리언의 문장이 주목을 끌었다. 姜信子, 「ごく在日韓国人－24年の総決算－「三世」としてこの時代に生きるわたしの選択」, 『朝日ジャーナル』第1452号, 1986.11.20. 이 글에서는 제2회 아사히저널 논픽션 대상 우수작품으로 선정되었고 그와 함께 姜信子, 『ごく普通の在日韓国人』, 朝日新聞社, 1987가 간행되었다. 그러나 강신자의 문장에 대해서는 윗 세대 재일코리안으로부터 사회 ㅊ체제의 억압에 대한 저항을 의식하지 못하고 있다며 비판을 받았다. 예를들면 宗秋月, 「若者よ, 偏狭と呼ぶなかれ, わが贈る言葉を「ごく普通の在日韓国人－24年の総決算」を読んで」, 『朝日ジャーナル』, 1986.8.20. 그러한 의미에서 보면 『계간삼천리』는 민족이나 국가를 단위로 재일코리안에 대해 논하고 있었는데, 아직 일반적이던 시기에 간행을 지속하고 있었다는 것이 가능할지도 모른다.

정권을 긍정하는 것은 아니었다. 또한 하지만 조선총련·북조선을 찬미하는 것도 없었다. '전후 민주주의'가 정착해 있던 일본사회에서는 군사독재를 용인할 수 없다는 인식이 아주 당연한 감각이었다. 또한 사회주의에 공감을 가지는 사람들이 소련 붕괴이전의 이 시기는 아직 일정한 숫자가 존재했지만, 교조주의적인 사회주의, 현존하는 사회주의 국가의 문제에 대한 의식도 상식화되어 있었다. 그런 의미에서 '혁신'뿐만 아니라 '보수'를 자임하는 듯한 사람들이라고 하더라도, 『계간삼천리』에 거부반응을 나타내는 것은 없었다고 생각되어진다(물론 혹 그런 인물이 조선이라고 불리는 모든 것이 싫다고 말하는 편견을 가진 사람이라든지, 철저히 반공주의로 한국의 정권이 말하는 것은 뭐든지 믿는다는 태도를 지니고 있다면 이야기가 달라지겠지만 말이다).

역사에 대한 논고에서는 『계간삼천리』는 조선과 우호적이었던 일본/일본인의 역사를 다루는 한편, 식민지 시기의 가해 역사에 대해서도 논하고 있었다. 이것도 당시 일본사회에서는 그렇게 특별한 논조인 것은 아니었다.

1970-1980년대는 일본사회의 중심에서는 아직 전중파와 소년기이기는 했지만 전시 체제 하 일본을 동시대로 살아온 체험을 가진 사람들이 있었다. 그들에게 전쟁 중에 권력을 잡고, 인권탄압과 전쟁을 수행했던 군국주의 세력은 혐오 대상이었다. 조선지배와 조선인에 대한 박해에 대해서 명확하게 알지 못한 일본인도 적지 않았다. 하지만 군국주의 세력이 조선인에 대한 과혹한 탄압, 학대, 문화를 부정하는 등의 행위를 시행했다는 역사적 사실의 진위가 논의의 대상이 되는 것은 없었다. 군국주의가 일본인 민중에 대해서도 폭력이었다는 것을 아는 사람들에게, 그들은 조선인에 대해서는 더욱 혹독한 정책을 펼쳤다는 것은 놀랄만한 이야기도 아니었기 때문이다.

게다가 1970년대에는 일본인들 사이에서 자신들을 전쟁의 피해자라고 말하는 것뿐만 아니라, 아시아 인근 여러 국가에 대한 가해성을 주시할 필요가 있음을 조금씩 의식하게 되었다. 전후 재차 경제 관계를 심화할 필요가 있는 인근 여러 국가들의 '반일감정' 등의 정보가 들어오거나, 구 식민지 출신자 군인 및 군무원 그리고 피폭자에 대한 원호援護를 추구하는 운동 등이 전개되기도 하였던 것이 이와 관련된다고 볼 수 있다.[11]

물론 일본사회의 대다수 사람들이 일본제국의 식민지 지배, 침략전쟁에 대해 철저한 반성을 할 필요가 있다고 말하게 되었다는 것은 아니다. 하지만 가해성에도 주목하면서 역사를 배우고 그러한 내용을 바탕으로 일본과 조선/한국과의 우호를 쌓아가고자 하는 『계간삼천리』의 논조를 부정적으로 보거나, 기피하는 등의 분위기는 당시 일본사회에는 없었다.

상기의 내용과 관계하는 것으로 1970-1980년대는 시민운동이 활발했던 시대였다. 전후 민주주의 가치관을 공유하며, 어느 정도 경제적 시간적 여유를 지닌 사람들이 무언가 개별 과제 – 국가체제 전체의 변혁이라든지, 사회주의 실현과 같은 것이 아니라, 자신의 주변을 바꾸는 것에 특화된 과제 – 에 대해서 자발적으로 모여서 서로 얼굴이 보이는 범위 내에서 결탁하여 활동하는 조직이 곳곳에서 생겨났다.

그 과제로 착목한 것은 환경문제였으며, 여성과 장애자 문제였는데, 재일조선인에 대한 차별 철폐와 민주화 운동과 투쟁하고 있는 한국 민중에 대한 지원에 주목하는 활동도 있었다. 또한 정치과제가 아니라 역사와 문화에 대해서 전문적으로 세분화한 학술연구활동은 아니지만, 그것에 가까운 배움과 교양을 심화하는 시민의 활동도 점차 활발해 졌다. 그리고 조선 문화와 조선 역사에 관심을 가지고 활동하는 사람들도 있

11) 이에 대해서는 졸고 「歴史問題における和解と市民運動 – その研究の課題と展望」, 『和解学の試み – 記憶・感情・価値』, 明石書店, 2021 참조.

었다.

그와 같은 사람들은 오늘날과 같이 인터넷을 통해서 정보수집과 온라인에서 회합을 할 수는 없었다. 그들의 지식에 대한 욕구를 충족시킬 수 있었던 것은 이 시기에는 역시 활자 미디어이며, 평이한 어조로 흥미로운 사실을 가르쳐 주는 『계간삼천리』와 같은 서적이었다. 부언하자면 1980년대 전반까지는 아직 지방도시에는 걸어서 갈 수 있는 범위의 서적이 있는 것이 일반적이었고, 번화가에 자리한 조금 큰 대형서점에서는 『계간삼천리』가 놓여있다고 해서 크게 신기할 정도의 일은 아니었다.

이와 같은 것이 『계간삼천리』의 간행을 성립시켰다고 생각해 볼 수 있다. 그리고 상기의 조건, 예를 들어 국가와 민족을 단위로 하는 것이 재일코리안 사이에서도 당연시되었던 점과 전후 민주주의와 군국주의 비판을 당연시 하는 사람들이 폭 넓은 층을 이루며 같은 장소에서 논의하는 기회를 가졌다는 점, 얼굴을 마주하고 활동하는 시민서클이 활발했던 점, 활자미디어가 우위성을 가졌던 점 등은 완전하지는 않더라도 다음 시대에서는 점차로 잃어버린 것들이라도 말할 수 있을 것이다.

5. 동시대와 다음 시대에 끼친 영향

『계간삼천리』를 간행한 사람들에게는 당연한 것이지만, 정치강령의 무리를 둔 조직을 만든 것도 아니고, 그 잡지에서 구체적으로 실현해야 하는 정책의 주장을 통일적으로 펼친 것도 아니다. 다만 그것을 읽은 사람들의 의식에 스며들게 해서 사회의 변화에 영향을 끼친 것은 확실하다. 그러한 경우의 사회란, 『계간삼천리』가 원칙적으로 일본어에 의한 미디어인(일본어 이외의 용어가 사용되어 진 것은 오무라 마쓰오大村益夫 씨의 시를 번역하는 과정에서 원어를 게재하는 정도이다) 이상, 그 중심은 일본사회였다. 그렇다면 그것은 구체적으로 어떠한 사회였던 것인가?

『계간삼천리』에서는 한국의 민주화 운동에 대한 기록을 종종 올리며, 특집도 구성하였다. 또한 이미 서술한 바와 같이 재일코리안과 식민지 지배 하에 일본의 가해 사실을 포함하는 역사에 대한 논고도 많고, 문학과 예능, 미술 등의 문화 소개도 종종 다루었다. 물론 이러한 기사와 논설을 읽을 수 있었던 것은 『계간삼천리』만은 아니었다. 예를 들어 한국 민주화 운동에 대해서는 동시대 일본의 극히 일반적인 신문에서도 주목하여 많은 지면을 할애하여 보도를 했고, 월간지 『세계』에서는 TK생의 '한국에서 온 통신'이 일본뿐만 아니라 한국 내에서도 민주화 운동의 중요한 정보를 전하고 있었다. 문화와 역사에 대해서도 문자 수와 전문성으로 말하자면 전문적인 학회의 학술지 등도 있었다.

다만 『계간삼천리』는 매호 조선에 관련된 학술연구자와 저널리스트, 시민운동으로부터 전문성을 살리며 신뢰할 수 있는 정보, 당사자의 목소리, 사려 깊은 고찰을 평이한 문장으로 전달하고 있다. 이러한 특징을 갖는 잡지는 일본에서는 중요한 존재였다. 집필자 중에는 잘 알려진 작가나 역사가, 저널리스트가 포함되어 있었고, 그 내용은 독자로부터 신뢰를 얻었다. 공공 도서관이나 대학도서관에도 배분되었으며 앞서 언급한 것처럼 시민운동단체나 학습모임회에서도 읽혀지고 있었다는 것을 생각하면 간행 부수만으로는 파악할 수 없는 영향력을 지니고 있었다고 생각되어진다.

잘 알다시피 1970년대 중반부터 1980년대 중반이라는 시기를 보자면 한국 민주화 운동이 진행되고, 그러한 움직임에는 일본인 시민도 커다란 관심을 표명하며 지원하는 운동을 조직하였다. 재일코리안을 둘러싼 상황에 대해서도 커다란 변화가 있었다. 일본사회보장제도 등에서 국적에 의한 차별 철폐가 시행되고 재일코리안의 아이덴티티를 존중하는 기회가 증가했다. 또한 전후 보상을 둘러싼 목소리의 대부분이 무시되어 식민지 지배의 반성이 제대로 이뤄지지 못했지만, 1990년대에는 무라야마村山 담화에 보이는 대로 일본 정부의 공식 견해에서도 식민지 지배가 잘못되었다는 것을 서술하게 되었다.

또한 최근 K-POP 인기와 혹은 한국문학을 소개하는 분위기만큼은 아니지만 한국/조선의 문화에 대한 소개도 점차 증가하는 시기였다고 말할 수 있다. 『계간삼천리』가 이러한 움직임의 토대를 만들었다고 평가하는 것은 특히 문제가 될 것은 없을 것이다.

한편 「창간사」에서 그것도 맨 처음 서술한 통일 조선의 실현이라는 과제는 실현되지 못했다. 『계간삼천리』 종간으로부터 십 수 년이 지난 2000년에는 남북수뇌회담도 개최되고, 물론 그 이후에도 다양한 움직임이 있었지만, 지금까지도 남북 각각의 정권은 분립된 상황이다. 그리고 긴 시간 분단이 이어지면서, 남북의 이질적인 사회, 경제 격차, 정치체제의 다름이 의식되면서, 이전만큼 통일 조선에 대해 열성적으로 언급하는 일은 보이지 않게 된 것이 아닌가 한다.

그런 의미에서 『계간삼천리』가 가장 중요시하던 과제에 대해서, 긍정적인 영향력을 발휘하지 못했다고 말할 수는 없을 것이다. 다만 조선의 통일이라는 문제는 정치외교의 문제이며, 조선반도의 남북 정권뿐만 아니라, 주변의 대국이 어떠한 시책을 펼치는가 하는 변수도 존재한다. 그런 의미에서 문학자와 역사학자, 저널리스트들이 중심이 되어 일본어로 편찬한 작은 잡지가 조금이나마 영향력을 가질 수 있지 않을까 하는 생각은 애초에 불가능했다고 보는 것이 타당할 것이다.

다만 그 지면에서는 동시대의 남북조선에서는 말할 수 없었던, 통일된 조선의 역사적 문화적 재산을 발굴하여, 소개한 점에 주목할 필요가 있을 것이다. 즉 남에서 평가의 대상이 되지 못하고, 이야기하는 것조차 금기시되었던 월북문학자와 월북예술가, 사회주의 계열의 독립운동도, 북의 김일성 정권에 의해 자숙한 사람들의 문학과 예술작품, 민족운동에서 활동도, 조선의 역사, 문화라는 점에서 다루었던 것이다. 또한 그러한 점에서 주목받고 연구가 활발하게 진행된 것도 많다. 이러한 점은 통일 조선을 지향하는 점에서 크게 평가받을만한 것이지 않을까 한다.

『계간삼천리』종간호에 게재된 「종간사」에서는 '다양함 속에서 통일'이라는 말이 적혀있으며, '머나 먼 여정이라도 우리들은 앞으로도 통일 조선을 향해 계속 걸어 나갈 것이다'라고 기술하고 있다. 종간 시점에서 편집위원도 이미 타계한 분들이 적지 않았으며, 젊은 세대에게는 그 이름도 친근하지 않은 존재가 되었을지 모른다. 하지만 통일을 간절히 바라며 『계간삼천리』에 모여서 활동한 사람들의 활동은 언젠가 조선이 통일을 맞이하였을 때 역사로 기록되어 전해지지 않을까 한다.

참고문헌

姜信子, 「ごく在日韓国人 - 24年の総決算 -「三世」としてこの時代に生きるわたしの選択」, 『朝日ジャーナル』第1452号, 1986.11.20.

姜信子, 『ごく普通の在日韓国人』, 朝日新聞社, 1987.

高柳俊男, 「渡日初期の尹学準 - 密航·法政大学·帰国事業」, 『異文化』, 2004.4.

国際高麗学会日本支部, 「在日コリアン辞典」編纂委員会編, 『在日コリアン辞典』, 明石書店, 2010.

金達寿他, 「総連·韓徳銖議長に問う」, 『季刊三千里』第20号, 三千里社, 1979.11.

金錫亨, 「朴慶植 姜在彦『朝鮮の歴史』について」, 『朝鮮問題研究』, 1958.4.

朴慶植, 『在日朝鮮人·強制連行·民族問題 : 古稀を記念して』, 三一書房, 1992.

朴慶植, 『解放後在日朝鮮人運動史』, 三一書房, 1989.

朴慶植, 『在日朝鮮人 私の青春』, 三一書房, 1981.

呉在陽, 「金達寿著『朝鮮』の近代, 現代史部分について」, 『朝鮮問題研究』, 1958.12.

外村大, 「歴史問題における和解と市民運動 - その研究の課題と展望」, 『和解学の試み - 記憶·感情·価値』, 明石書店, 2021.

宗秋月, 「若者よ, 偏狭と呼ぶなかれ, わが贈る言葉を「ごく普通の在日韓国人 - 24年の総決算」を読んで」, 『朝日ジャーナル』, 1986.8.20.

나의 이정표가 된 『계간삼천리』

다나카 히로시田中宏, TANAKA Hiroshi

히토쓰바시대학(一橋大学) 경제학연구과 석사 졸업. 경제학 석사. 아이치현립대학(愛知県立大学) 외국어학부 교수, 히토쓰바시대학 사회학부 교수, 류코쿠대학(龍谷大学) 경제학부 특임교수를 지냈다. 현재는 히토쓰바시대학 명예교수이며, 도쿄대학 한국학연구센터 특임연구원으로 근무하고 있다. 주요 저서로는 『戦後60年を考える』(2005), 『日韓「共生社会」の展望』(金敬得共著, 2006), 『日韓 新たな始まりのための20章』(板垣竜太共著, 2007), 『在日外国人－法の壁, 心の溝』第3版(2013), 『戦後責任－アジアのまなざしに応えて』(内海愛子·大沼保昭·加藤陽子共著, 2014), 『「共生」を求めて一在日と歩んだ半世紀』(中村一成共著, 2019) 외 다수.

한림대학의 전성곤 선생님으로부터 『계간삼천리』와 관련해서 원고를 부탁하는 메일을 받았다. 별안간 뜻밖의 의뢰로 어떻게 대응하면 좋을지에 대해서 이리저리 생각한 끝에 다음과 같이 글을 적는 것으로 책임을 다하고자 했다.

『계간삼천리』는 창간호(1975)부터 50호(1987)까지 출간되었는데, 살펴보았더니 나는 전부 8 편의 글을 적었으며, 두 번의 좌담회에 출석했었다. 이에 그 글에 대해서 각각 어떠한 배경으로 무엇을 어떻게 적었는지, 현재 문제와는 어떠한 관련이 있는지를 적어두고자 한다. 물론 모두 의뢰를 받고 적었던 것으로, 이에는 편집부의 문제의식이 중요한 역할을 한다는 것은 말할 필요도 없는 것이다. 요구에 응해서 상황에 따른 '문제'에 대해서 적은 것이지만, 지금 되돌아보면, 그것은 기대했던 것은 아니지만, 나에게 있어서 '이정표'와 같은 것으로 된 듯하다.

1. 부조리한 재일조선인 정책의 출발 - '일본 국적 상실'의 논리에 숨어 있는 뜻(제8호, 1976.11)

본고는 두 사람의 존재(모두 고인)와 깊은 관련이 있다. 한 사람은 송두회씨(1915-2002)이고, 다른 한 사람은 오누마 야스아키씨大沼保昭(1946-

2018)이다. 별안간 편지를 받고 송씨가 거주하고 있는 교토를 방문한 것은 1971년 가을이었다. 송씨는 다음과 같이 말했다.

'내가 일본에서 생활하기 위해서, 일일이 법무 대신의 허가를 받아야만 한다. 내가 일본에 무언가 빚이라도 진 것인가? 오히려 그다지 살기 편한 곳이 아닐지도 모르지만, 괜찮다면 언제까지라도 계십시오, 정도의 인사가 있어야 하는 것이 아닌가?

나의 "일본국적"은 조선인이기는 하지만, 이미 "제국신민"이었던 양친으로부터 출생으로 취득한 국적으로, 그 후 그것을 포기한 기억은 전혀 없다. 그러함에도 어떠한 양해도 없이 일방적으로 박탈하고는, 모든 면에서 외국인 취급을 받으며 "외국인등록증"을 항상 소지하라든지, "지문"을 날인하라든지, 이런 저런 지시를 받는다. 지금 스스로 일본 국적의 존재 확인 소송을 하고 있는데, 도움을 줬으면 한다… '는 것이다.

모두 다 맞는 말이기는 한데, 지금까지 어디에서도 들어 본 적이 없는 문제제기였다. '국적'이라는 단어는 알고 있지만, 그 구체적인 의미 등을 생각해 본 적도 없다. 이듬해부터 나는 나고야 아이치현립대학의 교원이 되었다. 대학의 '기요'에 송두회씨의 '제기'를 염두에 두고, '국적'에 대해서 적어 보기로 했다. 권리의 상징이라는 '참정권'과 의무의 상징인 '병역의무'를 소재로, 대만과 조선에서 다룬 내용을 통해서, '국적'이란 무엇인가를 생각해 보고자 진행했다. 그것이 '일본의 식민지 지배 하에서의 국적 관계의 경위 – 대만·조선에 관한 참정권과 병역의무를 둘러싸고'에서 아이치현립대학 외국어학부 『기요(지역연구·관련 여러 과학편)』 제9호(1974)에 실렸다.

오누마씨는 도쿄대학 법학부 조수(국제법 전공) 시절에 『고발·입관 체제』(도쿄대법공투편, 아키서방亜紀書房, 1971)를 정리하는 중심에 있었다. 나도, 중병을 앓던 싱가폴인 유학생이 의료비를 지불하지 못하게 되자(당시 외국인은 국민건강보험에 가입할 수 없고, 모두 자비로 치료를 했기 때문에 고액이었다), 하는 수 없이 내가 분주히 뛰어다닌 결과 '생활보호'를 받을 수 있게 되었다. 그런데 그러한 이유로 입관 당국으로부터 '국외퇴법'의 명을 받게 된 사례를 경험하게 되면서, 오누마씨는 그 사례를 '입관 체제'를 묻는 동 저서에 수록해 주었다.

그 후 오누마씨는 재외 연구로 미국으로 가게 되는데, 재일조선인을 둘러싼 여러 문제는 그 연구 테마 중 하나였다. 귀국 후 장문의 '출입국 관리 체제의 성립 과정 - 1952년 체제의 전사前史'(데라사와 하지메寺沢一 외 편 『국제법학의 재구축(하)』 도쿄대출판회 1978, 수록)를 발표했다. 오누마씨가 귀국 후에 받은 자료에는 대일평화조약 작성의 최종 단계에서 일본의 요시다 시게루吉田茂 수상과 덜레스 특사의 도쿄에서 회담기록이 있다. '국무성 회담기록'(주제: Japanese Peace Treaty(대일평화조약) = 1951.4.24)의 'Korean Participation(한국의 참가)' 항목을 나는 본고에 번역하여 소개했다.(자료 1)

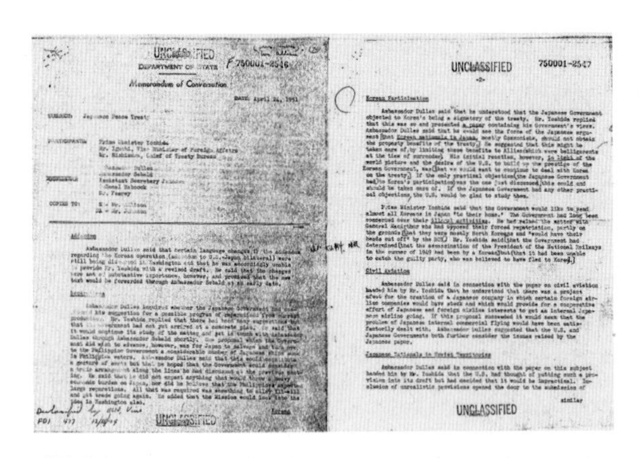

UNCLASSIFIED
DEPARTMENT OF STATE F 750001-2546
Memorandum of Conversation

DATE: April 24, 1951

SUBJECT: Japanese Peace Treaty

PARTICIPANTS: Prime Minister Yoshida
Mr. Iguchi, Vice Minister of Foreign Affairs
Mr. Nishimura, Chief of Treaty Bureau
[illegible]

COPIES TO: [illegible]

Addendum

Ambassador Dulles said that certain language changes in the addendum regarding the Korean operation (addendum to U.S.-Japan bilateral) were still being discussed in Washington and that he was accordingly unable to provide Mr. Yoshida with a revised draft. He said that the changes were not of substantive importance, however, and promised that the new text would be forwarded through Ambassador Sebald at an early date.

[illegible]

Ambassador Dulles inquired whether the Japanese Government had considered his suggestion for a possible program of reparations from current production. Mr. Yoshida replied that there had been many suggestions but that the Government had not yet arrived at a concrete plan. He said that it would continue its study of the matter and get in touch with Ambassador Dulles through Ambassador Sebald shortly. [illegible] ... in Philippine waters. Ambassador Dulles said that this would constitute a gesture of sorts but that he hoped that the Government would consider a [illegible] arrangement along the lines he had discussed at the previous meeting. He said that he did not expect anything that would throw a heavy economic burden on Japan, nor did he believe that the Philippines expected large reparations. All that was required was something to allay ill-will and get trade going again. He added that the Mission would look into the idea in Washington also.

Korean

UNCLASSIFIED

UNCLASSIFIED 750001-2547
-2-

Korean Participation

Ambassador Dulles said that he understood that the Japanese Government objected to Korea's being a signatory of the treaty. Mr. Yoshida replied that this was so and presented a paper containing his Government's views. Ambassador Dulles said that he could see the force of the Japanese argument that Korean nationals in Japan, mostly Communists, should not obtain the property benefits of the treaty. He suggested that this might be taken care of by limiting these benefits to Allies which were belligerents at the time of surrender. His initial reaction, however, in light of the world picture and the desire of the U.S. to build up the prestige of the Korean Government, was that we would want to continue to deal with Korea on the treaty. If the only practical objection the Japanese Government had to Korea's participation was the one just discussed, this could and should be taken care of. If the Japanese Government had any other practical objections, the U.S. would be glad to study them.

Prime Minister Yoshida said that the Government would like to send almost all Koreans in Japan "to their home." The Government had long been concerned over their illegal activities. He had raised the matter with General MacArthur who had opposed their forced repatriation, partly on the grounds that they were mostly North Koreans and "would have their heads cut off" by the ROK. Mr. Yoshida said that the Government had determined that the assassination of the President of the National Railways in the summer of 1949 had been by a Korean but that it had been unable to catch the guilty party, who was believed to have fled to Korea.

Civil Aviation

Ambassador Dulles said in connection with the paper on civil aviation handed him by Mr. Yoshida that he understood that there was a project afoot for the creation of a Japanese company in which certain foreign airline companies would have stock and which would provide for a cooperative effort of Japanese and foreign airline interests to get an internal Japanese airline going. If this proposal succeeded it would seem that the problem of Japanese internal commercial flying would have been satisfactorily dealt with. Ambassador Dulles suggested that the U.S. and Japanese Governments both further consider the issues raised by the Japanese paper.

Japanese Nationals in Soviet Territories

Ambassador Dulles said in connection with the paper on this subject handed him by Mr. Yoshida that the U.S. had thought of putting such a provision into its draft but had decided that it would be impractical. Inclusion of unrealistic provisions opened the door to the submission of

similar

UNCLASSIFIED

자료 1

'덜레스 특사는 대부분이 공산주의자인 재일조선인은 [대일평화] 조약에 의한 특권을 가지면 안 된다는 일본 정부의 논거가 설득력이 있음을 인정했다고 서술했다… 요시다 수상은 일본 정부는 거의 모든 재일 조선인을 "그들의 조국에send to their home"에 보낼 것을 바란다고 서술했다… 요시다씨는 일본 정부는 1949년 여름 국철 총재의 암살 (시모야마下山 사건 : 다나카 주)은 조선인이 한 것이라고 판단했다. 하지만 범인 그룹을 검거하지는 못하고, 필시 조선으로 도망간 거라 생각된다고 서술했다.' 시모야마 사건은 그 진상을 명확히 밝히지 못한 체, 미궁에 빠진 '의문의 사건'이 되었지만, 범인 그룹이 조선인이라는 이야기는 들은 적이 없다. 강화회담에 한국의 참가를 저지하고자 하는 요시다 수상의 '책략'이 투명하게 보이는 바이다.

그리고 일본의 '과거'와 깊은 관련이 있는 조선과 중국은 양쪽 정부 모두 대일강화회의에는 초청받지 못한 체, 대일평화조약이 1951년 9월 8일에 조인되고, 이듬해 52년 4월 28일에 발효됨으로, 일본은 점령에서 벗어나고 주권을 회복하여 국제사회에 복귀했다. 중국과는 주권을 회복한 4월 28일에, 대만 정부와 사이에서 '일화평화조약'을 체결하고 국교를 정상화했다. 하지만 20년 후 1972년 9월 '일중공동성명'의 조인으로, 중화인민공화국과 국교 정상화가 실현되면서, 그 결과 '일화평화조약'은 종료되었다. 한편 조선과는 대한민국과 사이에서 1965년 6월 한일기본조약(및 관계협정)의 조인으로 국교 정상화가 실현되었는데, 조선민주주의 인민공화국과의 사이에서는 2002년 9월에 '조일평양선언'이 조인되기는 하였지만, 아직까지 국교 정상화조차 실현되지 못하고 있다.

송두회씨의 문제 제기에 관해서 오누마씨는 대논문 '재일조선인 법적 지위에 관한 하나의 고찰(1)~(6)'(『법학협회잡지』96권 3·5·8호, 97권 2·3·4호, 1979-1980 수록)을 발표하고, 나중에 『재일한국·조선인의 국적과 인권』(동신당東信堂, 2004)으로 하나의 책으로 정리했다. 또한 오누마씨보다 젊은 국제 법학자 이와사와 유지岩沢雄司(1954-) 도교대 명예교수는 다른 방법으로 일본의 '국적처리'를 비판했다. 즉 '평화조약 2조 [영토권 포기] a항이 국적 문제에 관한 어떠한 함의를 포함한다고 하더라도 이 규정은 … 너무나도 불명확하여, 직접 적용 가능한 규정이라고 말할 수 있을지 큰 의문이 든다. … 행정부가 "통달通達"로 "조약을 적용한다"는 표면적인 입장 하에 재일조선인의 일본국적을 상실시킨 것은 "일본 국민다운 요건은, 법률에서 이것으로 정한다"고 규정한 헌법 10조(법치주의)에 반한다는 의심이 짙어질 수밖에 없는 것이다.'[1] 나아가 이와사와 씨는 도쿄대 대학원 교수, 국련·자유권 규정 위원회 위원(2007-2018)을 역임한 후 지금은 국제사법 재판소 판사(2018-)이다.

헌법학자가 이 문제를 다루는 것은 더욱 늦춰질 듯하다. 고토 미쓰오後藤光男(1949-) 와세다대학 교수는 다음과 같이 지적하고 있다. '『별책 법학 세미나 - 기본법 주석서, 헌법』(일본평론사, 1970)이 발행되고 약 40년 후(헌법제정 이래 65년 후), 2011년 발간의 『동·신기본법 주석서, 헌법』(동출판사)에서 제 10조를 담당한 와타나베 야스유키渡辺康行에 의해서 처음으로 구 식민지 출신자의 국적처우 문제에 대해서 언급되었다.'[2]

2. 재일조선인 정책으로 살펴보는 전후 36년(제23호, 1980.8)

본고는 재일조선인 정책과 함께 남북조선 간의 '7·4 공동성명', 일중 공동성명(1972), 입관법 개정안 4차에 걸친 국회 상정과 폐안(1969-1973), 베트남 전쟁 집결과 남북통일, 난민 유출, 주요국 수뇌회의 발족 등을 기록했다.

---

1) 이와사와 유지, 『조약의 국내 적용 가능성』, 유비각(有斐閣), 1985.

2) 고토 미쓰오, 「일본국 헌법 10조·국적법과 구 식민지 출신자」, 『와세다 사회과학 종합연구』13권 3호, 2013.

입관법 개정안의 폐안에 대해서 『입관백서』(1976)에는 다음과 같이 적혀 있다. '법안이 4회에 걸쳐서 심의가 완료되지 못하고 폐안이 되는 이유로 … 이른바 재일한국·조선인, 대만계 중국인의 처우에 관해 항구적이고 발본적인 제도가 포함되어 있지 않았기에 불만을 표명하는 목소리가 있다는 것이 그 이유 중의 하나다.'

일본 정부의 정책은 한편에서는 1959년 8월 일본과 조선민주주의 인민공화국 양측의 적십자사 사이에서 '귀환협정'이 조인되어, 동년 말부터 약 8년간에 8만여 명의 조선인이 공화국으로 귀환했다. 한편 1965년 6월 일본과 대한민국 사이에서는 '한일기본조약(및 부속협정)'이 조인되어 한일국교정상화가 실현되었다. 그에 따른 한일법적지위협정으로 '한국국민'인 사람은 향후 5년간 신청으로 '협정영주'가 인정되며, '퇴거강제'에서 일정한 '배려'가 실현되었다. 그 결과 재일조선인 사이에서 '38도선'이 적용되게 된다. '귀환협정'에는 한국 측이 강하게 반발하고, '한일조약'에는 조선 측이 강하게 반발하는 것은 말할 필요도 없는 것이다. 1965년 한일조약 체결 후 12월 중요한 문부차관통달이 발표되었다. 이른바 '조선인으로 민족성 또는 국민성을 함양한다는 것을 목적으로 조선인 학교는 … 각종 학교로서 허가해서는 안 된다.' 조선학교에서의 민족교육을 부인하는 입장이며, 이는 문부성은 의연하게 식민지 시대의 '동화교육'을 취지로 삼았다고 말할 수 있다.

같은 1961년 12월 국련총회는 '세계인권선언' 후 처음 있는 인권조약으로 '인종차별철폐조약'을 채택했다. 그 전문에는 '국제연합이 식민지주의 및 그에 따른 격리 및 차별하는 모든 관행을 비난해 왔다 … '는 것이다. '식민지주의를 수반하는 차별'이라는 새로운 콘셉트가 제시되었다. 일본에서 조선학교의 존재가 일본의 조선식민지 지배에 기인한다는 것은 새삼스럽게 말할 필요도 없다. 1965년 단계에서 드러난 '안과 밖'의 간격이, 2010년 일본에서 시작한 고교무상화 제도에서 조선학교 제외에 그대로 투영되었다. 일본에서는 사법도 조선학교 차별을 용인하는 것에 대해서, 국련에서는 각 인권 조약 기관이 차례로 조선학교 차별의 시정을 권고하였지만, 일본 정부는 무시했다.

전후 30년에 해당하는 1975년은 중요한 해가 되었다. 베트남 난민 유출 및 '서밋'의 발족이 있었다. 일본에 보트피플이 들어오면서 지금까지와 같이 밀입국자로 입국자 수용소에 구속하고 본국에 강제 송환할 수는 없게 되었다. 우선 '일시상륙허가'를 부여하고 타국으로 이주까지는 재류를 허락했다. 하지만 아시아에서 유일한 서밋 참가국으로서의 '입장'을 생각하지 않을 수가 없었다. 프랑스신문 르몽드는 재일조선인에 대한 차별이 일본이 난민 수용에 대해서 소극적인 배경이라고 지적했다(1978.5.25). 유감스럽게 이러한 지적을 한 일본 미디어는 없었다.

정부는 실천에 옮기면서 1979년에는 국제인권규약을, 81년에는 난민조약을, 각각 추진했다. 전자에 대한 비준에 이르러서는 공영주택 등의 공공주택 관련 국적차별을 폐지하고, 외국인에 개방했다. 후자에 대해서는 국민연금법, 아동수당의 3법에 해당하는 '국적조항'의 삭제를 위한 법 개정이 국회에서 이뤄지고, 외국인을 그 대상에 포함시켰다. 지금까지 차별받아온 외국인의 대부분이 재일코리안이었다는 것은 새삼스럽게 말할 필요도 없다.

지금까지의 일본사회보장법제는 '일본에 주소를 둔 일본 국민'을 그 대상으로 한다. 즉 거주 요건을 충족시키는 것으로 '재외방인'을, 국적 요건을 충족시키는 것으로 '재일외국인'을 함께 제외했던 것이다. 그것이 '일본에 주소를 둔 일본 국민'에서 '일본에 주소를 둔 사람'으로 원리 전환이 이뤄졌다. '일본에 주소를 둔 사람'이라는 것은 다름이 아니라 '납세 의무자'이다. 한 줌의 난민이 60만 재일코리안에 대한 '공적차별'의 철폐에 '공헌'한 것이다. 한일조약 체결에서 미동도 없었던 일본의 '자국민 중심주의'가 국적인권에 관한 여러 조약에 일본이 가입한 것을 계기로 크게 수정된 것이다. 한일조약이 지극히 정치적 타협의 산물이었다는 것의 증좌라고도 말할 수 있겠다.

1970년 12월 일본 거대기업·히타치日立 제작소 입사시험에 합격한 '아라이 쇼지新井鐘司' 청년은 조선인이라는 것이 알려지자 그 자리에서 해고되었다. 다행히 재판에서는 승소하여 박종석 청년은 입사했다. 하지만 혹시 '박종석'이라는 이름으로 원서를 냈더라면 추측하건데 합격할 수 없었을 것이다. 취업에 있어서 차별의 실태는 참으로 심각한 상황이었다.

1976년 사법시험에 합격한 김경득 청년이 변호사가 되기 위해서 꼭 필요한 사법연수소에 입소를 신청한 결과, 소관의 최고재판소는 일본으로 귀화, 즉 조선인을 포기할 것을 요구했다. 최종적으로는 전후 처음으로 외국인 사법수습생이 되어, 재일코리안 변호사 제 1호가 되었다. 하지만 헌법의 파수꾼이라는 최고재가 어떠한 법적 근거도 없이 20여 년에 걸쳐서 '일본 국적을 요건'으로 해 왔다는 것은 심각한 사태라고 밖에 말할 수 없다. 김경득 변호사는 유감스럽게도 병으로 2005년 젊은 나이에 타계했지만, 오늘날 300명이 넘는 외국인 변호사가 탄생했다. 그 대부분은 말할 것도 없이 재일코리안이다.

식민지 시대에 일본으로 건너와서 12년간 꾸준히 국민연금을 지불해 왔는데, 1976년 수급 연령인 65 세에 이르러 연금을 청구한 결과 '한국인이라서 자격이 없음'이라고 지급을 거부당한 김현균씨 부부의 사건이 있다. '일본에 영주하면 반드시 가입해야 한다는 말을 듣고 가입했는데 … '라고 의문을 토로한 결과, 도쿄 아라카와荒川 구민센터 담당계장은 '남의 나라에 와서 이러쿵 저러쿵 이야기 하지 않는 게 좋다. 전쟁이 끝났을 때 왜 바로 한국으로 돌아가지 않았는가?'라고 거리낌 없이 말했다고 한다.

1979년 9월 도쿄지재에 제소. 1심은 '사회보장에 관한 권리는 … 오로지 권리자가 소속되어 있는 국가에 의해서 보장되어야만 하는 성질의 권리'라고 청구를 기각. 하지만 83년 10월 도쿄고재는 '항소인(김씨)은 … 장래 피항소인(국가)이 노령연금 등을 당연히 지급할 것이라고 기대하고 신뢰하여 … 보험료를 지속적으로 지불한 것은 명백한 사실이며 … 항소인과 행정 당국과의 사이에서 발생한 신뢰관계를 행정당국은 덮을 수는 없는 것이므로 … 위 [국적] 요건이 충족되지 않는 것을 이유로 이것을 각하할 수는 없다'며, 역전원고승소의 판결이 되었다. 마찬가지로 '오적용'의 사안이 전국에서 80건 있었는데, 모두 다 이 판결로 인해서 구제되었다.

한일기본조약이 체결되고 한일법적지위협정으로 '협정영주'가 가능하더라도, 재일코리안은 이와 같이 각자 자력으로 일본에서 차별에 맞서 싸우는 수밖에 없었던 것이다.

3. '교원과 국적' 문제의 현상과 과제(제28호, 1981.11)

사건의 시작은 1979년 12월 미에현에서 재일코리안이 공립학교 교원시험에 합격했다고 보도된 후 부터이다. 당시 나는 아이치현립 대학의 교원이었다. 아이치현과 나고야시의 전형시험에는 '국적 요건'이 교부되어 있어서 시험을 치를 수가 없다. 본고에서는 '행정차별'이라는 용어를 사용하고 있는데, 공립학교 교원의 채용 문제도 그 중 하나이다.

아이치현립대에도 수십 명 이상의 외국적 학생이 있는데, 모두 재일코리안이었다. 이에 아이치에도 '재일조선인 학생의 교육을 생각하는 간담회'가 생겨나고, 문제에 대응하게 되었다. 현교육위원회·교직원 과장과 주고받은 내용이 생각난다. 과장은 이전에는 현립고교의 물리 교사였다고 한다. 다나카, '취직 과정에서 기업이 조선인은 고용하지 않겠다고 한다면, 과장은 학생을 생각해서 차별은 부당하다고 이야기를 하겠죠?' 과장, '물론입니다.' 다나카, '그 회사가 교육위원회에도 조선인은 없지 않은가? 그런데 왜 우리가 거절하면 안 되는가? 라고 반론한다면 어떻게 대답하겠습니까?' 과장은 아무런 말도 못 하고 아래를 보고 있었다.

1981년 5월 나는 지역의 『주니치신문中日新聞』에 '공립학교 교원과 국적'을 기고했다. 나고야는 '1988년 올림픽'에 입후보하였기에, '올림픽 개최지로서 이러한 민족차별이 알려진다면, 국제사회는 어떤 반응을 보일까?'라고 적었다. 그 후 나고야시와 아이치현 합해서 11 명의 외국인이 출원을 하여 처음으로 소송을 하게 되었는데, 재판에서는 문전박대를 받고 시험을 치를 수가 없었다. 그러한 때에 나고야 기독교 신자 그룹 '나고야시 인권위원회'로부터 국제올림픽위원회IOC에 제소하면 어떨까? 올림픽 헌장에는 차별반대를 명시하고 있다. 우리도 그렇게 해보자고 말을 걸어왔다.

'도쿄올림픽(1964)의 도쿄에서도, 오사카 만박(1970)의 오사카에서도, 외국인이 공립학교교원 채용시험을 치를 수 있게 되고, 채용된 교원도 다수 있었다. 인근 지역인 미에현에서도 작년에 재일조선인이 채용되었다'와 같은 내용을 근거로 인권위원회에서는 영문으로 '서간'을 작성해서, 82 명의 IOC 위원에게 보냈다.

1981년 9월 30일 저녁, 나는 TV 앞을 떠나지 않았다. 독일의 바덴바덴에서 사마란치 회장의 입에서 '서울'이라는 소리가 나오는 순간, '뜻밖'이라는 생각과, 한편으로는 재일조선인의 교원이 되는 길을 차단한 당국이 올림픽에 낙선했으니 '무승부'라고 생각했다.

올림픽 개최를 나고야와 서울이 경쟁한다고 하니, 1936년 8월 베를린 대회에서 마라톤에서 우승한 손기정 선수의 사건이 떠올랐다. 당시 동아일보가 손선수의 가슴에서 '일장기'를 떼어 버리자, 조선 총독부는 동 신문사에 정간停刊 처분을 내렸다. 실은 그 손기정씨가 한국의 오륜 유치 사절단의 일원으로 바덴바덴에 합류해 있었는데, 투표결과가 서울 52표, 나고야 27표로 큰 차를 이뤘다. 당시 나고야 분위기는 서울에 질리가 없다고 얕잡아 보면서 낙승 분위기였다. 시의 중심부 '사카에栄'에는 커다란 '화환'이 준비되어 있었고, 각 방송국에서는 특별 방송을 준비하고 있었는데, 모든 것이 파산破算이 되었다. 나중에 들은 이야기이지만 과거 메달리스트들의 '나고야 축하합니다'라는 인터뷰까지 준비하고 있었는데 방송을 할 수 없어서 중단되었다고 한다. 그 후 나고야 변호사회의 권고도 있고 해서 82년 여름시험부터 드디어 문호개방이 이뤄졌다. 참고로 '88년 서울대회'의 최종 성화주자는 손기정씨였다.

1991년 한일외상 간의 '각서'를 받고 일본 문부성은 1991년 3월 각 도도부현의 정령政令 지정도시 교육위원회 앞으로 발송한 '통지'로, 이후부터는 외국인이 교원 채용시험을 치르는 것을 허락했다. 다만 합격한 사람은 '상근강사'로 채용하기로 했다. 그 결과 일본인은 '교사'가 되지만, 외국인은 '상근강사'가 되었다. 그러한 것을 정한 법령은 물론 없다. 그리고 '교사'가 아니면, 교장, 교감, 주임 등의 관리직을 맡을 수는 없기에, 외국인은 이른바 '이급 교원'이라는 것이었다. 공립학교 교원은 '지방공무원'이지만, 사립학교 교원의 직무내용과 공립학교 교원의 직무내용 사이에서 서로 다른 점을 찾아내기도 곤란하며, 이러한 취급에 대해서 어떠한 합리성도 찾아볼 수가 없다. 또한 사립학교의 교장으로 외국인이 취임하는 사례가 있지만, 그것을 막을 만한 법령 등도 물론 존재하지 않는다. 교육기관에서 이러한 현상이, 그곳에서 공부하는 아동 그리고 학생들에게 어떠한 영향을 끼칠 것인가를 생각해 볼 필요가 있다는 것은 지극히 당연한 일이다.

본고에서 적은 것처럼, 이 문제는 재일코리안의 '취직=진로 보장'에 관한 문제임과 동시에, 일본의 '공교육에서의 민족 문제, 공교육의 모습'과 관련된 문제이기도 하다. 귀중한 '일본의 학교에 자녀를 다니게 하는 재일조선·한국인 부모의 교육관에 관해서 조사'(1979년 실시, 『재일조선인사연구』7호 수록)는 조선인 부모가 일본 학교에 다니게 하는 이유에 대해서 '부모에게 충분한 선택의 여지가 있는 것이 아니기에 일본학교를 선택할 수 밖에 없는 상황에, 민족학교가 그리고 재일조선인이 놓여있는 모습을 나타내고 있다'고 전체적으로 정리하고 있다. 그리고 '(조선인 부모의) 약 3분의 2가 학교에서 조선에 관한 수업 내용에 대해서는 "알지를 못한다" 혹은 "알고는 있지만 충분하지 않다"고 생각한다'는 것을 소개하고 있다.

일본의 교육행정이 일찍이 '조선 통치'와 어떻게 마주할 것인가와 관련해서, 조선인이 많이 거주하고 있는 오사카에서 한 시도를 발견할 수 있다. 오사카시 교육 위원회의 학습자료 『외국인 자녀 교육 - 주로 일본에 거주하는 한국인·조선인의 자녀』(1978)는 '외국인 자녀를 일본인 자녀와 같은 방식으로 교육하는 것은 차별이 아니라고 잘못 이해하는 경우도 있다.' '외국인 자녀 교육은 직접 외국인 자녀에 대한 교육임과 동시에, 일본인 자녀에 대한 교육이다. 일본인 자녀 중에서 민족적 편견과 차별 의식을 배제하고, 함께 공부하는 재외외국인 자녀의 입장을 이해시키며, 서로를 지지하게 하는 것이다. 외국인 자녀에게 장래에 대한 전망을 지니게 하고, 주체적으로 살아가기 위한 창조적인 힘과 실천하는 힘을 익히게 하는 것이기도 하다'고 지적하고 있다.

'교원과 국적'의 문제는 본고의 내용으로부터 40년이 흘렀지만, 본질적으로 그다지 달라진 것은 없다고 말할 수밖에 없는 것이 일본의 실상이다.

4. 아시아에 대한 전후 책임·나의 스케치(제35호, 1983.8)

나는 1983년 4월 '아시아에 대한 전후 책임을 생각하는 모임'이 발족

發足함에 있어서, 논제를 제기하는 역할을 맡았다. 편집부로부터 그러한 글의 작성을 요구받았던 것이 바로 본고이다. '전쟁책임' 혹은 '전쟁범죄'와 같은 맥락으로 그 내용이 겹치는 듯 보이지만 명확히 다른 문제로 '전쟁책임'에 주목해 볼 필요가 있다고 생각한다.

필시 고 오누마 야스아키씨(1946-2018, 국제법)가 제창하고자 했던 것이라고 생각한다. 그리고 그 부분에 대해서 나 나름의 거친 스케치를 담아 논제를 제기한 것이 바로 이 글이다. 오누마 야스아키씨, 우쓰미 아이코內海愛子씨, 다나카 이 세 사람이 나누는 담화를 역사학자 가토 유코加藤陽子씨(도쿄대학 교수)의 진행으로 편집된 서적이 『전후 책임 - 아시아의 시선에 답하며』(이와나미서점, 2014)라는 것인데, 그것도 동일선상의 이야기를 담은 내용이라고 말할 수 있겠다.

나는 1962년부터 '아시아 문화회관'(훗날 주일대사를 역임했던 최상용씨가 도쿄대학의 대학원생이었던 시기에 함께 있었다)에서 아시아인 유학생들과의 만남을 통해 '아시아로부터의 시선'을 쓰기 시작했다. 참고로 나는 초등학교 3학년 때 전쟁이 끝났는데, 약 7년간 미군의 점령을 경험한 세대이다. 교과서 일부를 먹칠로 지워버린 이른바 '먹칠로 지운 소국민' 세대이다.

미 '진주군'(당시는 그렇게 불렀다)의 방출물자에 추잉검을 싸고 있던 '은박지', 입에 넣었을 때 입안이 화해지는 느낌은 '군국주의를 쫓아내고 민주주의가 베어드는' 것과 같은 감각이 나의 동심에 새겨졌다. 그것은 '진주만 기습 - 미드웨이해전 패북 - 히로시마·나가사키 피폭 - 옥음玉音방송 - 미군점령'이라는 역사의 흐름이 된다. 하지만 그러한 전개에는 어디에도 아시아와의 접점은 없다.

하지만 '진주만 기습'에는 '말레이반도 상륙'이, '옥음방송'에는 '조선, 대만' 등의 '광복=해방'이 대치된다. 또한 '히로시마·나가사키의 피폭'과 관련해서 필리핀에는 '도쿄에도, 교토에도, 오사카에도 원폭을… '이라는 소리가 있다는 것을 알았다(필리핀 작가 오닐 호세의 발언, 『민중의 문화가 세계를 바꾸기 위해서』, 고분사恒文社, 1982). 또한 1945년 9월 2일 도쿄만에 떠오른 미군함 위에서, 일본이 '항복문서'에 조인했을 때, 하노이에서는 '베트남 독립선언'이 시작되었다. 이른바 '80년 이상 동안 프랑스 식민지주의자들은 자유·평등·박애의 깃발을 남용하면서, 우리 동포들을 압박해 왔다… 진실은 우리 민족은 그 독립을 프랑스인의 손으로부터가 아니라, 일본인의 손에서 빼앗아 온 것이라는 것이다.'

전후 처리를 위해서 대일강화회의는 조선전쟁이 한창이던 1951년 9월 미국·샌프란시스코에서 개최되었는데, 식민지·대만과 같은 민족인 중국(중화민국·중화인민공화국), 같은 조선인 남북조선은, 모두 다 강화회의에 초청받지 못했다. 사할린과 같은 민족인 소연방은 초청은 받았지만 조약에 서명을 하지 않았기 때문에, 대일평화조약은 직할식민지에 관련된 '3 국'에 대해서는 조약의 당사자가 아니라, 2 국 간의 조약을 별도로 연결할 필요가 발생했다. 즉 일본의 '과거'에 깊은 관련이 있는 중요한 나라를 제외한 형태에서 체결된 평화조약으로, 일본은 국제사회에 복귀를 하게 된 것이다. 그러한 점은 아시아에 대한 전후 책임을 생각하는 데 있어서, 결코 간과할 수 없는 중요한 원점이다. 조선반도의 북쪽에 위치하는 조선민주주의 인민공화국과는 아직 국교정상화조차 실현하지 못했음을 앞에서 언급한 바 있다.

나는 '아시아 문화회관'에서 아시아에서 온 유학생과 가까이 지냈다. 1963년 11월 일본의 천엔 지폐에 등장하는 인물이 '쇼토쿠聖德 태자'에서 '이토 히로부미伊藤博文'로 바뀌었다.(자료 2)

그때는 아직 한일국교 정상화 전으로, 유학생이라고 한다면 주로 대만, 홍콩, 동남아시아에서 온 젊은이들이었다. 어떤 중국계 유학생이 이런 말을 했다.

'일본에서는 역사를 어떻게 배우는가? 이번에 천엔 지폐에 이토 히로

자료 2

부미가 등장한다는데, 그는 조선 민족에게 한을 안긴 사람으로 하얼빈에서 습격받은 인물이지 않은가? 전후 새롭게 태어난 일본에서 왜 "이토"를 꺼내는가? 게다가 우리와 마찬가지로 외국인등록증을 지참하지 않으면 안 되는 외국인으로, 가장 많은 사람이 조선인이지 않은가? 그들도 생활 속에서 매일, 이 천엔 지폐로 물건을 살 것인데 잔혹한 일이라고 생각하지 않는가? 전후는 언론의 자유를 보호받으며, 평소 정부를 비판하는 문화인과 지식인이 많이 있을 텐데, 누구 하나 "이토"의 등장에 대해서 다름을 말하지 않는 것을 보면, 일억 인의 사람들이 무슨 생각을 하고 있는지, 묘하게 기분이 나쁘다.' 뭐라 할 말이 없었다. 그 후 나는 커피 값을 계산할 때면 '오늘도 이 천엔 지폐를 꺼내지 않으면…'이라고 중얼거리게 되었다.

베트남 유학생과의 회담도 잊을 수가 없다. 당시는 남북으로 나뉘어, 남에서만 일본으로 올 수가 있었다. 이른바 '도쿄대에는 초일류 학생들이 들어온 것 같은데, 일본어로 충분히 의사소통이 가능함에도, 우리 베트남사람을 만나면 프랑스어 연습상대로 생각한다. 베트남사람에게 있어서 프랑스어는 강요받은 언어다. 도쿄대생은 식민지 지배에 대해서 아무것도 배우지 못한 것인가?' 잠시 후 오려 낸 한 장의 작은 신문 조각을 들고 왔다. '프랑스어 강좌'의 광고였다. 일본베트남 우호협회 주최

『赤旗』に掲載された「フランス語講座」の広告（1973年10月31日付と同年11月7日付に掲載）

자료 3

강좌로, 캐치 카피에 '인도차이나 3국에 보급되어 있는 프랑스어를 배우면서, 인도차이나 인민과 우호를'이라고 적혀 있었다. 게재지는 일본공산당 중앙기관지 『적기赤旗』였다.(자료 3) 그리고 그 학생은 '일본의 좌익도 갈 때까지 갔군요?' 라고 거침없이 말했다.

1973년 10월 31일과 11월 7일에 게재된 부분을 보면, 공산당 본부도, 적기의 기자도, 특별한 위화감은 없었던 것이다. 참고로 베트남전쟁의 종결은 1975년 4월이었다.

1983년 4월 '아시아에 대한 전후 책임을 생각하는 모임'이 발족되었을 때, 오누마 야스아키씨가 가장 열심히 포함시키고자 한 것은 사할린 잔류 조선인 문제였다. 이것도 조선인의 '일본국적' 상실에 연결된다. 일본인은 일본으로 귀국시킨다고 하더라도, 조선인은 이미 '외국인'이므로 사할린에 방치되었던 것이다. 일찍이 '대동아전쟁'이라고 부르고, 전후에는 '태평양전쟁'이라고 부르게 되면서 '시야선회視野旋回'가 일어난 것인데, 전쟁은 철두철미하게 아시아에서 일어났다.

본고에서는 이러한 점을 확인하기 위해서 '표 1 지역별·신분별 귀국자 수(1976년 말 현재)'를 예로 들었다. 참고로 조선반도에서 귀국자는 91만 9887명(민간인 71만 3287명, 군인·군무원 20만 6,600명)으로, 민간인의 비율은 77.5%였다. 또한 귀국자 총 수는 629만 702명(민간인 318만 3,291명, 군인·군무원 310만 7,411명)으로, 민간인과 군인·군무원의 비율은 51대 49였다. 본고에서는 '재일'이 직면하는 다양한 문제에 접하고 있지만, 한편에서는 '천엔 지폐의 이토히로부미'와 '프랑스어 강자의 광고'가 나타내는 것처럼, 전후 일본의 역사 인식을 묻는 것은 새삼스럽게 말할 것도 없다.

5. 외국인 지문 제도 도입 경위(제42호, 1985.5)

'아시아에 대한 전후 책임'이라는 표현은 대외적인 것이라고 생각하기 쉬운데 결코 그런 것이 아니라 '대내적인' 전후 책임도 잊어서는 안 된다. 모임의 기관지 『전후 책임』제3호(내가 담당, 1995)는 재일외국인에게 있어서 중요한 지문날인 문제를 특집으로 하고 있다. 여기에는 좌담회에 참석한 이회성씨(재일코리안이며 아쿠타가와상 수상 작가)의 인상적인 발언이 수록되어 있다. 즉 '지문이 인간의 동일한 인성을 확인하는 최고의 방법이라는 것이 명확하게 와 닿지 않는다. 자신이 어떠한 사람인가는 결코 스스로 증명할 수 있는 것은 아니다. 즉 인간이라고 하는 것은 타자와의 관계에서 처음으로 증명되는 것이라고 생각한다. 그러한 사물에 대한 상대적인 생각, 즉 인간론적인 생각이 법률의 원리에 도입되지 않는다면 법의 적용에 실수를 저지를 위험성이 있다. 인간을 끊임없이 의심하지 않으면 안 되는 이유가 바로 그것이다. (지문날인은) 비인간적인 것으로 인간 발견의 사상이 누락되어 있는 것이 아닌가 하는 생각이

든다.'

동일 좌담회에서 어떤 재일조선인 여대생은 '마음 한구석에 조선인이니까 이 정도는 참지 않으면 이라는 심정으로 자신을 누르고 처음 지문을 날인했다'고 고백했다. '재일'의 인권운동에 지속적으로 돌멩이 하나를 던져 오던 최창화 목사(1930-1995)는 입버릇처럼 지문날인은 '굴욕의 낙인'이며 '차별의 상징'이라고 말했다. 1980년 9월 도쿄·신주쿠 구민센터에서 지문날인을 거부하면서, 그다음 지문날인 거부의 효시가 된 한종석 씨(1935-2008)의 말도 잊을 수가 없다. 즉 '나는 자손들에게 이렇다 할 것을 남겨 줄 것은 없지만 대신에 지문날인을 하지 않아도 되는 것 정도는 해 줄 수 있지 않을까 생각한다 … 하지만 무서웠다. (외국인등록증을) 갱신할 때 지문을 날인하지 않으면 등록증을 주지 않을 것이니까. 그러면 등록증을 제시하도록 요구받았을 때 "불법체류"로 체포될 것이고, 잘못하다가는 오무라大村(입국자 수용소)로 보내져 한국으로 강제송환 당할지도 모른다. 하지만 지문을 날인하지 않더라도 등록증을 받을 수 있었기에 갑자기 맥이 빠지는 느낌이었다.' 게다가 외국인등록법이 상시 휴대 의무를 부과하는 이상 등록증을 발행하지 않을 수는 없었다. 외국인에게만 지문날인을 요구하는 것은 인간의 존엄에 관여하는 문제인 것이다.

전후에 '외국인등록증' 역사를 보면, 점령 당국인 미국이 연방제 나라라는 것을 반영하는 의미에서 1946년 11월 재일조선인이 많은 오사카부만을 '조선인등록에 관한 건'(오사카부령 109)이 공포되어, 그 등록증에는 '좌우약지손가락'의 지문란이 만들어졌다. 하지만 조선인 단체의 격렬한 저항으로 지문날인은 요구하지 못하고 등록의 촉진을 우선으로 하는 '타협'이 성립되었다고 한다[3]. 하지만 이듬해 47년 5월 2일 외국인등록

3) 『재일한국인사회 소사小史』, 공동출판사, 1977

증령이 공포 시행됨에 따라 오사카부령은 폐지되었다. 외국인등록령 제11조에는 '대만인 … 및 조선인은 이 칙령의 적용에 따라서 당분간 이것을 외국인으로 간주한다'고 되어 있다. '지문'에 대한 규정은 없지만, '외국인은 아니지만, 외국인으로 간주한다'고 하는 것은 어딘가 기묘한 규정이다. 공포 다음 날인 5월 3일은 신헌법이 시행된 '헌법기념일'로 천황은 '칙령'을 발포하는 권능을 잃어버렸기에, 외국인등록령은 '사상 최후의 칙령'이 되었다. 더욱이 '지문'에 관한 규정은 없었다. 하지만 일본이 주권을 회복하는 1952년 4월 28일에 공포되고 시행된 외국인등록법에 처음으로 지문날인 의무가 규정되었다.

전후 혼란기에 제은帝銀 사건(1948.1), 시모야마 사건(1949.7), 산케이三慶 사건(1949.7), 마쓰카와松川 사건(1949.8) 등의 곤란한 사건이 계속 이어지면서, 과학적 수사체제를 확립하자는 의미에서, 1949년 7월부터 10월에 걸쳐서 중의원 법무위원회에서는 '국민지문법'의 제정이 논의되었지만 결국 성립되지 못했다. 1950년이 되자 도쿄에서 일반 주민에게 임의로 지문날인을 요구하는 것을 시작하려고 했지만, 그것에는 법적 구속력이 없었기에 거부한다고 하면은 그뿐이었다. 1951년 3월 미야기현 의회에서 '주민지문등록 조례안'이 상정되었지만, 역시 성립되지는 못했다. 즉 지문날인을 형사 처벌로 의무화하는 것은 불가능하였지만, 외국인에 대해서만큼은 그것을 제도화한 것이다.

지문등록의 역사를 살펴보면 일본이 중국 동북 지구에서 설립한 '만주국'에는 '지문관리국'이 있어서, 처음에는 경찰지문, 다음은 노동자지문, 나아가서는 주민지문으로 확대했다. 나는 1987년 친구들과 그 현지 조사를 실시했는데, 일본의 외국인등록증에 얼굴 사진 아래에 지문이 날인되어 있는 것을 보여주자, 중국과 주변 조선족의 연장자들이 과거의 망령을 본 것 같다고 했다. 나는 그 후에 '지문날인의 원점 – 중국 동북부(구 만주)를 방문해서'[4]를 적었다.

일본의 외국인등록증 지문날인은 외국인등록증을 갱신할 때마다 요구되었다. 1947년 외국인등록령으로 재일코리안은 처음은 일제히 등록하는 것이 의무화되었기에 이후 갱신도 정기적으로 일제히 시행되었다. 그리고 1985년 일제히 갱신하는 해가 되었다. 80년대에 들어서 지문거부는 서서히 확대되는 분위기였는데, 대량 갱신을 하는 85년을 앞두고, '지문날인 거부 예정자 회의'가 설립되면서, 지문날인을 거부하는 움직임은 커다란 풍랑이 되었다. '재일'의 오덕수 감독의 영화 『지문날인 거부』(1984.12, 50분)가 여기 저기서 상영된 것도 바로 이때이다.

1986년 9월 아시아 경기대회의 개회식에 출석한 나카소네 야스히로中曽根康弘 수상은 서울에서 갑작스럽게 '지문날인은 한 번뿐이며, 이후는 그것을 복사한다'는 수정안을 발표했다. 나아가 1991년 1월 한일외상 간의 '각서'에 마침내 지문폐지가 포함되었다. 92년 6월 외국인등록법 개정으로 '특별영주자' 및 일반영주자에 대해서는 지문이 폐지되었다. 동법 개정의 부대결의에서 '일반 외국인의 지문날인에 대해서는 5년을 목표로 검토하도록'이라고 되어 있으며, 99년 8월에 법 개정으로 일반 외국인에 대해서도 폐지되었다(시행은 2000.4). 20년의 세월이 걸렸지만, 지문날인 거부 투쟁은 '재일'에게 있어서는 공민권 운동이었다고 보는 견해도 있다.

6. (번외편) 외국인 지방 참정권 부여, 한일의 비대칭을 생각하기

『계간삼천리』는 1987년에 종간이 되었지만, 번외편으로 적어두고자 하는 것은 외국인의 지방 참정권에 대해서이다. '민족차별에 대해서 투

---

4) 『아사히저널』, 1987.10.9. 수록

쟁하는 연락협의회(민투련)'이 1988년 제 14회 전국 교류집회(오사카)에서 발표한 '구 식민지 출신자에 관한 전후 보상·인권 보호법(모안)'에서는 제 10조 '특별 영주자는 지방자치체의 참정권을 가진다'고 되어 있다. 91년 한일외상 각서 마지막에는 '지방자치체 선거권에 대해서는 대한민국 정부의 요망이 표명되어 있다'고 적혀 있다.

재일코리안이 지방참정권을 재판에서 묻기 시작한 것은 90년 11월 김정규씨 외 11명이 오사카 지재에 제소한 것이 그 시작이다. 이 제소에 대해서 최고재판소는 1995년 2월 청구는 기각했지만 '법률로 지방 공공단체장과 그 의회의 의원 등에 대한 선거권을 부여하는 장치를 강구하는 것은 헌법상 금지되어 있는 것이 아니다. … 위와 같은 장치를 강구할지 말지는 오로지 입법정책에 관한 사항이므로 … '라고 판시했다.

일본의 국회에 처음으로 법안이 제출된 것은 1998년 10월 민주당, 그리고 공명·평화개혁에 의한 '영주외국인 지방선거권 부여 법안'이다. 동 법안은 '영주외국인'에만 해당하며, 게다가 선거권에만 한정되어 있어 피선거권은 포함되지 않는다. 이듬해 1999년 3월, 오부치 게이조小渕恵三 수상 방한 시 한일수뇌회담에서 김대중 대통령은 재일한국인의 지방참정권 부여를 일본 측에 요청함과 동시에 한국에서도 재주외국인에게 지방참정권 부여를 검토한다고 표명했다. 이에 외국인에 대한 지방참정권 부여 문제는 한일 공통의 과제가 되었다.

일본에서 법안제출은 1998년이었지만, 아직 성립하지는 못했다. 하지만 한국에서는 2003년 12월 주민투표법이 제정되어, 이에 영주외국인에 대한 투표권이 인정되고, 또한 2005년 6월에는 영주외국인에 지방선거권을 인정하는 법 개정이 성립되었다. 이듬해 2006년 통일지방선거부터 실시하며, 이미 4회의 투표가 실행되었다. 따라서 재한일본인은 중의원·참의원 양원의 국정 선거는 재한일본공관에서 투표를 하고, 지방선거는 한국의 거주지에서 투표하고 있다. 한편 재일한국인은 대통령 및 국회의원 선거는 재일한국공관에서 투표를 하지만, 일본 지방선거에서는 투표를 하지 못 한다.

보도에 의하면 미국 뉴욕시에서는 외국인이라도 영주권과 취로허가증을 가지고 있으면 투표할 수 있는 조례가 가결되어, 새롭게 80만~100만인에게 시장 선거와 시의원 선거에서 투표권이 부여되었다고 한다(2021.12.11, 아사히신문). 한편 도쿄 무사시노시武蔵野市에서 2021년 11월 시의회에 외국인 투표를 인정하는 주민투표 조례가 제안되자, 갑자기 반발이 일어나서 레이시스트가 시청 등에 가두선전차街頭宣伝車를 보내고 있다고 한다. 결국 12월 21일 무사시노의회에서 '주민투표조례안'은 부결되었다. 아무튼 한일에서 일목요연하게 비대칭의 모습이 보이고 있다는 것이다. 그것은 왜 그럴까?

우연히 보게 된 다음 문장에 나는 이끌렸다. '일본 식민지 지배에 저항하는 과정에서 형성되어 버린 단일 민족론과 순혈주의는 극복해야만 하는 것이다. … 조선사회의 문화적 우월주의와 문화적 동질성으로 민족의 아이덴티티를 형성하는 것은 잘못된 것일 뿐만 아니라, 현실에도 맞지 않다는 것을 인정할 필요가 있다. 새롭게 재편되는 한국사회 또는 한국인이 민족과 문화의 다양성을 통해서 새로운 역사를 만들어 가야만 하기 때문이다.' 이것은 한국의 한건수·강원대학교 문화인류학과 교수가 한국국제교류재단 "KOREANA(일본어판) - 다문화 사회를 향하는 한국"(15권 2호, 2008)에 기고한 '역사적 배경으로 본 한국의 다문화 사회: 민족의 우월성을 뛰어넘어 다양성의 시대로'의 한 부분이다. 일본에서도 '다문화 공생'이라는 말은 거의 매일 듣지만, 조금도 그 실체를 가지지는 못한다.

식민지 지배의 또 다른 당사자인 일본, 그곳에서는 어떠한 총괄이 이뤄졌으며, 그것에 근거하여 어떠한 사회를 만들어 가고자 한 것인가? 한건수 교수로부터의 배움을 통해서 '새롭게 재편되는 일본사회 또는 일본인은 민족과 문화의 다양성을 통해서 새로운 역사를 만들어 가야만 한다.' 그것이 '역사적 배경으로 본 일본의 다문화 사회'가 될 것이다. 지방참정권 부여가 실현되지 않는 일본이 다문화 사회가 될 리가 없는 것이다.

문득 떠오른 생각은 일본의 식민지 연구분야에서 일인자·야나이하라 타다오矢内原忠雄(1893-1961)이다. 야나이하라는 1920년 도쿄제국대학 경제학부 조교수가 되어 니토베 이나조新渡戸稲造(1862-1933)가 국제연맹 사무차장에 선출된 후 그 강좌 '식민정책론'을 담당하고, 『식민 및 식민정책』(1926), 『식민정책 신기조』(1927), 『제국주의 하에서의 대만』(1929) 등을 간행했다. 그러나 정부의 중국정책을 신랄하게 비판한 이유로 1937년 12월 교수직을 사임하게 되었다. 전후 도쿄대학 경제학부 교수로 복귀하여, 1951년부터 57년까지 도쿄대학 총장직을 역임한다.

야나이하라는 도쿄대학에 복귀했을 때의 일을 다음과 같이 말한다. '나는 원래 식민정책론이라는 강의를 하지 않았는가? 그 식민정책론의 명칭을 어떻게 하면 좋은가 하고 물으니, 나는 일본은 이제 식민지가 없으니 식민정책도 아닌 게 된다고 말하며, 식민정책론 강좌를 국제경제론이라는 강좌로 변경했다.'('내가 걸어온 길·제11회' 도쿄대학신문, 1958.1.12.). 와다 하루키和田春樹·도쿄대학 명예교수는 이것을 언급하며 '참으로 심각한 문제가 간단하게 다뤄지고 있다'고 지적했다.[5)]

야나이하라에게는 전후 일본을 다룬 편저 『전후 일본 소사 상·하』(도쿄대학출판회, 1958, 1960)가 있다. 총설: 야나이하라, 경제: 오우치 효에大内兵衛, 노동: 오코우치 카즈오大河内一男, 정치: 오카 요시타케岡義武, 법률: 와가쓰마 사카에我妻栄, 교육: 가이고 토키오미海後宗臣와 같이 모

5) 와다 하루키, 『북의 친구에게, 남의 친구에게』, 오차노미즈서방(御茶の水書房), 1987.

두 다 도쿄대학의 저명교수가 분담하여 집필했다. 그렇다고는 하더라도 야나이하라의 '총설'에서도 일본에 거주하는 구 식민지 출신자의 존재, 그 지위와 처우 문제 등, 어느 것 하나 언급하고 있지 않다. 야나이하라의 '후기'에는 '상, 하 두 권을 하나로 하여 전후 일본민주화의 여러 문제의 소재를 명확히 하고, 앞으로 나아갈 방향을 시사할 수 있다면 다행이다'고 말하고 있지만, 재일코리안에 관련한 것은 야나이하라에게 있어서 '전후 일본민주화의 여러 문제'에 포함되지 않는 듯 하다.

역사에 '만약에'는 금지되어 있을지 모르지만, '만약' 야나이하라가 '식민지는 없어졌지만 식민지 통치에 기인하는 여러 문제, 예를 들어 전후 일본에 머무르고 있는 구 식민지 출신자를 어떻게 처우하면 좋은지를, 빼앗긴 말, 문화, 역사를 되돌리는 민족교육을, 조선학교를, 어떻게 자리매김하게 할지 등과 같은 문제에 접근하는 과제를 잊어서는 안 된다. 신설된 사회과학 연구소에서는 이러한 문제에 대처할 필요가 있다'고 말했다면 어땠을까? 덧붙이자면 야나이하라는 1946년 8월 사회과학 연구소 소장이 되었다.

베트남 난민 발생이 일본에 국제인권 규준의 수용을 압박했다는 것, 그것은 한일조약체결 보다도 큰 충격을 일본사회에 안겼다는 것을 앞에서도 언급한 바 있다. 일본은 지금은 많은 인권조약을 비준하고 있으며, 9개 있는 중요 인권조약 중, 비준 받지 못한 것은 이주노동자 권리 조약뿐이다. 하지만 조약에 바탕을 둔 정기 보고와 그 심사 후 '총괄 소견'의 권고는 거의 무시하고 있다. 예를 들어 고교무상화에서 조선학교 제외에 대해서는 3위원회에서 5회 시정을 권고 받았지만, 그럼에도 계속 무시하고 있다.

9개 중요 인권조약에는 '개인통보제도'가 있어서, 국내 절차를 마치더라도 구제받지 못하는 경우, 개인이 각 조약의 전문가 위원회에 심사를 받는 길이 열렸다. 하지만 그러기 위해서는 별도로 각각의 조약에 개인

통보제도 수락의 절차를 집행하지 않으면 안 된다. 하지만 일본에서는 자주 요구를 받지만 전혀 그 절차를 밟지 않기 때문에, 이 제도를 사용할 수가 없다. 따라서 고교무상화에서 조선학교가 제외된 것에 대해서 다투던 재판은 2021년 7월 최종적으로 패소가 확정되었지만, 국련에 통보할 수는 없다. 또한 국련은 인권침해에 관한 계발啓發과 구제를 위해서 정부로부터 독립한 '국내인권기관'의 설치를 각국에 요청하고 있지만, 일본은 아직 설치가 이뤄지고 있지 않다.

참고로 한국은 국내 인권기관이라고 해서 이미 '국가인권위원회'를 설치하고 있다. 또한 개인통보제도에 대해서도 자유권규약(2021년 현재 116개국 수락), 여자차별철폐조약(동, 114개국), 인권차별철폐조약(동, 59개국), 고문금지조약(동, 69개국)의 4가지 조약을 받아들이고 있다. 일본은 100개국 이상이 수락하고 있는 조약이 있음에도 불구하고, 어느 하나도 개인 통보를 받아들이고 있지 않다.

한일의 비대칭은 지방참정권 부여에 그치지 않는 것으로, 실로 부끄러움을 느끼게 한다.

전후 초기 일본의 재일조선인 문제

안성일安成日, AN ChengRi

남개대학(南開大学) 대학원 박사과정 졸업, 역사학 박사. 일본 국학원대학(国学院大学) 문학연구과 박사과정 졸업, 역사학 박사. 교토대학(京都大学) 경제연구소 외국인방문학자(중국 교육부 파견). 현재 흑룡강대학(黒龍江大学) 정치학과 교수. 주요 저서로는 『国際関係史論』(2005), 『東アジア政治・経済・外交論叢(공저, 2007), 『現代日韓関係研究(1945-1965)』(2009), 『戦後初期における日本と朝鮮半島の関係』(공저, 2013), 『日ロ政治経済社会文化関係年表(1603-2019.11)』(2019) 외 다수.

1. 재일조선인의 유래

(1) 일본의 식민지 통치와 초기 조선인 일본 이주

재일조선인 문제는 일본의 조선 식민지 통치의 부산물이다. '한일합방' 이후 일본은 조선에서 '토지조사'를 하고, 공유지 국유화 정책을 실행했다. 일본의 국책회사인 '동양척식회사' 등도 조선에서 적극적인 토지 매수를 했다. 그 결과 조선의 농업을 중심으로 하는 자급 자족식 봉건제도는 급속도로 붕괴되고 다수의 조선 농민이 토지를 잃고, 생계를 유지나 새로운 토지를 구하여 중국, "만주", 사할린, 소련의 시베리아, 연해주, 일본 본토 등에 이주나 일을 찾아 나섰다.

조선인이 본격적으로 일본에 이주를 시작한 것은 1차 세계대전 때부터였다. '1차 세계대전이, 군수품 수요 붐으로 일본 자본을 비약적으로 발전시키고(중략) 국내의 노동력 부족과 저임금 정책을 유지하기 위해 식민지 조선의 노동력에 착목하여 일본의 자본가들은 본격적으로 그 "수입"에 착수했던[1]' 것이다. 그 후 일본에 이주한 조선인의 수는, 일본 제국 정부의 노동 정책에 따라 다소의 변화는 있지만 그 수는 지속적인 증가를 보였다(표 1 참조).

1) (日)후지시마 우다이(藤島宇内), 마루야마 구니오(丸山邦男), 무라카미 효에(村上兵衛), 「재일조선인 60만 명의 현실」, 『中央公論』, 1958.12.

표 1. 일본 거주 조선인 인구 추이(1985-1909, 1909-1930)

년도	거주인구	증가인구	징용동원인수	비고
1885 (메이지18)	1	-	-	-
1895 (메이지28)	12	-	-	청일전쟁종결
1905 (메이지38)	303	-	-	러일전쟁종결
1907 (메이지40)	459	-	-	-
1908 (메이지41)	459	-	-	-
1909 (메이지42)	790	331	-	-
1915 (다이쇼4)	3,989	-	-	제일차 세계대전 중
1916 (다이쇼5)	5,638	1,649	-	제일차 세계대전 중
1917 (다이쇼6)	14,501	8,863	-	제일차 세계대전 종결
1918 (다이쇼7)	22,262	7,761	-	토지조사 종료
1919 (다이쇼8)	28,272	6,019	-	조선 3·1운동
1920 (다이쇼9)	30,175	1,901	-	쌀 증산계획 수립
1921 (다이쇼10)	35,876	5,693	-	-
1922 (다이쇼11)	59,865	23,989	-	도항조절제도 폐지
1923 (다이쇼12)	80,617	20,752	-	관동대지진
1924 (다이쇼13)	120,238	39,621	-	-
1925 (다이쇼14)	133,710	13,472	-	도항제한제도 폐지
1926 (쇼와1)	148,503	14,793	-	-
1927 (쇼와2)	175,911	27,408	-	일본 경제공황 발생
1928 (쇼와3)	243,328	67,417	-	-
1929 (쇼와4)	276,031	32,703	-	세계경제공황발생
1930 (쇼와5)	298,091	22,060	-	-

주: (1) 일본 제국 통계 연감. (2) 일본 내무성 경보국 조사. (3)1919년, 1920년, 1921년의 수가 맞지 않는데, 아마 거주 인구 조사 시간과 증가 인구 조사 시간의 차이로 생겨난 것으로 보인다(인용자). 이유환 저, 『재일한국인의 50년사-발생 원인의 역사적 배경과 해방 후의 동향-』, 신수물산주식회사 1960.12. p.56,58,63 참조.

(2) 침략 전쟁에 따른 노동력 부족과 조선인들의 대량 일본 이주

조선인들이 대규모로 일본에 이주한 것은 중일전쟁 발발로부터 제2차 세계대전 종결 직전까지이다. 이 시기, 일본은 전력 부족과 전쟁으로 인한 노동력 부족을 보충하기 위해 수 십 만의 조선인을 징병, 징용, 선발의 명목으로, 혹은 강제로 일본에 연행했다. 그 결과 일본이 항복 했을 때 일본 본토에는 200만에 가까운 조선인이 거주하고 있었다(표 2 참조).

표 2. 일본에 거주하는 조선인 인구 추이(1931-1945)

년도	거주인구	증가인구	징용동원인수	비고
1931 (쇼와6)	318,212	20,121	-	만주사변 발발
1932 (쇼와7)	390,543	72,331	-	자력갱생 운동
1933 (쇼와8)	466,217	75,674	-	-
1934 (쇼와9)	537,576	71,359	-	-
1935 (쇼와10)	625,678	88,102	-	-
1936 (쇼와11)	690,501	64,823	-	-
1937 (쇼와12)	735,689	45,188	-	중일전쟁 발발
1938(쇼와13)	799,865	64,176	-	-
1939 (쇼와14)	961,591	161,726	38,700	국민동원계화
1940 (쇼와15)	1,190,444	228,853	54,944	직업소개령 실시
1941 (쇼와16)	1,469,230	278,786	53,493	태평양전쟁 발발
1942 (쇼와17)	1,625,045	155,824	112,007	조선징용령 실시
1943 (쇼와18)	1,882,456	257,402	122,237	-
1944 (쇼와19)	1,936,843	54,387	280,303	조선징병령 실시
1945 (쇼와20)	불명	불명	(160,427)	일본 항복

主: (1) 일본 내무성 경보국 조사. (2) 원용덕 '요시다 정부로의 공개장' 『민주조선』32호, 전게, 이유환 저, 『재일한국인 50년사』, p.69,71,73 참조.

패전 후, 전쟁 중 각종 명목으로 일본에 연행되어 각지의 공장, 광산, 탄광, 건축 및 건설현장 등에서 일했던 조선인들은 패전과 동시에 직장을 떠나 일본 각지에서 항구로 몰려들어 귀국 붐을 일으켰다.

2. 점령 초기(1945.8-1946.12)의 일본 정부 및 연합 점령 당국의, 재일조선인 귀국 관리 형태

(1) 패전 후 재일조선인 집단 귀국과 재일조선인 자치 단체의 결성

패전 후, 재일조선인들은 '해방'과 '마침내 조국이 독립한다'는 이중의 기쁨으로 넘쳐나, 귀국을 서둘렀다. 그러나 일본 정부의 재일조선인 귀국 조치의 소홀함과 더불어, '귀국을 서두르는 동포의 귀국 보호 문제',

'조선인과 일본인 간의 마찰 방지 문제', '동포의 질서의 생활 복지 후생 문제', '당국과의 교섭 및 동포 간 연락 문제'등을 위해 우선 무엇보다 조직을 가질 필요가 있었다. 위와 같은 요구에 따라 패전 직후인 1945년 8월 18일 도쿄 스기나미구 오기쿠보에서 '재일조선인 대책 위원회'가 결성 된 것을 계기로, 같은 22일 시부야에 '재일 동포 귀국 지도 위원회', 이타바시구에 '재 일본 조선인 대책 위원회', 간다의 YMCA에 '재 일본 조선인 거류 연맹' 등이 결성 되었다[2]. 이 같은 조직은 도쿄 뿐만 아니라 오사카 교토 고베 외에도 일본 각지에 여러 이름의 군소의 자치적 성격을 가진 단체가 결성되었다. 그 수는 한 때 300을 넘는 상태였다.[3]

이러한 모든 단체는, 한반도의 북에 소련이 진주하여 평양을 제압하고, 남은 미국이 인천에 상륙하여 서울을 점령하였다는 소식과 그 결과로 '일본 제국 총독 통치'가 완전히 붕괴된 것을 알게 되자 더욱 용기를 얻어 재일조선인 대동 단결을 도모하기 시작했다. 1945년 9월 10일, 도쿄, 간사이 지방 등의 재일조선인 단체 대표들은 도쿄도 시부야구에 있는 도쿄 쥬오 요요기 교회'세가료'에 모여 '재 일본 조선인 연맹 중앙 준비 위원회'를 결성하고, 사무실을 신쥬쿠 쓰노하즈에 '재단법인 조선 장학회' 안에 두었다. 동시에 '미군과의 절충을 생각하여' 위원장에는 조덕성(일본명 시라카와이치우)를 부위원장에는 '일본측에 유리한' 권혁주(일본명 곤도가로)와 '공산계'인 김정홍(일본명 시미즈다케오) 등을 선출했다.[4]

이후 일본 각지의 '조선인 연맹'은 결성의 기운이 강해지며 차례로 '준비위원회'가 결성되기에 이르러서 마침내 1945년 10월 15, 16일, 도

2) (日)공안조사청 법무사무관 쓰보이 도요키치 저, 「재일조선인 운동의 개황」, 『법무연수보고서』제46집 제3호(비밀), 법무연수소, 1958, p.78.

3) 이유환 저, 『재일한국인 50년사-발생원에 있어서의 역사적 배경과 해방 후의 동향』, 신수물산 주식회사, 1960.12, p.120 참조.

4) 전게, 쓰보이도 요키치 저, 『재일조선인 운동의 개황』, p.79.

쿄의 히비야 공회당에 일본 전역의 5천 명의 대표들이 모여 전국대회를 개최하여 협의한 결과, '재일조선인 연맹'('조련'으로 약칭[5])이 정식 결성되었다. '조련'은 결성 당시, '해방된 독립 국민으로서 금도를 지니도록 재일 동포를 계몽 통제할 것'을 목적으로 하고, '동포의 귀국 알선, 생활상담, 조선어 강습 등 당면한 민생 문제 해결' 등을 주된 사업으로 하는, '정치색이 엷은 것'이었다.[6] '조련'은 패전 직후 재일조선인의 귀국에 중요한 역할을 했으며, '초기 조련의 귀국 동포에 대한 공헌'은, 일본 공안 당국조차도 '높게 평가할 만한' 것이라 지적한다.[7]

그런데, 연합국 일본 점령 당국의 민주화, 비군사화 정책과 함께 '정치범과 사상범의 석방 지령'에 따라, 1945년 10월 10일, 감금되어 있던 조선인 일본 공산당 간부 김천해 등이 석방되자, 김천해 김두용 등 일본 공산당 조선인 간부들은 '은밀하게 공작하여 조직(조련, 인용자)의 실권을 장악하고 정치색을 띄게 된 것이다.[8] 그와 더불어 '조련'은, '친일 민족 반역자'의 적발과 활발한 조직 운동을 전개하여 전국 각지의 청년대, 자치대, 보안대, 자위대 등 다양한 명칭의 반폭력 단체를 조직하여 협박, 불법 감금, 인민재판, 약탈, 집단 절도 등의 '불법 행위'를 일으켰다.

'조련'의 좌익 간부의 지도에 따른 이런 과격한 행동은 일본 패전으로 장기간의 예속에서 하루아침에 해방된 재일조선인의 흥분된 심리상태에 심대한 공명을 불러오며 점령군의 민주화 정책과, 점령에 따른 일본

---

5) '조련'은 1945년 10월 15일 결성 당시 중앙본부 소재지를 도쿄도 신주쿠구 쓰노하즈 조선장학회 회관에 두고 구성인원은 약 150만 명이었다. 1949년 9월 8일 해산 당시에는 중앙본부를 도쿄 주오구 마키마치 1-3 기도 빌딩으로 옮겼는데, 당시 구성원은 약 35만 명이었다.

6) 전게, 이유환 저, 『재일한국인 50년사』, p.121-123.

7) 쓰보이 도요키치 저, 『재일조선인 운동의 개황』, p.26.

8) 전게, 이유환 저, 『재일한국인 50년사』, p.122.

당국의 통치력의 무력화를 배경으로 전후 혼란이 이어지던 일본 사회 속에서 일부 재일조선인을 폭력 군중화로 유도했던 것이다.

1946년 2월 김천해는 일본공산당(일공) 기관지 『전위』에 '재일조선인은 일본에 정주하고 혁명에 참여하라'는 논문을 발표했다. 이후 '조련'은 공공연히 연합점령당국과 일본 정부의 재일조선인 귀국사업 방해 활동에 나선 것이다.

'조련'이 조선인 일공원들에게 주도권이 장악되고, 결성 당시의 '대동단결'이라는 목표로부터 멀어지며 좌익적 과격행동을 일으키자 자유민주주의자들 가운데 청년층은 '조련'을 떠나, 1945년 11월 16일 조선건국촉진청년동맹('건청'이라고 약칭함[9])을 결성하여 좌익세력에 대항하였다. '건청'은 결성 당시, 스스로를 '자유민주주의국가 건설'을 위해 30세 이하의 청년, 남녀가 집결한 조직단체로 규정함과 동시에 기관지 『조선신문』을 발간하여 신탁통치반대, 38도선 철폐, 조국의 완전 독립 등을 호소하면서 활발하게 운동을 전개하고, 게이힌 및 한신 지역의 대도시를 중심으로 급속히 그 세력을 확대해 갔다. 그러나 이후 '건청'은 '조련'을 무너뜨리고자 굳이 실력행사에 나서 유혈사건을 일으키는 한편, 내부에 있어서도 격렬한 파벌 다툼이 계속되었기 때문에, 단체의 결속력이 약화되어 다수가 탈퇴하고 조직을 떠났다.

1945년 12월 27일, 1923년의 '관동대지진' 때 검거되어 23년간 아키타 형무소에 감금되었던, 조선민족운동의 거두 박열이 석방되었다. 박열은 출옥 후, '조련'이 공산주의들에 의해 좌지우지되는 것을 좋아하지 않는 '조련' 내의 불만분자 및, '건청'의 분열분자를 중심으로 1946년 1월 20

9) '건청'은 1945년 11월 6일 결성 당시 중앙본부의 소재지를 도쿄도 스기나미구 아마누마의 해외동포 훈련소에 두고, 1949년 9월 8일, 해산 당시 중앙본부는 도쿄도 신주쿠구 와카마츠쵸의 한국학원으로 옮기고 있었다. 전성기의 구성원은 약 2만 명, 지방본부 15, 지부 20개소를 가지고 있었다.

일, '한일친선, 한국의 완전독립'을 표방하는 '신조선건설동맹'('건동'으로 약칭한다)을 결성한다.[10] 결성 당시의 지도층의 면면을 보면, 위원장은 박열, 부위원장은 중간파 이강훈, 원심창이고, 그 외 김광남, 박노정, 정태성, 이옥동, 정주화, 김두수, 박준 등이 각부의 부장, 비서 등을 담당하고 있다. '건동'은 이후 발전적으로 해소되었고, 그 해 10월 3일, 박열을 단장으로 하는 '재일본조선인거류민단'('민단'이라고 약칭함)으로 그 모습을 바꿈과 동시에 '건청'을 그 동맹체로 발족하였다. 1948년 8월 15일, 한국정부가 성립되며, 일본에 '한국주일대표부'가 설치된 후, '민단'은 '조선'을 '대한민국'으로 개칭했다.

'조련' 결성 후, 각지에서 결성된 '조련'의 청년대, 자치대, 보안대, 자위대 등이 좌익의 지도에 따라 '획일적인 과격행동'으로 치닫자, 연합점령당국은 일본 정부에 재일조선인 형사범죄에 대한 단속 강화를 명했다. 이에 따라 일본정부는 1946년 2월 19일의 '형사재판권 관할에 관한 총사령부의 각서' 및 폭력단체의 해산을 규정한 일본 정부의 '칙령 제101호'에 따라 동년 4월 24일 '조련'의 청년대, 자치대, 보안대, 자위대 등의 해산을 명령하였다. 이에 '조련'은 동년 5월 10일, 도쿄에서 전국 자치대장회의를 열고, 자치대로 바꾸어 '공산주의를 표방하는' '재일조선민주청년동맹'을 설립하기로 결정했다. 1947년 3월 6일, 각 대표는 도쿄 교바시 공회당에서 전국대회를 열고 정식으로 '재일조선민주청년동맹'('민청'으로 약칭함)[11]을 결성하였다.

'민청'은 그 후 '조련'의 동맹체로서 자치대 이상의 강력한 실력 행동

10) 전게, 쓰보이 도요키치 저, 『재일조선인 운동의 개황』, p.246.

11) '민청'은 1947년 3월 6일, 성립 당시 중앙본부를 도쿄도 미나토구 시바타무라쵸의 조선총독부 출장소에 두고, 1949년 9월 8일, 해산 당시는 도쿄도 츄오구 마키쵸로 옮기고 있었다. 해산 당시 구성원이 약 6만 명, 부현에 본부 48개소, 분회 372개소가 있었다. 중앙기관지로 『민주청년』을 발간하였다.

대가 되어, 여러 과격 투쟁에 참가했다.

(2) 전후 초기 재일동포 관련 불법행위와 점령당국 및 일본정부의 대책

전쟁 후 재일동포들은 귀국을 서둘렀다. 그러나 일본정부의 재일조선인 귀국 조치의 미흡함과 더불어, 조선인의 귀국에 의해 발생하는 여러 문제를 두고 조선인과 일본관공서, 경찰, 회사, 일본인, 및 조선인 내부의 좌우 양쪽 간의 문제가 끊이지 않았다. 또한 연합국군에 의한 점령통치가 시작되자, 재일조선인 대만인은 '해방민족'으로서 일본의 사법관할권 면제를 주장했기 때문에 일본과의 충돌이 끊임이 없었다. 이 시기 재일교포의 주된 '불법행위'는 다음과 같다(표 3 참조).

표 3. 종전 초기의 소위 재일조선인의 불법행위

1945년 8-12월	건수	1946년도	건수
일본인지도원 집단폭행	6건	대경찰관서	179건
물자배급을 둘러 싼 불온행동	8건	조선인간집단투쟁	108건
도박에 의한 집단투쟁	5건	집단적강도사건	572건
조선 일본인 간 투쟁	8건	관공서에 부당요구	2,407건
조선인과 중국인의 집단투쟁	5건	집단폭행상해사건	453건
귀국문제에 대한 불온행동	21건	집단사기공갈	147건
퇴직위로금등의 부당요구	34건	금융조치법위반	16건
집단 절도	8건	철도수송위반	580건
관공서에 부당요구	14건	그 외	750건
보안대의 경찰유사행위	9건		
가옥 불법점거와 불법요구	10건		
조선인 간 집단투쟁	2건		
그 외	6건		
합계	136건	합계	5,212건
참가인수 : 불상		참가인수 : 약 50,000명	

주 : 쓰보이 도요키치 저, 「법무연구보고서」제46집 제3호, 『재일조선인 운동의개황』, (기밀)법무연수소, 쇼와33년 2월, pp.233-235 참조.

그러나 상기 재일교포의 이른바 불법행위는 결코 '불법행위'만으로

간주할 수 없는 것이었다. 이른바 '물자배급을 둘러싼 불온행동', '귀국문제를 둘러싼 불온행동', '퇴직위로금 등의 부당요구', '관공서에 대한 부당요구', '보안대의 경찰유사행위', '가옥의 불법점거와 불법요구', '금융조치법 위반', '철도수송위반' 등의 '불법행위'는 일본정부의 재일조선인 귀국조치의 미흡함으로 발생하는 문제로, 이는 재일조선인 귀국에 따른 정당한 기본적인 생활보장 요구, 신체안전보장 요구가 포함되어 있다는 점도 주목해야 한다. 재일동포들의 이러한 요구가 이 때 재일동포들의 소위 불법행위의 50% 이상을 차지하고 있었다.

전쟁 후 일본 정부, 특히 시데하라 내각(1945.10.9-1946.4.22)은 기회가 될 때마다 점령당국에, 일본 측의 재일조선인, 대만인에 대한 형사사법 관할권을 요청했다. 특히 전후 일본 정치, 경제, 사회 혼란 속에서, 일부 재일조선인의 '불법행위'와 조선인 밀입국자가 늘어나자(표 3, 표 4 참조), 일본 정부는 국내 치안 유지를 이유로, 재일조선인에 대한 형사사법 관할권을 적극적으로 점령당국에 요구했다.

표 4.

검거기관 (인원수) / 년도별	검거자 수					도주 확인자	강제 송환자
	경찰			해상 보안청	합계		
	상륙지	상륙지 이외	합계				
1946 (쇼와21)	17,737	1,374	19,107(19111?)			3,683	15,925
1947 (쇼와22)	5,421	716	6,137			1,467	6,296
1948 (쇼와23)	6,455	460	6,915	1,358	8,273	2,046	6,207
1949 (쇼와24)	7,931	1,249	9,180	729	9,909	2,700	7,663
1950 (쇼와25)	2,442	534	2,976	330	3,306	1,170	2,319
1951 (쇼와26)	3,704	364	4,068	721	4,789	1,143	2,173
1952 (쇼와27)	2,558	481	3,039	371	3,400	705	2,320
1953 (쇼와28)	1,404	499	1,903	313	2,216	387	2,685
합계	47,652	5,677	53,325 (53,329?)	3,822	57,151 (31,893?)	13,311 (13,301?)	45,587 (45,588?)

주 : 시노자키 헤이지 저, 『재일조선인 운동』, 令文社, 1955, pp.187-190 참조.

전쟁 후의 혼란 속에서 재일조선인의 소위 '불법행위' 및 불법입국 등이 눈에 띄게 되자(이와 비슷한 불법행위는 조선인만이 아니었다), 일본 내 치안 유지를 최우선으로 하는 연합국 점령당국의 재일조선인에 대한 태도에도 변화가 나타났다. 1946년 2월 19일, 연합국 점령당국은 형사재판권에 대해, '일본 법원은 점령 목적에 해로운 행위가 일본의 법률 위반을 구성하는 한, 이에 대해 재판권을 계속 행사한다'며 '일본의 형사재판소가 조선인과 종전 일본의 지배하에 있던 다른 나라 국민들에게 그 본국으로 귀환할 의지를 갖는 것에 대해 적당한 증거를 제공한 것에 대해 내린 판결은 연합국 대령 또는 그가 지명한 대리인의 심사 외, 다른 조치에 복종할 수 있도록 한다'고 하였다.[12] 같은 해 4월 4일, 일본 정부에 '일본 철도를 이용하는 대만인과 조선인을 단속하는 완전한 권한'을 부여하고, '완전한 권한을 행사하여 일본의 철도 보안과 질서 유지를 확보하는 것은 일본 정부의 책임'이라 하며, 같은 해 4월 30일에는 일본 정부에, 일본이 '열거한 폭행을 일삼는 조선인을 단속할 완전한 권한을 갖는다'고 했다.[13]

나아가, 11월 20일 "재일조선인의 지위와 취급에 관한 총사령부 섭외

12) SCAPIN 756,「형사재판관할에 관한 총사령부 각서(1946.2.19.)」,『현대 일본·조선관계사 자료』제6집,『외무성 정무국 특별자료과편 재일조선인관리중요문서집(1945-1950)』(『외무성 문서집』이라고 약칭한다) 1950.3, 코호쿠사, 1975(복각), pp.36-37. SCAPIN 757 '조선인 및 다른 특정국인에 대한 판결의 재심사에 관한 총사령부 각서(1946.2.19)', 전게,『외무성 문서집』, pp.37-38. 오누마 야스아키(大沼保昭),「자료와 해설, 출입국관리법제의 성립과정」(2)(「자료와 해설」로 약칭),『법률시보』50권 5호, 1978.

13) SCAPIN 912-A,「철도이용 대만인 및 조선인 단속에 관한 총사령부 각서(1946.4.4)」, 전술,『외무성 문서집』, p.49. SCAPIN 1111-A '조선인 불법행위에 관한 총사령부 각서(1946.4.30)', 전술, 오누마 야스아키,「자료와 해설」(3),『법률시보』50권 6호, 1978.

담당관 발표"에서 재일조선인은 '모든 정당한 국내법령에 따라'야 하며, '정당한 국내법령의 준수 의무를 조선인에게 면제하는 것과 같은 형태의, 재일조선인에게 유리한 차별대우는 일종의 치외법권을 의미'하므로, '이는 어떠한 관점에서든 용인되지 않는다'고 했다.[14]

조선인들의 밀입국에 대해서는 1946년 6월 12일 '일본으로의 불법입국 억제에 관한 총사령관 각서'를 보내 '일본 항구에 불법 입항한 선박을 조사'하고 '이 같은 선박을 압류하고, 모든 선원, 승객 및 적재물'을 '미군 당국에 넘기'도록 명령을 내렸다.[15]

이 연합국 점령당국의 지침에 따라, 일본 정부는 '올(1946) 3, 4월경부터 불량 조선인, 대만인은 일본인과 마찬가지로 일본 경찰에서 단단히 단속해도 된다고 하는 것이 명확해 졌기에 순차적으로 단속을 하게 된 것이다.[16]

(3) 패전 초기 일본 정부 및 연합국 점령당국의 재일조선인 귀국 정책

제2차 세계대전이 끝나면서 전쟁 중 징집된 조선인 노동자들은 일본의 회사, 공장, 탄광, 광산, 토목 현장에서의 가혹한 취급에 반발하여 각지에서 파업과 쟁의를 일으켰다. 그 수는 50개의 광산에 달했으며 '전국의 총 광산 수의 2010의 30%에 달'하고 '참가자는 약 9만 명, 전체의 70%에 달했다'.[17] 많은 사람들이 즉각적인 귀국을 요구함과 동시에 여

14) '재일조선인의 지위 및 취급에 관한 총사령부 섭외담당관 발표(1946.11.12)', 전게, 『외무성 문서집』.

15) SCAPIN 1015 '일본으로의 불법입국 억제에 관한 총사령부 각서'(1946.6.12), 전게, 오누마 야스아키, 「자료와 해설」(4), 『법률시보』50권 7호, 1978.

16) 1964년 9월 2일 귀족원 예산총회에서의 오무라 세이치(大村清一) 내상의 답변, (日)『아사히신문』, 1946.9.3.

비, 식비, 의류, 임금, 각종 수당, 퇴직금 등을 요구했다.[18] 전쟁 후, 초기 조선 노동자들의 상기 투쟁은 일본인의 노동운동과 합류하여 더욱 격렬해졌다.

이에 일본 정부는, 조선인 노동자의 무질서한 귀국으로 파생되는 경제와 사회 혼란을 막기 위해, 1945년 8월22일 차관회의에서 '전쟁 종식에 따른 공장, 사업장 종업원의 응급조치'를 결정하고, 같은 날 운수성에서 '조선인 귀환 수송 문제 타결회'를 개최하는 등,[19] 긴급 응급조치를 취했지만 종전의 혼란 속에서 일본 정부는 조선인의 귀국 모멘텀을 효과적으로 통제할 수 없었고, 조선인의 귀국은 무질서 상태가 계속되었다.

1945년 8월 28일, 미군 선견대가 아쓰기 공항에 도착했고 같은 달 30일에는 연합국 최고사령관 맥아더도 아쓰기에 도착했다. 9월 2일 연합국 측은 미주리 함상에서 일본 측과 공식적인 항복문서 조인식을 갖는 동시에 일본 점령 통치를 시작했다.

연합국의 점령 통치 개시 후, 연합국 최고사령관의 지시도 있어, 조선인 노동자의 무질서 한 귀국에 따른 혼란에 대해 일본 정부는 다시 재일조선인의 '귀환 계획'을 세워야만 했다.

1945년 9월 28일, 내무성과 후생성은 각 지방 장관과 경찰본부에 '종전에 따른 내지 거주 조선인 및 대만인 처리에 관한 응급조치 건'을 발의해 '흥생회'[20]에 재일조선인의 귀국 문제에 대한 취급 권한을 부여했

17) (日)『요미우리 호치 신문』, 1945.12.14.

18) (日)『아카하타』, '도키와 탄광 쟁의 보고, 성공의 면과 실패의 면', 1945.11.22.

19) (日)법무연수소편, 모리타 요시오(森田芳夫) 저, 『재일조선인 처우의 추이와 현황』, 1『법무연구보고』제43집 3, 955.10.

20) 흥생회: 태평양 전쟁 발발 후, 일본은 연합국 측의 '카이로 선언' 발표 등에 비추어 1944년 제85회 제국 의회에서 이른바 '조선인과 대만인에게 정치적 희망을 주는', '국정참여'를 결정하고 이에 따라 전쟁 전 정부의 '동화정책'의 촉진기관

다. 또한 같은 해 10월 18일 일본 정부는 후생성을 귀환 업무의 중앙 책임 관청으로 지정했다. 10월 22일 후생성은 '내지 기왕 일반 조선인 귀환취급 요령'을 정하고, 전기 '흥생회'의 역할을 구체화하고, '흥생회'가 '귀선희망 신청 및 취합', '운송계획', '출발준비', '여행중 보호' 등에 관한 구체적인 업무를 담당함과 동시에 그 결과를 후생성에 보고하도록 했다.[21] 그러나 종전 이후의 혼란 속에서 평판이 좋지 않았던 '흥생회'를 재일조선인 귀환사업 취급기관으로 하는 일본 정부의 위의 조치는, 재일조선인의 협력을 얻지 못해 그들의 귀국을 효과적으로 통제할 수 없었다.

그래서 연합국 측이 직접 재일조선인과 대만인의 귀환 문제에 관여하게 되었다. 1945년 10월 15일과 30일, 연합국측은 두 차례에 걸쳐 연합국 최고사령관 각서(SCAPIN139)를 일본 정부에 보내, 재일조선인의 이동을 억제하도록 일본 정부에 지시했다.[22]

1945년 11월 1일, 미군통합참모본부는 연합국 최고사령관 맥아더에게 『일본점령 및 관리를 위한 연합국 최고사령관에 대한 항복 후 초기 기본 지령』(JCS1380/15)을 통지했다. 그 속에서, 미국은 '귀관은 군사상의 안전이 허락하는 한 중국인인 대만인 및 조선인을 해방된 민족liberated people으로 처우해야 한다. 그들은 이 지침에 사용되고 있는 '일본인'이라는 용어에는 포함되지 않는다. 그러나 그들은 여전히 일본 국민have been Japanese subjects이기 때문에 필요한 경우 적국인으로 처우되어야 합니다.may be treated by you, in case of necessity, as enemy nationals, 그들은 희망

이었던 '협화회'를 이른바 '발전적으로 개편하여' 만든 내무성 사회국의 산하 단체이다. 회장은 나카무라코타로(中村孝太郎)였다.

21) 김태기 저, 『전후 일본 정치와 재일조선인 문제－SCAP의 대 재일조선인 정책 1945-1952』, 경초서방, 1997.

22) SCAPIN139 GC "Repatriation of Koreans from Japan", 1945.10.30.

한다면 귀관이 정한 규칙에 따라, 귀환 할 수 있다. 그러나 연합국인의 귀환에 우선권이 주어진다'[23]고 했다.

이 문서 안에서, 연합국 측은 '군사상의 안전이 허용된다'는 전제로, 재일대만인, 재일조선인을 '해방민족'으로 '희망한다면' '연합국인' 다음으로 '귀환시킨다'는 대우를 부여하면서도, 과거와 현재의 법률상, '여전히 일본 국민'으로 간주되고, 필요할 경우, 그들을 '적국인으로서 처우'하여도 좋다, 라는 모순된 정책을 취한 것이었다. 그 결과 재일대만인과 조선인은 전후 초기부터 법률상의 지위가 모호한 입장에 내몰렸다.

1945년 11월 1일, 즉 미군 통합참모본부 '지령'(JCS1380,15)이 연합국 최고사령관에 전달된 그날, 연합국 점령당국은 '비일본인의 귀환'에 관한 양해각서(SCAPIN224)를 일본 정부에 제시했다. 이 각서에서 연합국 점령당국은 먼저 재일조선인의 귀환이 이루어지던 센자키, 하카타 외, 가고시마를 재일조선인의 귀환에 사용하라고 지시했다. 귀환하는 지역의 순서는 귀환자가 운집해 있어 대혼란이 계속되는 지역인 모지, 시모노세키, 하카타 지역을 우선하고, 다음은 고베, 오사카, 마지막으로 그 다른 지역의 조선인을 귀환시키는 수순를 취했다. 귀환 순서는 과거 군인이 우선이고, 다음으로 강제연행 노무자, 그 다음이 여타 조선인이라는 절차를 취했다.[24]

1945년 11월 15일, 후생성은 '흥생회'를 해산하고 그 권한을 지방 장관 및 지방 행정 기관으로 옮겼다. 11월 17일, 연합국 점령당국은 조선인 귀환자들이 이용할 수 있는 항구로 사세보, 마이즈루, 하코다테를 추가하라고 일본 정부에 지시했다.[25] 연합국 점령당국의 적극적인 관여로

23) JCS 1380 23 15, 전게, 『외무성 문서집』, 1945.11.1., p.10; 오누마 야스아키, 「자료와 해설」(1), 『법률시보』50권 4호, 1978 참조.

24) SCAPIN 224 GC, "Repatriation of Non-Japanese from Japan", 1945.11.1.

25) SCAPIN 295 GC, "Repatriation of Non-Japanese from Japan", 1945.11.17.

재일조선인의 귀환 문제는 간신히 궤도에 올랐다. 이후 1946년 3월 18일, 연합군 점령 당국이 새로운 재일조선인 귀환 희망자 등록을 종료할 때까지 약 130만 명의 조선인이 송환되었다 한다.[26] 후생성 귀환 지원국의 조사에 따르면, 그 중 94만 438명은 일본 정부가 조직한 공식 경로로 귀환했으며, 약 50만 여 명은 여타 경로로 귀국한 것으로 추정된다.[27]

그러나 1946년이 되자 귀국을 희망하는 재일조선인의 수가 급격히 감소하는 한편, 송환되었던 조선인이 다시 밀입국하는 현상마저 나타났다. 그 이면에는 조선국내의 혼란, 사회의 불안정, 경제상황의 악화 및 일본 정부의 재일조선인 귀환시에 반출하는 재산에 대한 엄격한 제한 등이 있었다.

재일조선인의 귀환의 실태를 파악하고 귀환을 촉구하기 위해 1946년 2월 17일, 연합군 점령당국은 '조선인, 중국인, 류큐인, 및 대만인 등록에 관한 연합국 최고 사령관 각서'(SCAPIN, 746)를 일본 정부에 보냈다. 이 각서 속에서 연합국 점령당국은 일본 정부에 '일본에 거주하는 모든 조선인, 중국인, 류큐인Ryukyuans, 대만인을 쇼와21년 3월 18일까지 등록하라'고 지시하고, 재일조선인의 등록을 촉구하기 위해 '귀환을 희망하지 않는다고 등록한 사람은 귀환 특권을 잃는다. 등록 통보를 받고 지정 시각 또는 이전에 등록을 소홀히 한 자는 귀환을 희망하지 않는 것으로 간주되며 인양의 특권을 잃는다[28]고 되어 있었다. 그러나 '일본 정부에

26) (日)『아사히 신문』, 1946.9.3., 오무라 세이치(大村清一) 내상의 귀족원 예산대회에서의 답변.

27) 전게, 쓰보이 도요키치 저, 『재일조선인 운동의 개황』, p.11. 전게, 이유환 저, 『재일한국인 50년사』, p.98 참조.

28) SCAPIN 746 "Registration of Koreans, Chinese, Ryukyuans and Formosans.", 1946. 2.17. 역문은 전게, 『외무성 문서집』, p.19 및 오누마 야스아키, 「자료와 해설」(2), 『법률시보』50권 5호 참조.

대해, 재일조선인과 그 외 일반의 등록을 명했다고 하나, 어떤 의미에서도 일본 정부가 재일조선인의 등록 의무 태만과 퇴거 강요를 연결시키는 것은 허용하는 것은 아니었다'.[29]

이에 따라 일본 정부는 1946년 3월, 재일조선인에 대한 등록을 실행했다. 그 결과 1946년 3월 18일, 재일조선인 총 수는 64만7006명(이 중 수감자 3595명)으로, 그 중 귀환 희망자가 51만4060명(이 중 수감자 3373명), 오른쪽 귀환 희망자 중 북한 귀환 희망자는 9701명(이 중 수감자 289명)이었다.(표 5 참조)[30]

이상의 등록을 바탕으로 연합국 점령당국은 이들 조선인을 1946년 9월 말까지 한반도로 송환하려 했다.[31] 그러나 연합국 점령당국과 일본 정부의 적극적인 촉진정책에도 불구하고 재일조선인 귀환 계획은 순조롭게 진행되지 않았다. 그 결과 1946년 12월 말 연합국 점령당국이 조선인 집단 귀환을 마무리 할 때까지 8만2천900명의 조선인만이 귀환하였다. 이 수는 앞에 기술한 송환 희망자의 16%에 불과했다.[32] 그 후 60만 명이 넘는 조선인들이 본국으로 귀환하지 않고 일본에 정착하여, 일본 사회 최대의 소수 민족을 형성했다.

---

29) (日)오누마 야스아키 저, 『출입국 관리 법제의 성립 과정 - 1952년 체제의 전사』, 데라자와 가즈야(寺沢一他) 편, 『국제법의 재구축』(하), 도쿄대학 출판회, 1978, p.286.

30) 후생성 사회국, 「조선인, 중화민국인, 대만성민 및 본적을 북위 30도 이남(口之島 포함)의 가고시마현 또는 오키나와에 있는 것의 등록 집계」, (日)전게, 모리타 요시오 저, 『재일조선인 처우의 추이와 현황』, p.59 참고. 그러나 모리타 요시오 전게서의 숫자와 시노자키 헤이지(篠崎平治) 저, 『재일조선인 운동』, 레이분샤, 1955, p.41-42의 숫자는 어긋나 있다(표 2.4 참조).

31) SCAPIN 876, 「중화민국인, 대만성민 및 조선인의 귀환」, 전게, 모리타 요시오 저, 『재일조선인 처우의 추이와 현상』, 1946.4.13)p.60.

32) 전게, 모리타 요시오 저, 『재일조선인 처우의 추이와 현상』, p.61.

표 5. 재일조선인 귀환 희망지별 등록자수(1946.3.18. 후생성조사)

남조선 귀환 희망자		북조선 귀환 희망자		귀환 희망자 수	총등록수
희망자 출신지	명 수	희망자 출신지	명 수		
강원도	3,940	함경북도	828		
경기도	7,775	함경남도	1,826		
황해도	801	평안북도	1,008		
경상북도	134,869	평안남도	1,553		
경상남도	184,397	강원도	1,844		
충청북도	31,087	경기도	1,083		
충청남도	16,759	황해도	1,559		
전라북도	15,264				
전라남도	109,442				
	504,435 (504,334?)		9,701	514,035	646,943

주 : 전게, 시노자키 헤이지篠崎平治저, 『재일조선인 운동』, p.41-42 참조. 본표의 남조선귀환희망자합계 수가 잘 못 되어 있다. 필자의 합계에 따르면, 남조선귀환 희망자는 504,334명이다.

(4) 재일조선인의 법적 지위 문제와 연합국 점령당국 및 일본 정부의 대책

일본 점령이 시작되자 연합국 점령당국은 재일 외국인을 연합국인, 중립국인, 적국인, 특수지위국인, 지위 미정국인으로 구분해 취급했다.[33] 그런데 재일조선인은 특수지위국special status nations 인민으로서 '해방 민족' 또는 '비일본인non-Japanese nationals'으로 간주했다. 그러나 또 필요한 '경우에 따라 적국인(즉 '일본인')으로 처우'되었다. 그 때문에 점령 초기, 일본 정부는 재일조선인에 관한 문제를 처리할 때, 그들을 완전한 외국인이나 완전한 일본인으로 볼 수 없는 난감한 입장에 몰렸다. 한편, 재일조선인들도 법적 지위가 매우 불안정한 입장에 놓였다.

연합국 점령당국의 지시에 따른 재일조선인의 귀환 희망자 등록이

33) SCAPIN 1757, 「연합국, 중립국, 적국 및 특수지위국 등의 정의에 관한 총사령부 각서(1947.8.4)」, 전게, 『외무성 문서집』, p.3.

종료된 후, 대량의 조선인의 일본 잔류가 현실적 문제가 되자, 연합국 점령당국도 재일조선인의 법적 지위 불안정성에 주목하였고, 1946년 5월 21일 육군참모장WARCOS 대상 서한에서 '재일조선인, 대만인의 국적citizen-ship status에 관한 혼란이 있는' 것을 지적하며 '조선 혹은 대만 국민으로서 그들에게 특별히 배려가 되도록, 개개인들이 충분히 증명할 수 없는 점이 있음에 비추어 보아', 잠정정책으로 '자유의지로 일본에 잔류하고 현행 본국 송환 절차에 따른 조선으로의 귀환을 거부하는 조선인은 처우의 목적상, 공식적으로 수립된 조선 정부가 해당 개인을 조선 국민으로 승인할 때까지, 일단presumptively 일본 국적을 유지하는 것으로 간주되도록be considered 조치하고 있다고 보고했으며, '그 정책을 정부 차원에서 시급히 검토하고 승인'할 것을 요청했다. 이에 대해 미국무부는 같은 해 5월 30일자 답변에서 '조선인에 대한 방침을 승인한다'고 했다.[34)]

한편 일본 정부는 이러한 연합국 점령당국의 대 조선인 정책을 근거로, 1946년 9월 2일 귀족원 예산총회에서 요시다 시게루 총리 겸 외무상의 답변을 통해 일본 정부가 재일조선인의 법적 지위에 대해 '국적의 귀속은 궁극적으로 강화조약에서 결정해야 할 것으로 생각되며, 강화조약 체결 전까지는 이전처럼 일본 신민으로서 그들을 다뤄야 할 것이다'라고 주장하고 있다. 그러나 연합국 측은 '조선, 대만 기타 귀속은 얄타회담으로 일본의 국권에서 벗어났다는 것을 규정하고 있는 논거에 따라, 얄타 회담의 성립과 동시에 조선 대만의 귀속은 달라졌다'는 견해를 갖고 있다는 것이며, 어쨌든 국적 문제는 '최근까지 철저하지 않은'채로

34) '재일조선인, 대만인의 국적에 관한 GHQ 초기 잠정 방침을 나타내는 문서(1946.5.21.)(비) GHQ SCAP발송 WARCOS수신', 전게, 오누마 야스아키, 「자료와 해설」(3), 『법률시보』50권 6호, 1978.

남아 있음을 밝혔다.[35]

재일조선인의 집단 귀환이 끝나려 할 즈음, 연합국 점령당국은 『조선인의 귀환에 관한 총사령부 민간정보교육국 발표(1946.11.5), 『재일조선인의 지위 및 처우에 관한 총사령부 섭외담당관 발표』(1946.11.12), 『조선인의 귀환에 관한 총사령부 민간 정보교육국 발표』(1946.11.12)를 공포해 '순번이 왔을 때 귀환을 거부하는 조선인은 공식적으로 수립된 조선 정부가 조선 국민으로 승인할 때까지 일본 국적을 보유한다'는,[36] 연합국 점령당국의 재일조선인 법적 지위에 관한 잠정조치를 밝혔다.

위 연합국 점령당국의 재일조선인에 대한 국적 정책은 재일조선인을 포함한 모든 조선인으로부터 강한 비판을 받았다. 1946년 11월 23일 남조선 미군정청은 연합국 점령당국(SACAP/GHQ)에 급편을 보내 남조선 사람들이 '그 정책(재일조선인 국적정책 : 저자)이 조선을 해방국으로 처우한다는, 이미 공표된 SWNCC(국무·육군·해군 조정위원회) 지령과 모순된다고 생각되는' 점, '공표된 방침에 대해 이미 강한 저항이 있었던 점' 이 정책이 반미 세력에게 정치적으로 '미국의 배신을 보여주는 것'으로 활용될 수 있다는 점 등을 지적하고, '미국의 남조선 점령의 목적을 더 잘 달성할 수 있도록 이 문제를 재검토하고, 발표된 정책을 수정할 것'을 촉구했다.[37]

이에 대해 연합국 일본점령당국SCAP/GHQ은 1946년 11월 25일자 답변에서 '본 사령부가 1946년 12월 15일 이후에도 일본에 잔류하는 조선

35) (日)『아사히 신문』, 1946.9.3.

36) '조선인 귀환에 관한 총사령부 민간정보교육국 발표(1946.11.5)', 전게, 『외무성 문서집』, p.14 및 오누마 야스아키, 「자료와 해설」(5), 『법률시보』50권 8호, 1978.

37) '재일조선인의 지위에 관하여 남조선 미군정청에서 GHQ로의 급편(1946.11.23)(TFYMG3146)', 전게, 오누마 야스아키, 「자료와 해설」(5), 『법률시보』50권 8호, 1978.

인은 일본 시민권을 획득해야 한다는 명령을 최근 내놨다는 신문 보도는 완전히 부정확하다'고 부인하고 일본에 머무르기로 선택한 '조선인은 일본에 계속 거주한다면 그들이 모든 정당한 국내법령에 따라야 한다'고 강조했다.[38] 나아가 같은 해 12월 11일, 연합군 점령당국은, 남조선 군정청에서 총사령부GHQ에 '본국 송환 업무의 종료에 있어서 현재 문제가 되는 또 하나의 점은, 재일조선인의 지위와 재일대만인의 지위와의 구별이다. 본국 귀환을 거부한 대만인은 일본 국적을 보유한 것으로 간주될 것인가? 조선의 신문은 양자의 구별이 있다면 그 구별의 근거 여하를 추궁하고 있다'라고 묻는 서한에 대한 답변에서, '(전략) 신문 성명의 제4절에 특히 주목하고 싶다. 조선인은 해방민족으로 처우되고 있다. 국적 문제는 이 땅에서 영주를 희망하는 자가 스스로 일본 국적의 보유를 선택하는 경우를 제외하고는 귀환의 문제와 관련성을 갖지 않는다'며 일본에 머물기로 선택한 조선인은 '일본에 계속 거주하면 그들은 "모든 정당한" 국내 법령에 따라야 한다'고 또 다시 강조했다.[39]

일본 사회의 안정, 특히 식량과 경제 위기의 극복, '해방'의 대의 실현 등 다양한 점에서 재일조선인을 가급적으로 조선으로 송환한다는 것은 연합국 점령당국의 일관된 정책이었다.

연합국 점령당국은 1945년부터 1946년까지 일본 정부에게 대대적인 귀환 계획을 시행시켰고, 재일조선인 대부분의 송환을 실현하여 민족적 동질성이 강한 일본 사회에 민족적 소수자 집단의 존재 문제가 생기지

38) '재일조선인의 지위에 관하여 남조선미군정청으로부터 GHQ로의 지급편에 대한 GHQ 회답(1946.11.25.)(CONTROL7473)', 전게, 오누마 야스아키, 「자료와 해설」(5), 『법률시보』50권 8호, 1978.

39) '재일조선인의 지위에 관하여 남조선미군정청에서 GHQ로의 보통편(1946.12.11.)(TFYMG3238), 전게, 오누마 야스아키, 「자료와 해설」(5), 『법률시보』50권 8호, 1978.

않도록 사전에 문제를 봉쇄하고자 했다. 이에 따라 연합국 점령당국은 조선인이 일본에 남았을 경우의 불이익을 지적하고, 귀환을 촉진하는 동시에 체류 조선인이 일본의 재판 관할권에 따를 것을 반복적으로 명언하였다.

연합국 점령당국은 재일조선인의 법적 지위 문제에 대해, 한편으로는 법적 지위가 불명확한 '해방민족' 또는 '비일본인non-Japanese nationals'라는 입장을 취하면서도, 다른 한편으로는 실제 관리상 '일단 presumptively 일본 국적을 보유하는 것으로 간주하beconsidered는', 준 일본인으로 취급한 것이다. 실로 '이 점이야말로 일본 정부가 재일조선인을 평화조약 발효까지는 일본 국적 보유자로 간주하며, 또 다른 한편으로 채류 관리의 관점에서 외국인으로 취급한다는 논리의 구분을 사용하여, 그토록 재일조선인을 사실상 가장 무권리의 상태로 두는 것을 가능하게 한 실질적 기반이 되었다.[40]

1946년 4월 2일, 연합군 점령 당국은 일본 정부에 '일본의 비일본인의 입국 및 등록에 관한 총 사령부 각서'를 발령하여, 점령 당국에 의해 입국을 허가받은 사람들에게 '신분증과 그 외 일본 내 거주를 합법적으로 하는데 필요한 서류를 교부하라'고 명령했다.[41] 이에 따라 요시다 내각은 새로운 '외국인 등록령' 제정에 착수했다.

일본 정부는 한편으로 재일조선인은 '정식 수립된 조선 정부가 조선 국민으로 승인하기까지 일본 국적을 보유한다'는 연합국 점령당국 측의 방침을 이용해, 일본 내 치안 유지를 이유로 가능한 한 재일조선인에게 일본 국내법을 적용하는 동시에 '일조선인 국적의 귀속은 궁극에 있어서는

40) 상동, p.79, 오누마 야스아키의 《해설》.

41) SCAPIN 852 '일본에서의 비일본인의 입국 및 등록에 관한 총사령부 각서(1946.4.2)', 전게, 『외무성 문서집』, p.20. 전게, 오누마 야스아키, 「자료와 해설」(3), 『법률시보』50권 6호, 1978.

강화조약에서 결정해야 할 것'이라 하면서도, 재일조선인에 대한 관리의 편의와 관리 강화를 위해 재일조선인을 외국인으로 보는 조치를 취했다. 그 조치 중 하나는 '중참 양원 의원, 지방의회 의원으로부터 재일조선인, 대만인'을 배제하는 것이고, 또 하나는 '외국인 등록령'을 제정하여 재일조선인, 대만인에 대해 '외국인 등록령'을 적용하는 것이었다.

일본 정부는, 우선 1945년 12월 17일 공포된 『중의원 의원 선거법 부칙』(1946.5.10 시행) 제4항, 1947년 2월 24일 공포된 『참의원 의원 선거법 부칙』(이날 시행) 제9조 및 『지방자치법 부칙』(1947) 제20조의 '호적법 적용을 받지 않은 자의 선거권 및 피선거권은 당분간 이를 정지한다'[42]는 규정을 적용하여 당시 일본 국내법의 인적 관할상, 호적법의 적용을 받지 못한 재일조선인, 대만인의 참정권을 인정하지 않았다.

1946년 8월 6일, 요시다 내각은 내무부 내에 조사국을 설치하고, 이 조사국을 중심으로 내무부 경보국, 사법성 민사국 관계자와의 협력도 준용하여, 외국인 등록령 제정을 진행시켰다. 그 결과, 전쟁 후 새로운 외국인 등록 법안은 같은 해 연말까지 큰 틀이 만들어졌고, 승인을 위해 연합국 일본점령 당국에 제출하였다. 이 법안은 이후 연합국 점령 당국의 지시에 따라 약간의 수정을 거친 뒤 승인되었고, 1947년 5월 2일, 『칙령 207호, 외국인등록령』으로 공포되었다.

이 '외국인 등록령'으로 일본 정부는 '외국인은 당분간 본국(내무대신이 지정한 지역을 제외한)에 들어갈 수 없다.'(제3조)라 하고, '대만인 중 내무대신이 정한자 및 조선인은 이 칙령의 적용에 대해 당분간 외국인으로 간주하고 외국인 등록을 '하지 않으면 안된다'(제11조)고 했다. 또

---

42) '중참 양원 의원, 지방의회 의원에서 재일조선인, 대만인의 배제', 전게, 오누마 야스아키, 「자료와 해설」(5), 『법률시보』50권 11호, 1978. 조선인 또는 대만인의 아내인 일본인 여자의 신분에 관한 법무청민사국장 회답(1948.10.11)', 전게, 『외무성 문서집』, p.32 및 오누마 야스아키, 「자료와 해설」(8), 『법률시보』50권 3호, 1978.

한 '제 3 조의 규정을 위반하여 본방에 들어간 사람'은 '6개월 이하의 징역이나 혹은 금고, 천 엔 이하의 벌금 또는 구류, 또는 과태료에 처한다'(제12조)고 하고, '내무대신은 그 규정에 따라', '제 3 조의 규정을 위반하여 본방에 들어간 사람'은 '퇴거를 강제할 수 있다'(제14조)고 했다. 이 법령은 '공포의 날부터 시행'(부칙)되었다.[43)]

그러나 일본 정부의, 필요할 경우 조선인을 '일본 국민으로 간주'하고, 어떤 경우에는 '당분간 외국인으로 간주'한다는 편의주의적이자 자의적인 재일조선인 정책은 재일조선인들의 강한 반발을 샀다. 따라서 연합국 점령당국은 '재일조선인의 국적 문제는 본등록법 하에서 논의할 바 아니다'하며, '모든 조선인은 1947년 8월 31일까지 국적문제는 차치하고 외국인등록법에 따라 등록을 완료한다'는 양해각서를 발령했다.[44)] 결국 재일조선인의 법적 지위 문제는 모호하게 둔 채 등록이 실행되었다. 1947년 9월, 52만9907명의 조선인이 '외국인 등록령'에 의거하여 등록되었다.[45)]

3. 점령 중·후기(1947.1-1951.9)의 재일조선인 문제

(1) 재일조선인을 둘러싼 불법행위 문제

60만 명이 넘는 재일조선인들이 일본에 정착한 후, 이러한 조선인들

---

43) '외국인 등록령', 전게, 오누마 야스아키, 「자료와 해설」(7), 『법률시보』50권 10호, 1978.

44) '연합국 최고사령관 총사령부 민정국 『망비록』· 조선인에게 적용되는 외국인 등록법'(1947.9.2), 전게, 오누마 야스아키, 「자료와 해설」(8), 『법률시보』50권 11호, 1978.

45) 전게, 이유환 저, 『재일한국인 50년사』, p.108(표 61) 참조.

을 둘러싸고 법적 지위와 그에 따른 처우 문제, 치안 문제, 교육 문제, 재일조선인 좌익의 정치 경향 문제 등 다양한 문제가 생겼다. 따라서 연합국 점령당국과 일본 정부는 일본에 남아있는 재일조선인을 번거로운 존재로 간주하고 가급적 조선으로 귀환시키려고 했다.

우선, 점령 중·후기 재일조선인의 '불법행위' 문제는 연합국 점령당국과 일본 정부의 '치안경찰 진영의 정비 강화'로 점차 감소하는 경향을 보였으나, 점령중기(1947.1-1948.8)에는 여전히 큰 문제로 드러났다. 1947년도의 재일조선인의 불법 행위의 특징은 암시장 활동과 밀접한 관련이 있는 '다중 집단'에 의한 '군수 물자 보관 창고의 습격과 은닉 저장 물자 적발을 칭한 공갈 사건', '주된 곡식 대량 매입' 등의 증가이다.[46]

1948-1949년도는 '불법 행위'의 건수는 크게 감소한 반면, 관여 인원수는 급증하는 것이 특징이다. '불법행위' 중에는 민족교육관계, 북한 국기 게양, '조련' 해산 반대, 한반도 남북정권 수립에 따른 좌우 재일조선인 사이의 충돌 빈발 등 정치색이 짙은 사건이 많은 것이 특징이다.

이 시기의 주요 사건으로는 한신교육투쟁사건, 우베의 조선인 범인 체포 방해 사건, '건청'의 중앙부위원장 현효섭 암살사건, 미야기현 '민단' 단장 사살과 시오가마 조선인 좌우 양파대립사건, 시모노세키 '민단' 본부 피격사건, 시마네현 마스다파출소 피격사건, 후쿠이현 혼고파출소 피격사건, 후쿠이현 다이라시 경찰서 점거 사건, 도쿄 후카가와 에다가와쵸의 범인 검거 방해 사건, 히로시마 닛코제작소 간부 감금 사건 등이 있다.[47] 1950년도 재일조선인의 '불법행위'는 '점령목적 저해행위 처벌령'(정령 325호)의 공포·시행(1946.6.12. 칙령의 전면 개정)에 따른, 해당법 위반행위가 눈에 띄는 것이 특징이다.

46) 전게, 쓰보이 도요키치 저, 『재일조선인 운동의 개황』, p.238.
47) 전게, 쓰보이 도요키치 저, 『재일조선인 운동의 개황』, pp.239-245.

한국전쟁 발발과 함께 연합국 점령당국은 일본 내 치안조치를 철저히 강화하고, 과격한 좌익 운동을 점령 목적 저해 행위로 간주해 단속을 강화했기 때문이다. 이 시기의 주요 불법행위는 다이토회관('조련' 재산) 접수방해 사건, 고베구청 직원 연금 사건, 오쓰 직업안정과와 검찰청 폭력사건 등이 있다.48)(표 6 참조)

표 6. 소위 재일조선인의 불법행위

1947년도	건 수	1948년도	건 수	1949년도	건 수	1950년도	건 수
대 경찰관서	69	민족교육관계	15	조선인간투쟁	32	대경찰관서	17
조선인 단체 간 투쟁	65	대경찰관서	5	일선인간투쟁	14	관공서에 부당 요구	20
경찰권 유사행위	14	밀주제조검거 관계	18	밀조주검거관계	37	밀조주취체관련 불법행위	2
집단적 강절도	1184	북조선기게양	8	집단적강절도	12	조선인간집단 투쟁	21
관공서에 부당 요구	11	집단폭행상해	36	대경찰관서	19	일선인간집단 투쟁	2
집단폭행상해	373	집단적강절도	142	학교폐쇄관계	15	정령 제325호 위반	105
집단사기공갈	348	집단사기공갈	62	조련해산관계	10		
철도수송위반	318	관공서에 부당 요구	32				
그 외	3299	조선인간투쟁	12				
		일본, 조선인간 투쟁	19				
합계		합계		합계		합계	
참가인 수 : 15,600명		참가인 수 : 약 54,000명		참가인 수 : 불상		참가인수 : 4,500명	

주 : 전게 쓰보이 도요키치 저, 『재일조선인 운동의 개황』, p.238,239,241,321 참조.

48) 전게, 쓰보이 도요키치 저, 『재일조선인 운동의 개황』, pp.320-322.

(2) 재일조선인의 생활보호 문제

그러나 점령 중, 후기 연합국 점령당국과 일본 정부가 가장 고민한 것은 점령 초기의 형사범죄 문제가 아니라 60만 명에 달하는 재일조선인의 생활보호 문제와 다수의 재일조선인의 좌익적인 정치경향 및 교육 문제였다고 할 수 있다.

1946년 이후 60만 명이 넘는 조선인들이 일본에 정착하기 시작하면서 그들의 생활보호 문제가 큰 문제로 나타났다. 알려진 바처럼 재일조선인은 일본 제국 정부의 '국책'의 부산물이었다. 전쟁이 끝난 후 많은 조선인들은 직장을 잃고 일본 정부의 생활 보호의 대상이 되었다. 그들 중에는, 전쟁 후 일본의 사회 경제의 혼란이 계속되는 동안 '해방 국민'이라는 지위를 이용하여 암시장 등에서 불법 이익을 얻기 위해 직장을 떠나기도 했지만, 그 중 절대 다수의 사람들은, 전쟁 후 해외에서 물밀듯이 귀국하는 일본인에게 직장을 빼앗기고 직장에서 밀려난 사람들과 군수 생산, 군사 시설 건설의 중단으로 실직한 노동자였다. 그들 대부분은 전시에는 일본 국적을 가지고 일본인과 같이 납세하며 지냈음에도 불구하고, 전쟁이 끝나자 일본 정부는 그들을 번거로운 존재로 간주하고 외국인으로 처우하며, 참정권뿐 아니라 의무 교육, 대출, 전몰자 유족 연금과 같은 대상에서도 제외했던 것이다. 나머지 '이 (생활 보호 : 인용자)의 권리를 배제하는 것은 죽음을 요구하는 결과가 될 것'[49]이지만, 기본적인 생활 보호조차도 일본 정부는 큰 부담으로 간주했던 것이다.

일본 정부로서는 재일조선인에 대한 생활보호를 하고 싶지 않았지만, 연합국 점령당국은 '식량배급에 관한 총사령부 각서SCAPIN 1069'에서 '전쟁 결과 그 지위로 변경을 빚은 국가의 국민'[50]에게도 식량 배급을

49) 고야마 신지, 『생활보호법과 운용』, 전게, 이유환 저, 『재일한국인 50년사』, p.153 참조.

계속하라고 지시함과 동시에, 귀환을 거부한 재일조선인들은 한때 '일본 국적을 보유한다'는 정책을 취했기 때문에 일본 정부는 재일조선인에 대한 생활보호를 계속할 수밖에 없었던 것이다.

1945년 12월 15일, 일본 정부는 각의 결정에 따라 '생활 곤궁자 긴급 원호 요강'을 시행하고, 1946년 9월 9일 법률 제 17호의 형태로 '생활 보호법'을 제정했다. 1950년 5월 4일에는 법률 제 144호를 기초하여 새로운 '생활 보호법'을 제정하여 시행했다. 신 '생활 보호법'에 따른 재일조선인의 생활 보호율과 보호비 지급 추이를 다음과 같다.(표7 참조)

표 7. 재일조선인의생활보호율 및 생활보호비지급액 추이

년월	보호율(%)			B/A(배)	월 보호비 지급액(엔)	
	일본전체의 보호율(B)	한국인의 보호율 (A)	일본전체보호자중조선인 비율		조선인에 대한 생활보호비 지급액	보호비 총액 중 조선인이 점하는 비율(%)
1951.8(쇼와26)	2.42	10.81	2.93	4.47	48,034,368	2.57
1952.9(쇼와27)	2.43	13.12	3.59	5.40	82,205,994	3.16
1953.9(쇼와28)	2.23	17.70	5.05	7.94	124,019,450	3.92
1954.9(쇼와29)	2.13	21.94	6.58	10.30	179,263,114	5.47
1955.9(쇼와30)	2.19	23.93	7.04	10.93	210,832,331	5.57

주 : 후생성사회국자료. 1951년의 금액은 같은 달의 보호비 총액과 피보호 한국인 수와 같은 달 후의 건당 금액 추이도 추산한 것으로 192년 5월과 1953년 7월의 보호기준 금액 인상이 이루어졌다. 전게 이유환 저, 『재일한국인 50년사』, 1555 『표81』, 『표82』 참조.

(3) 재일조선인의 정치경향 및 정치·폭력 투쟁 문제

점령 중, 후기 연합국 점령당국 및 일본 정부를 괴롭힌 또 다른 재일조선인 문제는 다수의 재일조선인들의 정치적 경향이었다. 1947년경, 유럽에서는 이미 동서 '냉전'이 시작되었고 그 영향은 점차 극동에서도 나타나기 시작했다. 특히 한반도 정권 수립 문제를 놓고 미국과 소련의

50) 전게, 『외무성 문서집』, p.166.

대립이 갈수록 치열해지자, 미소 대립은 즉각 한반도의 좌 우 정치세력의 치열한 대립을 초래했다.

이런 상황은 일본 내에서는 재일조선인 단체의 좌우 분열과 대립을 초래하고(표 8 참조) 양측의 유혈 충돌까지 야기한 것이다.

표 8. 재일조선인 단체의 추이와 주된 산하 단체

북한을 지지		한국을 지지	
공산주의를 표방하는 단체		민주주의를 표방하는 단체	
재일조선인 연맹 1945.10.16 결성 1949.9.8 해산	재일조선민 주청년동맹 1947.3.6 결성 1949.9.8 해산	조선건국촉 진청년동맹 1947.11.16 결성 1950.8.29 해산	신조선건설 동맹 1946.1.20. 결성 1946.10.3. 해산
재일조선 통일연맹 1951.1.9 결성 1955.5.26. 해산	조국방위위원회조국방위대 1950.6.28 결성 1955.5.26 해산	재일대한민국 거류민단 1946.10.3. 결성	
재일조선인 총연합회 1955.5.25 결성			
재일조선 청년동맹(1955.5.25 결성) 재일조선 유학생동맹(1955.8.1결성) 재일조선인 민주여성동맹 재일조선인 교육회(1955.7.2결성) 재일조선인교직원동맹(1955.7.2결성) 재일조선인 체육연합회 재일조선인 문학예술동맹 (1955.6.26) 재일조선인 과학자협회(1955.6 결성) 재일조선인 신용조합협회 재일조선인 불교연맹 재일조선인 통일민주동지회 재일조선건국촉진 청년동맹 그 외에 4개의 출판, 통신사		재일대한청년단(1950.8.29결성) 재일대한민국학생동맹 (1950.5.31결성) 재일대한민국부인회(1950.6.15결성) 재일한국인교육자동맹 (1951.1.11결성) 재일대한전우회(1951.8.15결성) 재일대한민국체육회 재일조국통일촉진협의회 (1955.1.30결성) 재일한국민주사회동맹 (1956.1.31결성) 재일조선일본협회(1951.9.10결성) 재일한국일본문화협회 (1957.12.6결성) 조선중립화운동준비회(1953.7결성)	

주: 이유환 저, 『재일한국인 50년사/발생 원인의 역사적 배경과 해방 후의 동향』, 신수물산 주식회사, 1960.12, p.134(도표) 및 쓰보이 도요키치 저, 「법무연구보고서」제46집 제3호, 『재일조선인 운동의 개황』(기밀)법무연수소, 쇼와33년 2월, '조선인운동 주요단체 조직계통 도표' 참조.

그 중에서도 특히 재일조선인의 70~80%가[51] 일본 공산당과 손잡고 더욱 과격한 노동운동, 학생운동, 시민운동으로 치닫는 '조련'과 '민청'은, 연합국 점령당국 및 일본 정부에겐 곤란한 존재가 된 것이다.

1946년 8월 19일부터 22일까지 일본 공산당은 제4차 확대중앙위원회(확중위)를 열고 당의 스트라이크 방침을 경제투쟁에서 정치투쟁으로 전환하기로 결의했다.

이 '확중위' 이후 일공은 당 상임위원회에서 김천해, 금두용, 송성철 등 조선인 당원을 섞어 당 조선인부의 방침을 토의하고, 다음과 같은 '8월 방침'이 결정되었다.

즉, ①지역의 조선인들만의 세포와 플랙션fraction(당원 조직)은 가급적 일공의 지역 세포나 플랙션에 가입하여 일본인 당원들과 함께 활동한다. ②'조련'이나 그 외의 조선인만의 직장에 있는 당원들도 가급적 그 거주지에서 지역 세포나 직장 세포 등에 가입해, 일본인 당원들과 함께 활동하도록 한다. ③'조련'은 민족전선으로서의 역할을 다하도록, 그 대중적인 단일 조직을 강화하고, 각급 일본인 연맹 조직에 가맹하는 방향을 취한다. 또 중앙 기구 등도 이와 같은 방향을 맞추도록 개편하고, 중요한 직책은 당원들을 배치한다. ④ '조련'은 가급적 하부조직의 노골적인 민족적 편향을 억제하고, 일본의 인민민주주의 혁명을 목표로 하는 공동투쟁의 일환으로, 민족적 투쟁 방향을 제시해야 하며, 그렇게 하는 것이 조선인 자체를 위해 유리할 것이다. ⑤ 따라서 '조련'은, 어디까지나 일본의 인민민주주의의 일익을 담당하는 역할을 다 하도록 노력할 것을 요한다.[52]

51) 전게, 이유환 저, 『재일한국인 50년사』, p.128 참조.

52) 전게, 쓰보이 도요키치 저, 『재일조선인 운동의 개황』, pp.40-41.

일공의 '8월 방침'은 이후 '조련 플랙션 대표자 회의'에서 승인되고, 1946년 10월 14일부터 17일까지 열린 '조련 제3차 전국대회'에 강하게 반영됐다. 즉, 이 대회에서 일공당원 김천해 외 두 명이 '조련' 고문으로, 조희준이 서기국장으로 취임했다. 1947년 1월 26일에는 '조련' 내의 일공 플랙션을 지도하기 위한 중앙지도부 성립회의를 열고, 박흥규를 캡틴으로하는 '조련 플랙션 중앙 지도부'가 조직되었다. 따라서 일공의 지도부는, 일공조선인부에서 '조련 플랙션 중앙지도부'로, '조련 플랙션 중앙지도부'에서 전국 조련 내의 '일공 플랙션'으로 전해지는 형태로 '조련'에 영향을 끼치게 되었다.53)

'조련'은 일공의 '정치투쟁' 강화의 '8월 방침'에 따라, 1947년에는 '악질 세금 반대', 국적을 불문하고 선거권, 피선거권 부여, '언론, 출판, 집회, 결사, 신앙, 시위운동의 완전한 자유', '반동적인 요시다 내각 타도, 민주정권 수립' 등을 슬로건으로 1947년 '2.1 총파업'의 지원, 일본 총선을 목전에 선거권·피선거권을 요구하는 운동 및 '반동적인 요시다 내각 타도, 민주정권 수립' 운동, '조선임시정부 촉진' 운동 등을 전개했다. 1948년에는 조선 문제에 관한 '미소 공동위원회' 협의가 부진하게 끝나자 '조련'은 북한 헌법 초안의 대중 토론, 한반도에서 미소 양군의 동시 철수를 요구하는 등의 정치운동을 전개하고, 한신교육투쟁사건 등을 야기했다.54)

조선에 남북한 정권이 성립되자, 1948년 10월 14일부터 16일에 걸쳐 '조련'은 '제5차 전국대회'를 개최하고 '조선인민 자체의 힘으로 통일 민주정부' 수립을 호소함과 동시에 남북연석회의지지, 유엔 결정 반대, 미소 양군 동시 철수, '반동 폭력단체 "민단", "건청" 해산, 이승만 매국정

53) 쓰보이 도요키치 저, 전게서, p.42.

54) 쓰보이 도요키치 저, 전게서, p.140,143-145.

권 주일대표부 추방 등을 요구하는 다양한 정치운동을 전개[55]하고, 조선민주주의인민공화국을 지지하는 입장을 밝혔다.

물론 이 시기 '혁명세력의 유력한 전사군'이라고 자부했던 '민청'도 '조련'의 위의 정치 운동에 적극적으로 참여하여 운동의 선봉대적인 역할을 했던 것이다. '조련'과 '민청'의 '멈출 곳을 모르는', '폭력적이고 파괴적인 경향'이 '날이 갈수록 노골화'되자,[56] 1949년 9월 8일 요시다 내각은 '단체등 규정령' 제2조, 제4조, 제11조의 규정에 따라, 법무부 고시를 발하고 '조련'과 '민청'및 '"건청"시오가마 본부', '"민단"미야기현본부'의 해산을 명하고, '조련' 중앙총본부 지도자 이근, 김천해 등 19명, '민청' 중앙총본부 위원장 남정양 이하 9명, "건청"시오가마 본부 위원장 송양길 이하 3명, "민단" 미야기현 본부 단장 박사차 이하 5명의 공직 추방을 명함과 동시에 그 재산을 몰수한 것이다.[57]

다음 해산·추방 명령은 '조련', '민청' 외에 '민단', '건청'의 지방본부도 두 곳을 포함하고 있었으나, 규모와 추방 인원에서 명확한 것처럼, 타격의 주요 목표는 '조련'과 '민청'이였음은 분명하다. '조련'과 '민청'의 해산과 그 간부의 추방을 더 높은 견지에서 보면 그 배후에 다음과 같은 배경이 있었음을 주목해야 한다.

'조련', '민청'이 점점 정치운동에 띄게 된 1947년 무렵은, 마침 미국의 대일 정책의 전환기였다. 냉전과 중국내 정세의 변화에 따라 극동전략의 재조정을 하지 않을 수 없었던 미국은 극동 전략 기지로 일본을 재건하기로 결정했던 것이다. 이러한 정책 전환과 더불어 미국은 점령 초기의 민주화, 비군국주의화 정책에 따른 좌익을 포함한 민주주의 세

55) 쓰보이 도요키치 저, 전게서, p.150,164.

56) 시노자키 헤이지 저, 『재일조선인 운동』, 레이분샤, 1955, pp.65-72.

57) 쓰보이 도요키치 저, 전게서, pp.271-276.

력의 양성과 지지 정책을 180도 바꾸어, 신극동전략에 불리한 급진적인 좌익세력의 성장을 제한하거나 진압하는 한편, 보수 세력을 적극적으로 양성하거나 지원하는 정책을 취한 것이다. 구체적인 정책으로는, 1948년의 '공안 조례'와 '경찰관 등 직무 집행법' 등의 공포, 시행, 전범 용의자의 조기 석방, 1949년 4월 4일 요시다 내각의 '단체등 규정령' 공포 및 시행에 따른 좌익 단체 및 지도자의 해산 및 추방 등을 들 수 있다. '조련', '민청' 해산 및 지도자 추방명령도 위와 같은 미국의 대일 점령정책 전환에 따른 것이라 할 수 있겠다. 재일조선인 좌익단체에 대한 퍼지purge(일소)는 그 후 1950년대 일본 국내의 보다 큰 레드 퍼지의 발단에 불과했다. 점령 정책의 전환에 따른 레드 퍼지 중, 법적 지위가 가장 약한 재일조선인이, 그 첫 목표가 됐다고도 할 수 있겠다.

'조련'과 '민청'이 해산되고 지도자가 추방되었을 때, '민단'과 그 산하단체는 '어느 정도 일본 당국으로부터 옹호－정책상이었지만－된데다, 대한민국 주일대표부라는 외교적 배경을 가지고 있어 좌익계 단체보다 훨씬 유리한 입장에 있었다.[58] 그렇기에 '조련', '민청'과의 충돌에 연루되더라도 '민단'계에 대한 처벌은 상당히 가벼웠다. 무엇보다 '민단'과 '건청'이 퍼지당하지 않았던 근본적인 원인은, '민단'계가 미국이 지지하는 한국을 지지하고 미국의 여러 정책에 협력하는 태도를 취했기 때문이다.

'조련'과 '민청'이 해산된 후 '조련'의 일공조선인 간부는 일공조선인부와 협의하여 '조련' 해산 후 대책을 검토한다. 그 결과, 1949년 12월, 일공은 당내에 박은철을 캡틴으로 하는 '당민족대책부'('민대부'로 약칭)를 결성해 재일조선인 조직의 재건과 그 운동의 지도에 착수했다. 그 후, '민대부'의 지도 강화와 함께 전국적 조국 통일과 '조련', '민청'의

58) 이유환 저, 『재일한국인 50년사』, p.139.

후계 단체 조직 운동이 전개됐다.

1950년 6월 15일, '민대부'는 가마쿠라 회의에서 '조련'의 후계 단체로서 '재일조선통일민주전선'('민전'으로 약칭) 결성 방침을 정하고, 다음날 가와사키 회의에서는 '민전 결성 중앙 준비회'가 발족하여 '구국통일전선 월간 운동 중 조직 운동'을 진행하여 일단 8월 15일 '민전' 결성을 목표로 하기로 했다.[59] 그러나 6월 25일 한국전쟁의 발발과 함께 '민전' 결성은 미뤄지고 1951년 1월 9일 도쿄 에도가와구 고이와의 서룡 댁에서 결성되었다. 결성 당시 '민전'은 이강훈, 김훈을 핵심으로 하는 중앙위원회를 조직하고, 일본 전국 일곱 지역에 지방위원회, 부현에 부현위원회, 지구에 지구위원회를 설치했다. '민전'은 그 성격으로 볼 때, 일공 '민대부'의 지도 아래 '주로 합법투쟁의 면을 담당하는, 북한계 통일전선 단체'였다.[60]

6·25전쟁 발발 이후인 6월 28일, '민대'는 긴급회의를 개최하여 '조국방위중앙위원회'('조방위'로 약칭)를 조직하여 '광범위한 조국 방위 투쟁을 전개하려'했다. 이를 이어 6월 30일 도쿄에서는 '조국방위 도쿄위원회'의 결성을 시작으로 일본 전국에 '조국방위위원모임', '조국 방위군', '청소년 행동대' 등 다양한 조직이 결성되었다. 이와 같은 청년을 중심으로 한 조직을 통합하여 강력한 조국방위운동을 전개하기 위해, 같은 해 9월 13일 위의 일본 전국의 단체의 대표들이 도쿄에 모여 '청년단체 전국대표 협의회'를 개최하고 9월 20일부터 '조국방위 재일조선청년 총궐기 월간' 운동을 강력히 전개하였다. 그리고 10월 29일, 교토에서 '청년단체 전국대표자 회의'를 열고, '총궐기 월간' 운동을 총괄하며 '조

59) 쓰보이 도요키치 저, 『재일조선인 운동의 개황』, p.268, pp.330-331.
60) 『현대일본 조선관계사자료 제2집, 『재일조선인단체중요자료집(1948-1952)』(『자료집』이라고 약칭한다) 법무연수소, 1952.10, p.76.

국방위 재일조선청년전선'을 은밀히 결성하고 조직을 확립했다.[61]

'조방위'와 그 산하 단체는 성격에서 볼 때 '비합법적인 행동대로서의 사명을 띠며', 그 목적은 '재일조선인의 조국 방위 사상을 함양하고, 민족의 선두에 서서 탄압과 싸우면서 적극적으로 대담한 행동을 전개하여 조국을 침략하는 일체의 적에게 타격을 주는 데' 있었다.[62]

'민전'과 '조방위', 이 '양자의 관계는 자동차의 양쪽 바퀴와 같은 것으로 명확한 구별을 할 수 없을 정도로 밀접했다'.[63] 이처럼 투쟁의 조직과 체제가 갖추어 지자, 활동도 순식간에 활발해졌다. '민전'은 합법적인 입장을 이용해 일공과 손을 잡고 '강제 송환 반대, 생활 보호 요구', '민족교육 확보', '치안 입법 반대', '재군비 반대', '다수 강화 반대, 전면 강화 요구', '요시다 내각 타도' 등의 대중 투쟁을 과감하고 공개적으로 전개했다. 또 한편으로는 '조방위'와 그 산하 조직을 중심으로, '소위 군사 활동이 활발히 전개되어 무기 제조 귀집, 군사 훈련 등과 병행하여 남한용 군수품의 생산과 수송 방해, 반점(령) 반미전단 배포, 각종 권력기관에 대한 불법행위 등'을 행했다. 게다가 1951년에는 '일공의 "4·5전협"의 군사 방침에 영향을 받거나 지도를 받아' 이 폭력 투쟁의 경향은 더욱 강해졌으며, '세무서, 시, 정 사무소, 경찰서(파출소) 검찰청 등 각종 권력기관에 대한 피습 폭행 사건이 다발했던 것이다.[64]

이처럼 재일조선인 좌익의 정치 경향과 정치 폭력 투쟁에 의해 연합국 점령당국과 일본 정부는 재일조선인을 더욱 적대시하게 되었다.

61) 쓰보이 도요키치 저, 『재일조선인 운동의 개황』, p.269, pp.377-378.

62) 대검찰청 공안조사실 편, 『자료집』, p.376.

63) 시노자키 헤이지 저, 『재일조선인 운동』, pp.99-104.

64) 시노자키 헤이지 저, 『재일조선인 운동』, pp.99-104.

(4) 재일조선인 교육문제

조선인들이 일제의 식민지 통치에서 해방된 것은 교육 측면에서는 일본의 동화 정책에 따라 진행된 황민화 교육에서 자신들의 민족교육을 되찾겠다는 뜻도 있었다. 자신들의 자녀들에게 민족교육의 기회를 주는 것은, 민족의식이 있는 부모들의 염원이며, 조선민족 지식 분자들의 비원이기도 했다.

\전쟁 후 귀국길이 열린 재일조선인들은 귀국을 서두름과 동시에 자신들의 역사문화에 대한 자부심을 가지고, 황민화 교육과 일본에서의 장기 체류로 일본어 밖에 모르는 자녀들에게 모국어인 조선어 및 조선 역사, 문화 민속 등의 교육에 착수했다. 그 외, 조선어를 중심으로 하는 민족교육은, 귀국하여 생활하기로 결정한 조선인들에게는 조국에서의 생활을 유지하는 데도 필수적인 것이었다.

이렇게 시작된 재일조선인의 민족교육은, 처음에는 국어강습소라는 이름으로 민가나 절의 오두막과 같은 장소를 빌려 행해졌다. 그러나 1946년 이후, 귀국의 열기도 점차로 수그러들자, 귀국을 희망하면서도 당분간 귀국할 수 없는 재일조선인 자녀들의 교육이 중요한 문제로 떠올랐다. 그래서 '조련'은 문화 사업으로서 재일조선인의 민족교육에 적극 나서는 한편, 1946년 12월 14일 열린 '삼전대회'에서 '조련'은 일반 활동 방침 중 하나로 '교육과 계몽'을 결정한 것이다.[65]

그리고 '조련'은 우선 각지의 자연 발생적인 '국어 강습소'를 정비하여, 시설이 부족한 곳에서는 초등 교육을 개설하기로 했다. 교육 내용은, 상중하 3급으로 나누어 국어(조선어), 산수, 역사, 과학의 초등 교육 전반에 걸쳐 수업할 방침을 세웠다. 또 교과서의 통일을 꾀하고 문화인을 모아서 초등 교재를 편찬하고 간행했다. 그 수는 1949년 7월 기준으로

65) 쓰보이 도요키치 저, 『재일조선인 운동의 개황』, p.113.

132점, 145만 부에 달했다.[66)]

1946년 10월, '조련'계의 학원은 525개소, 아동은 4만 2182명, 교원은 1023명에 각종 청년학교는 12개소 학생은 724명, 교원은 54명에 달했다.[67)] 그 중 학원은 6학급 초등학교로 개편되었다. 또 오사카와 도쿄에는 중학교가 설치되었다. 이 외에, 1개월에서 4개월 강습소 식의 청년학원이 있고, 마르크스주의 투사 양성을 위한 3·1 정치 학원(도쿄)과 8·15 정치학원(오사카)이 있고, 오사카 도쿄에는 초등 교원을 양성하는 사범학교가 있었다.

'조련'계 학교에서는 민족교육의 목적을 '민주주의 조선 국가의 발전과 세계 평화에 공헌하는 애국자 양성에 두고, '①오랜 일본 제국주의의 억압에 의해 생긴 조선 민족 사이의 나쁜 요소와 봉건적인 낙후를 일소할 것, ②조국 조선의 정세와 민주주의적 개혁으로 올바른 이해를 가지도록 할 것, ③자각하여 규율을 지키고 개인의 이익을 인민의 이익에 종속시키는 민주주의를 배양할 것, ④국제적 친선, 특히 일본의 민주주의 세력과 제휴하여 세계 평화를 위해 공헌하고. ⑤민족적 문화를 계승하고 발전시키는 한편 선진국가의 문화를 적극적으로 도입하여 배움으로서 새로운 민족으로서의 능력을 최대한 발양시킬 수 있을' 것 등을 강조한다.[68)]

'민단'과 '건청'계 학교는 당시 초등학교 52개소, 학생 6297명, 중학교 2개소, 학생 242명, 훈련소 2개소, 289명의 학생이 있었다. '민단'과 '건청'계의 많은 학교는 남한 미군정청에서 발행한 텍스트를 그대로 사용하고, 학교에 따라서는 '조련'이 편찬한 교과서도 사용했다.[69)]

66) 모리타 요시오 저, 『재일조선인 처우의 추이와 현상』, pp.91-92.

67) 『민주조선』, 1950.5.

68) 모리타 요시오 저, 『재일조선인 처우의 추이와 현상』, p.92.

이러한 조선인 학교는 '조련', '민단' 계열을 불문하고 일본의 법률에 따라 허용된 것은 아니었다. '조선인학교가 교육부로부터 허가를 받지 않은 것은, 전쟁 후 혼란스러운 상황이 배경에 있고, 또 일본의 지배로부터 해방된 재일조선인은, 문부성의 허가를 받아야 한다고 생각하지 않고 있었기' 때문이다.[70] 전쟁 후 조선인 학교 교육은, 재일조선인 스스로에 의해 자주적으로 이루어지고, 사람, 재화, 교육 내용도 스스로 정했기 때문이었다. 그렇기에 많은 학교가 시설, 설비 부족, 재정난 등에 시달리고 있었고, 교육 환경도 결코 충분하다 할 수 없었다.

이런 재일조선인 학교에 대해, 연합국 점령당국은 재일조선인의 절대 다수의 귀환이, '조만간 기대할 수 없다'는 점에서, 조선인들의 '사립학교가 심각한 충돌을 일으킬 수 있는 소수 민족 집단을 육성할 위험성'이 있다는 이유로, '조선인을 위한 별도의 학교를 설립하고 운영'하지 않겠다는 일본 정부의 입장을 지지하고, 연합국 점령당국은 다음 정책을 채택했다. '①일본 정부의 원조하의 조선인학교의 설립 및 운영에 대해서는 반대해야 한다. ②사적 재원에 따른 조선인학교의 설립 및 운영에 있어서는 교육적 효과와 조선인에 대한 심각한 차별을 포함한 좋지 않은 지역적 환경에만 국한된, 그 전반을 고려한 후, 다른 개인 단체의 신청과 동일하게 취급되어야 한다. 그러나 일반적으로 민간 정보교육국CIE은 전술한 바처럼 독자적인 소수 민족 시설separate minority institutions에 의해 야기되는 모든 충돌을 염두에 두고, 조선인 사립학교 신청은 부정적으로 보아야 한다'[71]고 권고했다.

---

69) 상동.

70) 김태기 저, 『전후 일본정치와 재일조선인문제』, p.381.

71) Memorandum from Edwin F. Wigglesworth (CIE/D) to Lt Colonel Orr, Subj. : Separate Koreans in Gifu Prefecture, 28 Aug 1946, KK/CIE 04145. 김태기 저, 『전후 일본 정치와 재일조선인 문제』, pp.384-385도 참조.

그 후 냉전과 미국의 대일 점령 정책의 전환과 함께, 연합국 점령당국의 재일조선인 교육문제에 대한 태도는 점점 더 엄격해지고, 그 정책은 더욱 일본 정부의 대책을 지지하는 방향으로 기울었던 것이다. 1947년 11월 오사카 미군민정부는, 오사카부 내의 '조련' 관계자들을 불러, 교육과 정치, 문화 문제를 혼동하지 말라고 충고한다.[72)]

연합국 점령당국의 위와 같은 태도에 힘입은 일본 문부성은, '조선인은 일본에 계속 거주한다면, 그들은 모두 합법적인 국내 법령에 따르지 않으면 안 된다'[73)]는 연합국군총사령부의 재일조선인 정책에 근거하여, 1948년 1월 24일, '조선인 자녀라 할지라도 학령에 해당하는 자는, 일본인과 마찬가지로 시, 정, 촌 또는 사립 초등학교 또는 중학교에 취학해야 한다. 또 사립 초등학교 또는 중학교의 설치는 학교 교육법의 정한 바에 따라 도도부현의 감독청(지사)의 허가를 받아야 한다. 학령에 이른 아동과 학생의 교육에 대해서는 각종학교의 설치는 인정할 수 없다. 사립 초등학교와 중학교에는, 교육 기본법 제8조(정치교육)뿐 아니라, 설치 폐지, 교과서, 교육내용에 대해서는, 학교교육법에 있어서의 총칙 및 초등학교와 중학교에 대한 규정이 적용된다. 또한, 조선어 등의 교육을 과외로 행하는 것은 문제가 되지 않는다'[74)]라고 정했다.

이에 대해 '조련'은, '조선인교육대책위원회'를 결성하고, '①교육용어는 조선어로 한다. ②교과서는 조선인 교재편찬위원회에서 편찬하여 총사령부의 검열을 받은 것을 사용한다. ③학교 경영관리는 학교관리조합에서 한다. ④일본어를 정규 과목으로 채택한다'[75)] 등의 조건을 문부성

72) 모리타 요시오 저, 『재일조선인 처우의 추이와 현상』, p.93.

73) '재일조선인의 지위 및 취급에 관한 총사령부 섭외담당관 발표(1946.11.20)', 전술한 오누마 야스아키, 「자료와 해설」(5), 『법률시보』50권 8호, 1978.

74) '조선인 설립 학교의 취급에 관한 문부성 학교교육국장 통첩(1948.1.24)', 전게, 『외무성 문서집』, p.123.

이 받아들인다면 사립학교의 인가를 받을 용의가 있다고 했다. 그러나 연합국 점령당국도 일본정부도 이를 용인하지 않았다.

1948년 4월, 각 도도부현은, 각 조선인 학교에 일본 법령에 따른 허가 절차를 취하도록 명했다. 허가를 신청할 경우 많은 학교가 폐쇄 될 것으로 예상했던 '조련'은 각지에서 학교 폐쇄 반대 인민 대회를 열어 대항했다. 각지의 반발과 대항 속에, 4월 23일 오사카에서는 수천 명의 조선인이 오사카 부청으로 밀려들어 부지사와 협상하고 경찰과의 충돌로 조선인 한 명(김태일)이 사망, 수십 명의 경찰과 조선인이 부상, 179명의 조선인이 검거되는 대사건인 '오사카 교육투쟁 사건'이 발생했다[76]. 그리고 고베에서도 유명한 '고베 교육 투쟁 사건'이 발생했다. 4월 24일 밤 100명의 조선인이 은밀하게, 회의 중인 주지사실에 몰려들어 헌병을 연금하고 지사 이하 수 명을 협박하여, 학교 통지의 철회, 학교 폐쇄 가처분 취소 등을 서약하게 했다. 급보를 접한 미군은 즉각 비상사태를 선포하고 주지사 이하를 구출하는 동시에, 사건에 관련된 일본인과 조선인 725명을 검거하고, 23명을 군사재판에 회부했다[77].

재일조선인의 반발이 예상보다 강해지자, 문부성은 한발 물러서 조선인학교 문제에 대해 '조선인교육대책위원회' 위원장 최용근 등과 협의해, 1949년 5월 5일 다음과 같은 요지의 양해각서를 조인했다. ①조선인의 교육에 관해서는 교육기본법 및 학교교육법을 따르를 것. ②조선인학교 문제에 대해서는 사립학교로서 자율성이 인정되는 범위 내에서, 조선인 독자 교육을 하는 것을 전제로 사립학교로서의 인가를 신청할 것.[78]

75) 모리타 요시오 저, 『재일조선인 처우의 추이와 현상』, p.93.
76) 쓰보이 도요키치 저, 『재일조선인 운동의 개황』, p.144.
77) 쓰보이 도요키치 저, 『재일조선인 운동의 개황』, p.145.
78) 쓰보이 도요키치 저, 『재일조선인 운동의 개황』, p.268. 모리타 요시오 저, 『재일조선인 처우의 추이와 현황』.

같은 해 5월 6일, 문부성은 위의 '각서'와 함께 각 도도부현에 통지을 보냈다. 이 통지 중에서 문부성은 각서 ①에서 '사립학교로서 자율성을 인정하는 범위 내에서'란, 두 가지를 의미한다. 조선인이 스스로 사립 초등학교와 중학교를 설치하여 의무교육으로서의 최소한의 요구사항을 충족시키고, 법령으로 허용된 범위 내에서, 선택 교과, 자유 연구 및 과외 시간에 조선어로 조선어, 조선의 역사, 문학, 문화 등 조선인들만의 독자적 교육을 할 수 있다.

단지 그럴 경우, 교과서에 대해서는, 연합국군총사령부 민간정보교육부의 허가를 받은 것을 사용한다. 의무교육을 득하도록 하는 한편, 방과 후 혹은 휴일 등에, 조선어 등의 교육을 실시할 목적으로 설치된 각종 학교에 등록하여, 조선인 자체 교육을 받게 하는 것은 개의치 않는다. ②기존 조선인 학교에 대한 허가 신청이 있을 경우 설치 기준에 부합하는지 즉시 심사한 뒤, 신속히 승인하고 수업 재개에 가능한 편의를 제공한다[79].

이때 중의원 문부위원회에 조선인학교 교육비 국고부담에 대한 청원서가 제출되어, 5월 25일 본회의에서 채택되어 정부에 보냈지만, 문부성은 '일본인 일반 사립학교에 보조금이 교부되지 않는 현재, 조선인 사립학교에 대해서만 보조금을 교부할 수 없다'며 국회 결의의 집행을 거부한다.[80]

문부성은 '조선인 교육대책위원회'가 위에서 언급한 양해각서에 조인했지만, 허가의 권력을 가지고 있는 문부성이 '각서'에서도 구체적인 승인 기준을 제시하지 않았기 때문에, '각서'는 실제 조선인학교를 유치

79) 「조선인학교 문제에 관한 문부성 학교교육국장 통첩(1948.5.6)」, 외무성 전게, 『문서집』, p.126.

80) 「조선인 교육비의 일본 정부 부담에 관한 문부성 관리국장 통첩(1949.6.29)」, 외무성 전게, 『문서모음집』, pp.127-128.

신청하게 하는 덫에 불과했다. 그 때문에 대부분의 재일조선인학교는 그에 응하지 않았다. 위의 국회 결의안의 집행 거부에서도 명백한 것처럼, 당시의 일본 정부는 재일조선인의 민족교육을 지원할 생각은 전혀 없었다고 할 수 있다. 일본 정부의 기본 정책은, 절대 다수인 재일조선인 학교를 폐쇄시키는 데 있었다.

1949년 9월 8일, 요시다 내각은 '단체 등 규제령'에 따라 '조련', '민청'을 해산했다. 이에 발을 맞춰 내각은 같은 해 10월 12일 국무회의에서 다음과 같은 '조선인학교 처치방침'을 정했다. ①조선인 자녀의 의무교육은 이를 공립학교에서 하는 것을 원칙으로 할 것. ②의무교육 이외의 교육을 수행하는 조선인학교에 대해서는 엄중히 일본의 교육법령 기타 법령에 따르도록 하고, 무인가 학교는 이를 인정하지 않을 것. ③조선인이 설치하는 학교 경영 등은 자비 부담으로 행해져야 하며, 국가 또는 지방공공 단체의 원조는, 하나의 원칙에 따라 당연이 그 필요가 없을 것.[81] 문부성은 10월 13일, 이 방침에 따라 관련 조치 요강을 통지했다. 그 속에서 문부성은, 조선인 학교는 ①'조련'과의 일체의 관계를 끊을 것. ②구 '조련'의 본부와 지부 등이 설치한 학교에 관해서는 설치자가 상실되어 당연히 폐교가 된 것으로 처치할 것. 폐교 또는 경영 곤란한 학교 재학의 아동 학생을 가능한 한 공립학교에 수용할 것 등을 지시했다.[82]

1949년 10월 19일, 일본 정부는 86개소의 초등학교, 4개소의 중학교, 2개소의 특수학교, 도합 92개 학교에 폐쇄접수 명령을 내고, 초등학교 223개소, 중학교 16개소, 특수학교 6개소, 도합 245교에 개조통보를 냈다. 재일조선인 학교 측은 여러 이유를 들어 강하게 저항했지만, 결국 소용없는 것이었다. 그 후, 개조 통보를 받은 245개 학교 중 128개 학교

81) 모리타 요시오 저『재일조선인 처우의 추이와 현상』, p.95.
82) 모리타 요시오 저,『재일조선인 처우의 추이와 현상』, p.95.

(초등학교 118개교, 중학교 7개교, 각종학교 3개교) 등은 개조 절차를 거쳤지만, 초등학교 1곳(오사카 백두학원 초등학교), 중학교 1곳(오사카 백두학원중학교), 각종 학교 1곳만이 인가되었다. 이후 교토의 동중학교와 마쓰야마시의 마쓰야마초등학교가 추가 인가되어, 도합 5개교가 인가되었다. 일본정부는 미국의 대일 점령정책의 전환을 계기로, 드디어 전쟁 후 한때 활발했던 재일조선인의 자주적인 민족교육 활동을 금지한 것이다.

1949년 11월 1일, 일본 문부성은 재일조선인 교육 문제에 대해 다음과 같은 견해를 발표했다. '①공립 초등학교에서 조선어와 조선역사는 정규 수업시간 외에 할 것. 중학교에서는 외국어로서 가르칠 수 있다, ②공립학교에 수용한 학생, 아동을 위해 여가로 조선어, 조선역사를 가르치고, 사립 각종 학교를 따로 인가받아 개설하는 것은 개의치 않는다. ③교원 자격을 갖춘 조선인은, 문부성으로서는, 공립학교 교장, 분교의 주사 이외의 교원, 조교원, 강사로 채용하는 것은 개의치 않는다. ④수용해야할 조선인 아동 및 학생은, 일반 학급에 편입하는 것이 적당하지만, 학력 보충과 그 외 어쩔 수 없는 사정이 있을 때에는, 당분간 특별학교나 분교를 마련하는 것도 개의치 않는다'고 했다[83].

그러나 조선인 아동과 학생이 일본인 학교에 편입함에 따라 여러 가지 문제가 발생하자, 1949년 11월 25일 일본 문부성은 '공립학교에 수용한 아동이나 학생이, 수업 방해나 그 외의 행동으로 일본 아동과 학생의 학습을 방해할 때에는, 체벌이 되지 않는 한도에서 징계를 행해야 할 것이다. 또 다른 아동이나 학생의 교육상 악영향을 끼칠 경우 출석정지를 명할 수 있다'[84]고 했다.

83) 「공립학교에서의 조선어 취급에 대하여(문초서 제166호)」, 모리타 요시오 저, 『재일조선인 처우의 추이와 현상』, pp.96-98.

84) 『조선인 아동·학생의 공립학교 수입에 대하여(문초서 제153호)』, 모리타 요시오 저, 『재일조선인 처우의 추이와 현상』, p.98.

여기에서 또다시 전쟁 전의 민족차별의 그림자를 느낄 수 있겠다. 전쟁 후의 험난했던 한일 양 민족의 감정적 대립을 생각하면, 일본인 학교에서 재일조선인 아동과 학생이 받은 처우는 어떤 것이었을지 상상하는 건 어렵지 않다.

4. 점령 중, 후기에 있어서의 재일조선인의 법적 지위 및 처우 문제

(1) 미·소 냉전의 격화 및 한국 정부의 성립과 재일조선인의 법적 지위 문제

1947년 이후, 미소 냉전은 점점 치열해지고, 그 영향으로 한반도의 분열도 확실한 것이 되었다. 미군은 점령 하의 남조선에서 친미 정권 수립에 박차를 가했다. 1947년 6월 3일, 미국은 남조선 미군정청하에 '남조선 과도정부'를 수립하고, 나아가 1948년 2월 26일에는 유엔 조선문제위원회를 통해, 동년 5월 10일 남조선 지역에서 단독으로 총선을 치르기로 명확히 했다. 그 외, 미국의 일본 점령 정책에 현저한 변화가 나타났다. 1947년 1월 31일 연합국 최고 사령관 맥아더는 성명을 발표하여 다음날의 '2·1 총파업'을 금지했으며, 2월 18일 미국 스트라이크 대일배상조사단은, 이전의 폴리 대일배상안을 대폭 완화하는 '제1 스트라이크 보고서'를 점령당국에 제출했다. 미국을 핵심으로 하는 연합국 일본 점령당국의 대일 점령 정책은, 일본 경제의 부흥으로 전환하기 시작했던 것이다.

이러한 국제 상황의 흐름 속에서, 연합국 일본 점령 당국의 외교국장 W·J·시볼트William. J. Sebald는 1948년 5월 6일 미 국무장관에게 '재일조선인의 지위에 관한 서한'(이하 '서한'이라 함)을 보내 재일조선인이 얽혀 있는 여러 가지 문제를 지적함과 동시에, '재일조선인의 국적은 불확정적이다'며, '처우의 목적상 이들 조선인은 일본 국민으로 간주되는 요지는 정해졌지만, 그러한 결정은 법적으로 결정적인 것이 아니다'라 하고, '더욱이 북조선과 남조선에 각각의 정부가 수립될 가능성에 따라, 일본에 있는 조선인 문제에 새로운 복잡한 요소가 가해질 우려가 강하다'며 '어쨌든 국적에 관한 결정은 별도로 하더라도 남조선에 정부가 수립된 이후에는 곧바로 조선인의 지위 재고와 결정이 필요할 것'을 지적했다.

시볼트는 재일조선인 문제의 해결 방법으로 '본 사령부에서는 강제송환이 재일조선인 문제의 유일한 해결이라는 생각이 비공식적으로 다시 나오고 있다'며, '우리로서는 신조선 정부에 공식적으로 인정된 기관이 등록을 하고, 또한 해당 기관이 해당자의 개개인에게 공식적인 증명을 발급하는 조건 하에서, 조선 정부의 수립 후에도 일본에 잔류하는 조선인이 조선 국민의 지위를 받을 수 있는 정책을 수립하는 데 진지한 고려를 기울여야 할 것'을 제안하고, '가능하면, 그러한 등록 완료를 위한 기한을 설정해야 하며, 기간 만료시까지 등록을 하지 않은 조선인은 이후 어떤 목적에도 불구하고for all purposes 일본인으로 간주하여Japanese Subject 취급될 것이다'. 재일조선인 문제의 '이러한 해결법은 점령군의 영향 하에 있을 때 가장 용이하게 해결될 것으로, 훗날 일본 정부가 완전한 주권을 회복한 시점에 결정하면, 그 이행이 매우 어려울 것이라고 생각된다'고 하고, 미 국무성에 '적절한 정책 지시와 정책 지도'를 요망했다[85]. 미 국무성은 시볼트의 제안이 재일조선인 문제에 대한 훌륭한 논의를 포함하고 있다며 대체로 긍정적인 평가를 했다[86].

85) "Dispatch No. 265, Tokyo, May 6, 1948 from the USPOLAD (POLAD : 정치 고문) for Japan", SDDF 895.012/5-648. '재일조선인의 지위에 관한 POLAD가 국무장관에게 보내는 서한(1948.5.6)', 전술한 오누마 야스아키, 「자료와 해설」(10), 「법률시보」51권 1호, 1979 참조.

(2) 연합국 총사령부 외교국의 재일조선인 법적 지위에 관한 직원 연구

1948년 5월 10일 남조선에서 예정대로 총선이 치러졌다. 건국 준비로 바쁜 나날 중 남조선 과도정부는 11일 '국적에 관한 임시조례'(법률 제11호)를 공표, 시행하고, '외국 국적 또는 일본 호적을 취득한 자에서 그 국적을 포기하거나 일본 호적을 이탈하는 자는 1945년 8월 9일 이전에 조선 국적을 회복한 자로 본다'고 선언했다[87]. 이러한 상황에서, 일본의 연합 점령 당국은 그 아래의 외교국Diplomatic Section을 중심으로, 동 년 7월 중순부터 8월 중순까지, 본격적인 재일조선인 지위 문제에 대한 연구에 집중하여 '재일조선인에 관한 직원 연구'(이하 '연구'라고 함)를 정리했다. 같은 해 8월 16일 외교국은 이 연구를 참모장Chief of Staff에게 제출하였고, 같은 해 8월 29일 참모장으로부터, '귀환하는 조선인 의 지참금 및 지참 물품 제한 완화 조치를 제외하고, 제출된 권고안을 현재 실행에 옮기는 것은 득책이 아닌 것으로 보인다' 하지만 '재일조선인의 지위 문제가, 좀 더 구체적인 형태로 발생될 경우, 우리 행동의 지침으로 사용될 수 있을 것이다', '최고 수준에서 논의 될 때 이용할 수 있기를 희망한다'[88]는 대체로 찬성하는 취지의 회답을 얻었다. 같은 해 9월 3일, 시볼트는, '재일조선인의 지위에 관한 POLAD로부터 국무장관에게 보낸 서신(제580호)'[89]라는 형태로 미 국무부에 보냈다.

---

86) 전술한 김태기 저, 『전후 일본 정치와 재일조선인 문제』, p.460 참조.

87) '재일조선인의 지위에 관한 재경 미국 정치고문 발문서 제580호(1948.9.3)동봉문서 1호', 전술한 오누마 야스아키, 「자료와 해설」(11), 『법률시보』51권 2호, 1979.

88) Check Sheet from the Chief of Staff to DS : "Status of Koreans in Japan", 29 August 1948, Enclosure No.3. 김태기 저, 『전후 일본 정치와 재일조선인 문제』, pp.469-470.

89) '재일조선인의 지위에 관한 POLAD에서 국무장관에게의 서신(1948.9.3)', 전술한 오누마 야스아키, 「자료와 해설」(11), 「법률시보」51권 2호, 1979.

이 '연구' 보고 중에서 조선정부 수립 후 재일조선인 처우 문제에 관해서, 연합국 일본점령당국 측은, 우선 재일조선인의 수 및 불법 입국 상황, 전쟁 후 재일조선인의 귀환정책 및 조선인이 일본에 거주하게 된 경위, 점령당국의 오늘에 이르기까지의, 재일조선인을 대한 처우정책, 한국 정부의 수립 및 한국 측의 재외 조선인 국적 정책 등을 서술한 뒤, 다음과 같이 기술하고 있다.

첫째, 재일조선인들은 남북 조선의 경제, 정치 상황이 극도로 불안정하며, 또한 '많은 조선인들은 일본에서 그들의 전 생애를 지내고 있으며, 가족의 관점에서나 인적인 관계에서도 일본과 친밀한 관계성을 가지며, 어떤 경우에는, 일본에 상당한 경제적 이익과 자산이 있기' 때문에 '일본에 여전히 거주하고 있는 조선인의 대부분은 조선으로 귀환하기를 원치 않는다'는 것을 지적했다.

둘째, 조선인들은 정치적으로, '일본에서 고도의 자치권을 획득하려고 한다'고 기술하며, 아울러 재일조선인들의 '다수는 점점 공산주의 운동으로 달리는 경향을 보이고' 있다는 것, 재일조선인 주요 단체이기도 한 '재일조선인연맹은 대부분 공산주의자들에게 좌지우지되고 있다'는 것, 재일조선인들이 정치적으로 분열되는 경향이 있음을 지적했다. 또 경제적인 측면에서는 '조선인은 불법 거래에 깊이 관여하고 방대한 "신 엔화"를 취득하고 있는 것', '일본 정부 당국은 이를 통제할 수 없다는 것', 사회적으로는 '조선인은 일본에 쉽게 동화되지 않는 것'과 조선인에 대해, '오랜 동안 일본인 측에 편견이 있는 점', 일본인은 '모든 조선인이 일본에서 없어지는 것'을 크게 원하고 있음을 지적했다.

셋째, 1948년 8월 15일 한국 정부의 성립 및 연합국 측의 한국 승인에 따라 '재일조선인 문제를 재검토가 필요하게 되고 있다'고 기술한다.

그리하여 넷째에서는, 주요 관계국인 미국, 조선, 일본의 관점에서 보아, '일본인과의 위험한 마찰을 일으키는 근원인 수많은 재일조선인은,

극동의 심각한 불안정한 요인이자, 또한 일본의 주요 점령국으로서의 미국에게 바람직하지 않은 프로파간다(선전)의 원인이 되고 있다. 조선의 관점에서 보면, 재일조선인들은 인적자원의 측면에서도 조선에게 잠재적 가치가 있는 자산이기도 한 것이다' (중략) '일본의 입장에서 보면, 재일조선인들은 전쟁으로 피폐해진 일본 경제에 무겁게 부담이 되며, 세금의 납입 또는 건설적 노력에 거의 기여하지 않는 점에서 완전한 부담일 수밖에 없다'는 이유로 '가급적으로 다수의 재일조선인이 조선으로 귀환하는 것은 매우 바람직한 일이다'고 했다.

그 재일조선인을 가급적 조선으로 귀환시킬 제안으로, 다섯째, 여섯째에서는 연합국 최고사령관은 극동위원회 문서 FEC034/3에 의해, 필요한 경우 재일조선인의 송환을 명령할 권한을 가지고 있지만, '강제 송환은 조선인 측에 격심한 대미 감정 악화를 초래하게 되'기 때문에, 미국과 연합국 일본 점령당국의 정책으로는 '조선인에게 자발적 귀환 장려를 하고' 이를 실현하기 위해, '조선인의 귀환에 관한 모든 제도를 급속히 완화'해야 한다고 제안했다.

뒤이어, 재일조선인 귀환에 따른 한일 양국의 영향에 대해 분석하고, 귀환 규칙의 완화에 의해 시작되는 재일조선인의 귀환에 의해 '일본 경제가 받는 손실은 상당한 것이지만 결정적이지는 않고, 일본이 보는 어떠한 손해도, 조선에서 얻는 이익으로부터 보상받을 것이다'라 하며, '아무튼 조선인 귀환을 추진하는 것과 조선 정부의 발전을 촉진하는 것으로 2중의 이익을 취할 수 있다'하였다.

일곱째, 가급적 다수의 재일조선인을 조선으로 귀환시키는 목적을 달성하기 위해 선전활동을 강화해야 할 것을 강조했다.

여덟째, 귀환 규칙의 완화에도 불구하고, '조선인 중 다수가 일본에 잔류를 바라는 것은 당연하게 있을 수 있다'고 예측하고, '이러한 잔류 조선인들에 대한 일본에서의 충돌과 불안정을 감소시키고 동시에 점령의 권위를 해치지 않는 정책을 결정하는 것'이 지금 단계에서의 기본적인 과제임을 지적했다. 이어서, 목하 재일조선인들은 '이중 국적의 지위'에 있는 점을 지적하고, 현 단계에서 연합국 일본점령 당국은, '재일조선인에게 배타적으로 일본 국적을 강요하거나, 재일조선인에 관한 조선과 일본 간 장래 조약에 의한 해석을 방해하는 것과 같은 어떤 태도를 취하는 것도 바람직하지 않다'고 하며,연합국 일본점령군 당국이 '일본에 계속 거주하는 조선인들의 국적에 대한 최종 결정은, 일본과 조선을 포함한, 일반 조약, 또는 기타 확정적인 국제적 합의의 체결을 기다리지 않으면 안 된다는 뜻을 공식 성명으로 발표'할 것을 제안했다.

아홉째, 재일조선인이 조선국적을 회복함에 따라, '일본에서 특별대우가 인정되야 한다는 요구에 대해' 연합국 일본 점령 당국은 대처할 준비를 해두어야 한다고 제안하고 있다. 연합국 국민과 일정한 다른 재일외국인은 더 풍족한 식량 배급, 특별 재해 부흥세의 면제, 부분적인 재정상의 특권 등을 누리며, 연합국 국민들은 더욱 특별한 법률상의 보호, 은행예금의 완전한 보장, 일본인에 의해 불법적으로 몰수된 재산의 회복 등의 특권을 누렸지만

'재일조선인들은 이러한 특권을 하나도 갖고 있지 못하다'. 만약 재일조선인에 대해, 연합국 국민 또는 다른 외국인 대우를 해 준다면, '재일조선인의 지위는, 그들을 귀국시키려는 SCAP(연합국 최고사령관) 정책과 정면으로 대립하게 되버릴'가능성이 존재하고, 심지어 재일조선인에게 추가 식량을 배급하지 않으면 안 되니 '일본 경제와 미국 정부에 중대한 부담이 부과될 것'이라며, 만약 재일조선인에게 연합국 국민과 같은 특권을 주게 된다면 연합국 국민과 같은 '무수한 다른 요구, 특히 조선 점령 당시('한일 병합' : 인용자) 일본인이 접수한 재산의 회복과 일본인에게 입은 자신들의 손해에 대한 배상 요구를 추진할 것으로 보인다'고 예측했다. 그러나 실제로는 소련의 부결에 따라, 한국이 극동위원회에 신입

회원으로 참여할 수 없으므로 기술적으로도 재일조선인에게 연합국 국민과 같은 특권과 보호를 하지 않는 것이 당연한 것을 지적하며, '복잡한 법적, 재정적 문제가 있는 점에서 재일조선인에게는, 연합국 또는 미국의 최고 정상이 결정할 때까지는 어떠한 특별한 권리, 보호도 주어지면 안 된다'고 했다.

열째, 연합국 일본점령 당국은 한국 정부로부터 '재일조선인에 관해서, 연합국 국민 또는다른 외국인이 갖고 있는 권리와 특권을 누리지 않는다'는 보장을 얻기 위해 '한국 정부가 비밀리에 문제의 전체상을 검토할 수 있도록 외교 차원에서 전해야 한다'며 '본 협상에서 유도되는 가장 바람직한 해결 형태'는 우선 '한국 정부가 일본에 거주하는 많은 조선인들이 특수한 지위에 있다'는 것을 인정하고, '조선으로 귀환하고 싶은 조선인만을 조선 국민으로 간주함과 동시에, 일본에 잔류하고 있는 조선인에게 한국 국적을 부여하는 건은, 일반 조약의 체결을 기다린다는 입법을 행하는 것'이며, 다음으로 '재일조선인은 조선과 일본 양쪽의 국적을 가지고 있기 때문에, 한국 정부는 동 정부 성립 후 (중략) 조선인들이 일본에 잔류하는 한 그들의 한국 국적을 승인하지 않는다'는 공식 성명을 발표하는 것이라고 했다. '어찌되었든 한국 정부가 재일조선인의 한국 국적 승인에 적극적 자세를 취하지 않는 것이, 재일조선인에 의한 과도한 요구 가능성을 감소시키게 된다'고 했다.

열한째, 한국 정부와의 외교 절충의 결과가 어떤 것인지를 불문하고, 연합국 일본 점령당국은 '외교 절충 종료 후, 재일조선인에 대해 조선으로 송환해야 할 의무를 강조하는 공공의 성명을 발표함'과 동시에 재일조선인들은, '국제원칙의 기준에 따라, 일본 정부가 적용하는 모든 법령에 따라야 하는 취지를 발표해야 한다'고 제안했다.

열두째, 한국 정부의 적정한 서류를 휴대하여 합법적으로 일본에 입국한 한국인들에게는 외국인으로 인정하고 처우하며 '미국 정부가 한국과 일본의 협력에 관해 수립하는 장기적인 정책에도 고려를 기울이며' 다시 돌아올 의도로 일본을 떠나는 재일조선인에 대해서는 일본으로의 재입국을 규제해야 면서, 한일간의 현실과 장래를 고려하여 '기술자, 대학생에 대해서는 특별한 배려'를 해야 할 것이라 했다.

열세째, 한국 정부가 최고사령관에게 대표 주재를 요구할지 여부는 불분명하지만, 한국 정부가 이를 요구하지 않으면, 다른 나라 대표부에 그 대행을 요구하지 않는 한 일본에 거주하는 조선인이 자신의 조선 국적을 주장해도 정식으로 등록될 수 없기 때문에 유리한 대우를 요구하기가 어렵게 되고, 만약 민단(재일 대한민국 거류민단)이 한국 정부와 재일조선인을 대표해서 움직인다 하더라도, 민단이 공적기관이 아니라는 이유로 '그와 같은 시도는 인정하지 말아야 한다'고 했다.

한국 정부가 조만간 최고사령관에게 대표 주재를 요구할 경우, '한국 정부가 주권국가의 정상적인 기능을 갖도록 하겠다는 미국의 희망, 그리고 협력적인 한국 대표부가 재일조선인들이 일으키는 문제를 해결을 촉진하는 데 도움이 될 수 있기 때문에' 그 요구를 인정해야만 한다고 한다.

열네째, '미국은 모든 조선인이 궁극적으로는 하나의 주권 독립국가 아래 통합되는 것을 희망하고 있기'때문에 현시점에서 연합국 일본 점령당국은 재일조선인 출신지를 불문하고, '모든 조선인들이 조선으로 귀환하도록 권장'해야 한다고 했다. 남북한의 '분립으로 명확한 것처럼 조선인들의 파괴활동의 문제가 생기고 있다'. 이점에 관한 연합국 일본 점령당국의 정책은, '가급적은 많은 조선인 공산주의자들을 일본에서 추방하고, 또한 그들의 일본으로의 재입국을 방지하는 데 있다'고 했다.

열다섯째, 일본으로 불법 입국하는 조선인들을 줄이기 위해, 보다 효과적인 순찰을 실시간으로 조선해협에서 해야 한다고 했다.

그러한 내용에 따라, 이 "연구"보고 중에서 위의 논의를 종합하여 다음과 같이 권고하고 있다.

우선 '일본 정부 당국에 대해, 조선인 집단 귀환 재개의 연합국 최고사령관 각서SCAPIN를 발의해야 한다'. '그 권고에 따라 귀환협정을 작성하여, SCAP 대표와 한국 담당 부국 대표가 이에 서명해야 한다'고 권고했다.

다음으로 '한국 정부Korean Government가 다음 중의 한 형태로 재일조선인의 특별한 지위를 인정하도록 한국 정부와 비밀 회담을 열어야 한다. ①재일조선인의 국적에 관한 일본책 조선간의 최종 약정이 이루어질 때까지 조선에 정착하기 위해 귀환하는 재일조선인만을 한국 국민Korean Nationals으로 간주하는 입법을 행한다. ②재일조선인이 일본법상 일본 국적을 유지하고 또한, 일본에 남기로 선택한 이상, 한국 정부는 이러한 자들이 일본에 잔류하는 동안, 그들의 한국 국적을 인정하지 않는다는 뜻을 공식적으로 발표한다. ③한국 정부가 재일조선인에 대해, (국적)승인 및 특별대우 주장을 추진하지 않는다는 것을 비공식적으로 보장할' 것을 권고했다.

세 번째 항에 조선에 귀환한 재일조선인들이 필요한 절차에 따라 일본에 재입국할 때, 그들은 연합국인이 아닌 '외국인'으로 취급되어야 한다고 권고했다.

네 번째 항에 정부가 원할 경우, 최고사령관SCAP에게 한국주일대표부의 설치를 인정해야한다는 것을 권고한다.

여섯 번째 항에 정부에게 조선과 일본 간의 불법 왕래를 감소시키기 위한 조선해협 순찰을 증가시키고 개선하기 위한 적절한 조치를 취하도록 요구해야 한다'고 권고했다.

마지막 일곱 번째 항에서는, '한국 정부 수립 후, 가급적 신속하게 일본과 조선에서 동시에 전반적인 신문 성명 혹은 기자 회견을 행해야 한다'고 권고하고, 그 내용에 대해서는 'SCAP의 방침은, 일본 국민이 되기를 원하지 않는 조선인의 귀환 촉진에 있으며, 소지품 제한은 점차 완화되고 있으며, 재일조선인은 한국 국적의 유무에 관계없이 일본 국적을 유지하고, 또한 일본법에 따라야 할 것 등의 여러 사항'을 강조해야 한다고 권고했다.

위의 "연구"에서 볼 수 있듯이, 특히 냉전의 표면화와 미국 대일 점령정책의 전환과 함께 정식으로 일본을 지키기 시작한 미국에 있어, 점령초기, 미국을 핵심으로 하는 연합국 점령당국에 따라 '특수지위국'의 국민 혹은 '해방민족'으로 간주된 재일조선인은 정치, 사회적으로는, 일본국내의 '위험한 마찰을 일으키고', 그 중 '많은 사람들이 점점 더 공산주의 운동에 뛰어 들고' 있는, '극동 지역의 심각한 불안정한 요인' 및 '미국에 대한 바람직하지 않은 프로파간다(선전)의 원인'이 되며, 경제적으로는 '일본 경제에 무거운 짐', '건설적 노력에 거의 기여하지 않는', '일본 경제와 미국 정부에 중대한 부담'이 되는 귀찮은 존재가 되었다. 따라서 '가급적 다수의 재일조선인들이 조선으로 귀환하는 것은 매우 바람직한 일'이 되었다.

그 목적을 달성하기 위해 미국을 핵심으로 하는 연합국 일본 점령당국은 '한국 정부의 독립국가로서의 권한조차 부정하는'[90] 의혹을 감수하고('자국민에 대한 보호권 침해' : 인용자), 재일조선인에 대한 한국 정부의 보호, 관할권을 부정하고, 계속 일본에 거주하는 조선인에 대해, '외국인'으로서의 '특별한 권리'와 '보호'를 하지 않았을 뿐 아니라, '한국국적의 유무에 관계없이 일본 국적을 보유'시켜, '일본 정부가 적용하는 모든 법령'에 따르도록 했다.

1948년 9월 3일, 시볼트가 '재일조선인에 관한 정치 고문POLAD으로부터 국무장관에게 보낸 서신'의 형태로 미 국무부에 보낸 이 '연구'는,

90) 전술한 김태기 저, 『전후 일본 정치와 재일조선인 문제』, pp.466 참조.

같은 해 5월 6일, 시볼트가 미 국무장관에게 보낸 '서간'의 취지에 대한 구체적 정책연구의 결과이다. 이 '연구'는 미국의 대일 점령정책 전환 후, 그리고 한국 정부 수립 후의 미국의 재일조선인 정책을 이해하는데 매우 중요한 문서이다. '연구' 중에서 행한 정책 제안과 권고는, 그 후 미국의 대일 정책과 대한 정책 그리고 일본의 재일조선인 정책에 직접적인 영향을 끼쳤던 것이다.

앞서 언급한 '서한'과 '연구'에 대해 주의 깊게 비교해 보면, 미국을 핵심으로 하는 연합국 일본 점령당국의 재일조선인 정책에는 명백히 간과할 수 없는 중대한 변화가 있었다. 앞의 '서한'에서 시볼트는, '우리로서는 신조선 정부에 공식적으로 인정된 기관이 등록을 하고, 또한 동 기관이 해당 당사자 개개인에게 공식 증명을 발급한다는 조건 하에서, 조선 정부의 수립 후에도 일본에 잔류하는 조선인이 조선 국민의 지위를 얻는다는 정책을 수립하는 데, 진지하게 고려를 해야 한다'는 것을 제안하고, 재일조선인 문제의 '이런 종류의 해결은, 점령군의 영향하에 있어 가장 용이하게 진행되는 것이며, 훗날 일본 정부가 완전한 주권을 회복한 시점에서 결정한다면, 그 이행이 매우 어려울 것으로 보인다',고 경고했다. 그러나 '연구'에서는 '일본에 거주하고 있는 조선인들의 국적에 대한 최종 결정은, 일본과 조선을 포함한 일반 조약 또는 기타 확정적인 국제적 합의의 체결을 기다려야만 한다'고 말하며, 그 동안 '한국 정부가 재일조선인에 대해, (국적) 승인 및 특별대우의 주장을 추진하지 않'도록 촉구할 것을 권고했다. 즉, 연합국 일본 점령당국의 재일조선인 국적 정책은 점령당국의 관여 하의 조기 해결론에서 '일본과 조선을 포함한 일반 조약 또는 다른 확정적인 국제적 합의의 체결을 기다리게' 된 것이다.

왜 불과 석 달 만에 이토록 중대한 정책 변화가 발생했을까?

앞의 모든 '서한'과 '연구'는 연합국총사령부SCAP/GHQ 외교국 국장인 시볼트, 총무과 일등서기관 코벨Cabot Coville과 삼등서기관 핀Richard B.Finn[91])을 중심으로 하는 멤버가 책정했던 것으로, 문서의 실질적인 집필자는 핀이었다. 왜 불과 석 달 만에 이토록 중대한 정책 변화가 발생했나, 라는 의문에 답하기 위해, 한국 학자 김태기는 미국으로 건너가, 핀에게 청취 조사를 했으나 결국 만족할 만한 대답을 듣지 못하고, 미국을 핵심으로 하는 연합국 쪽의 재일조선인 정책 변화를, 정책 책정자의 재일조선인 문제의 중대성에 대한 '인식 부족'으로 김씨는 해석하고 있다.[92])

그러나 저자가 보는 한, 연합국 일본 점령당국의 위 재일조선인 정책의 중대함은 변화는 정책 수립자의 '인식 부족'으로 보기보다는 오히려 그 원인이 냉전에 의한 미국의 대일정책 전환에 있다고 보는 것이 옳지 않은가 싶다. 주지와 같이 미국의 대일 점령 정책은, 미 육군성 장관 로열의 유명한 '방공 방벽'연설 후 서서히 일본의 재건 정책으로 전환되고, 연합국 일본 점령 당국은 정식으로 일본 경제 부흥에 착수했던 것이다. 대일 점령 정책의 일환이었던 연합국 일본 점령 당국의 재일조선인 정책도 이와 같은 미국의 대일 점령 정책 전환의 영향을 받아, 일본의 경제 부흥을 방해하는 요소의 배제와, 미국 극동 전략 기지로서의 일본 국내의 안전 확보로 기울어진 것이다.

시볼트의 1948년 9월 3일 '서신(580호)'와 '연구'를 수령한 후, 미 국무부는 극동국 동북 아시아과를 중심으로 곧바로 연합국 점령군 총사령부

91) 핀(Richard B. Finn): 1917년 12월 16일 뉴욕의 나이아가라 홀스핀 출생. 1939-1942년 하버드 대학 라틴어, 그리스어과 및 법학대학원 졸업. 1945년 9월 해군 중위로 일본 방문, 12월 귀국. 그 후 곧 퇴역하여 워싱턴 극동위원회(FEC)에서 1년 근무. 1947년 9월 일본 방문하여 GHQ의 외교국에 근무, 1949년 9월 귀국하여 외교국에 근무하는 기간 동안 주로 재일조선인 문제를 담당하였다.

92) 전술한 김태기 저, 『전후 일본 정치와 재일조선인 문제』, pp.467-468 참조.

외교국의 '연구'를 검토했다. 10월 11일 동북아시아과는 '연구'에서 '재일조선인의 귀환 문제를 숙고하고 그 위에서 권고를 하고 있는 매우 설득적인 재일조선인 문제에 대한 논의가 있으며', '권고는 모두 타당하다'고 생각하고 있었고, '우리가 그것을 전면적으로 지지함을 시볼트에게 비공식적으로 전달하는 것을 제안'[93] 했다.

10월 19일 동북아시아과 앨리슨John M. Allison 과장은 위의 '서신'과 '연구'를 육군성 민사부장 에버리G.L.Eberle에게 전달함과 동시에 '연구'에 대해, '우리는 이 문제에 대해 무치오John J. Muccio대사(주한 미국대사 : 인용자)와 자세히 논의할 기회를 아직 가지진 못했으나 이러한 권고사항은 일독해 볼 때, 곤란하고 중요한 재일조선인 문제를 처리하는 데 있어 전반적으로 타당한 근거를 제시하고 있다는 인상을 준다'[94]며 긍정적인 평가를 내렸다. 이것은 '연구'가 미국의 정책으로 정착되기 시작한 것을 의미한다.

그 후, 미 국무성에도 위의 '연구'에 대해, '연구'에 있는 '주장으로 의문시 되는 점은, 재일조선인의 국적상 지위에 관한 법적 문제와, 오로지 일본의 이익을 충족시키는 방향으로 향하도록 순수하게 정치적 정책을 결합시키고 있는 곳에 있다. 개별 조선인의 본국 귀환 의지를 요건으로 조선 국적을 부여한다는 것은, 일본의 관점에서 이해할 수 있다고는 하나 조선인 소수자의 본국 귀환이라는 정치적 목적을 달성하기 위해 재일조선인 지위의 법적 결정을 피하고 '정식으로 수립된 한국 정부가 해당 개인을 한국 국민으로 인정할' 때 해결돼야만 했던 긴급한 문제를

93) Office Memorandum from Mr. Green to Mr. Allison, Subj. : Attached : Tokyo's 580, October 11, 1948, SDDF894.4016/9-348, 전게, 김태기 저, 『전후 일본 정치와 재일조선인 문제』, p.471 참조.

94) Letter from John M. Allison to G. L. Eberle, 19 October 1948, SDDF 894. 4016 / 9-3480. 전술한 김태기 저, 『전후 일본 정치와 재일조선인 문제』, p.471 참조.

연기하여 더욱이 한국 정부에 심각한 경제적, 정치적 난제를 압박하는 것이 된다. 연구에 기획된 계획을 적용했을 경우, 조선인의 적개심이 끓어오르고 또한, 한미관계에 있어서도, 한국에서 현재 행해지고 있는 미국의 정책, 계획에 불리한 영향이 드리우는 것은 필정이다'[95]라는 비판의 목소리도 있었지만, 대일 점령 정책의 전환이라는 시대적 흐름 속에서, 위의 비판의 목소리는 연합국 일본 점령당국의 재일조선인 정책을 근본적으로 바꿀 수는 없었다.

(3) 점령 중기 한일 양국의 재일조선인의 법적 지위 문제에 대한 대응

정부 수립 이후 한국측은, 재일조선인 문제에 적극적으로 관여하는 자세를 보였다. 1948년 9월 3일 이승만 대통령은 의회 시정 방침 연설 중에 '재일한국인의 귀환과 더불어 이들의 "재조정" 문제를 논하고', 외무부 장관 장택상도 같은 해 10월6일 의회에서 외교 방침 연설 중에서 외무부가 '재일동포 보호를 위한 특별조치'를 입안 중임을 밝혔다. 같은 해 10월 12일, 한국 의회는 198명의 의원 중 185명이 서명해 제출한 '일본의 조선인 재산 이동에 관한 긴급 법안'을 전 의회 일치로 채택했다. 이 '법안' 속에서 한국은 '재일조선인의 거주와 사법상의 권리는 보장되어야 하며, 그들은 연합국 국민으로서 처우되어야 한다'고 주장했다.[96] 같은 해 10월 19, 20일 이틀간 이승만 대통령은 한일 간 문제를 연합국 최고사령관 맥아더와 논의하기 위해 방일했다. 그 결과, 1949년 1월 14일, 한국 정부의 요구에 의해 도쿄에 한국 주일대표부가 설치되어, 정한

95) '재일조선인의 지위 결정에 관한 계획에 대해 생각할 수 있는 조선의 반응(국무성 극동조사과) DRF138호 [1949.3.29(비)], 전게, 오누마 야스아키, 「자료와 해설」(12), 『법률시보』51권 3호, 1979.

96) 전게, 오누마 야스아키, 「자료와 해설」(12), 『법률시보』51권 3호, 1979, p.135.

경Henry Chung 박사가 초대 주일대사가 되었지만, 8일 후 정한경 박사의 사직에 의해 정환범이 주일대표부의 대사가 되었다.97)

1949년 5월 3일, 정환범 대사는 본국의 훈령을 받아 연합국총사령부 민정국에 다음과 같은 취지의 각서를 보냈다. ①국제법에 따르면 한국 국민은 전체적으로 반드시 일본 국적을 취득하고 있지 않고, 점령 기간을 통해 자신의 국적을 유지하고 있다. ②일본의 35년에 이르는 한국 점령 기간 동안, 일본 국적법은 한국 인민에게 적용, 시행되지 않았다. 따라서 한국 국민은 한번도 일본 국적을 취득하지 않았다. ③1948년 8월 15일 대한민국 정부 수립과 같이 재일조선인의 본연의 국적은 자동적이자 선언적으로 생긴 것으로 생각된다. ④대부분의 재일조선인들은, 일본 당국의 강제와 음험한 압력 하에 일본으로 이주했다. 그 때문에 재일조선인들이 자신의 자유 의지에 따라 일본에 있다고 생각하는 것은 잘못이다. 따라서 재일조선인에게 국적선택권을 부여하겠다는 제안은 받아들이지 않는다. ⑤국제법과 정의의 기본 원칙에 따라, 재일조선인에게 연합국 국민의 지위를 주는 것은 합당한 일이고 당연한 일이다. ⑥한국 국민 전체의 본국 귀환 문제는, 강화 조약 중 한국과 일본에 관한 조항에 의해 해결되어야 할, 다른 미해결 문제와 함께 생각하는 것이 적당할 것이다.98)

여기서 한국 측은 '한국 국민 전체의 본국 귀환 문제는 강화조약 중 한국과 일본에 관한 조항에 의해 해결되어야 할 다른 미해결 문제와 함께 생각하는 것이 적당하다'면서도, '일본의 35년에 이르는 한국 점령 기간 동안 일본 국적법은 한국 인민에 대해 적용, 시행되지 않았던' 것

97) (韓)박실 저, 『한국외교비사－외교 인맥·내막·갈등』(증보판), 정호출판사, 1984.3, p.50.

98) '재일조선인의 지위 S350/301', GHQ 민정국(GS) 발, GHQ 부참모장(DCS), SCAP 앞으로(1949.7.6), 전게, 오누마 야스아키, 「자료와 해설」(13), 『법률시보』51권 4호, 1979.

과 '1948년 8월 15일 대한민국 정부 수립과 함께 재일조선인의 본연의 국적은 자동적이고 선포적으로 발생했다'는 것을 이유로, 재일조선인에게 '연합국 국민의 지위를 줄 것'을 요청했다.

한국 측의 위의 요구를 받은 민정국은, 1948년 7월 7일 부참모장DCS 및 연합국 점령군 최고사령관SCAP에게 발송한 공문에서, 상기 '연구' 중 외교국DS 측의 '재일조선인 국적에 관한 일본 조선간의 최종 결정이 이뤄질 때까지 조선에 정착하기 위해 귀환하는 재일조선인 만을 한국 국민으로 간주하고', '일본에 남기를 선택한' 사람들은 '한국 정부는 이러한 사람들이 일본에 잔류하는 동안, 그들의 한국 국적을 인정하지 않는다'는 정책 제안을 강하게 비난했다.

민정국은 공문으로, 위 외교국의 정책 제안은 '조선 국민으로서 등록을 마친 조선인과 미등록의 조선인과의 국적에 관해서 법적으로 구별하고자 하는 것이며, 조선인 거주자에 관한 행정면에서 점령군과 일본 정부 양측에 더욱 무거운 부담을 부과하는 것이다'라고 비판하며, '조선인 거주자를 일방적으로 그처럼 법적으로 구별함으로써 일본에서 행해지는 현재의 곤란한 조선인 문제는 해결되기는 커녕, 조선인 사이에 순위를 매김으로서 문제가 더욱 첨예화하고 복잡해질 우려가 있다'고 지적하고, '한국 대표의 서신은 재일조선인의 법적 지위에 관한 공식 견해를 자세히 기술하고 연합군 점령군 최고사령관SCAP의 동의를 구하고는 있지만, (중략) 이 문제가, 대일 강화 조약 중에 고려해야 할 문제라는 취지를 인정하고 있다. 이승만 대통령도, (중략) "한국 국민 전체의 본국 귀환 문제는 강화 조약 중 한국과 일본에 관한 조항에 의해 해결해야 할 다른 미해결 문제와 함께 생각하는 것이 적당하다"라고 인정하고 있'는 것을 지적하고, '이상의 견지에서 민정국GS은, 동 제안(외교국의 상기 연구)이 당연하게 강화회의에서의 해결을 기다려야 할 문제를, 부분적으로 해결하려는 시도(누구에게나 불만족스러울)가 될 뿐이라고 생각할 것'이라 하고, '대한민국 주일대표로서 그들의 이익을 지키는 데 할 수 있는 일을 하는 것이 본래 대표부의 기능이기 때문에', '한국 대표가 일본 내 조선인 거주자에 대해 진행하려는 자발적 등록 절차에 관해서는 어떤 반대도 존재하지 않는다'고 함과 동시에, '본 건에 관한 기본 문제는 강화회의에서 연합국에 의한 검토를 기다리지 않으면 안 된다.[99]

결국 연합군 점령당국의 재일조선인의 법적 지위에 대한 견해는, 재일조선인의 법적 지위는 한국 주일대표부가 행하는 재일조선인에 대한 등록과 상관없이, 대일 강화회의에서의 결정을 기다린다는 쪽으로 방향을 돌렸다.

1948년 10월 15일(19일 조각 완료), 일본의 제2차 요시다시게루 내각이 출범했다. 냉전과 미국의 대일 점령 정책 전환에 따라, 연합국 점령당국의 일본 점령 정책이 격심하게 변화하자, 연합국 점령당국 측의 재일조선인 정책의 속내를 파악하기 위해, 1949년 2월 3일 일본 외무성은 관리국의 와지마에지 국장을 파견하여 연합국 총사령부 외교국의 핀 서기관과 접촉했다.

이 와지마-핀 회담에서 와지마는, 일본 정부가 재일조선인 문제에 관한 연구를 진행하고 있음을 밝힘과 동시에 '일본인들은 아시아 대륙에서 강제로 이동했기 때문에, 재일조선인들도 일본에서 조선으로 강제 이동시켜야 한다'며 '일본 정부가 재일조선인에 대해 갖는 기본적 관심은 일본에서 그들을 몰아내는 데 있다'고 했다. 그러나 와지마는 '실제 문제는, 이 조선인들을 강제로 이동시키는 것은 현재 또는 미래에도 불가능하다'는 인식을 보이고, 사견으로서, 재일조선인의 국적문제 해결은 강화조약 체결 때까지일 것이라면서도, '임시적인 처우' 조치로서 '일본 정부는 현재 일본에 살고 있는 조선인을 이후 모든 입법에서 비일본인

99) 상동.

으로 취급하고, 현재 시행되고 있는 법률을 행정분야의 모든 부분에서 그들에게 비일본인의 지위를 부여하도록 개정한다'는 비공식 각서를 핀에게 건넸다.[100)]

대일 강화가 지연됨에 따라 연합군 일본 점령 당국은, '사실상의 강화'노선을 추진하고, 일상 행정의 제 분야에서 일본 정부에 통치권을 위임하기로 방침을 정했다. 외국인 관리 면에서도 예외는 없었다.

1949년 6월 22일, 연합국 일본 점령당국은 일본 정부에 '입국관리부 설치에 관한 총사령부 각서'를 보내, 입국 관리부의 설치를 명함과 동시에 1949년 11월 1일부터 일본 정부는 '연합국총사령부의 허가를 받아, 일본으로 출, 입국하는 모든 개인(관명에 따라 여행하는 점령군 요원은 제외)에 대한 출입국 감독의 책임을 진다'며, '개인의 일본 불법입국예방책임을 부담한다'[101)]고 했다.

연합국 일본 점령 당국의 위 지시에 따라, 일본 정부는 1949년 8월 10일에 정령 제299호의 형식으로 '입국관리에 관한 정령'을 발표하고 '외무성 관리국에 입국관리부를 둔다(제2조)'[102)]고 하고, 같은 해 8월 19일, 정령을 공포하여 '외국인 등록법'의 일부 개정을 행했다.

이와 같은 일련의 조치와 함께 1949년 8월 말경, 요시다 시게루 총리 겸 외상은 맥아더에게 서간을 보내, 재일조선인 문제의 조기 해결을 촉

---

100) Memorandum of Conversation by R. B. Finn, February 3, 1949, Enclosure No.2 to the Dispatch No.111, Tokyo, February 18, 1949 from USPOLAD for Japan, Subj. : Status of Koreans in Japan, SDDF 894, 4016/2-1849; 전게, 김태기저, 『전후일본정치와 재일조선인문제』, pp.612-613 참조.

101) 'SCAPIN 2019 입국관리부 설치에 관한 총사령부 각서(1949.6.22)', 전게, 오누마 야스아키, 「자료와 해설」, 『법률시보』.

102) '입국관리에 관한 정령(정령 제299호)', 전게, 오누마 야스아키, 「자료와 해설」(13), 『법률시보』51권4호, 1979.

구함과 동시에, 총수 100만 명에 가까운 재일조선인이 '그 중 절반은 불법 입국자다'라며, '나로서는 모든 조선인이 그 모국인 반도로 귀환하기를 기대합니다'라고 기술했다. 그 이유로서, '현재와 장래의 일본 식량사정으로 볼 때, 여분의 인구 유지는 불가능'한 점, '대다수의 조선인은 일본 경제의 부흥에 전혀 공헌하지 않는' 점, '더욱 나쁜 것은 조선인 중에는 죄를 저지르는 비율이 상당히 높다'는 점 등을 지적했다. 그 후 요시다시게루는 다음과 같이 자신의 견해를 개진했다.

①원칙적으로 모든 조선인을 일본 정부의 비용으로 본국으로 송환해야 한다. ②일본에 잔류를 희망하는 조선인들은 일본 정부의 허가를 받아야만 한다. 허가는 일본 경제 부흥에 공헌할 수 있는 능력을 가졌다 판단되는 조선인에게 주어진다[103]고 기술하고 승인을 요청했다.

요시다 시게루의 위의 '서한'에 대해, 연합국 일본 점령군 총사령부 외교국이 기초한 것으로 보이는 맥아더의 답사 서한(초안)에서 연합국 점령당국 쪽은, 재일조선인 문제는 '본 사령부가 끊임없이 주의를 기울여 온 문제'이고, '나는 합법적이든 비합법적이든 일본에 잔류하고 있는 너무나 많은 조선 출신의 존재가, 법과 질서의 유지에 책임을 지는 정부뿐만이 아니라 일본 경제에 대해서도 여분의 부담을 부과하는 것이며, 그런 부담은 가급적으로 신속하게 해소, 경감시키지 않으면 안 될 것이다', '그들을 이송할 계획을 촉진할 새로운 적절한 수단을 찾아내지 않는 한 귀환을 받아들인 조선인을 일괄적으로 이동시킬 가능성은 거의 없다'며, '일본과 한국이 전반적인 해결에 필요한 교섭을 행할 수 있게 될 시점까지 이 문제의 최종적인 해결은 아마 불가능 할 것으로 생각한다'

103) 소데이 린지로(袖井林次郎) 편역, 『요시다 시게루 맥아더 왕복 서한집(1945-1951)』, 호세이 대학 출판국, 2000.5, '서한편[영어정문]', pp.146-148 및 역문 pp.275-277 및 전게, 오누마 야스아키, 「자료와 해설」(13), 『법률시보』51권 4호, 1979 참조.

는 견해를 보이고 있다.

나아가 연합국 점령당국 측은 '한국과 일본이 상호 외교관계에서 직면 할 어려운 여러 가지 문제를 완화시킬 최선의 길은, 귀환의 가능성을 더욱 증대시키는 것에 있다는 견해에 동의한다', '재일조선인들에 대해 모국으로의 귀환을 최대한 장려하는 것이 바람직하다고 믿는다',라 하고 '불법 입국자의 경우를 제외하고 강제 송환은 하지 않는다는 조건, 그리고 본국 귀환은 대한민국이 수락하는 방식으로 행한다는 조건 하에서, 모든 가능한 방법으로 귀환을 촉진하는 정책을 계속 취해야 한다'[104]는 것이었다. 즉, 연합국 점령 당국은 일본 측의 강제송환 요구를 부결하고 재일조선인 문제의 전반적인 해결은, '일본과 한국이 전반적 해결에 필요한 교섭을 할 수 있는 시점까지 미룰 방침을 밝혔다.

이처럼 미국의 재일조선인의 법적 지위 문제에 대한 정책은 '일본과 한국을 포함한 일반 조약 또는 다른 확정적인 국제적 합의 체결을 기다리는' 정책에서 다시 한 번 '일본과 한국이 전반적 해결에 필요한 협상을 벌이는 것이 가능해지는 시점까지' 미루는 정책으로 변화한 것이다. 재일조선인들의 법적 지위에 대한 미국, 연합국 점령당국의 위의 정책은, 강화 후 한일이 회담을 열게 되는 직접적인 원인이 되었다.

주지하는 바와 같이 재일조선인의 존재는 그 대부분이 일본의 식민지 통치에 기인하는 것이고, 그 대부분은 경제적 강제 '토지조사 사업이나, "동척"을 중심으로 하는 국책 회사에 의한 반강제적인 토지매수 등에 의한 조선농민의 영세화, 유민화'에 의한 것이며, 정치적인 강제 즉 '전쟁 중의 국민징용령 등에 의한 광산, 탄갱, 건설 현장, 군사용 사업 현장

104) '맥아더 원수에게 보내는 서한(초고)'(총사령부 외교국 1949.9.9), 전술 오누마 야스아키 「자료와 해설」(13)', 『법률시보』51권 4호. 1979. 요시다가 맥아더에게 보내는 서한과 맥아더의 답장 서한은 날짜가 없다. 1949년 8월 말에서 9월 초순의 것으로 추정되고 있다.

작업원 등으로서의 강제연행'에 의한 것이다.

전쟁 후 일본에 잔류한 약 60만의 재일조선인은 일본에 거주한 역사가 비교적 길며, 한반도와의 인적, 물질적 유대가 희박한 사람들이다. 그들 중에는 전쟁 후 경제적 혼란과 정치적 대립이 계속되는 조선으로 귀환해도 살길이 막막한 자들이 많았다. 요시다 내각은 이러한 재일조선인의 역사와 현실을 외면하고, 재일조선인을 단순한 질서 유지와 일본 경제 재건에 대한 저해요인으로 간주하여, 재일교포 본인의 의사 여하에 관계없이 원칙적으로 모든 재일조선인을 한반도로 송환할 것을 주장하였다.

이러한 재일조선인 정책은 일본의 한 연구자도 지적하였듯이 재일조선인의 불법행위를 '법적규제에 복종시키는 것 자체는 정당했다고는 하나, 재일조선인 문제의 "해결책"으로서 즉시 그들의 강제 송환을 구상하는 것은 너무나도 눈앞의 현상에 눈을 빼앗긴 단락적인 발상이라고 평가받지 않으면 안될 것이다. 요시다 수상은 장래 세대에 대한 책임, 불공평을 말하기 전에, 식민지 지배에 대한 책임, 일본인이 조선인에 대해 취해온 태도의 불공평을 생각해 보아야'[105] 한다.

1949년 12월 3일 요시다 내각은 '식량 배급 징세 및 치안 유지를 위한' 정령 381호를 발포하고 다시 '외국인 등록령'을 개정했다. 이번 개정에 의해 등록증명서의 유효기간은 3년이 되고 등록증명서의 등록번호도 '전국을 아우르는 일련번호'가 되었다. 그 밖에 이번 개정에 따라 '외국인 등록령'의 '위반행위에 대한 벌칙'도 강화되었다.[106]

105) 전술한 오누마 야스아키, 「자료와 해설」(13), 『법률시보』51권 4호 〈해설〉, 1979, p.97.

106) '외(국인)등(록)령 개정 정령(1949.12.3)'. 전게, 오누마 야스아키, 「자료와 해설」(14), 『법률시보』51권, 5호, 1979. 전게, 모리타 요시오 저, 『재일조선인 처우의 추이와 현상』, p.82.

'외국인 등록령'을 개정함과 동시에, 요시다 내각은 재일외국인에 대해 1950년 1월말까지 등록증명서를 일제히 교환하도록 통보하고, 교환등록에 즈음하여 일본정부는 재일조선인은 '조선' 국적으로 등록할 것을 요구했다. 대한민국 거류민단 및 한국 주일대표부는 이에 항의 하였으나, 일본정부는 받아들이려 하지 않았다. 문제의 악화를 우려한 연합군 총사령부는, 같은 해 2월 20일 일본정부에 각서를 보내, 재일조선인 등록으로 'Korea' 및 'Republic of Korea'에 대하여 각각 "한국" 및 "대한민국", 또한 'Koreans'에 대하여 각 각 "한국인" 및 "대한민국인" 명칭의 사용을 인가하도록 지시했다.[107)]

이에 따라 일본정부는 등록기간을 3월 20일까지 연장하는 동시에 법무총재의 담화를 발표하여 '종래의 외국인등록사무 취급상, 조선인에 대해서는 이 국적을 모두 "조선"으로 처리해 왔지만, 일부 사람들로부터 강한 요망도 있고, 등록 촉진을 위해서도 적당하다고 생각되므로 앞으로는 본인의 희망에 따라 "조선"을 대신하여 "한국" 혹은 "대한민국"을 사용해도 무방하다'고 밝혔다. 즉, 본인 희망에 따른 국적기재란의 기재정정을 인정한 것이다. 그와 동시에 일본 정부는 상기의 승인은, '단순한 용어 문제이며, 실질적인 국적 문제나 국가의 승인 문제와는 전혀 관계없다'는 것, 국적란의 기재에 의해 '그 사람의 법률상 취급을 달리하는 것은 없다'[108)]고 명확히 했다. 그 때의 외국인등록증 전환에 의해 등록된 재일조선인은 53만 5236명이었다.(표 9 및 표 10참조)

---

107) AGO91DS『조선』을 대신하여 『한국』의 명칭을 사용』(1950.2.20), 전게, 모리타 요시오 저, 『재일조선인 처우의 추이와 현상』', p.83.

108) AGO91DS『조선』을 대신하여 『한국』의 명칭을 사용』(1950.2.20), 전게, 모리타 요시오 저 『재일조선인 처우의 추이와 현상', pp.83-84.

표 9. 전쟁 후 재일조선인 인구조사 추이

조사년월	조선인 등록자	국세조사 인구조사	비고
① 1945(쇼와20).11		1,155,594	자원조사법에 의한 인구조사
② 1945(쇼와20).12		980,635	내무성경보국 인구조사
③ 1946(쇼와21).3	647,006		연합국군총사령부 각서에 의한 등록
④ 1946(쇼와21).4		232,602	자원조사법에 따른 인구조사(귀환희망자 제외)
⑤ 1947(쇼와22).9	529,907		외국인등록령에 의한 제1차등록
⑥ 1947(쇼와22).10		508,905	임시 국세조사
⑦ 1948(쇼와23).12	601,772		외국인등록
⑧ 1950(쇼와25).3	535,236		등록령개정에 의한 교체등록
⑨ 1950(쇼와25).10		464,277	국세조사
⑩ 1952(쇼와27).9	571,008		외국인등록령에 의한 제2차 교체 등록
⑪ 1954(쇼와29).9	564,849		외국인등록
⑫ 1955(쇼와30).2	567,053		외국인등록령에 따른 제3차 교체 등록

참고: ①, ④ 통계청 "19, 20, 21 인구 조사 보고서 절약". 쇼와24년. ② 내무부 경보국 조사. ③ 인양원호청 '인양원호의 기록'. ⑤, ⑦, ⑧, ⑩, ⑪, ⑫ 입국통계국 통계. ⑥ 총리부 통계국 '쇼와 22년 임시국세조사 보고'.9, 총리부 통계국 '쇼와 25년 인구조사 보고'. 전게 이환저, '재일한국인 50년사'. p.108 참조

표 10. 외국인 등록란에 '한국'과 '조선' 명의로 등록한 인원 수 추이

구분 / 년월	한국		조선	
	인 수	%	인 수	%
1950(쇼와25년).3	39,418	7	495,818	93
1950(쇼와25년).12	77,433	14	467,470	86
1951(쇼와26년).12	95,157	17	465,543	83
1952(쇼와27년).9	116,546	20	454,462	80
1953(쇼와28년).12	131,437	24	424,653	76
1955(쇼와30년).1	138,602	25	425,620	75

주: 전게, 이유환 저, 『재일한국인 50년사』, p.112 참조.

1950년 6월 25일 한국전쟁 발발과 함께 미국은 대일강화를 서둘렀다. 같은 해 9월 14일 미국의 트루먼Harry S. Truman 대통령은 국무부에 대일 강화에 관한 협상을 하도록 지시하여, 국무부 외교정책고문 덜레스John Foster Dulles를 대일강화문제 전권으로 임명하였다. 동년 9월 22일,

덜레스 전권은 서둘러 '대일강화7원칙'을 발표했다. 그 후 덜레스 전권의 셔틀 같은 왕복 외교로 대일강화는 확실하게 진행되어 1951년 9월 4일부터 8일에 걸쳐 미국의 샌프란시스코에서 대일강화회의를 열게 되고, 8일 "대일강화조약"이 체결되었다.

"대일강화조약" 체결 후, 그 발효를 눈앞에 둔, 1951년 10월 2일, 일본 정부는 새로운 '출입국관리령'을 제정하고 동년 11월 1일부터 신령을 발효시켰다. 신'출입국관리령'은 '일본 국적을 가지지 않는 자'를 외국인으로 정의하고 ①특정 질병에 걸린 자, ②빈곤자로 생활상 국가 혹은 지역 지방공공단체에 부담이 되는 자, ③마약단속법을 위반한 자, ④외국인 등록령을 위반한 자, ⑤무기 혹은 1년 이상의 징역 또는 금고 등의 실형을 선고받은 자, ⑥매춘 또는 이에 관련된 자, ⑦일본국 헌법 또는 그 아래에 성립된 정부를 폭력으로 파괴할 것을 기도하는 자, ⑧공무원을 살상, 공공시설을 파괴, 공장 등의 안전유지시설 운행을 방해하는 등의 쟁의을 권장하는 정당 혹은 그 밖의 단체를 결성하여 이에 참가하거나 이들과 밀접하게 관련된 자, ⑨전기 ⑦, ⑧에 규정한 단체의 목적을 달성하기 위한 인쇄물, 영화, 신문,도서 등을 작성, 배포, 전시하는 자, ⑩기타 외상이 일본의 국익 또는 공안을 해치는 행위를 했다고 인정하는 자는 퇴거를 강제한다고 하였다.[109] '외국인등록령'에 따라 이미 외국인으로 등록된 재일조선인은 신 '출입국관리령'에 의해 더욱 불리한 지위에 내몰린 것이다.

109) (日)『朝日新聞』 1951.10.3.

참고문헌

公安調査庁法務事務官 坪井豊吉著,「在日朝鮮人運動の概況」,『法務研修報告書』第46集 第3号(秘密), 法務研修所, 1958.

金太基著,『戦後日本政治と在日朝鮮人問題－SCAPの対在日朝鮮人政策1945~1952』, 勁草書房, 1997.12.

大沼保昭, 「《資料と解説》出入国管理法制の成立過程(2)」(「《資料と解説》」と略称する),『法律時報』50巻5号, 1978.

藤島宇内, 丸山邦男, 村上兵衛,「在日朝鮮人六十万人の現実」,『中央公論』, 1958.1.2

李瑜煥著,『在日韓国人五十年史－発生因に於ける歴史的背景と解放後に於ける動向』, 新樹物産株式会社, 196012.

朴実著,『韓国外交秘史－外交の人脈·内幕·葛藤』(増補版), 井湖出版社, 1984.3.

法務研修所編, 森田芳夫著,『在日朝鮮人処遇の推移と現状』, 1955.10,『法務研究報告』第43集3号,『現代日本·朝鮮関係史資料』(第三輯), 湖北社, 1975(復刻).

寺沢一他編『国際法の再構築』(下)東京大学出版会, 1978.

篠崎平治著『在日朝鮮人運動』令文社, 1955.

袖井林次郎編訳,『吉田茂·マッカーサー往復書簡集(1945-1951)』, 法政大学出版局, 2000.

最高検察庁公安調査室 編『在日朝鮮人団体重要資料集(1948-1952)』(「資料集」と略称する)法務研修所, 1952.10.

坪井豊吉著, 「法務研究報告書」第46集第3号, 『在日朝鮮人運動の概況』(秘密), 法務研修所, 昭和33.2.

『読売報知新聞』, 1945.12.14.

『民主朝鮮』, 1950.5.

『赤旗』, 1945.11.22,「常磐炭鉱争議報告·成功の面と失敗の面」.

『朝日新聞』, 1946.9.3, 大村清一内相の貴族院予算大会での答弁.

『朝日新聞』, 1946.9.3.

『朝日新聞』, 1946.9.3.

『朝日新聞』, 1951.10.3.

1983년 '국적법개정에 관한 중간 시안'과 재일조선인

동화와 배제

김현아金炫我, KIM HyunAh

쓰쿠바대학(筑波大学) 문학박사, 역사학 전공. 일본학술진흥회 특별연구원. 현재 한림대학교 일본학연구소 HK연구교수. 연구 분야는 일본의 황국신민화 정책, 야스쿠니신사와 호국신사의 역할, 동아시아의 역사인식이다. 주요 저서로는 『제국과 포스트제국을 넘어서』(2020, 공저), 『제국과 국민국가』(2021, 공저) 등이 있다.

1. 서론

1983년 2월 1일 일본 법무성 민사국 제5과는 '국적법개정에 관한 중간 시안'(이하 중간 시안)을 공표했다. 국적법의 개정에 대해서는 작년 12월 25일 이후 법제심의회 국적법 부회部會에서 심의를 해왔고 중간 시안은 부회의 심의를 토대로 민사국 제5과가 작성한 것이다.[1] 국적법개정에 착수한 직접적인 계기는 1980년 7월에 일본 정부가 '여성에 대한 모든 형태의 차별 철폐에 관한 조약'(이하 여성차별철폐조약)에 서명하고 여성차별철폐조약에 비준하는 것으로 합의했기 때문이다.[2]

일본 정부는 1985년 말까지 여성차별철폐조약에 비준해야 한다. 현행 국적법은 여성차별철폐조약 제9조 2항의 '자녀의 국적에 관해 양성 동권을 부여하는' 것에 저촉되는 부계우선혈통주의를 채택하고 있어서 개정이 불가피해졌다. 그래서 일본 정부는 자녀의 국적 계승에 성차별이 있는 부계우선혈통주의에서 부모가 동등한 권리를 갖는 부모양계주의에 대한 논의를 추진하였다. 이를 반영하여 중간 시안은 부모양계주의를 채택하는 내용을 담고 있다.

1) 細川清, 「国籍法改正中間試案の概要」, 『ジュリスト』788, 1983.4, p.34.
2) 위의 논문.

중간 시안이 부모양계주의를 제안한 배경에는 첫째는 1970년대에 들어서면서 부계우선혈통주의를 유지하던 서유럽 국가들이 점점 부모양계주의로 개정하는 것을 들 수 있다.[3] 둘째는 현행 일본 국적법은 일본인 어머니와 외국인 아버지 사이에서 태어난 아이는 일본 국적을 취득할 수가 없으므로 혼인신고를 하지 않은 채 자녀가 태어나면 일본인 어머니 호적에 올리는 실정이었다.[4] 셋째는 오키나와沖縄에서 무국적아無國籍兒가 출생하는 것에 기인하고 있다. 오키나와 미군기지의 미국 군인 또는 군속과 결혼한 일본인 어머니 사이에서 태어난 아이는 미국 국적은 물론 일본 국적도 취득할 수 없다. 그 이유는 일본은 부계우선혈통주의이고 미국은 출생지주의를 원칙으로 하고 있기 때문이다.

이러한 사실을 근거하여 중간 시안은 '출생 시에 아버지가 일본 국민일 경우'라는 부계우선혈통주의에서 '출생 시에 아버지 또는 어머니가 일본 국민일 경우는 일본 국민으로 한다'=부모양계주의를 채택하고 있다. 부모양계주의에 의한 국적취득은 양성평등의 원칙이 국적법에 적용되었음을 의미하고, 무국적아동의 출생을 방지하고자 하였음을 알 수 있다. 한편 중간 시안은 부모양계주의를 채택하면 이중국적 사례가 증가하므로 국적선택제도를 도입하여 이중국적을 해소한다는 방침을 제안하고 있다.[5] 이 점에서 중간 시안이 거론하는 이중국적二重國籍과 관련하여 '일본에서 국제결혼의 절반 이상을 차지하는 재일조선인과 일본인과의 결혼'[6]에 주목하고자 한다.

1978년 4월 중의원衆議院 예산위원회에서 가가와 야스카즈香川保一 민사국장은 이중국적 문제에 대해 '재일在日 70년 가까이 조선인과 일본

3) 石田玲子,「国籍法改正と在日朝鮮人」,『季刊 三千里』24, 1980.11, p.79.

4) 위의 논문.

5) 앞의 논문,「国籍法改正中間試案の概要」, p.37.

6) 앞의 논문,「国籍法改正と在日朝鮮人」, p.79.

인과의 결혼이 많이 성사되어 그 자녀들이 갑자기 일본 국적과 한국 국적 또는 조선적을 가지게 되면 여러 가지 문제가 발생할 것'이라고 답변하고 있다.[7] 재일조선인을 의식한 대책인지 중간 시안에서는 부모양계주의에 의한 이중국적 취득을 해소하는 일환으로 국적선택제도를 채택하는 방안을 마련하였다. 즉 일본인과 결혼한 재일조선인은 일본 국적, 한국 국적, 조선적朝鮮籍 중에서 하나의 국적을 선택하지 않으면 안 된다.

이에 본 연구에서는 국적법개정을 앞두고 중간 시안이 제안하는 국적법의 개정 내용 중에서 부모양계주의와 부모양계주의에 의한 이중국적자의 국적선택제도에 주목하여 재일조선인의 관점에서 살펴보고자 한다.

2. 부모양계주의와 재일조선인

(1) 재일조선인의 결혼과 자녀의 국적취득

중간 시안은 현행 국적법의 부계우선혈통주의에서 부모양계주의로 개정되면서 달라지는 사항들을 주요 내용으로 하였다. 출생으로 국적을 취득할 수 있는 법률상의 원칙은 자국민과의 결혼으로 태어난 아이에게 국적취득의 권리가 주어지는 혈통주의와 자국의 영토 내에서 태어난 아이에게 국적을 취득할 수 있도록 하는 출생지주의로 크게 둘로 나뉘진다.

일본의 국적법은 헌법 제정 이래 계속 부계 중심의 혈통주의를 채택해왔다. 양성평등의 원칙을 내세우고 있는 현재의 헌법이 시행된 후에도 남성 중심의 부계우선혈통주의는 개정되지 않고 그대로 계승되었다. 그러한 이유에는 현재 헌법이 시행된 1950년 당시 국제적으로 부모양계주의를 채택하고 있는 국가는 소수에 불과했다는 점을 들 수 있다. 하지

7) 石田玲子, 「国籍法改正をめぐって」, 『季刊 三千里』37, 1984.2, p.179.

만 1950년 4월 19일에 열린 중의원 법무위원회에서 민사국장이 답변한 내용을 통해 보더라도 보다 근본적인 이유는 부계우선혈통주의를 채택함으로써 이중국적을 방지하고자 하였음을 지적할 수 있다.[8] 부모양계주의를 채택하면 일본인 어머니를 둔 아이는 아버지의 국적에 상관없이 일본 국적을 취득할 수 있다. 그리고 외국인 아버지 국가의 국적법이 부계혈통주의를 채택하고 있으면 일본인 어머니의 일본 국적뿐만 아니라 아버지의 외국 국적도 취득할 수가 있다. 즉 이중국적이 발생하는 것을 방지하려는 일본 정부의 시책이 우선시되었다.

그러나 중간 시안에서는 현행 헌법하에서 국적법을 둘러싼 국제환경 및 국내외 사회정세의 변화에 따른 모든 사정을 고려하였다. 특히 오키나와의 무국적아동을 의식하여 일본 국민인 어머니와 미성년 아이가 함께 일본 국적을 취득하는 것이 공동생활을 하는 데 적당하다는 목소리가 높아지고 있었다. 거기에 여성차별철폐조약의 비준을 위해 헌법상 양성평등의 견지에서도 타당한 조치라는 이유 등에 의해 이중국적자가 다수 발생하는 것도 우려하면서 부모양계주의를 채택하는 것이 당연하게 인식되었다.[9]

그렇다면 현시점에서 부모양계주의를 채택하게 되면 이중국적자는 어느 정도일까. 현재 일본인 여성이 외국인 남성과 결혼하는 연간 총인원은 일본 국내에서 약 3,000명 정도이고 해외에서는 약 1,000명 정도로 합계 약 4,000명에 달한다.[10] 현행 국적법상으로는 외국인 아버지와 일본인 어머니 사이에서 태어난 자녀는 일본 국적을 취득할 수가 없다. 그래서 아이에게 일본 국적을 취득시키기 위해 법률상으로 혼인을 하지

8) 土屋文昭·堀井善吉, 「国籍法改正に関する中間試案について」, 『外人登録』293, 1983.6, p.5.

9) 위의 논문, p.6.

10) 위의 논문.

않는 사례가 다수 발생하고 있다. 그러나 중간 시안대로 부모양계주의로 개정되면 일본 국적을 취득하기 위해 외국인 남성과 일본인 여성의 사실혼 관계는 불필요해지므로 일본인 여성과 외국인 남성과의 혼인신고 수는 훨씬 증가할 것이다.

일본 정부가 부모양계주의를 채택하면 현재 일본인 여성의 국제결혼 인원 4,000명을 크게 상회하는 6,000명 정도가 될 것이다. 일본인 부부의 평균 생애 출산 자녀수가 1.74명이라는 것을 생각하면 한 해에 약 1만 명의 이중국적자가 출생하게 된다.[11] 일본 정부가 일본인과의 국제결혼으로 부모양계주의에 의한 이중국적자는 재일조선인이 상당수일 것이라고 언급했듯이 일본인이 국제결혼하는 상대는 재일조선인이 가장 많은 비율을 차지하고 있다.

표 1. 일본인과 외국인의 혼인신고건수

년도	일본인 아내			총수		
	조선인 남편	중국인 남편	미국인 남편	외국인 남편 일본인 아내	외국인 아내 일본인 남편	총수
1970	1,386	195	1,571	3,438	2,106	5,544
1971	1,533	194	1,252	3,240	2,350	5,590
1972	1,707	237	1,010	3,322	2,674	5,996
1973	1,674	238	1,024	3,344	2,849	6,193
1974	1,743	229	790	3,182	3,177	6,359
1975	1,554	243	631	2,823	3,222	6,045
1976	1,564	229	604	2,855	3,467	6,322
1977	1,390	197	539	2,570	3,501	6,071
1978	1,500	198	601	2,660	3,620	6,280
총계	14,051	1,960	8,022	27,434	26,966	54,400

厚生省, 『人口動態統計』 각 연도에서 인용하여 작성.
石田玲子, 「国籍法改正と在日朝鮮人」, 『季刊 三千里』24, 1980.11, p.82에서 재인용.

11) 위의 논문.

부모평등주의에 입각하여 부모양계주의로 일본의 국적법이 개정되면 성차별 없이 부계우선주의 국가의 외국인 아버지와 일본인 여성이 결혼하여 태어난 자녀는 이중국적을 취득하게 된다. 표 1의 후생성厚生省『인구동태통계人口動態統計』에 의하면 1970년에서 1978년까지 일본인 여성과 외국인 남성과의 혼인건수는 조선인 남편이 14,051건으로 가장 많고 이어서 미국인 남편이 8,022건, 중국인 남편이 1,960건을 차지하고 있다. 일본인 여성과 조선인 남편과의 혼인건수는 전체 외국인 남성과의 혼인건수 24,033건 중 절반 이상을 차지하는 1,960건으로 비율로 보면 58%이다. 이러한 점에서 일본에서 이중국적자의 최대 당사자는 조선인 아버지와 일본인 어머니 사이에서 태어난 재일조선인 2세, 3세들이라 할 수 있다.[12] 일본 법무성은 국적법이 개정되면 1978년에 혼인신고한 1,500건의 일본인 여성과 조선인 남성 사이에서 태어난 상당수의 아이를 포함하여 한 해 동안 수천 명에 달하는 조선과 일본의 이중국적자가 출생할 것으로 추정한다.[13]

일본에서 국적법개정으로 한국 국적의 아버지와 일본인 어머니의 결혼으로 태어난 자녀는 출생하면서 대한민국(이하 한국) 국적법의 부계우선혈통주의에 따라 아버지의 한국 국적과 어머니의 일본 국적을 동시에 취득하게 된다. 그리고 조선적 아버지와 일본인 어머니 사이에서 태어난 자녀는 한국 국적법의 부계우선혈통주의가 적용되어 아버지의 조선적 취득과 동시에 어머니의 일본 국적을 취득하게 된다. 그 이유는 일본 법무성이 조선민주주의인민공화국(이하 공화국)[14]과 국교 관계가 없는

12) 앞의 논문, 「国籍法改正と在日朝鮮人」, p.81.

13) 위의 논문, pp.81-82.

14) 공화국의 경우 1963년에 국적법이 제정되었는데 외국에 거주하는 공화국 공민과 외국인과의 사이에서 출생한 아이의 국적은 부모의 합의에 결정하는 것으로 규정되어 있다. 따라서 공화국 국적법을 적용하게 되면 조선적 아버지와 일본인

것을 이유로 일본에 재류하는 모든 조선인에 대해 한국 국적법을 적용하고 있기 때문이다.[15]

이처럼 재일조선인 남성과 일본인 여성 사이에서 태어난 아이는 한국 국적 또는 조선적과 일본 국적을 취득할 수 있다. 이러한 측면에서 볼 때 부모평등주의에 의한 국적법개정으로 일본인 어머니에게서 태어난 재일조선인 2세, 3세가 취득하는 일본 국적은 법무장관의 허가를 받고 부여되는 귀화에 의한 일본 국적의 취득과는 근본적으로 다르며 타고난 권리로서 취득된다고 볼 수 있다[16] 또 한편으로는 재일조선인과 일본인 여성 사이에서 태어난 외국인이면서 일본 국민이기도 한 이중국적자가 다수 탄생하게 됨으로써 이제까지 일본 정부가 지향해 온 부계우선혈통주의로 인한 일본 국민=귀화와 외국인이라는 즉 동화와 배제라는 이분법적 사고의 틀이 조금씩 무너지는 계기가 될 것이다.

(2) 중간 시안으로 보는 국적취득의 문제점

현행 일본의 국적법으로 일본 국적을 취득하는 방법은 일본인 아버지에게서 태어나는 것과 귀화하는 것밖에 없었다. 그러나 중간 시안에서는 '출생 때 아버지 또는 어머니가 일본 국민일 경우는 일본 국민으로 하는' 부모양계주의를 채택하고 있다. 그래서 중간 시안에는 국적법개정 이전에 태어난 아이에 대해서도 개정 후에 태어난 아이의 권리와 차이가 없도록 다음과 같은 '경과규정經過規定'을 새로 만들었다. 그러나 대상이 되는 자녀의 나이 제한과 어머니가 친권을 갖는 것, 어머니가 일본

어머니 사이에서 태어난 아이는 조선적과 일본 국적 중 어느 국적을 선택할지는 부모의 합의로 결정된다(위의 논문, 「国籍法改正と在日朝鮮人」, p.82).

15) 위의 논문.

16) 위의 논문, p.83.

국적을 계속 유지할 것 등 복잡한 조건을 제시하고 있는 점이 문제로 지적된다.[17]

> 다음 각 호의 조건을 갖춘 외국인은 이 법률시행일로부터 3년 이내에 법무장관에게 일본 국적을 취득할 의사를 표시함으로써 그때부터 일본 국적을 취득하는 것으로 한다.
> ① 출생 시부터 계속 어머니가 일본 국민일 것
> ② 이 법률 시행 시에 20세 미만일 것
> ③ 일본 국적을 취득한 적이 없을 것
> ④ 해당 어머니의 친권에 복종할 것[18]

위의 사항에 대해 법무성 민사국 제5과는 다음과 같이 설명하고 있다. (1)은 혈연관계에서 보면 일본인 어머니의 자녀이지만 아버지가 외국인이어서 현행법상 출생 때 일본 국적을 취득할 수 없었던 미성년자에 대해서는 소정의 조건으로 귀화 절차를 밟지 않고 의사표시를 하여 일본 국적을 취득할 수 있도록 한 것이다. 이것은 일본인 어머니와 같이 생활하고 있는 미성년 자녀가 같은 국적을 갖는 것이 친자의 공동생활에 있어 적당하다는 의견에 따른 것이다. 그리고 미성년자는 원칙적으로 일본인 어머니의 적출자嫡出子[19]이므로 일본인 적출자인 '준정準正[20]에 의한 국적취득'이 적용되는 사람과 똑같이 취급하는 것이 제도의 균형상 타당하다는 등의 이유를 들고 있다. 또한 의사를 표시하는 기한을

17) 앞의 논문, 「国籍法改正をめぐって」, pp.179-180.

18) 家庭局, 「国籍法改正に関する中間試案について」, 『家庭裁判月報』35(6), 1983.6, p.196.

19) 법률상의 혼인 관계에서 출생한 자식.

20) 법률용어로 혼인 전 출생자가 부모의 법률상의 정식 혼인으로 혼인 중의 출생자로서 지위를 취득하는 일.

3년으로 한정한 것은 국적법개정 후에는 대상자가 발생하지 않으므로 법률관계를 빨리 안정화하려는 데 있었다. ②는 ①에 의해 일본 국적을 취득한 자의 자녀에 대해서도 ①과 똑같이 취급하는 것이 알맞다는 이유에 의해서라고 설명하고 있다.[21]

이에 대해 고토 아키후미後藤明史 변호사는 경과규정의 각 요건을 보면 개정된 국적법 시행일 전에 태어난 자 중 상당수가 개정된 국적법의 적용을 받지 못하는 것으로 되어 있다고 말한다. 요컨대 귀화하는 것만이 국적을 취득할 수 있다는 것을 의미하므로 앞으로 각 요건에 대해서 논의가 필요하다고 제기하고 있다. 그리고 어머니가 친권을 갖지 않는 자는 모두 배제한다는 것도 큰 문제점이다. 일본 국민인 자가 친권이 있고 후견인의 경우에는 일본에 일정 기간 이상의 주소가 있으면 어머니의 친권에 복종한다는 요건은 필요하지 않으므로 검토되어야 한다는 의견을 제시하고 있다.[22]

앞에서 서술한 경과규정의 내용을 살펴보면 ①의 전제조건은 일본인 어머니의 자녀야 한다는 것이다. 바꾸어 말하면 외국인 여성의 자녀는 일본 국적을 취득할 수 없다는 것이다. 그리고 ④의 조건은 부모양계주의를 채택한 국가의 남성과 결혼한 일본인 여성의 자녀이어야 한다는 것이다. 이러한 점에서 경과규정은 일본인 여성을 대상으로 하고 있음을 알 수 있다. 여기서 주목하는 것은 '조선인 남편과 일본인 아내'의 결혼이다. 일본 후생성『인구동태통계』에 제시된 1980년 '재일조선인의 혼인건수(1965-1980)'를 보면 전체 재일조선인 결혼 7,255건 가운데 '조선인 남편과 일본인 아내' 결혼은 1,651건으로 22.8%를 차지하고 있다.[23]

21) 法務省民事局第五課,「国籍法改正に関する中間試案」,『ジュリスト』788, 1983.4, p.31.
22) 後藤明史,「国籍法改正に関する'中間試案'について」,『ジュリスト』788, 1983.4, p.51.
23) 有吉克彦,「在日朝鮮人と国籍法改正: '中間試案'に見る国籍法改正の動向」,『季刊 三千里』34, 1983.5, p.119.

일본의 법례 제20조를 보면 친자 간의 법률적인 관계는 아버지의 국적법에 따르게 되어 있다. 한국 국적의 아버지와 일본 국적의 어머니 사이에 태어난 자녀의 경우는 친자 관계의 문제에 대해서는 아버지의 국적법 즉 한국의 민법을 적용받는다. 조선적의 경우도 한국의 국적법을 적용받고 있으므로 한국 국적의 사람과 똑같이 취급된다. 그래서 어머니가 친권자가 되려면 법원에 어머니의 친권지정 신청이 필요하고 법원이 그것을 인정해야 한다.[24]

그리고 한국의 경우 미성년 자녀에 대한 친권은 기본적으로 부모가 공동으로 친권을 갖지만, 의견이 불일치하면 아버지가 우선하여 친권을 갖는다. 그리고 부모의 이혼, 아버지의 사망으로 어머니가 친정으로 돌아가거나 재혼하는 등의 경우에는 어머니는 자녀의 친권자가 될 수 없다.[25] 그래서 신설되는 경과규정은 재일조선인 여성에게는 아무런 의미가 없다. 하지만 중간 시안의 경과규정을 '조선인 남편과 일본인 아내'의 사이에서 태어난 자녀에게 적용하면 부부가 이혼, 사망한 경우라도 일본인 여성의 자녀는 일본 국적을 취득할 수 있다는 것이다.

이러한 사실에서 볼 때 신설되는 경과규정은 어디까지 일본인 여성만이 자녀에게 국적 계승권을 갖게 하는 것이지 재일조선인 여성에게는 국적도 성씨도 계승할 수가 없는 것이다. 즉 민족차별뿐만 아니라 남녀차별까지 짊어지고 있는 재일조선인 여성의 권리는 이번 국적법개정의 시안을 통해 보더라도 특히 일본인 남편과의 관계에서는 완전히 배제되고 있다고 볼 수 있다.[26]

---

24) 石田玲子·尹照子·ヤンソン由美子, 「国籍法改正をめぐって」, 『季刊 三千里』37, 1984.2, p.184.

25) 위의 논문.

26) 위의 논문.

3. 이중국적 해소의 국적선택제도

중간 시안의 부계양계주의의 채택은 일본인의 국제결혼에 의한 자녀의 이중국적을 해소하려는 방법으로 국적을 선택하도록 하고 있다. 이제까지 일본 정부는 부계우선주의에서 부모양계주의로 전환하면 이중국적자가 증대한다는 이유로 국적법의 개정을 주저해왔다. 국적법을 개정하는 작업에 착수한 이후에도 여전히 이중국적의 발생은 가능한 한 피해야 한다는 생각을 중요시하였다.[27]

중간 시안에 의하면 이중국적을 갖는 일본 국민은 22살 때까지 또는 20살 이후에 이중국적이 되었던 자는 그때부터 2년 이내에 외국 국적을 포기하는 취지의 선언을 하고, 일본 정부의 최고催告[28]에 따라 외국 국적을 이탈하는 절차를 밟지 않으면 일본 국적을 상실한다. 또한 외국 국적의 포기를 선언한 자라도 자기의 지망志望으로 외국의 병역에 복무하거나 공무에 종사했을 때는 그때부터 일본 국적을 상실한다고 한다. 이중국적자의 대부분이 20살 미만이므로 22살 때까지 외국 국적의 포기 선언 및 이탈 절차를 밟지 않으면 일본 국적을 상실한다는 것이 중간 시안의 국적선택제도의 주요 골자이다.[29]

이처럼 중간 시안이 제시하는 국적선택제도는 이중국적의 발생을 최대한 억제하려는 목적으로 국적을 선택하도록 하여 이중국적을 해소하는 데에만 역점을 두고 있다. 그러한 결과 국적선택에 있어 개인의 자유

27) 土屋文昭, 「国籍法改正に関する中間試案について」, 『法律のひろば』, 1983.3; 앞의 논문, 「在日朝鮮人と国籍法改正: '中間試案'に見る国籍法改正の動向」, p.115.

28) 법률용어로 어떤 행위를 할 것을 상대방에게 요구하는 통지이다. 의무이행의 최고와 권리행사의 최고로 나눌 수 있다.

29) 앞의 논문, 「在日朝鮮人と国籍法改正: '中間試案'に見る国籍法改正の動向」, p.115.

로운 의사가 충분히 배려되지 않고 있다. 중간 시안 그대로 국적법이 시행된다면 부모에 의한 자녀의 국적선택은 어릴 때 이루어질 가능성이 크고 자녀의 의사가 반영되지 않을 우려가 있다.[30]

중간 시안의 국적선택제도는 재일조선인과는 불가분한 관계에 있는데 3가지 문제점이 있다고 아시아인권센타 사무국장 아리요시 가쓰히코有吉克彦는 다음과 같이 서술하고 있다.

첫째는 일본 국적을 유지하는 것을 희망하는 일본 국적과 한국 국적 내지 조선적의 이중국적을 갖는 자는 출생해서 22세에 달할 때까지 한국 국적 또는 조선적의 포기를 요구받기 때문에 부모가 유아시기에 국적을 선택할 가능성이 크다. 국적이 다른 부모에게서 태어난 아이는 두 나라의 국적을 유지하고 두 개의 언어·역사·문화·생활습관을 습득한 후에 자신의 아이덴티티를 어느 국가에 요구할지를 주체적으로 결정하는 것이 자연스럽고 바람직하다. 둘째는 이중국적의 재일조선인이 일본 국적을 선택함으로써 일본 정부로부터 조선적을 이탈하라는 통지는 주일한국대사관에 가서 조선적을 이탈하는 절차를 밟으라는 것으로 불가능한 일을 강요하는 것이다. 셋째는 '자기의 지망으로 외국의 공무公務에 종사했을 때에는 일본 국적을 상실하는' 규정은 재일외국인이 취직하는 권리를 사실상 침해하는 것이다. 특히 재일조선인은 여전히 취직의 기회균등이 보장되어 있지 않아 일시적으로 재일 공관 등에 취직하는 일도 있다. 이러한 이유로 일본 국적을 상실시키는 것은 재일조선인이 처해 있는 현 상황에 비추어 볼 때 타당하지 않다고 문제를 제기하고 있다.[31]

그렇다면 국외의 이중국적에 대한 국적선택제도는 어떠한지를 살펴

30) 위의 논문, p.116.

31) 위의 논문, pp.119-120.

보기로 하자. 몇 개 국가가 이중국적의 방지를 위해 국외의 이중국적자에 대해서는 국적선택의 규정을 마련하고 있지만, 국내의 이중국적자에 대해서는 오히려 배제를 피하려고 시간을 들여가며 사태의 추이를 지켜보고 있다. 그리고 국적선택은 개인 의사에 맡기고 국적을 선택할 수 있는 나이를 일반의 성인연령보다 높게 설정하여 개인이 주체적으로 판단할 수 있도록 배려하고 있다. 프랑스의 경우는 부모가 외국인일지라도 부부 중 한 사람이 프랑스에서 태어났다면 프랑스에서 출생한 아이에게는 프랑스 국적을 부여하고, 또한 부모가 외국인이어도 프랑스에서 태어나 16세 이후 국내에 거주하고 성년이 된 자에게도 프랑스 국적을 인정하고 있다.[32] 이처럼 국외의 국가는 이중국적을 선택하도록 하는 데 있어 개인 의사의 존중과 배려는 물론이고 국적선택제도 시행에 앞서 신중하게 검토를 하고 있음을 알 수 있다.

이번 시안의 이중국적 해소를 위한 국적선택제도를 재일외국인에게 적용하면 다음과 같다.

첫째는 조선인 아버지와 일본인 어머니 사이에서 태어난 재일 2세, 3세에게 이중국적 취득을 인정하고, 부모에 의한 국적선택이 아닌 자녀 본인의 의사가 충분히 반영되는 국적취득의 권리를 보장해야 한다. 둘째는 일본 정부는 국내의 이중국적을 서둘러 배제하는 조치보다는 본인의 의지로 국적을 선택하는 권리를 부여하는 것이 개인이 삶을 살아가는 데에 유리하게 작용할 것이다. 특히 자녀가 본인 스스로 주체적으로 판단하여 국적선택을 할 수 있는 연령대까지 국적선택의 시기를 확대하는 것이 필요하다.

그리고 출생지주의를 채용하고 있는 국가에서 태어난 사람들은 부모가 모두 일본인이어도 이중국적을 취득할 수가 있고, 부모양계주의를

32) 앞의 논문, 「国籍法改正と在日朝鮮人」, pp.88-89.

채택하고 있는 국가의 어머니와 일본인 아버지 사이에서 태어난 사람들도 이중국적을 취득할 수가 있다. 그러한 이중국적자가 1978년 3월의 외무성 통계에 의하면 1969년부터 1977년까지 9년 동안 24,069명에 달한다. 그럼에도 불구하고 일본 법무성은 무슨 이유에서인지 어머니가 일본인이고 아버지가 외국인인 경우에만 이중국적의 발생을 문제시하고 있다.[33]

이러한 문제는 법무성뿐만 아니라 일본 사회 전체의 인식에도 문제가 있다고 할 수 있다. 중간 시안이 공표되자 대다수의 일본 신문은 부모양계주의를 채택하면 이중국적자가 많아지므로 국적선택제도를 도입하여 이중국적을 해소해야 한다는 것이 일관된 논지였다. 이는 일본인 사회에 국적=민족이라는 뿌리 깊은 관념이 내재하고 있음을 표현한 것으로 해석할 수 있다.[34]

국제인권조약이 '모든 아동은 국적을 취득할 권리를 갖는' 것으로 규정하고 1959년 유엔총회가 채택한 '아동의 권리선언'은 '아동은 태어날 때부터 이름과 국적에 대해 권리를 갖는다'라고 강조한 점을 고려하여 국적법개정은 아동의 기본적 인권과 권리를 존중하는 차원에서 추진되어야 한다. 그리고 앞으로도 계속 틀림없이 귀화 또는 국제결혼에 의한 국적취득의 상당수는 정주定住외국인 특히 재일한국인·조선인이 차지할 것이다. 그런 점에서 이번 국적법개정 작업은 직접적 이해 당사자라고 할 수 있는 재일조선인의 실상과 기본적 인권을 고려하여 추진되어야 할 것이다.[35]

재일조선인에게 일본인과의 국제결혼은 피할 수 없는 사실이고 앞으

33) 앞의 논문, 「国籍法改正をめぐって」, pp.185.

34) 위의 논문.

35) 金東勳, 「国籍法改正に関する中間試案と国籍を取得し選択する権利」, 『ジュリスト』788, 1983.4, p.45.

로 계속 증가할 것이다. 그 사이에서 태어나는 자녀의 국적선택은 자녀의 장래와 아이덴티티 형성에 영향을 미치는 중요한 인권문제이기도 하다. 그러한 이유에서 일본 정부는 이번 시안에서 제기되고 있는 문제점을 일본인의 관점에서만 보고 해결하려고 해서는 안 된다. 일본 사회가 열린 국제적인 감각으로 함께 살아가는 재일조선인을 적극적으로 포용하는 계기가 되는 국적법개정이 되어야 할 것이다.

4. 결론

일본의 현행 부계우선혈통주의는 성차별하여 어머니의 국적은 자녀에게 계승할 수가 없다. 그로 인해 특히 오키나와에서 무국적아동이 탄생함으로써 아동의 권리가 사각지대에 놓여있는 실정이었다. 이러한 점에서 이번의 부모양계주의를 채택하려는 중간 시안은 남녀평등의 원칙을 국적법으로 실현하여 무국적아동의 발생을 방지하는 것으로 인권의 차원에서도 바람직한 시책이라 할 수 있다.

재일조선인에게도 이번의 국적법개정은 중요한 의미가 있다. 그 이유는 일본에서 일본인 여성이 국제결혼하는 상대가 재일조선인 남성이 절반 이상을 차지하고 있기 때문이다. 중간 시안의 내용대로 부모양계주의로 국적법개정이 성립하면 아버지 혹은 어머니가 일본인인 아이는 태어나면서 일본 국적을 취득할 수가 있다. 따라서 '한국' 또는 '조선' 국적을 가진 아버지와 일본인 어머니 사이에서 태어난 자녀는 '한국' 혹은 '조선'의 국적과 일본 국적을 함께 취득하게 된다. 그 결과 일본인 여성과 혼인한 재일조선인의 자녀가 일본 국적을 계승하는 사례는 훨씬 증가하게 될 것이다.

그런데 일본 정부는 부모양계주의에 의해 발생하는 이중국적을 배제하기 위해 국적선택제도를 도입하였다. 국적선택제도는 국적을 선택하는 기간, 국적 이탈 신고, 이탈 절차 등을 제한적으로 설정해 놓고 있어 선택 아닌 강요라는 인식을 하지 않을 수 없다. 특히 부모의 국제결혼으로 태어나면서 이중국적을 취득하게 되는 아이의 경우는 부모가 어릴 적에 국적선택을 할 가능성이 크다. 이에 대해 아동의 권리를 무시하는 것이라고 지적하는 의견들이 많다. 국적은 민족을 뜻한다. 그러므로 아이가 자신의 주체성으로 국적을 선택할 수 있도록 권리가 보장되어야 한다.

재일조선인은 이제까지 일본 사회의 배제와 동화정책 속에서 생활해 왔다. 즉 배제는 국적을 지키는 것이고 동화는 귀화하는 것이다. 이번의 국적법개정을 위한 중간 시안의 부모양계주의는 동화라는 측면을 엿볼 수 있지만 반면에 국적선택제도는 배제의 측면을 간과할 수 없다. 일본 국적을 선택할 것인가, 아니면 '한국' 혹은 '조선'을 선택할 것인가. 1980년대의 재일조선인은 국적법개정으로 배제와 동화라는 선택의 갈림길에 직면해 있다.

국적법개정이 외국인에 대한 동화와 차별정책을 정당화하는 수단으로 이용되어서는 안 된다. 일본 정부는 배제와 동화정책을 추진하는 것이 아니라 남녀평등 속에 일본인·외국인 구별 없는 사람 평등을 실질적으로 실천하는 일본 사회를 형성하는 국적법개정을 추진해야 한다.

참고문헌

姜撤, 『在日朝鮮人の人権と日本の法律』, 雄山閣, 1994.
福地曠昭, 『沖縄の混血児と母立ち』, 青い海出版社, 1980.
有吉克彦, 「在日朝鮮人と国籍法改正: '中間試案'に見る国籍法改正の動向」, 『季

刊 三千里』34, 1983.5.
石田玲子, 「国籍法改正と在日朝鮮人」, 『季刊 三千里』24, 1980.11.
石田玲子, 「国籍法改正をめぐって」, 『季刊 三千里』37, 1984.2.
石田玲子·尹照子·ヤンソン由美子, 「国籍法改正をめぐって」, 『季刊 三千里』37, 1984.2.
家庭局, 「国籍法改正に関する中間試案について」, 『家庭裁判月報』35(6), 1983.6.
金東勳, 「国籍法改正に関する中間試案と国籍を取得し選択する権利」, 『ジュリスト』788, 1983.4.
後藤明史, 「国籍法改正に関する'中間試案'について」, 『ジュリスト』788, 1983.4.
土屋文昭, 「国籍法改正に関する中間試案について」, 『法律のひろば』, 1983.3.
土屋文昭·堀井善吉, 「国籍法改正に関する中間試案について」, 『外人登録』293, 1983.6.
法務省民事局第五課, 「国籍法改正に関する中間試案」, 『ジュリスト』788, 1983.4.
細川清, 「国籍法改正中間試案の概要」, 『ジュリスト』788, 1983.4.

다중적 의미 창출의 장으로서의 『계간삼천리』 온돌방

임성숙林聖淑, LIM Sungsook

인류학 전공. 한양대학교 문화인류학과 강사이며 한림대학교 HK연구교수로 재직 중이다. 주요 논문으로 「사할린 한인의 영주귀국과 새로운 경계의 형성과정」(2021). 주요 저서로는 『제국과 국민국가』(공저, 2021) 외 다수.

1. 들어가며

『계간삼천리』는 재일한국·조선인과 일본 지식인들이 중심이 되어 1975년부터 1987년까지 간행되었던 종합잡지이다. 1970년대 일본 경제가 성장하고 있을 때 바로 그 옆에 있는 남·북한 사이에서는 뜨거운 냉전이 벌어지고 있었다. 재일한국·조선인들 속에서는 '고향'인 한반도의 통일, 일본과 한반도 사이의 역사적 과제가 해결되기를 바라는 분위기가 고조되고 있었다.

그러나 당시 일본사회에서는 한반도의 역사와 문화를 알 수 있는 방법이 터 없이 부족하였으며 재일한국·조선인들이 주도적으로 정보를 발신하는 미디어도 많지 않았다. 이러한 상황에서 강재언姜在彦, 김달수金達秀, 박경식朴慶植, 김석범金石範, 윤학준尹學準, 이진희李進熙, 이철李哲을 비롯한 재일在日 지식인들은 『계간삼천리』를 발간하여 남북한, 한일관계, 한민족을 둘러싼 다양한 사회문제에 대한 논설, 비평을 포함한 다양한 글을 게재하였다.[1)]

『계간삼천리』는 일본 내 재일한국·조선인에 관한 유일한 잡지는 아니었다. 이 잡지가 발행된 시기인 1970년대부터 1990년대 초에는 여러 계

1) 박경식, 김석범, 윤학준은 후에 편집위원에서 빠졌다.

간지, 월간지가 발간되었다. 대표적으로는 『계간마당季刊まだん』(1973-1975), 『계간잔소리季刊ちゃんそり』(1979-1981), 『계간재일문예 민도季刊在日文藝民度濤』(1978-1990), 월간 『선구先枢』(1975-1977), 『해협』(1971-2017), 기관지 『무궁화むくげ』(1971-2021 현재) 등이 있다. 각 잡지의 주요 내용은 편집위원들의 출판 목적이나 조직의 특성에 따라 다소 차이가 있었다. 군부정권하 남한정치와 사회, 조선예술과 문화, 식민지와 한일 역사문제, 재일한국·조선인의 생활, 문학, 교육문제 가운데 특정 주제에 중점을 두거나 위 내용 전반을 다루기도 하였다.[2] 『계간삼천리』는 후자에 속하며 다른 잡지에 비해 정치, 역사, 사회, 문화영역을 망라하는 글들을 엮었으며, 10년이 넘게 지속되어 재일 대중 미디어를 선도하였다.

국내 『계간삼천리』의 연구는 미디어로서의 잡지의 성격과 특정 주제를 바탕으로 1970년대부터 1980년대 재일한국·조선인사회와 일본사회의 단면들을 분석하였다. 이영호(2017)는 비슷한 시기에 발간된 『마당』을 『계간삼천리』와 비교하여 전자가 재일한국·조선인의 생활, 민속, 문화를 다루었던 반면 후자는 한반도와 한일관계와 같은 정치, 대외적인 주제가 주를 이루고 있으며 잡지의 주제나 논저에 '정치성'이 더 강하게 드러난다고 한다(2017: 249-252). 김용안(2017)은 적극적이며 활발한 정치적 논의를 수용한 계간삼천리는 은폐되거나 왜곡된 제국일본과 식민지의 간의 역사적 사건에 대한 기사를 실어 국민국가가 저지른 폭력을 고발하는 사회적 파급효과를 일으킨 미디어로 보았다. 아울러 『계간삼천리』는 정보를 전달하는 미디어의 역할을 넘어 재일한국·조선인들의 경

2) 여기서는 재일한국·조선인 편집위원이 발행한 잡지에 국한하지 않고 재일, 그리고 한반도와 일본의 관계 등의 내용을 주로 다루는 잡지를 나열하였다. 1970년대부터 1990년대 초기까지 발행된 재일한국·조선인 관련 언론 잡지의 리스트와 각 잡자의 해제는 동의대학교 동아시아연구소 편저, 『전후 재일조선인 마이너리티 미디어 해제 및 기사명 색인 제2권』, 2019을 참조.

험, 세계관, 정체성, 주체성을 들여다 볼 수 있는 기록이자 자료이면서도 상상의 공동체와 그 경계를 재현하는 수단이자 장으로서 연구되어 왔다(이한정 2021; 전성곤 2019; 최범순 2009). 나아가 최근 연구는 매체 『계간삼천리』를 통해 재일·한국 조선인과의 관계 속에서 일본인 지식인이나 교사들이 형성한 담론과 인식, 그들이 재일 사회와 적극적으로 참여하는 모습(김웅기 2021; 오은정 2020), 그리고 일본사회와 재일 사회의 시민운동(강성우 2019) 등 재일한국·조선인이라는 경계를 관철하는 사람들의 역동적인 네트워크와 활동에 대하여 고찰했다. 기존 연구는 『계간삼천리』를 통해 1970년대부터 1980년대에 이르는 시기 '일본사회 내의 외부'라는 사회적 위치에 놓여 있으면서도 일본인들과 살아가는 재일한국·조선인의 세계를 입체적으로 분석하였다.

『계간삼천리』는 좌담, 가교, 논설, 역사해설, 문학, 시사평론, 에세이를 포함하여 다채로운 형식의 글로 구성되었다. 본 글은 그 가운데 제3호부터 최종호까지 빠짐없이 연재된 '온돌방おんどるばん'에 주목하고자 한다. 온돌방은 주로 독자들이 투고한 의견, 글로 구성되었는데 온돌방 내용 전체를 바탕으로 하나의 결론을 내리기에는 한계가 있다. 대신 본 글은 온돌방의 글을 통해서 각 독자들이 『계간삼천리』를 어떻게 읽었는지, 그리고 어떻게 잡지를 활용하였는지를 살펴보고자 한다. 독자들이 온돌방에 기고한 글은 『계간삼천리』에서 다루었던 기사에 대한 반응이라고 볼 수 있으나 본 글은 독자들의 글을 수동적인 반응으로 보는 것이 아니라 『계간삼천리』가 자신에게 어떻게 다가왔는지, 잡지를 어떻게 활용하고 있는지를 이야기하거나 자신의 삶에서 중요한 일상의 인물, 사건, 사물을 떠올리거나 스스로 존재에 대하여 사유하는 글을 기고한 점에 주목하여 『계간삼천리』가 읽히는 방식을 입체적으로 바라볼 것을 목적으로 한다.

일반적으로 인쇄판 신문이나 잡지는 독자들의 편지나 투고란을 설정하여 독자와 상호 소통의 수단을 확보한다. 대부분의 지면 기사를 집필자(기자, 편집자)에 의한 일방적인 정보 전달로 볼 때 독자의 투고란은 쌍방향 커뮤니케이션을 가능하게 한다.『계간삼천리』온돌방 역시 이러한 소통의 공간으로서 기능하였다. 본고는 온돌방이 독자의 의견을 공유하는 장이자 『계간삼천리』의 방향성에 중요한 역할을 하고, 다양한 지역과 국가 너머의 사람들 사이에 여러 공명resonance을 불러일으켜, 다중적인 의미의 생성을 가능하게 한행위성을 지닌 장으로 볼 수 있음을 제시하고자 한다.

본 글은 온돌방을 독자들이 텍스트의 형식으로 언어를 서로 교환하는 장으로 보고, 미하엘 바흐친(1988)의 언어이론을 참조하여 언어는 대화적이며 사회적인 속성을 가진다는 관점에서 접근하고자 한다. 원래 독서를 하는 신체나 실천은 중세시대 소리를 내고 공동으로 읽는 행위로부터 근대에 들어서면서 묵독이라는 습관으로 변용되었다. 근대에 이르러 시각이 중요시되고 그 결과 독서라는 행위는 공동의 영역에서 분리되어 개인적인 영역 속에 가두어졌다고 한다(前田 2001). 그러나 독자들의 투고는 독서(읽기)를 폐쇄적인 묵독에서 공공의 공간으로 되돌려, 언어를 통해 신문이나 잡지와 같은 매체를 다원적인 장으로 바꾸었다고 할 수 있다. 여기서 언어란 순수 개인의 심리나 내면을 나타내는 수단이 아니라 발화하는 자가 끊임없이 듣는 자를 향해 발신하는 지향성을 지니고 있으며 상호작용을 통해 실현된다. 즉 언어는 폐쇄적이고 고정된 실체가 아니라 지속적으로 생성되는 사회적 과정이다. 바흐친의 언어에 대한 대화적 관점은 사람들이 발화 작용에 관여하고 참가하면서 복수의 의미를 창출하는 언어가 사회적이며 유동적임을 조명하였다.

이와 같은 관점을 참조하여 본 글은 온돌방을 획일적이며 하나의 이데올로기나 믿음이 지배하는 공간으로 보는 것이 아니라 텍스트를 통한 언어 교환 활동이 행해지는 상호작용의 공간으로 본다. 온돌방에서 독자들은 독백이 아닌 텍스트를 통해 자신의 글을 읽는 또 다른 독자 audience를 향해 말하고 있다. 그러한 대화의 공간인 온돌방에서 독자들이 실천하는 말걸기와 편집위원이나 다른 독자들 사이의 구체적인 대화의 양상을 살펴봄으로써 온돌방에서 어떠한 의미가 생성되는지 볼 수 있을 것이다.

본 글은 편집위원들의 텍스트를 바탕으로 온돌방의 목적과 이에 대한 독자들의 기대를 살펴본다. 이어서 계간지가 지속적으로 발간되면서 독자들이 적극적으로 잡지 내용에 관여하고 능동적으로 대화하는 양상에 주목한다. 마지막으로 오늘날 온돌방을 어떻게 성찰적으로 읽을 수 있을지에 대하여 논할 것이다.

2. '뒷이야기'의 힘과 진정성

이 장에서는 우선 『계간삼천리季刊三千里』 첫 호(1975)의 마지막에 있는 편집위원 후기를 통해 본문에 들어가지 않았던 편집위원의 목소리를 살펴보고자 한다. 첫 호 후기에서 윤학준尹學準과 이진희李進熙는 잡지를 간행하게 된 목적뿐만 아니라 간행에 따르는 고민과 갈등을 피력한다. 제1호에서는 김지하 관련 특집을 기획하였는데, 당시 일본에서 김대중 납치사건을 포함하여 군부정권 하 한국 내 인권탄압을 고발하는 운동이 활발하게 전개되어 있었다. 동시에 분단된 남북한이 외세의 간섭없이 자주적으로 통일할 것을 선언한 7·4남북공동성명은 일종의 희망을 주는 사건이었다. 어둠과 희망이 뒤섞이는 상황에서 제국 일본의 지배에서 해방 된지 30년이 지난 1975년 시점에서 편집위원들은 그 동안 재일한국·조선인의 역할의 부족함을 다음과 같이 반성하였다. "이제까지 무슨 일을 하더라도 아주 사소한 문제를 지나치게 배려하고 쓸데없는 일에 신경을 썼다. 우리가 할 수 있는 일은(고작 이정도의 소잡지를 출판하는 정도지만) 남의 눈치를 보지 않고 착실하게 한걸음씩 앞으로 나아가는 일이다"(제1호: 214). 일제 식민지 지배로부터 해방된 이후 냉전과 남북의 분단으로 인해 재일한국·조선인 사회에서도 격렬한 분단과 대립, 갈등이 있어 온 사실을 성찰하는 것에서 출발하여 『계간삼천리』 발간하게 된 의도를 토로한다.

첫 호 후기에서 잡지 발간의 동기 외에 이미 잡지발간이 편집자들의 '마지막 공동작업'이 될 것을 선언하였던 점은 흥미를 끈다. 편집위원들 가운데 가장 젊은 사람이 40대였고 대부분은 50대를 넘은 중년 세대였다. 편집위원의 연령을 고려할 때 마지막이 될 수 있다고 예상한 것이다. 그러나 연령뿐만 아니라 해방 후 1세 재일한국·조선인 지식인 사이에서 서로 사상적, 정치적 사고의 차이로 인한 갈등이 끊이지 않았던 점을 생각하면, 재일 지식인이 공동으로 하나의 작업을 지속적으로 하는 일은 결코 쉽지 않음을 뼈저리게 느꼈을 것이다. 그래서 편집위원들은 처음부터 마지막을 내다보고 있었으며 후기를 통해 그 각오를 밝혔으며, 마지막 공동작업의 시작으로서 『계간삼천리』첫 호가 간행되었다.

1975년 제2호부터 온돌방이라는 공간이 등장한다. 그러나 이때 아직 독자들의 목소리를 실지 않았다. 대신 편집위원 윤학준이 첫 호를 발간한 후 예상보다 많은 부수가 팔려 추가로 잡지를 찍었고, 무엇보다도 독자들의 다양한 반응(기부, 편지, 성원)이 큰 힘이 되었다고 보고한다. 그리고 '더욱 즐거운' 잡지로 만들기 위해 온돌방을 개설할 것을 다음과 같이 제안한다.

> '온돌방おんどるばん'이란 조선가옥에 있는 독특한 난방장치이며 따뜻한 방을 말합니다. 돗자리를 깔 때도 있지만 두꺼운 비닐시트인 장판이 깔려 있는 방입니다. 여름은 나름대로 시원하고 아늑합니다. 편집자

와 독자가 마음대로 하고 싶은 이야기를 하거나 때로는 즐거운 대화의 장이 되었으면 합니다. 내방(투고)을 기다립니다. 800자 이내, 주소와 이름을 명기해주십시오(제2호: 222).

온돌방을 일본 히라가나로 표현하였는데, 이것은 가타가나로 표현되는 '서양식' 딱딱함에 쿨cool한 느낌과 대조적으로 눈으로 볼 때 히라가나는 포근함, 따듯함, 부드러움과 같은 느낌을 주는 효과가 있다. 추운 겨울에는 따뜻하고 더운 여름에는 시원한, 편안한 공간으로서 딱딱하지 않고 형식적이지 않는 솔직한 이야기를 나누고자 온돌방을 마련한 의도를 알 수 있다.

편집자와 독자가 마음대로 이야기하고 즐거운 대화를 하고자 하는 편집자의 의도는 독자들의 예리하고 신랄한 비판을 털어놓게 하였고 독자의 삶에 대한 갈망을 자극하였으며, 독자의 비판과 갈망이 온돌방에서 표출되었다. 특히 잡지가 발간된 초기 온돌방에서는 독자들이 『계간삼천리』를 '진짜 진실을 발언하는本当に本当のことを発言する' 잡지, '깊이 파고들어' 문제를 다루는 잡지가 되기를 바라며 격려의 목소리를 보냈다. 더불어 독자들은 특히 당시 일본사회에서 거리가 멀었던 한반도, 한글, 재일한국·조선인의 '진짜 진실'을 알고 싶어 했다. 일본인 독자의 경우 재일한국·조선인과 만나는 기회가 있음에도 불구하고 피상적인 관계에 그쳐, 그들이 어떠한 현실세계 속에서 살고 있는지를 알 수 있는 기사를 실을 것을 당부하였다. 예를 들어 일본고등학교 교사는 자신이 가르치는 학교에 재학하는 재일조선인 학생과의 관계를 고민하면서 김지하를 특집한 제1호에 다음과 같이 비판적 의견을 올렸다.

(전략) 그러나 나에게는 어쩐지 '멀리' 느껴진다. 내가 일본인이라서 그러는지 일본 내 재일조선인의 여러 문제에 대하여 게재해주시면 내게 귀 잡지는 '가깝게' 느껴질 질 것이며 조선인과 일본인 사이의 가교

의 계기가 될 것이다. 예를 들어 조선인 학생의 취직차별을 문제시 하지 않은 채 김지하 씨의 사상을 연구하는 교사가 있다면 '가교'는 환상일 뿐이다(제4호: 220).

편집위원의 의도와 독자의 요구를 반영하여 온돌방에는 잡지에 대한 여러 비판이 실렸다. 전반적으로 내용이 어렵다, 잡지 초점이 흐렸다, 기사 내용이 기대에 미치지 못했다는 의견들이 그렇다. 그 외에도 역사적 사실만을 전달하는 것을 넘어 사실이 현재 시사하는 점과 과거 사건들이 지니는 현재적 의미를 제시해야 한다는 비판도 있었다.

또한 위에 언급한 고등학교 교사처럼 온돌방에는 많은 독자들이 딱딱하고 이론적이고 학문적인 글이나 생활과 거리가 먼 정치를 다루는 기사보다 일상에서 사람들이 직면하는 사회문제나 생활에 관한 정보를 원한다는 글이 게재되었다. 예를 들어 일본인 교사는 "재일조선인 뿐만 아니라 본국[남북한] 사람들의 생활의 냄세, 인간으로서 살아 숨 쉬는 모습을 너무도 알지 못한다"(제12호: 256)고 하면서 한국사회가 현재 어떻게 돌아가고 있으며, 재일한국·조선인들은 어떠한 생각을 가지고 어떻게 살고 있는지, 살아 숨 쉬는 한국사회와 재일 사회의 현실에 대한 앎의 갈망을 표현하였다.

독자들은 『계간삼천리』에 무엇을 바라며 잡지를 통해 무엇을 알고 싶은지를 표출하여 적극적으로 잡지의 방향성에 관여하고 참여하였다. 어빙 고프만(2016)의 표현을 빌리자면, 일견 온돌방은 잡지의 앞무대에서 하지 못한 이야기를 나누는 일종의 뒷무대로 볼 수 있다. 그러나 뒷무대를 공개하고, 하고 싶은 이야기를 나누고 독자들에게 능동적으로 참여하도록 함으로써 편집위원들로 하여금 긴장감을 유지시켜 독자의 의견에 따라 편집위원은 잡지의 특집 주제를 선정하였다. 이렇게 볼 때 온돌방은 편집자와 집필자만이 아닌 독자도 잡지를 만들어나가는 중요한 구성원임을 확인할 수 있는 앞무대의 장으로서 기능하였다. 다음 절에서 대화와 상호작용의 장으로서의 온돌방에 대하여 구체적으로 살펴본다.

3. 『계간 삼친리』, 어떻게 읽혔는가

『계간삼천리』는 독자들의 앎의 갈망을 부추기고 잡지가 나아갈 방향성에 적극 참여하게 하였다. 온돌방에서 독자들은 잡지를 어떻게 읽고 활용하는지를 공유하고, 스스로 내면화 한 사고의 틀을 새로 발견하고 반성하거나 자신의 사고, 행동에 대한 특정 의지를 선언하기도 하였다. 여기에서는 온돌방을 통해서 『계간삼천리』가 어떻게 읽혔는지에 대하여 크게 세 가지로 분류하고 살펴보고자 한다. 첫째, 잡지를 통해 일본인 독자들이 타자로서의 한반도, 재일한국·조선인과의 관계 속에서 '일본인'으로서의 존재를 모색하는 모습이다. 둘째는 재일한국·조선인들이 일본과 한반도 사이에서, 남북 사이에서, 일본사회에서 자신이 누구인지를 찾고자 하는 절실한 문제제기이며 마지막은 국경 너머의 독자들의 목소리이다.

온돌방에 게재된 글에는 기고자의 거주지역, 이름, 직종, 연령이 함께 기재되어 있는데,[3] 이를 참고하면 다양한 독자들 가운데 교육 현장에 있는 교사나 강사들이 글을 기고하는 것이 눈에 띈다. 온돌방에서 일본인 교사들은 『계간삼천리』를 한반도 역사, 재일한국·조선인에 대하여 가르칠 때 참고하는 교재로 활용하는 사례를 소개하였다. 교사들이 『계간삼천리』를 역사, 지리 교과서로서 활용하는 배경에는 일본 제도교육

3) 공개된 직종, 연령이 반드시 정확하다고 말할 수 없으며 직종에 '회사원,' '노동자,' '단체직원,' '무직'처럼 표기되어 있을 경우 상세한 사회적 지위나 직업을 알 수는 없다. 그러나 본 글에서는 일단 표기된 정보에 따라 독자를 분류한다.

의 일본사, 세계사 수업에서 사용하는 교과서에서 '조선'의 역사나 동아시아 속의 '조선'과 일본, 중국의 관계는 거의 취급되지 않았던 현실에 기인한다고 할 수 있다.[4)]

일본인 교사들이 역사, 지리시간에 『계간삼천리』를 교재로서 활용하고 '조선'에 대하여 공부했던 또 다른 이유는 교사로서 '조선'이나 '한일관계'에 대한 올바른 지식을 가르치고자 하는 의도뿐만 아니라 일본학교에 다니는 재일 학생들을 위해서였다. 그들은 온돌방에서 재일 학생들을 위한 교육실천의 경험을 소개하였다. 특히 간사이關西 지역 교사들은 재일 학생들에게 어떻게 일본인 학생과 다른 교육을 할 수 있을지 고민을 드러냈다. 예를 들어 재일 학생들에게 '민족의 자각과 자부심'을 심어주기 위해 민족과 민족의 역사를 가르칠 필요성을 통감하면서 그들에게 한반도의 역사, 사회, 문화를 가르치는 의미와 중요성을 찾게 되는 계기와 과정을 다음과 같이 서술하였다.

> 나는 재일조선인 2세 학생의 담임을 맡고 있는 중학교 교사입니다. 그 학생은 본명을 쓰고 학교를 다니는데 '장군張君'의 담임을 맡으면서 날마다 어떤 관계를 맺을지 스스로 질문하면서 일상의 교육실천을 수행하고 있습니다. 마치 그러한 시기에 24호 특집 '현재 재일조선인은'을 통해 다시 공부하는 계기가 되었습니다. 학교 활동의 일환으로 장군에게서 재일조선인으로서 사는 생활 경험을 들었지만 그 '무게'와 '강인함'에 학생들보다 제가 더 감동을 받았습니다. 재일조선인 아이들과 만나면서 일본인 학생들이 '조선문제'를 어떻게 배우고 생각하게 할지는 저에게 현재 큰 과제입니다(제26호: 254-255).

4) 당시 마치 일본에서 교과서문제가 대두된 맥락에서 현실을 반영하여 편집위원들은 '교과서 속의 조선'이라는 특집을 통해 일본에서 발간되는 교과서에서 '조선'이 어떻게 다루어져 있는지에 대하여 비판적으로 검토하였다.

이처럼 교사들은 일본교육 제도와 정책의 한계를 넘어 재일한국·조선인 학생들을 위한, 그리고 그들과 관계를 맺는 일본인(교사, 학생)을 위한 교육실천에 『계간삼천리』를 사용하였다.

그 외에도 일본인 독자들은 '조선,' '재일조선인'을 대하는 태도, 자세, 마음가짐에 대한 갈등, 반성, 의지를 피력하였다. 가깝게 지내는 지인이나 친구 가운데 재일한국·조선인이 있어도 어떤 삶을 사는지 몰랐으며 그들이 어려운 사회에서 살아왔던 사실과 현실을 제대로 마주보아야 하며, 마주보겠다고 강조하였다. 더불어 온돌방에서 일본인들은 제3자 입장에서 방관하거나 아름다운 말로 꾸미는 동정을 넘어 일본사회에서 살면서 재일한국·조선인들이 가지는 고민이나 현실을 직시하는 것이 일본인으로서 해야 할 일이자 할 수 있는 일이라고 하였다. 대학교에서 한글을 배우는 학생은 일본인에게 조선어란 무엇인지 숙고하면서 "조선에 대한 지식이 있다는 '자만思い上がり'과 일본인이 조선을 배우는 것은 과연 어떤 일인지에 대한 검증작업이 없었던 점을 반성한다(제23호: 256)"고 하면서 단순히 아는 것을 비판하였다. 이와 비슷하게 고등학교 학생은 '일본인'으로서 자신을 인식하는 방식을 다음과 같이 설명하였다.

> 고등학생이 되어 일본이 과거 조선이나 중국 등 아시아 국가를 침략하고 시기민지로 삼았던 사실을 겨우 인식할 수 있게 되었다. 최근에 형태는 다르지만 그 영향은 사라지지 않고 있음을 알았다. '늦었지만' 지금 나는 조선과 일본 사이의 관계를 알고 싶다. 이것은 일본인인 자신을 인식하기 위해서 꼭 필요하기 때문이다. 앞으로『계간삼천리』에 기대한다(제18호: 255).

온돌방에는 또한 일제 식민지 시기 조선이나 만주에서 살았던 일본인들이 자신의 과거를 회고하는 글을 기고하였다. 그들은 일본 식민지시기에 관한 역사 논설, 문학작품, 에세이에서 등장하는 조선이나 만주지역 이름에 보고 시간의 경계를 넘어 과거 자신이 살았던 공간을 회상한다. 과거를 회상하는 과정에서 인물, 사물, 일상의 에피소드에 그리움을 느끼지만, 동시에 그러한 경험에 가려진 '조선인'들의 관계가 결코 '평화롭지' 못한 사실을 발견하면서 심리적 갈등을 겪기도 한다. 예를 들어 일제 식민지 시기 경성에서 살았던 남성은 가회동, 경운동, 회화동, 신당리 등 거처를 옮긴 경험과 함께 옆집에서 살 던 주민도 결코 잊지 않았다고 한다. 그러나 그는 과거의 그리움을 있는 그대로 표출하지 못하는 딜레마를 다음과 같이 나타낸다. "어릴 때부터 서울에서 살면서 문산에서 온 가정부가 나를 키워 주었고 조선인 친구들이 많았음에도 불구하고 내가 모르는 사이에 조선인을 괴롭힌 것을 생각하면 눈물이 난다. 그러나 나의 고향은 서울뿐이다. 교과서문제, 분노로 온몸의 털이 곤두서는 느낌이다. 거짓말을 배운 일본인으로서 역사왜곡을 용서하지 못한다"(제33호: 255). 그 외에도 일제감정기 경성에서 태어나 학도병으로서 전쟁에 참가하여 일본 패망으로 귀환한 자칭 재조 일본인 남성은 젊을 때 '내선일체'를 지지한 자신이 일본국가에 속았던 것을 점차 반성하여 여생을 한일 간의 친선관계를 위해 노력할 것을 선언하였다. 일제 강점기 경상북도에서 17년간 교사직에 종사한 여성은 당시 아이를 가르치는 일에 나름대로 자부심을 가지고 있었지만 『계간삼천리』를 구독함에 따라 반성하고 죄책감을 가졌다고 하면서 해방 후 일부 학생들과 편지를 주고받으면서 진정한 우정이란 무엇인지 고민하면서 살겠다고 하였다. 일제 강점기 전라남도에서 12년간 교직생활을 하던 여성은 재조일본인의 침략사 기록이 없고 귀환자들의 모임에서도 그러한 비판이 없는 현실에 직면하여 개인적으로 조사를 진행하고 있다고 하였다. 이와 같이 제조일본인 독자들은 『계간삼천리』를 통해 제국시기 조선이라는 공간, 조선인들과의 관계 속에서 자신의 과거를 상기하고 그리움과 반성이 교차하는 상황에서 주류 일본 미디어에서 말하지 못한 과거에 현재적 의미를 부여하고 있었다.

온돌방에는 재일한국·조선인들의 글도 지속적으로 실렸다. 앞서 언급한 일본인들처럼 재일한국·조선인들도 과거와 현재 일상에서 겪은 경험을 이야기 하였으며 이를 통해 그들이 『계간삼천리』를 어떻게 읽었는지를 엿볼 수 있다. 다만 재일한국·조선인들은 타자로서의 재일이라는 위치에서 대화하는 점에서 일본인 독자들이 『계간삼천리』를 읽는 방식과는 차이가 있다. 재일한국·조선인 독자들도 초기부터 『계간삼천리』가 더 현실적인 재일조선인의 문제를 다룰 것을 당부하였다. 그 이후 잡지에서는 1년에 1, 2번씩 특집을 기획하였으며 문학, 사회보장, 국적, 법, 지역사, 교육, 그리고 1980년대 지문날인문제 등을 다루었다. 이에 독자들은 자신의 민족과 역사에 대한 '진실'을 찾고자 『계간삼천리』를 읽고, 각종 '외국인'의 삶을 규제하는 사회제도와 법으로 인해 민족(성)이란 무엇인가라는 질문하지 않을 수 없으며 자신이 누구인지를 설명, 증명해야 만하는 현실과 그 설명의 한계를 다시 생각하게 된다.

> (앞 생략) 재일조선인 2세지만 나는 2세라는 표현에는 어쩐지 완전한 성인이 아니라는 느낌이 든다. (생략) 부모가 태어난 고향을 내 고향이라고 하는 것은 자신의 존재 증명조차 간접적으로 밖에 할 수 없는지 의문이 든다. (생략) 우리는 '고향'뿐만 아니라 민족성의 농도를 2세, 3세에 따라다니는 '제약'으로서 포기하고 있지 않을까. 잘 생각하면 내 삶에 강렬한 주장이 있는가, 여기에 중요한 문제가 있다. 현대 일본사회의 혼란스러운 의식상태의 영향으로 2세, 3세들 사이에서 나는 이렇게 살겠다는 주장은 아직 '시민권'을 얻지 못하는 듯하다. "나는" 이렇게 산다는 주장은 점재 해 보이지만 "우리들은"의 방식으로는 아직 보이지 않는다(제36호: 256).

많은 재일한국·조선인 독자가 민족이나 국가를 상상하고 자신의 존재를 찾고자 한다고 하더라도 온돌방의 대화를 보면 그들이 결코 동일한 사고를 가진, 획일적인 집단이 아님을 알 수 있다. 예를 들어 뇌성마비가 있는 독자는 동포에 관한 정보 외 재일조선인 장애인의 현실과 고뇌도 특집으로 다룰 것을 제안한다. 2세, 3세들은 민족, 국가, 언어, 사상을 둘러싸고 세대 간의 차이가 있음을 지적하고 시대에 따른 변화와 젊은 사람들의 생각에 대한 이해를 논의하는 장의 필요성을 주장하기도 하였다.

재일한국·조선인에게 분단도 절실하고 피할 수 없는 문제였다. 예를 들어 1977년 제10호에서는 한때 총련조직에 몸을 담았던 편집위원들을 비난하는 글이 총련 기관지 『조선신보』에 게재되자 편집위원들은 대담을 기획하였다. 이에 온돌방에서는 조직에 가입하고 있지 않지만 분단보다 서로 끌어안으면서 바람직한 논쟁을 하는 것이 절박하다고 털어놓았다. 총련 활동가는 익명으로 재일한국·조선인사회 안의 분단을 '외부'에 밝히는 것이 터부시 되어 있었던 현실은 변해야 하며 계간삼천리에서 해야 할 말을 공개적으로 했던 것을 긍정적으로 평가하였다.

전두환 정권시기였던 1981년에 강재언, 이진희, 윤학준이 재일조선인 '정치범'의 감형과 석방을 청원하기 위해 한국을 방문하였던 사건은 남한의 군부 독재정권을 반대하는 일부 재일한국·조선인이나 일본인들에게 큰 충격으로 다가왔으며, 그 결과 갈등과 긴장이 지속되었다. 예를 들어 시인 김시종金時鐘은 온돌방에서 강재언과 이진희의 '변용'을 참을 수 없으며 그들이 취한 행동에 책임을 지라고 하면서 강렬하게 비난하였다. 이에 강재언과 이진희는 한국을 방문한 이유를 밝혔고 일본인, 재일 독자들은 두 명을 지지하거나 비판하기도 하였다. 재일한국·조선인과 분단을 둘러싼 논쟁을 통해 독자들은 재일이란 어떤 존재이며, 재일한국·조선인이 분단과 이념을 떠나 '자유'로운 존재로서 사는 것은 가능할 것인지 생각하게 되었다.

마지막으로, 일본에서 사는 주민들만이 『계간삼천리』를 구독한 것은 아니었다. 온돌방을 통해서 민족과 국가(경)을 넘어선 독자들이 있었음을 알 수 있으며 『계간삼천리』는 초지역적이며 초국가적인 잡지로서 다양한 사람들이 연결됨을 상상할 수 있는 매체의 역할을 하였다.5) 예를 들어 일본에 사는 중국인은 일본사회의 외국인으로서의 재일한국·조선인의 삶과 현실에 공감을 표현하였고 중국인 유학생은 대학교에서 아시아계 미국인에 관한 리포트를 작성하기 위해 잡지를 구매하였다고 했다. 한국전쟁 때 '조선의용군'으로 참전한 중국 조선족 독자는 항일투쟁에 관한 기사를 읽기위해 『계간삼천리』를 입수하였다. 기사를 통해 그는 자신이 민족의 독립을 위해 싸웠다는 자부심을 가지고 있으면서도 자신의 민족과 역시에 대해서 잘 알지 못하며, 지식의 공백을 매우기 위해 잡지를 가지고 공부하고 온돌방과 광고까지도 포함하여 '살아 있는 교재'로서 빠짐없이 정독한다고 하였다. 중국에서 조선족이 공식적으로 소수민족으로서 인정은 받았으나 '조선민족'의 관점에서 역사를 제대로 배우지 못했던 점을 추측할 수 있다.

그 외에도 한때 '재일'이었다가 멕시코, 미국으로 이주한 독자들도 있었다. 예를 들어 멕시코로 이주한 재일 한국·조선인 독자는 멕시코에서는 태어난 곳과 국민성nationality이일치하기 때문에 자신이 일본에서 태어났지만 '조선인'이라고 설명하는 데 어려움을 겪으며 세계적으로 보아 '재일조선인'이 특이한 집단이라고 하였다. 그럼에도 불구하고 자신을 설명하면서 끊임없이 자신이 놓인 위치를 확인할 수 있다고 하였다.

이처럼 각 독자는 온돌방에서 자신의 사회적 위치와 경험을 이야기하

5) 여기에서는 매체의 흐름이 국경이나 민족의 경계를 넘어선 것을 의미하며, 독자들 사이에서는 민족과 국가의 경계는 일상과 삶 전반에 중요한 의미를 지닌다.

였다. 『계간삼천리』와 온돌방의 글들은 단순한 텍스트가 아니라 독자들 앞에 특정 (사회적) 사건과 정동을 불러일으키는 행위성을 가진 매체라고 볼 수 있다. 독자들은 잡지를 읽고 각자의 일상 경험과 상상력을 동원하고 특정 시간 속의 공간이나 장소를 떠올리며 거기서 마주친 사람들과 맺은 관계 속에서 자신의 감정, 사고, 행동, 존재를 다시 바라보게 된다. 그리고 온돌방을 통해 다른 독자들은 각 글의 특정 부분을 나름대로 자신의 삶이나 사회적 문제와 연결시켜 다양한 읽기를 실천하면서 다중적인 의미를 생성하였다. 아울러 다층적인 경험을 가능하게 하는 온돌방은 이중의 의미로 간주관적intersubjective 공간이다. 독자들의 이야기가 나ego 중심의 이야기가 아니라 관계 속의 나의 이야기라는 측면에서, 그리고 이야기를 다른 독자들이 해석한다는 점에서 그렇다. 온돌방은 편집위원에 대한 독자의 반응을 넘어『계간삼천리』를 다중적 의미의 생성의 공간이자 역동적인 상호작용의 장이 되었다.

4. 성찰적 읽기의 가능성

독자들의 지속적이고 적극적인 대화로 매워진 온돌방은 『계간삼천리』를 역동적인 매체 공간으로 만드는 데 중요한 역할을 하였다. 그러나 온돌방에는 독자의 '순수한' 의견이나 독자 전체의 글을 있는 그대로 실렸다고는 말할 수 없다. 편집위원들이 수많은 독자의 글 가운데 잡지에 실을 글을 선정하였고, 문자수가 많은 경우 편집 작업을 하였다. 더불어 온돌방은 '하고 싶은 말'을 한다는 취지로 개설되었으나 편집자들이 허용하는 한해서 '자유로운' 이야기였을 것이다. 이러한 편집 과정을 거쳐 일부 글이 지면에 드러난다는 점에서 결코 모든 독자의 목소리를 있는 그대로 실었던 것은 아니다. 그 외에도 온돌방에 기고한 독자는 말할 수 있고 글을 쓸 수 있는 사람으로 한정되기도 한다. 항상 미디어나 밖으로 드러나는 텍스트 이면에는 글을 쓸 수 없고, 말할 수 없고, 말하지 못하는 것이 존재한다.

다만 『계간삼천리』만이 이와 같은 한계를 가지는 것은 아니다. 그리고 본 글은 현재중심적인 관점에서 잡지의 한계를 짚어 편집 및 출판작업에 직접 참여한 당사자들의 노력을 쉽게 비난하지 않을 것이며 하지 말아야 한다고 생각한다. 편집위원과 출판에 관여한 사람들의 업적과 성과를 존중하되, 그렇다고 찬송만 하는 것 역시 편집위원의 의향과도 어긋난다는 점에서 온돌방의 텍스트를 통해서 『계간삼천리』의 비판적, 성찰적 읽기를 시도해보고자 한다.

우선 온돌방의 독자층의 직종을 보면 교사와 공무원들이 압도적으로 많으며 그 다음으로 회사원, 학생이 주를 이룬다. 이른바 지식층에 속하는 독자들이 대부분이었던 것은 『계간삼천리』에서 다루었던 주제, 편집위원의 배경과도 연결된다. 사회, 문화, 문학과 같은 다양한 주제를 다루었으나 앞서 언급한 『계간 마당』과 달리 『계간삼천리』는 한일관계, 국제관계, 거시적인 역사를 포함하여 '정치적인 것'에 중점을 두었다. 재일 1세, 남성, 연구자가 중심이 된 편집위원들은 한국정치, 국가나 민족의 관점에서 바라보는 역사에 관심을 가지고 있었다. 그 결과 『계간삼천리』는 지식을 얻을 수 있는 교과서와 같은 잡지로서 교사, 학생과 같은 독자층의 관심을 끌었다고 추정할 수 있다.

더불어 이와 같은 맥락에서 『계간삼천리』는 탈식민적 민족주의 성향을 띨 수밖에 없었다. 식민지 종주국에서 사는 재일한국·조선인들에게 해결되지 않는 식민지문제, 한일관계, 재일 사회의 권리와 불평등은 시급한 과제였고 민족과 국가는 그 핵심에 있었다. 일본 내 주류 언론이 취급하지 않는 사회적 이슈들을 공론화시키는 것도 지식인의 역할이라고 볼 때 재일한국·조선인의 삶을 지배하는 정치적 문제와 거대 담론들을 우선 풀어 나가야 했을 것이다. 그럼에도 불구하고 일상생활이나 경제활동, 의식주, 여성의 삶과 같은 '작은 정치'는 충분히 다루지 못했고 소수자 집단 속의 차이나 사회적 서열 역시 간과된 점을 부정할 수 없다.

그럼에도 불구하고 1970-1980년대 연재된 『계간삼천리』는 재일한국·조선인이 편집위원이 되어 발간한 잡지로서 많은 일본인 독자를 유지했다는 점은 놀랄 만한 사실이다. 온돌방에는 일본인 독자들의 깊은 고뇌, 분노, 반성, 열망, 결의 등이 드러난다. 당시 일본인 독자들의 대화의 텍스트를 현재 한국사회에서 어떻게 읽을 수 있는가? 흔히 한국인들은 구조적 권력에 맞서고 한일 문제나 재일한국·조선인 문제의 해결을 위해 물질적 보상도 받지 않고 헌신하는 일본인들을 보면 '일본에도 저런 사람이 있는가보다,' '저렇게 양심적인 일본인이 있었네' 정도로 생각하는 경향이 있다. 현재 '자랑스러운' 민주화를 이룩한 한국의 관점에서 제도적 힘과 지원이 터 없이 부족한 상황에서 풀뿌리 활동에 참여하는 일본인이나 재일한국·조선인을 보고 한국의 옛 모습을 떠올리거나 동정 할 것인가. '그 때는 아직 양심적 일본인이 많았다'고 안타까워만 할 것인가. 이러한 시선이야 말로 『계간삼천리』편집위원, 집필자, 독자들이 원하지 않았던 태도가 아닌가. 재일조선인 학생이 사립 고등학교에 입학하지 못해 제도적 차별을 철폐하는 시민운동에 참여하고 있었던 일본인 목사는 함께 운동하는 (재일 학생들의) 어머니들과 활동하면서 겪었던 불편함을 다음과 같이 말한다.

> (생략) 차별 속에서 항상 침묵한 분들이 용기 있게 목소리를 내고 활동할 수 있는 상황이 마련되어 기쁘게 생각한다. 다만 동시에 그 분들이 '우리가 해야 할 일에 일본사람들이 참여해줘서 감사하다'라는 말을 할 때 어쩐지 미묘한 기분이 들어 진정한 연대의 어려움을 느낀다. 쉽고 표

면적인 연대가 아니라 서로 아픔을 질러 변혁을 수반하는 방식의 연대를 구축하고 싶다. '계간삼천리'도 그러한 잡지가 되길 바란다(제4호:220).

오늘날 계간삼천리의 온돌방에 게재된 독자의 텍스트를 읽는 것은 단순이 '저런 시대가 있었구나'라는 방관을 넘어 독자 개개인의 대화에 귀를 기울여 한국사회에서 볼 수 있는 식민지 지배와 분단에 대한 피상적이고 형식적인 이해와 '분노'를 성찰하고 진정한 연대란 무엇인지 스스로에게 질문하는 기회로 삼아야 할 것이다.

5. 나가며

『계간삼천리』에서 2쪽 내지 3쪽을 할애하는 온돌방의 분량은 총 지면 분량에 비하면 적다. 그러나 1쪽을 3단으로 나누어 작은 글씨로 가득 채워진 온돌방은 한반도 냉전, 일본사회의 제도적 차별, 역사왜곡 등 정치적, 사회적 갈등을 몸소 느끼고 사는 사람들이 옹기종기 모여 서로 격려하고 치열하게 비판하는 뜨거운 공간이며 '진짜 이야기'를 털어 놓을 수 있는 속 시원한 방이었다.

온돌방은 『계간삼천리』잡지를 매개로 연결되는 실제 사람들의 '얼굴'을 볼 수 있게 하였다. 국민국가 속에서 특권을 가진 집단이 특정 '진실'을 선택하고 독점하는 상황에서 '손톱자국이라도 남기'고자 편집위원들은 잡지를 발간하였다. 그러한 손톱자국을 일본사회, 재일한국·조선인, 한반도 역사의 일부로서 포함시켜야 할 것이다. 그리고 우리에게는 그 자국이 현재 어떠한 형태로 남아 있는지, 사라졌다면 누가 자국을 사라지게 하였는지에 답할 숙제가 남겨져 있다.

참고문헌

강성우, 「『계간삼천리』로 보는 1970년대 한일 시민연대운동」, 『인문사회21』10(4), pp.353-366, 2019.

고프만 어빙 저, 진수미 옮김, 『자아 연출의 사회학: 일상이라는 무대에서 우리는 어떻게 연기하는가』, 현암사, 2016.

김용안, 「『계간삼천리』연구: 「우키시마마루호 폭침」기사를 중심으로」, 『일본연구』72, 2017, pp.177-199.

김웅기, 「『계간삼천리』에 나타난 재일코리안 교육에 대한 일본인 교사의 인식과 실천」, 『일본학보』217, 2021, pp.317-334.

동의대학교 동아시아연구소, 『전후 재일조선인 마이너리티 미디어 해제 및 기사명 색인 제2권』, 박문사, 2019.

바흐친·미하일 저, 전승희 외 옮김, 『장편소설과 민중언어』, 창비, 1988.

오은정, 『계간삼천리』피폭조선인 기사를 통해 본 일본 지식인의 탈식민 담론 실천의 단층, 『인문사회과학연구』21(2), 2020, pp.319-351.

이영호, 「재일조선인 잡지 『계간 마당(季刊まだん)』연구: 『계간삼천리(季刊三千里)』와의 비교를 중심으로」, 『일본문화연구』61, 2017, pp.241-260.

양명심, 「재일조선인 문학계보의 재해석: 잡지 민도를 중심으로」, 『일본어문학』68, pp.215-234.

이한정, 「재일조선인 잡지 『계간삼천리』와 코리안 디아스포라」, 『일본어문학』1(89), pp.167-200, 2021.

전성곤, 「『계간삼천리』에 교차하는 공간과 주체: 한국·재일·일본의 내부에서」, 『일본사상』36, 189-212, 2019.

최범순, 「『계간삼천리』의 민족정체성과 이산적 상상력」, 『일본어문학』41, 2009, pp.397-420.

『季刊三千里』, 第1号(1973)~第50号(1987), 「おんどるばん」三千里社.

前田愛, 『近代読者の成立』, 岩波書店, 2001.

『계간삼천리』와 무궁화 모임, 고베학생청년센터, 그리고 나

히다 유이치飛田雄一, HIDA Yuichi

고베대학(神戸大学) 농학부 석사과정 졸업. 공익재단법인 고베학생청년센터 이사장. 재일조선운동사연구회 간사부회 대표. 강제동원진상규명 네트워크 공동 대표로 활동하고 있다. 주요 저서로는 『日帝下の朝鮮農民運動』(1991), 『朝鮮人・中国人強制連行・強制労働資料集』(공편저, 1990–1994), 『現場を歩く現場を綴る－日本・コリア・キリスト教－』(2016), 『心に刻み､石に刻む－在日コリアンと私』(2016), 『旅行作家な気分－コリア・中国から中央アジアへの旅－』(2017), 『極私的エッセイ－コロナと向き合いながら』(2021) 외 다수.

1. 들어가며

『계간삼천리』가 이룬 역할은 작지 않았다. 한국 문제에 1970년 무렵부터 관계해 왔던 나에게는, 그 창간은 눈부신 것이었다. 편집 위원 선생님들을, 내가 근무하던 고베 학생 청년 센터의 한국사 세미나에 초청했던 일도 있어, 교류가 더욱 깊어졌다.

나의 개인적인 체험을 포함하여 『계간삼천리』에 대해 쓰고자 한다.

2021년 3월 27일 『계간삼천리』의 개제改題집, 전 8권 간행기념'학술회의'가 ZOOM으로 열렸다. 한림대학은, 『계간삼천리』를 공동 연구하고 있는데, 관련 학술회의가 온라인으로 개최된 것이다. 일본 측에서 강연하고, 발제는 박일, '재일 코리언 연구 40년을 돌아보며, 재일 코리언에 있어 국가, 이름, 국적, 출신에 관한 갈등', 도노무라 마사루外村大 '역사로서의 『계간삼천리』 시대의 규정성과 현상 변혁의 모색'이었다. 나는 종합 토론에서 조금 이야기 할 기회를 얻었다.

실은 내가 속한 무궁화 모임(후술)은, 코로나가 없었다면 2020년 봄에 필드 워크로 춘천을 방문할 예정이었다. 겨울연가 로케 지역 탐방 외, 한림대학을 방문하여 그곳의 『계간삼천리』연구로부터 배우고, 의견교환도 하고자 했다. 비록 실현되지 못했지만 온라인 학술회의로 그 일부는 달성되었다. 코로나가 수습된다면 꼭 춘천 필드워크가 실현되길 원한다.[1)]

2. 무궁화 모임에 대해

1950년생의 나는, 대학에 들어간 것이 1969년이었다. 일본에서는 '학생운동'이 한창이던 시기로 그 해의 도쿄대학은 입학시험 자체가 없었다. 지방대학에 입학했던 나는 '재수를 할 여유가 없었다. 도쿄대학 입시 자체가 없었기에 할 수 없이 여기에 온 거야' 라고 모두에게 말하곤 했었다.

나는 고베대학 농학부에 입학하여 나름대로(?) 학생운동에 참가하면서 베트남 전쟁에 반대하는 시민운동(베트남 평화 연맹)에서 활동하고 있었다. 그러던 중, 재일조선인 문제를 조우하여, 1971년 1월부터 한국의 역사 문화를 배우는 '무궁화 모임'을 만들었다.

삼천리의 기록을 보면, 무궁화 모임에 대해, '〈동아리 소개〉무궁화 모임'(3호, 1975.8.1), '무궁화 모임 등'(16호 1978.11.1)을 쓰고 있다.

격월간의 무궁화 모임 기관지 "무궁화 통신"은 2020년 5월 31일에 300호를 발행하고 있다. 그를 기념한 인사말 '『무궁화 통신』300호까지 이어 왔습니다'가 홈페이지에 실려 있다.[2]

현재의 회원은, 호리우치 미노루堀内稔, 히다 유이치飛田雄一, 야마네 도시로山根俊郎, 노부나가 마사요시信長正義, 후카다 고지深田晃二, 야마토 야스히코大和泰彦, 아다치 다쓰에足立龍枝, 곤도 도미오近藤富男, 가와나베 야스시川那辺康의 9명이다. 300호의 인사말은 아래와 같다.

현재의 통신은, A4판, 가로쓰기로 컬러 인쇄입니다만, 이 형식에는

1) 무궁화 모임의 한국 필드 워크에 대해서는, 히다, 『여행작가적 기분 - 코리아·중국에서 중앙아시아로의 여행 -』, 合同出版, 2017.1에서, 제주도(2008), 부산·경주(2013), 여수·순천(2015) 등에 대해 쓰여 있다.

2) https://ksyc.jp/mukuge/300/300-kantougen.pdf

변천의 과정이 있었습니다. 1996년 11월호(159호)까지는 세로쓰기입니다. 1997년 1월호(160호)부터는 가로쓰기로 바뀝니다. 수기 등판 인쇄 시기가 길게 이어집니다만, 1988년부터 워드프로세서 판이 일부에 들어오기 시작합니다. 워드프로세서의 도입이 가장 빨랐던 것은 등판 인쇄의 명인 노부나가 마사요시이고, 가장 늦었던 건 등판 인쇄에 서툴렀던 야마네 도시로였습니다. 현재도 호평 하에 많은 분이 읽고 있는 '편집후기'만은 수기 등판 인쇄를 유지하고 있습니다.

A4판으로 바뀐 것은 2011년 1월호(244호)에서 비롯된 것이며, 컬러 인쇄가 일부 등장한 것은 2010년 9월호(242호)입니다. 243호(2010.11)의 표지에는 시무라 미쓰코志村三津子씨의 생생한 '꽃게' 그림이 등장합니다.

무궁화 통신의 최신호는 309호(2021.11.28)로, 모임 홈페이지에 총 목록이 있으니 참고해 주었으면 한다. 무궁화 모임은 현재에도 월 2회의 정례회, 2개월에 한번 '통신'을 발행하고 있다. 정례회에서는 회원이 아닌 분을 맞이하는 '게스트 디'가 있다. 코로나 상황 속에 ZOOM에서 열리는 경우가 많다. 2021년 3월 16일에는 ZOOM을 이용해 서울 거주 나리카와 아야成川彩씨를 손님으로 맞이했다. 코로나 이전에는, 격월로 '무궁화 맛 집 모임'을 한신칸에 있는 한국가정요리점에서 하고 있었으나, 지금은 휴회 중이다. 다시 부활시키고 싶은 것이다.

3. 고베 학생 청년 센터에 대해

대학 학부 4년, 석사과정 2년의 과정을 50퍼센트 늘어난 9년으로 졸업한 나는 1978년 고베 학생 청년 센터에 취업했다. 센터는 미국 남부 장로교회와 일본 기독교단을 모태로 하는 재단법인으로 1972년에 설립되었다. 그 곳에서 한국사 세미나가 개최되고 있었고, 나는 청강생으로 참여하고 있었다. 강사진은 강재언, 이진희, 김달수, 김석범, 박경식 등의 선생님들로, 계간삼천리의 선생님들은 거의 와주셨다. 나는 센터에 취직할 때까지는 청강생으로, 1978년 취업하고 나서는, 직원으로서 선생님들의 이야기를 들을 수 있었다. 기쁜 일이었다. 녹음 테이프가 거의 완벽하게 보관되어 있고, 디지털화도 진행되고 있다.

문장은 기운이 있지만, 강연은 졸음을 유발하는 선생님도 계셨다. 누구라고는 말씀드리지는 않겠지만, 시동이 늦게 걸리는 선생님과는 강연회 전에 맥주를 조금 같이 마신 적도 있었다. 물론 문장도 강연도 뛰어난 선생님도 계셨다.

『계간삼천리』 25호(1981.2.1)의 특집은 '조선인관을 생각한다'였는데, 그 특집의 '가교를 목표로'에 '고베 조선사 세미나'를 쓴 적이 있다.

센터에는 출판부도 있는데 그 계기가 된 것은, 가지무라 히데키梶村秀樹 선생의 조선사 세미나 '해방 후 재일조선인 운동'(1879.7.28-29)의 강연록을 단행본으로 출간한 것이였다. 그 후 『계간삼천리』 편집위원 등을 강사로 한, 조선사 세미나의 기록으로 다음과 같은 것이 있다.

- 박경식·장정수·양영후·강재언 『체험으로 이야기하는 해방 뒤 재일조선인 운동』, 1989.10.
- 박경식·미즈노나오키·우치카이아이코·다카사키소지 『천황제와 조선』, 1989.11.

1972년에 시작된 센터는 2021년 5월부터 새로운 장소로 이전했다. 센터가 있던 맨션 건물의 개축에 따른 것이었다. 장소는 기존의 센터로부터 한큐 롯코역 근처에 있는 두 건물이다. '웨스트 100'(한큐 롯코역 100m, 본부)과 '노스 10'(동북쪽 10m, 분관) 숙박 사업은 중지했지만 그 외의 세미나, 회의실 대여 등은 그대로 계속한다. 나는 2019년 9월에 관장을 퇴직하고 이사로 있지만, 가끔씩은 그 곳에 나가고 있다.

4. 『계간삼천리』와 원고료

삼천리에 나는 아래의 원고를 써 왔다. 이전의 한국사 세미나 소개 기사 등, 내가 소중하게 기록/보관해 온 것 같지만, 사실은 그렇지 않다. 김달수 연구를 하고 있는 히로세 요이치廣瀨陽一씨의 홈페이지에 『계간삼천리(1975.2-1987.5)』, 『계간청구(1989.8-1996.2)』, 『계간마당(1973.10-1975.6)』, 『재일문예민도(1987.11-1990.3)』, 『호르몬문화(1990.9-2000.9)』 등의 총목차가 실려 있던 것이다. 그에게는 항상 감사하는 마음이다.

- 「식민지하의 적색농민 조합운동 - 정평 농민조합의 운동」27호, 1981.8.1.
- 「입관령 개정과 재일조선인의 체류권」28호, 1981.11.1.
- 「재일조선인과 지문 - 압류제도 도입을 놓고」35호, 1983.8.1.
- 「GHQ 점령하의 재일조선인 강제 송환」48호, 1986.11.1.

이는 모두 『무궁화 통신』에 썼던 것을 새롭게 투고한 것이다. 새롭게 투고 한다니 모양이 나는 것 같지만, 실은 '원고 돌려쓰기'일 뿐이다. 삼천리에는 대학 선생님들 뿐 아니라 많은 사람들이 원고를 쓰고 있다. 편집부가 발놀림 경쾌하게 다양한 필자를 발굴했을 거라 생각한다. 그 덕에 젊은(당시) 나에게도 투고를 할 기회가 있었던 것이다.

그리고 특필해야 할 점은 원고료가 제대로 지급되고 있었다는 점이다. 아마 대학교수나 일반인도 같은 액수의 (미확인이지만) 원고료가 지급되고 있었으리라. 원고료는 400자 1매당 2천 엔. 내가 처음으로 원고료를 받은 것이 삼천리였다. 10장, 4천 글자를 쓰면 2만 엔인데, 커다란 금액이었다. 그래서인지 원고를 요청할 때, 많은 사람들이 거절하지 않고 수락했던 것일까(?). 편집위원들에게는 "의뢰한 원고는 원고료를 지불한다"는 원칙이 있었던 것 같다. 멋진 일로 나도 그 덕을 보았다.

5. 나오며

근년 시민 활동을 기록할 필요성이 강조되고 있다. 1971년 시작된 무궁화 모임, 1972년 고베 학생 청년 센터(당초 재단법인, 2013년 8월부터 공익재단법인)도 그 대상이었다. 『계간삼천리』도 물론 그 중 하나이며, 한림대에서 연구가 되고 있다는 건 중요한 사실이다.

삼천리 편집부에서 일했던 사토 노부유키佐藤信行씨는 옛 친구로, 삼천리사의 유일한 일본인 직원이었다. 그를 통해 알 수 있었던 『계간삼천리』도 있었다. 2021년 6월 15일, 무궁화 모임 게스트 디에 사토 씨를 맞이하여 온라인으로 개최했다. 주제는 '나의 삼천리사 시대'로 흥미로운 뒷이야기도 들려주셨다. 2020년 12월 15일에는 동일한 온라인 게스트 디에, 한림대학교 일본학연구소의 무라시마 켄지村島健司씨를 초청해, 한국에서의 『계간삼천리』연구에 대해 배울 기회를 가졌다.

1970년은 이제 기록되어야 할 대상이다. 내 무궁화 모임, 고베학생청년센터에서의 활동을 계속하고 있지만, 그 기록화도 필요한 일이다. 한일 양쪽의 시민 활동과 교류가 새로운 한일관계를 만들어가게 될 것으로 생각한다.

※ 본고는 2021년 3월 27일 『계간삼천리』해제집(전8권) 간행 기념[학술회의] ZOOM의 히다의 댓글 원고를 바탕으로 가필한 것이다.

참고문헌

「식민지하의 적색농민 조합운동 - 정평 농민조합의 운동」27호, 1981.8.1.
「입관령 개정과 재일조선인의 체류권」28호, 1981.11.1.
「재일조선인과 지문 - 압류제도 도입을 놓고」35호, 1983.8.1.
「GHQ 점령하의 재일조선인 강제 송환」48호, 1986.11.1.

제 2 부

횡단과 가교를 묻다

시민이라는 연대

『계간삼천리』와 그 시대

히로세 요이치廣瀬陽一, HIROSE Yoichi

오사카후리쓰대학(大阪府立大学) 박사과정 졸업. 박사. 현재 일본학술진흥회 특별연구원 PD.
주요 저로서는 『中野重治と朝鮮問題－連帯の神話を超えて』(2021), 『日本のなかの朝鮮 金達寿伝』(2019), 『金達寿とその時代－文学·古代史·国家』(2016) 등이 있다.

1. 서론

1970년 전후 국제정세는 크게 변화하고 있었다. 리처드 닉슨 미국 대통령은 69년 7월에 '닉슨 독트린'을 발표하면서 베트남 전쟁에서 철수하고 중국과 관계개선에 나섰다. 해외에서 과도한 군사비 지출과 베트남 전쟁의 장기화로 미국경제력이 약체화했기 때문이었다. 72년 2월에는 닉슨 대통령이 중국을 방문하고 같은 해 9월에는 일본과 중국이 국교를 회복했다. 오키나와를 일본 정부에 '반환'한 것도 이 무렵이다. 냉전 구조에 근본적인 변화는 없었으나, 세계적으로 데탕트(긴장 완화)의 움직임이 일었다. 이러한 국제정세를 배경으로 72년 7월 4일 한국과 북한당국이 서울과 평양에서 동시에 7·4 공동성명을 발표했다. 외세의 간섭 없이 자주적이고 평화적인 방법으로 통일을 실현하고, 사상과 이념을 넘어선 민족대단결을 도모한다는 내용이었다. 하지만 공동성명에서 강조된 남북통일의 길은 양국의 주도권 싸움 속에 묻히고 말았다.

그러나 김달수金達寿를 비롯하여 7·4 공동성명을 긍정적으로 받아들인 재일조선인문학자와 역사학자는 한국과 북한, 일본과 남북한, 일본인

---

* 이 논문은 히로세 요이치, 『日本のなかの朝鮮 金達寿伝』, 2019에서 『季刊三千里』에 관계되는 부분을 정리한 다음에 약간의 가필과 수정을 거쳤다.

과 재일조선인 사이에 가교를 목표로 1975년 2월에 일본어 종합잡지를 창간했다. 바로 『계간삼천리』다. 이 잡지는 87년 5월까지 13년에 걸쳐 코리아를 총망라하여 다루고 당파에 상관없이 문제를 제기했으며, 김달수가 편집장을 지낸 『민주조선』(1946-1950)과 『일본 속의 조선문화』(1969-1981)와 나란히 일본인의 조선·조선인관을 시정하는 데 매우 큰 역할을 해냈다. 잡지의 질은 지금도 종합잡지를 편집·운영하는 재일코리안의 목표가 될 정도로 높다. 하지만 편집 스태프가 기록을 남기지 않았기 때문에 편집체제나 잡지의 역사, 지면의 특징이나 변천, 동시대적인 평가가 널리 알려졌다고는 말할 수 없다. 따라서 이 논문에서는 잡지의 지면이나 회상록 등에서 얻을 수 있는 정보와 필자가 관계자 인터뷰를 통해 얻은 정보를 종합해 『계간삼천리』의 전체상을 그려내려고 한다.

2. 창간 경위·편집 스태프·편집 방침 등

이진희李進熙에 의하면, 『계간삼천리』 창간이 처음으로 화제에 오른 것은 조선문화사(잡지 『일본 속의 조선문화』 출판사)가 주최한 1974년 4월 21일 교토에서 열린 야유회에서다.[1] 거기에 서채원徐彩源·이철李哲·윤학준尹学準 등이 초대되었다. 그날 저녁 오사카로 향하는 차 안에서 서채원이 『일본 속의 조선문화』를 전국적 규모로 지원해야 한다고 말을 꺼냈다. 그러자 김달수가 그 잡지는 고대중심이니까 근대의 한일관계를 생각하는 잡지를 도쿄에서 출판하자고 제안하니 서채원이 "잡지 적자는 내가 보전하지"라며 응수했다. 이 대화가 발단되어 『계간삼천리』가

1) 이진희, 『海峡, ある在日史学者の半生』, 2000, pp.154-155.

1975년 2월에 창간되었다. 서채원이 사장을, 김달수·이진희·강재언姜在彦·이철·박경식朴慶植·김석범金石範·윤학준 7명이 편집위원을 맡았다. 그들은 모두 조선총련 소속으로 활동했지만 60년대 후반부터 70년대 초에 제명되거나 자진 이탈한 사람들이다. 창간 때부터 편집 스태프로 참여한 사토 노부유키佐藤信行에 따르면, 『계간삼천리』 창간에 즈음하여, 동인잡지로 하지 않을 것과 일본 사회와 일본학계에 문제를 제기하는 잡지일 것[2]을 편집위원회에서 반복 확인했다고 한다. 그러나 박경식과 윤학준은 동인지를 만든다고 생각했던 것 같다. 실제로 74년 2~3월 경, 윤학준은 김석범에게 이번에 잡지를 내는데 꼭 좀 참여해 달라, 김달수와 함께하지만 주로 윤학준 개인의 발표장이 될 동인지 같은 것이니 나를 위해서라도 김석범이 꼭 참여하면 좋겠다, 이것은 김달수의 의향이기도 하다고 말을 꺼냈다.[3] 마찬가지로 윤학준에게 권유받은 김시종金時鐘도 처음에는 그가 문학 잡지를 시작한다고 생각했으나, 잡지를 창간할 때쯤 김달수에게 사실 이건 내가 하는 잡지라는 말을 듣고 처음으로 윤학준의 개인지가 아니라는 것을 알았다.[4] 이러한 인식 차이로 박경식이 7호(1976.8)에서 먼저 편집위원을 그만두고 이어서 윤학준도 13호(1978.2)에서 사임했다.

회합하면서 잡지 성격의 기본원칙도 만들고, 사장에 이철, 김달수가 적극 주장하여 편집장에 이진희, 부편집장에 윤학준이 각각 취임하는 것도 정했다. 단, 이철은 명목상 사장이며 실제 사장은 애초부터 서채원

2) 사토 노부유키, 「「恩師」と不出来な弟子」, 『追想, 李進熙』, 2013, p.65.
3) 김석범, 「鬼門としての韓国行」, 『国境を越えるもの, 「在日」の文学と政治』, 2004, p.71.
4) 김시종·호소미 가즈유키(細見和之)·아사미 요코(浅見洋子)(인터뷰), 「在日朝鮮人の源流, 『猪飼野詩集』をめぐって」, 김시종, 『金時鐘コレクション4』, 2019, pp.370-371.

이었다. 또한 이진희는 1년만 한다는 약속하에 떠맡았으나 결과적으로 최종호까지 편집장을 역임했다. 편집 실무는 사토 노부유키가 담당했다. 사토는, 독일 문학자면서 고대사론자로도 활동한 스즈키 다케쥬鈴木武樹가 1972년 5월에 개설한 학당의 사상강좌에서, 이진희가 강사였을 때 알게 된 인물이다. 그는 그 잡지사에서 유일한 일본인 스태프였다. 사무와 회계는 애초에 강순姜舜 시인의 딸(이름 불명)이 담당했으나 1년 만에 결혼하여 퇴사했다. 75년 4월부터 권 레이코權玲子가 사무를 담당했고 그녀도 1년 만에 그만두었다. 새로 후임이 된 전화자全和子 역시 77년 10월 초에 결혼하여 78년 여름쯤에 퇴사했다. 그 후, 후술할, NHK에 조선어강좌 개설을 요구하는 모임에서 자원봉사로 활동하던 위양복魏良福이 전화자의 퇴직 전후인 13호(1978.2)부터 참여하면서 겨우 안정되었다. 영업은 오영빈吳英彬이 담당했다가 그만두고, 9호(1977.2)부터 고이삼高二三이 맡았다. 그 이후 사토가 편집, 위영복이 편집과 사무, 고이삼이 편집과 영업을 맡아 잡지를 유지했다. 이 외에 우치카와 지히로內川千裕(신인물왕래사新人物往来社 편집자. 이후 초풍관草風館 사장)·구사노 노리카즈草野權和(이후 『인간잡지人間雑誌』 편집자)·고이데 기이치小出基一(교정 프리랜서)가 외부 스태프로서 편집과 교정을 도왔다.

도코東広빌딩 608호에 사무소를 두었다. 이 건물에는 마이니치신문 도쿄 서지국이 있어서, 그들은 사무소를 열자마자 지국에 인사하러 갔다. 이진희는 총련의 방해를 상정하고 사무소를 찾는 데 각별한 신경을 썼다고 진술했다.5) 일본 신문사가 입주한 건물이라면 그렇게 간단히 연맹원도 들이닥치지 않을 거라는 의도로 추측된다. 그 후 78년 7월 1일에 주거표시 변경으로 신주쿠 가부키쵸 2-42-13 아제리아 히가시히로빌딩 608호로 주소가 바뀌었다. 사무소 한쪽 구석에는 다다미 세 장이 깔려

5) 이진희, 『海峡, ある在日史学者の半生』, 2000, p.158.

있어서, 강재진은 편집회의를 하러 오사카에서 상경하면 여기에 이불을 깔고 숙박했다.

창간호 특집을 「김지하金芝河」로 정하는 데 시간은 그리 오래 걸리지 않았다. 그런데 1974년 12월 발매처가 될 고단사講談社로부터 거절하는 연락이 왔다. 고단사 잡지 『현대現代』의 리포터로 민청학련 사건을 취재하던 다치카와 마사키太刀川正樹가 서울에서 체포되어 중죄를 선고받았기 때문에 한국 측의 심증을 나쁘게 하지 않겠다는 배려인 것 같았다. 그래서 그들은 스즈사와すずさわ 서점에 맡겨 창간호를 냈다. 1만 3천 부를 인쇄했는데 2주도 되기 전에 서점에서 추가 주문이 쇄도해 3천 부를 증쇄했다. 많은 독자의 기부금이 모금된 것도 편집위원에게 큰 용기를 북돋워 주었다. 3호부터는 삼천리사가 발행을 전담했다. 그 후 잡지는 매호 평균 1만 부를 찍어서 5천부는 실제 판매하고 나머지는 재고로 두고 주문 판매했다.

이진희가 집필한 '창간사'에는, "『계간삼천리』에는 조선 민족의 염원인 통일의 기본방침을 밝힌 '7·4공동성명'에 입각하여 '통일된 조선'을 실현하려는 절실한 소원이 담겨있다"라고 잡지의 이념과 기본원칙이 게재되어있다. "지금까지의 경험에 비추어 우리에게는 여러 가지 곤란이 예상된다" 하지만 "한국과 일본 사이에 복잡하게 엉킨 실을 풀어서 상호 간의 이해와 연대를 꾀하기 위한 하나의 다리를 놓아갈"것이다. 따라서 "재일동포 문학자나 연구자들과의 고리를 넓혀가"면서 "일본의 많은 문학자나 연구자와의 유대를 강화하고" 또한 "독자의 소리를 존중하여 그것을 본지에 반영한다"라고 명기되어있다.[6]

편집회의는 매월 열렸으며 편집위원도 스태프도 전원 빠짐없이 출석했다. 김달수는 딱 한 번 형의 집에서 지내는 제사와 일정이 겹치는 바

6) 無署名,「創刊のことば」,『季刊三千里』1호, 1975, p.11.

람에 결석했다. 서채원에 의하면 "편집회의는 대체로 소녀처럼 시작하는데, 어느 사이엔지 노호와 탄식 속에서 끝이 납니다. 거기에는 군자의 모습이란 없으며 끓어오르는 감정은 청년 지사의 강개와도 같은 고조에서 끝납니다. 때로는 발을 쾅쾅 구르며 서로를 잡아먹지 못해 으르렁거리는 듯한 상황이 됩니다."와 같은 모습이었다.7) 특집 주제나 집필 의뢰자는 최종적으로 편집위원이 정했으나 스태프에게도 자주 의견을 구했다.

종합잡지에 걸맞게 한국과 일본에 관련된 논설부터 시와 소설까지 다종다양한 분야의 기사와 문학작품을 게재했다. 이러한 원고를 엄격하게 점검한 사람은 이진희다. 그는 『계간삼천리』가 동인잡지로 생각되지 않게 신경 썼다. 편집 스태프나 우치야마内山에게만 교정을 맡기지 않고 자신이 모든 원고를 훑어보고 오자·탈자를 점검했다. 집필자에게 수정을 요구하거나 의뢰 원고인데도 싣지 않고 버리는 일도 있었다. 특히 (재일)조선인 집필자에게는 엄격했던 것 같다. 그 대신 베테랑도 신인도 일률적으로 4백 자에 2천 엔이라는 파격적인 원고료를 지급했다. 당시 이와나미岩波의 『세계世界』 원고료가 2천 엔이었는데 그것을 따라 했다. 잡지 운영에 매월 100만 엔 정도 적자가 났지만 모두 서채원이 채웠다.

3. 1970년대 『계간삼천리』

1970년대 잡지 활동에서 주목해야 할 세 가지가 있다. 첫째, NHK에 조선어강좌 개설을 요구하는 운동이다. 4호(1975.11)에 게재된 구노 오사무久野収와 김달수의 대담에서, 구노가 "조선인들과 협력하여 NHK에

7) 서채원, 「終生忘れられないこと, 『季刊三千里』五十号完結パーティ(大阪)」, 『追想の徐彩源』, 1988, p.180.

조선어강좌를 개설하게 운동을 일으킵시다"라고 제안하자, 김달수가 "좋습니다. 대찬성입니다"라고 대답했다.[8] 1년 전 『아사히 신문朝日新聞』에 'NHK에 조선어강좌 개설'이라는 고순일高淳日의 투서가 실렸다.[9] 고순일이 경영하는 야키니쿠점 '구쟈쿠정くじゃく亭'에는 NHK 간부나 관리자가 드나들었는데, 그들에게 조선어강좌의 필요성을 호소하고 73년부터는 그 가게에서 조선어강습회를 열었다. 그 밖에도 각지에서 몇 개의 조선어강좌가 자주적으로 열렸다. 그래서 나카노 요시오中野好夫·구노·김달수가 나섰고, 그들을 포함한 40명의 지식인과 학자들이 'NHK에 조선어강좌 개설을 요망하는 모임'을 결성했다. 사무국은 삼천리사 사무소에 두고 사무국장은 야하기 가쓰미矢作勝美가 맡았다. '요망하는 모임'은 3만 8천여 개의 서명을 모아 강좌개설을 요청했다. 이에 NHK는 이미 외국어 강좌를 주 50시간 방송하고 있는 터라 더는 증설할 수 없다고 회답했다. 그러나 증설 이상으로 문제가 된 것은 '조선어'와 '한국어' 중에서 어느 명칭을 채택하는가였다. 요망하는 모임은 '조선어'는 북조선이 아니라 통일조선의 언어이므로 '조선어강좌'로 해야 한다고 주장했다. 이에 대해 민단은 '한국어강좌'로 해줄 것을 요망하고 단원을 동원해 13만 개나 되는 서명을 모았다. 명칭을 둘러싼 대립은 한국 정부까지 끌어들여 10년 가까이나 계속되었으나, 최종적으로 84년 4월부터 '안녕하십니까? 한글강좌'라는 이름으로 텔레비전과 라디오 강좌가 시작되었다. 교재 창간호는 텔레비전과 라디오를 합해서 15만 부를 인쇄했는데 바로 매진되고 각각 5만 부씩 증쇄할 정도였다.[10]

8) 구노 오사무·김달수, 「相互理解のための提案」, 『季刊三千里』4호, 1975, p.33.

9) 고순일, 「NHKは朝鮮語講座を開設して」, 『朝日新聞』조간, 1974.11.26, p.5.

10) 한글강좌의 개강 경위는 남상영(南相瓔), 「NHK「ハングル講座」の成立過程にかんする研究ノート, 日本人の韓国·朝鮮語学習にかんする歴史的研究(その2)」, 『金沢大学教養部論集 人文科学編』32(1), 1994 참조.

둘째, 8호(1976.11)에 실린 '재일조선인' 특집이다. 조선반도에서 태어나고 자라서 식민지 시대와 〈해방〉 후에 〈본국〉 그리고 일본으로 건너온 1세 세대에게, 최종적으로는 당연히 조선반도 고향으로 돌아간다는 생각이 떼어낼 수 없는 감각으로 몸에 각인되어 있었다. 총련도 민단도 재일한국·조선인을 어디까지나 일시적으로 일본에 거류하는 사람들로 간주했다. 이에 대해 강재언은 '재일조선인의 65년'에서, 재일조선인의 역사를 뒤돌아보고, 74년 4월 현재 일본에서 태어난 재일조선인이 전체의 75.6%나 되며, 여기에 출생지 불명의 사람들을 더하면 조국을 모르는 세대는 약 80%에 달하지 않겠냐고 추정했다. 또한 재일조선인 사회는 "중견층구성이 교체되면서 확실히 구조적으로 변화하고 있고, 재일조선인 문제의 성격 그 자체도 더욱 복잡하게 변하고 있다"라고 진술하고, 이 구조적 변화에 입각하면 민족의식의 풍화현상, 혼인, 조국의 통일로 인해 재일조선인 문제가 자연히 해소될 것인가 말 것인가, 와 같은 다양한 문제를 생각할 수 있고 또 현실로 제기되고 있다고 주장했다. 그리고 마지막에 "일본 사회에서도 소외되고 조국도 알지 못하는 젊은 세대의 향후 모습과 운명에 대한 문제는 재일조선인 전체의 문제로서 더욱 신중하게 논의되고, 운동으로서의 대책과 방법이 연구되지 않으면 안 되는 심각한 문제라고 말할 수밖에 없다"라고 마무리했다.[11] 70년 12월에 박종석朴鐘碩이 히타치제작소日立製作所 소프트웨어 공장을 상대로 낸 취업 차별 소송이나, 76년 김경득金敬得이 사법 수습생의 조건인 귀화를 거부하고 국적 조항의 철폐를 요구하며 대법원에 제기한 일이 상징하듯이 2세 이후의 세대는 일본 사회에 대한 권리의식에 눈뜨고 있었다. 강재언의 견해는 이러한 상황을 염두에 둔 것이다. 이후 12호(1977.12)에 다시 재일조선인 특집이 편성되어 사토 가쓰미佐藤勝巳·요시오카 마스

11) 강재언, 「在日朝鮮人の六十五年」, 『季刊三千里』8호, 1976, pp.33-34, 36-37.

오吉岡增雄·오기다 후미오扇田文雄가 각각의 관점에서 재일조선인 2세 이후의 의식과 생활 변화에 일본 사회와 재일조선인 조직 모두가 주력하고, 연금 등 다양한 제도를 개혁할 필요가 있음을 호소했다.

셋째, 일본사회나 일본인 속에 뿌리 깊게 남아있는 조선에 대한 멸시관을 시정하는 것이다. 8-16호(1976.11-1978.11)에 릴레이 연재된 김달수·이진희·강재언·강덕상姜德相의 '교과서 속의 조선'은 이 과제를 집중적으로 다루었다. 일본의 고등학교가 채택한 역사교과서 중, 검정을 둘러싸고 재판 중이던 이에나가 사부로家永三郎가 집필한 『신 일본사新日本史』(산세이도三省堂)를 포함하여 주요한 8종의 교과서를 언급하고, 여기에 조선의 역사와 문화, 일본과의 관계 등이 어떻게 그려졌는지, 조선반도에도 일본열도에도 국가가 존재하지 않았던 조몬縄文·야요이弥生시대부터 식민지 시대까지 세밀히 비교 검토한 것이다. 연재 후 79년 4월에 고단사가 『교과서에 쓰인 조선教科書に書かれた朝鮮』이라는 이름으로 출판했다. 82년 여름 한국과 중국 등 아시아 여러 나라가 일본역사교과서 내용을 소리높여 비판했으나 『계간삼천리』는 그러한 비판을 이미 1976년부터 하고 있었다.

그 밖에 (재일)조선인의 문학작품을 읽거나, 조선 역사나 조선어강좌를 열고 있는 전국 각지의 모임을 소개하거나, 중국과 소련, 미국 등 세계 각지에 사는 코리안의 역사와 현재 상황을 기록한 르포르타주 등도 매우 흥미롭다. 이러한 것은 모두 "한국과 일본 사이에 복잡하게 엉킨 실을 풀어서 상호 간의 이해와 연대를 꾀하기 위한 하나의 다리를 놓아갈"것이라는 잡지의 이념과 합치한다.

아이러니하게도 이 이념이 가장 달성되지 않은 영역은 동시대의 한일, 일한 관계였다. 편집위원은 통일 조선을 자신들의 기반으로 정하고, 한국에도 북한에도 치우치지 않는 자세를 견지하는 태도로 『계간삼천리』를 통해 조선반도의 현상을 널리 전하는 것을 목표로 삼았다. 하지만 당시 한국과 북한의 정치체제 및 일본 정부와 양국의 관계, 양국의 현상을 알기 위해 이용할 수 있는 정보량의 차이는 잡지이념을 달성하는데 큰 장해가 되었다. 창간호에서 김지하 특집을 꾸민 이후, 한국에 관해서는 매 호 김지하나 김대중金大中 동향에 관한 기사, 마에다 야스히로前田康博 마이니치毎日신문 외신부 기자나 K·I의 현지 리포트, 재일한국·조선인 유학생 체포를 규탄하고 석방을 호소하는 성명, 국가보안법 등의 법제도, 백낙청白楽晴 등 이른바 4·19세대의 소설이나 평론의 번역·소개 등 폭넓은 분야의 문장이 게재되었다. 한편 북한에 관해서는 소개 기사는커녕 언급조차 없었다. 그리고 한국의 현지 리포트나 논고에서는 박정희 대통령이나 김지하·김대중과 같이 극히 일부의 인물을 클로즈업하는 경향을 보인다. 유신 체제하에서 한국의 민중이 힘들어하는 상황은 전해졌으나 민중의 모습은 추상적인 이미지에 그쳤고 그들의 '얼굴'이 떠오르지 않는다. 70년에 한국의 고향을 방문한 서채원을 제외하면, 편집위원 그 누구도 박 정권하의 한국 사회를 실제로 보지 못했다는 상황이 그들의 인식을 표층적으로 만들었음은 부정할 수 없다.

4. 김달수 '방한'과 『계간삼천리』

1980년은 한국과 북한 모두 큰 사건이 발생한 해였다.

먼저 한국에서는, 1979년 10월 26일 박정희朴正熙 대통령이 김재규金載圭 한국중앙정보부KCIA 부장에게 사살되어 한국 사회는 아연했다. 80년 5월에는 전라남도에서 4월 혁명을 방불케 하는 학생을 중심으로 한 시민들의 민주화 요구 투쟁이 일어났으나 한국군에게 괴멸되었다(광주사건). 9월 17일 내란을 유발했다는 죄상으로 한국군법회의는 김대중에게 사형을, 문익환文益煥 목사 등 23명에게 징역 2~20년을 판결했다. 바로 직전인 9월 1일에 탄압을 주도한 전두환全斗煥 보안사령관이 대통령에 취임했다. 전두환 정권은 박정희 정권에 결코 지지 않는 강력한 군사독재 체제를 견지하려고 했다. 그러나 광주 사건의 탄압과 특히 김대중의 사형판결로 국제사회로부터 비난받자 태도를 완화해 다음 해 1월에 무기징역으로 감형했다. 하지만 일본의 지식인들 사이에서 광주 사건에서 사형선고를 받은 정동년鄭東年 서울대 복학생 등 3명이 김대중 대신에 처형되지 않을까 하는 이야기가 퍼졌다.[12)]

한편 북한에서는, 1980년 10월 10~14일에 열린 제6회 조선노동당 대회에서 김정일이 정치국 상무위원(서열 4위)·서기국 서기(서열 2위)·군사 위원(서열 3위)에 선출되었다. 조선노동당의 3대 중추 기관인 이 3개 위원회 모두에 이름이 오른 것은 김일성과 김정일 2명뿐이기 때문에 김정일이 김일성의 후계자로 정식으로 선택되었다는 것을 국내외에 보여주는 인사로 간주되었다. 김달수는 사회주의를 자칭하는 국가에서 지도자를 세습제로 선출하는 일은 있어서는 안 된다고 코멘트했다.[13)] 그는 이미 북한에 완전한 환멸을 느끼고 이전에 결별한 총련과도 어떠한 미래도 내다볼 수 없었다.

이러한 조선반도 정세 속에 1981년 2월 26일 밤, 김달수·강재언·이진희는 뒤늦은 신년 인사를 나누기 위해 히로시마에 있는 서채원의 집을 찾아가 회식했다.[14)] 서채원의 고향이 광주사건이 발생한 전라남도라는 점에서 김대중과 전술한 3명의 사형수가 화제였다. 그렇게 한동안 이야기를 나누던 중 김달수는 갑자기 생각난 듯 강재원과 이진희에게

12) 와다 하루키(和田春樹), 「韓国内部の声なき声の勝利」, 『朝日新聞』조간, 1981.1.24, p.22.

13) 김달수, 「あるべき方向ではない」, 『朝日新聞』, 1980.10.18, p.4.

14) 이하 방한 경위는 김달수, 「「故国まで」三十七年」, 『文芸』제20권 7호, 1981. 김달수, 『故国まで』, 1982, pp.5-31 참조.

사형수 3명의 감형 요망을 위해 자신들이 방한하는 것은 어떤가 하고 말을 꺼냈다. 2명은 바로 찬성하고 서채원도 그런 이야기라면 자신도 뭔가 돕고 싶다고 말했다. 이것을 계기로 그들은 의논 끝에 재일조선인 사형수도 포함한 "'사형수'를 중심으로 한 모든 '정치·사상범'의 감형을 '청원'한다"라고 결말지었다.

며칠 후 서채원이 주일한국대사관에 '청원'을 제의했으나 전혀 상대해주지 않았다. 그러나 그 후 광주 사건의 사형수 3명 등 정치범이라면 '청원'을 받아들이겠다고 태도를 바꿨다. 그러면서 재일조선인 '정치·사상범'은 정치범이 아니라 국가보안법을 위반한 '스파이'이므로 '청원'에 응할 수 없다고도 회답이 왔다. 실제로 3월 3일에 전두환이 제12대 대통령에 선출되자 그것을 기념하여 5,221명이나 되는 정치범에게 대규모의 사면이 시행되었다. 그러나 국가보안법 위반 용의로 복역 중인 재일조선인 '정치·사상범'에게는 사면이 적용되지 않았다. 이러한 상황 속에서 복역 중인 재일조선인 '정치·사상범'이 내일이라도 처형되지는 않을까 라며 신문 기사 등에서 거론되기도 하여 김달수는 위기감이 더해갔다. 그래서 다시 재일한국대사관과 교섭하여, 국가보안법 위반 용의로 사형과 무기징역을 선고받고 옥중에 있는 재일조선인 '정치·사상범'의 구명과 감형을 청원하기 위한 방한을 인정받았다. 재일한국대사관은, 일본에 돌아와서는 어떤 말을 해도 상관없으나 그전까지는 방한을 비밀에 부칠 것을 제의했다. 김달수도 반발 등으로 방한하지 못하는 것을 두려워하여, 사전에 방한 목적은커녕 방한 그 자체를 『계간삼천리』 편집위원 등 극히 소수에게 밖에 말하지 않았다. 그렇다면 방한을 전해 들은 편집위원과 편집 스태프는 무엇을 생각하고 어떻게 반응했을까.

사토 노부유키에 따르면, 1981년 3월 14일경에 열린 편집회의에서 김달수는 방한을 알리고 이철과 김석범에게 함께 가자고 권했다. 이에 두 사람은 납득할 수는 없으나 가는 것은 어쩔 수 없다. 우리는 가지 않겠다고 대답했다. 두 사람 모두 특별히 반대하는 모습은 없었다고 한다. 사토는 정치범 운운할 게 아니라 고향에 돌아가는 이유로 방한했으면 하는 마음이었다.

고이삼에 의하면, 1981년 2월 편집회의에서 방한 소식을 들었다. 당시 『계간삼천리』는 한국의 민주화운동과 연대하는 사람들과 총련에서 이탈한 사람들에게 지지받았다. 참으로 희유의 잡지였다. 그뿐만이 아니라 총련의 연맹원 중에도 삼천리사를 은근히 지지하는 사람이 적지 않았다. 그 때문에 고이삼은 그 지지자들을 버려가면서까지 방한해야만 하는가 하고 생각했다. 그러나 2월 편집회의에서는 김석범이, 김달수의 방한에 반대하는 한편 고이삼 등 편집 스태프에게 한국 정부와 정치적 거래를 해서라도 김달수가 고향에 돌아가고 싶어 하는 마음을 이해해야 한다고 말했다고 한다. 당시 한국은 그러한 정치적 거래 없이는 재일한국·조선인이 갈 수 있는 곳이 아니었다.

김석범은 1981년 2월 상순에 신주쿠에 있는 선술집에서 김달수에게 방한과 그 목적을 들었다. 김석범은 동행을 거절하고, 『태백산맥』 속편을 집필하기 위한 개인 신분으로 갈 것을 권유했다. 그리고 그 목적이라면 방한 후 자신이 총련을 막는 방파제가 되어 김달수를 끝까지 옹호하겠다고 말했다. 그는 그 후에도 김달수와 강재언에게 재고할 것을 촉구했다. 그러나 방한 목적을 '청원'에서 바꿀 수 없게 되자 김달수가 방한하기 전에, 방한 후에 자신은 편집위원을 사임하겠다고 전했다. "내가 김달수에게 한 사람의 작가 신분으로 갈 것을 권유하고 『삼천리』 편집위원의 한국행에 반대한 것은, 그것이 『삼천리』를 한국정부에 '선물'로 업고 가는 것이 되고, 적어도 창간 당시부터 지켜온 『삼천리』의 자세 즉, '북'에게도 '남'에게도 비판적인 태도가 무너져 "골자 빠진" 존재가 될 수밖에 없음이 두렵기 때문이었다".[15]

이러한 편집위원이나 스태프의 생각을 뿌리치고 김달수 등 4명은

1981년 3월 20일부터 27일에 걸쳐 전두환 정권하의 한국을 방문했다. 귀국 후 그들은 한국 국내의 '정치·사상범'의 상황에 대해 어떤 말도 하려고 하지 않고, 그 대신에 한국 사회의 발전상과 민중의 늠름한 모습을 긍정적으로 말하면서, 그러한 모습을 실제로 견문하지 않은 채 계속 한국을 공격해 온 자신들의 태도를 자기비판 하는 발언을 반복했다.

시바 료타로司馬遼太郎나 스다 고쿠타須田剋太를 비롯해 그들의 방한을 용기 있는 행동이라고 칭찬하는 사람이 없지는 않았다. 그러나 그 이상으로 총련은 물론이고 그들을 위대한 선도자로 우러르던 많은 재일조선인과 그들에게 호의적이던 많은 일본인도 그들의 갑작스러운 변모에 놀라 당황하여 일제히 비난의 목소리를 높여 방한의 진의를 추궁했다.

특히 비난의 표적이 된 것은 그들이 재일조선인 '정치·사상범'의 구명과 감형을 〈목적〉으로 내걸고는 체재 일정의 대부분을 한국 각지를 견문하는 데 쓴 것이었다. 누구에게도 말할 수 없는 본래의 〈목적〉이 있지 않았는가, 고향 방문의 명분을 얻기 위해 재일조선인 '정치·사상범'을 정치 이용한 것이 아니냐는 억측이 난무했다.[16] 이러한 비난에 김달수·강재언·이진희 3명은 각각 신문 기사와 수필을 통해 반론했다.[17] 그러나 많은 사람은 그들의 반론을 고향 방문을 정당화하기 위한 변명

---

15) 김석범, 「鬼門としての韓国行)」, 『国境を越えるもの』, 전게서, 2004, p.93.

16) 강혜진(康恵鎮), 「なぜファッショ独裁をたすけるのか/金達寿ら「三千里」関係者の南朝鮮訪問をめぐって」, 『朝鮮新報』, 1981.4.9. 구와하라 시게오(桑原重夫), 「いったい, 何のために)/金達寿らの「請願訪韓」への疑問」, 『朝鮮新報』, 1981.5.14. T·K生, 「高まるファシズム, 韓国からの通信」, 『世界』427호, 1981 등.

17) 김달수(인터뷰·야마사키 유키오(山崎幸雄)), 「朝鮮人作家金達寿氏, 三十七年ぶり訪韓後の四面楚歌」, 『週間朝日』, 아사히 신문사, 1981.10.9. 이진희, 「三月の訪韓について」, 『季刊三千里』26호, 삼천리사, 1981. 강재언, 「韓国への旅, 祖国と一体の「在日」が課題」, 『朝日新聞』석간, 아사히 신문사, 1981.4.7.

이라고 밖에 해석하지 않았고 관계를 끊었다. 『계간삼천리』에서도 김석범이 25호(1981.2)를 마지막으로 편집위원을 그만두었다. 김석범에 따르면, 그 후 "2개월 정도 후에 사토 노부유키, 고이삼, 위양복 3명의 젊은이가 김석범의 집을 찾아왔다. 그들은 계속 괴로웠는데 선생님만 먼저 그만두었다고 나를 비판하며 자신들도 『삼천리』를 그만두고 싶다, 한 사람은 사표를 항상 주머니에 넣고 다닌다고 호소했다. 나는 그들에게 그만둘 수밖에 없었던 지금까지의 경위를 이야기하면서 그대로 버텨서 안에서 힘써 달라, 모두가 그만두면 『삼천리』가 문을 닫게 될 거라고 애써 진정시켰다."[18]고 한다. 3명은 삼천리사에 남았으나 고이삼은 그 후 44호(1985.11)에서 퇴사했다.

김시종도, 강재언·김달수·이진희·이철(사회)의 '3월 방한에 대해서3月の防韓をめぐって'(『계간삼천리』28호, 1981.11)를 읽은 다음에 편지를 보내 "대체로 무지가 증폭하는 듯해서 견딜 수가 없습니다. 본심은 전혀 정당하지 않으니까 세 분은 이제 좀 침묵해도 좋지 않겠습니까? 그중에서도 강재언, 이진희 이 두 사람의 변모한 모습은 눈에 거슬립니다. … 자신들이 이전에 무엇을 했던 사람이고 왜 변신했는지야말로 당연히 두 사람이 집착해야 할 명제입니다. 먼저 자신들이 한 일에 책임을 지십시오. 그것을 건성으로 하고 애족행위를 자랑하니까 이상해지는 겁니다."[19](『계간삼천리』29호, 1982.2, '온돌방'란에 게재)라고 단죄하고 결별했다.

또한 재일조선인 사형수의 후일담에 따르면 1982년 3월 1일 오후, 전두환 정권 1주년을 기념하여 그들 중 5명을 사면 결정했다고 재일한국대사관을 통해 김달수에게 연락이 왔다. 그는 같은 날 밤에 기자회견을

18) 김석범, 『国境を越えるもの』, 전게서, 2004, p.95.
19) 김시종, 「読者のひとりとして」, 『季刊三千里』29호, 1982, p.255.

열고 그 취지를 공표했다.[20]

5. 1980년대 『계간삼천리』

김달수, 강재언, 이진희 모두가 1981년의 방한은 어디까지나 개인 자격으로 간 것이며 『계간삼천리』와는 아무 관계도 없다고 강조했다. 그러나 적어도 조선반도 정세에 관해서는 방한을 경계로 『계간삼천리』의 지면과 논조가 서서히 변해 갔다는 점은 부정할 수 없다. 한국에 관해서는 창간호부터 수많이 게재된 한국의 군사독재 체제를 공격하거나 한국 사회를 르포르타주한 기사가 26, 27호(1981.5, 1981.8)부터 급격히 감소하고 29호(1982.2) 이후에는 마에다 야스히로前田康博의 르포르타주만 남았다. 그것이 34호(1983.5)로 끝나자 이후 한국 정권과 사회정세를 노골적으로 비판하는 기사는 없어지고 광주사건을 특집으로 다루는 일도 없었다.

한편 창간호부터 기사가 전혀 없었던 북한에 관해서는 26호에 하야시 구니오林邦夫(마이니치신문 기자)의 르포르타주 '공화국의 민중생활', 30호(1982.5)에 최영호(하와이대학 준교수)의 '북한 역사의 재해석'의 번역, 그리고 37호(1984.2)에 강재언과 임성광林誠宏의 대담 '김일성주의를 묻다'가 게재되었다. 대담은 「김일성주의」를 전면적으로 비판한 내용으로 『계간삼천리』 편집위원이 북한에게 사실상 결별 선언을 한 것이었다. 이 대담을 끝으로 북한과 총련 기사는 단 한 건도 게재되지 않았다.

이렇게 한국과 북한에 관한 기사는 방한 후 눈에 띄게 줄더니 결국

20) 無署名, 「在日韓国人政治犯の死刑囚五人, 韓国, 恩赦で減刑か, 在日大使館筋金達寿氏に連絡」, 『朝日新聞』조간, 1982.3.2., p.3.

지면에서 사라졌다. 한편 미국과 소련, 중국을 비롯해 세계 각지에 사는 코리안을 다룬 기사는 꾸준히 게재되었다. 특히 중국 조선족자치주 방문기 등 중국 조선족 기사의 증가가 두드러졌다. 일본인의 해외여행이 쉬워진 것이 하나의 요인이었지만, 코리안에 대한 세계 각국의 사회제도를 적극적으로 소개함으로써 재일조선인에 대한 일본 사회제도의 뒤처짐과 왜곡을 고발하고 시정을 요구하는 의미가 있었음은 의심할 여지가 없다. 고도 경제성장을 이룩하여 GNP 세계 제2위가 된 일본 국내에서는 다양한 국면에서 '국제화'를 부르짖었다. 그러나 지문날인과 외국인등록증의 휴대 의무, 국적을 이유로 한 공무원에 취업제한, 국민연금과 생활보호 같은 생존권이 걸린 사회보장의 부적용 등 재일조선인에 대한 사회제도는 '국제화' 흐름에 완전히 역행하고 있었다. 재일조선인 조직은 일시적인 일본생활을 방침으로 내세워 권리요구를 '동화주의'라고 규탄했으나, 많은 재일조선인은 일본에 정착하는 것으로 기울면서 권리요구의 소리를 높이기 시작했다.

1980년대에 들어서 이 제도적 벽과 맞서 싸우는 도화선이 된 것은 80년 9월에 지문날인을 거부한 1세 한종석韓宗碩이다. 47년 5월에 외국인등록령이 공포된 후 52년 4월에 외국인등록법이 공포되었는데 이 등록법에서 지문날인이 강제화 되었다. 이에 거부 투쟁이 전개되었으나 50년대 후반에는 이 제도를 계속 거부하는 재일조선인은 없었다. 그러나 그것은 어쩔 수 없이 받아들인 결과에 지나지 않는다. 실제로 3년마다 지문을 채취하고, 잠깐 외출할 때도 등록증을 휴대해야만 하고, 경찰의 불심검문을 받을 때 운 나쁘게 휴대하지 않으면 범죄자 취급을 받는 상황이 현실 생활에서도 재일조선인을 심리적으로 위축시켰다. 한종석의 지문날인 거부는 이러한 제도에 오랜 세월 동안 불만이 축적된 끝에 발생했다. 그를 시작으로 전국에서 지문날인 거부자가 나타나고 나아가 재일한국·조선인 이외의 재일 외국에서도 거부자가 나왔다. 이것은 이

제도에 대한 재일외국인의 불만이 재일조선인 한종석 한 사람의 문제가 아니었음을 단적으로 보여준다.

날인거부자 중에는 기소된 사람도 있었는데 재판과정에서, 등록 갱신을 할 때마다 채취한 지문이 정리되지 않은 채 방치되었고, 날인 한 본인도 열람할 수 없는 개인정보를 경찰은 자유롭게 열람할 수 있는 상태였음이 명백히 드러났다. 행정은 지문날인의 목적을 본인 확인을 위해서라고 했으나 그것은 완전히 허위였다.

동시에 '외국인'이라는 이유로 학교 교사나 우체국 직원 등 말단 공무원에도 채용되지 않거나, 국민연금에 가입할 것을 강력 권유받아 계속 냈는데도 연금을 받을 수 없는 등, 기본적 인권과 생존권이 걸린 문제가 차례차례 드러났다. 연배 세대는 이러한 불평등한 제도를 아이와 손자 세대까지 물려주지 않기 위해, 젊은 세대는 일본 사회의 일원으로서 권리를 쟁취하기 위해 각지에서 연구회를 열거나 항의 데모를 했다. '싫으면 떠나라'고 노골적으로 불쾌감을 나타내는 일본인도 있었으나 다양한 형태로 지원하는 일본인도 적지 않았다. 그러한 일본인 중에 교사나 관공서 직원 등의 공무원이 있었다는 것은 현재 볼 때 주목할 만하다. 『계간삼천리』는 1983년부터 국적 조항이나 지문날인에 관한 기사를 게재하고 39호(1984.8)에 '재일조선인과 외국인 등록법' 특집을 편성하는 외에 종간호까지 이 문제에 관한 기사를 꾸준히 게재했다. 이러한 상황 속에 김달수는 '일어선 젊은이를 따르다'라고 결의하고 1985년 4월 29일, 오는 9월 18일 등록증을 갱신할 때 지문날인을 거부하겠다고 선언했다.[21] 재일조선인 작가로서는 첫 번째다(두 번째는 5월 18일에 선언한 김석범).[22]

---

21) 無署名, 「指紋捺印 金達寿さん拒否宣言, 「立ち上がった若い人に従う」」, 『朝日新聞』조간, 1985.4.30. p.22.

22) 無署名, 「指紋捺印 金石範さんも拒否声明」, 『朝日新聞』조간, 1985.5.19., p.22.

다만 방한과 마찬가지로 지문날인 거부 운동을 전개하고 있는 단체와 연락을 취한 것이 아니라 어디까지나 개인 의지로 했다는 것을 스스로 밝혔다. 날인을 거부한 다음 날 김달수를 만난 사토 노부유키는 "재판으로 이어지면 위양복과 사토에게 맡길 테니까"라고 말했다.[23)]

1980년대에 『계간삼천리』가 주력한 또 하나는 1982년에 중국과 한국 등 아시아 여러나라에서 비난의 목소리를 높였던 일본역사교과서 문제이다. 『계간삼천리』에서는 1976년부터 이미 역사교과서를 둘러싼 논의가 있었지만, 국제적인 여론의 고조를 배경으로 새롭게 이 문제를 거론했다. 그와 함께 근현대의 조선과 (재일)조선인의 역사를 발굴한 논고도 수많이 게재했다. 일본인의 뿌리 깊은 근거 없는 편견과 믿음을 규탄하기보다 냉정하게 역사적 사실을 제시하는 것으로 대항하는 자세를 보였다.

그 밖에 주목해야 할 것은 조선어로 된 시의 원문과 오무라 마스오大村益夫의 일본어 번역을 병기한 '조선근대시선', 조선어로 된 민화의 원문과 나카무라 마사에中村昌枝의 일본어 번역을 병기한 '조선의 민화', 후지모토 다쿠미藤本巧의 그라비어 사진 '신·한국의 바람과 사람新·韓くにの風と人', 김달수의 '일본 속의 조선문화'등을 들 수 있다. '조선근대시선'이나 '조선의 민화'는 가나다라나 간단한 회화에 만족하지 않는 조선어 학습자에게 조선어 문학작품에 접할 수 있는 귀중한 기회가 되었을 것이다. 후지모토는 식민지 시대의 조선에서 야나기 무네요시柳宗悦 등 민예 운동가들이 걸어온 길을 더듬어 가는 아버지(이즈모 다이샤出雲大社에서 장식을 만들던 목공인, 아사카와 다쿠미浅川巧를 추도한 야나기의 문장을 읽고 감화 받았다)와 함께 1970년(1969년은 오류)에 처음으로 한국을 여행한 사진가다. 한국의 시골이나 보통 사람들을 촬영한 사진가는 당시

23) 사토 노부유키, 「「在日一世」タルス先生への思い」, 『追想 金達寿』, 1998, p.145.

한일 양국에서 그 외에는 아무도 없었다. 그 때문에 그의 그라비어 사진과 첨부된 설명문은 일본인과 재일조선인이 한국인의 등신대 모습을 아는 데 매우 귀중한 자료가 되었다.

6. 『계간삼천리』 종간과 맡겨진 과제: 결론에 갈음하여

1987년 5월 『계간삼천리』는 50호에 종간했다. 재일조선인이 간행하는 잡지라고 하면 조직의 기관지라는 통념을 불식시키고, 일본 사회와 재일조선인 사회뿐만 아니라 재외코리안 사회에서도 널리 읽혀서 이름 그대로 한 시대를 구축한 잡지였다. 연재 후에 출판된 것도 있는데 그 수는 20권 이상에 달한다. 잡지 수준이 얼마나 높았는지 잘 알 수 있다.

종간을 기념하여 5월 22일 오후 6시부터 니시신주쿠에 위치한 센추리 하얏트 호텔에서 '『계간삼천리』 수고하셨습니다 모임'이, 뒤이어 5월 30일 오후 5시 반부터 오사카의 호엔자카法円坂 회관에서 '『계간삼천리』50호 완결 파티'가 열렸다. 도쿄 모임은 기노시타 쥰지木下順二, 하타다 다카시旗田巍 등 26명이, 오사카 모임은 시바 료타로, 쓰루미 슌스케鶴見俊輔, 이누마 지로飯沼二郎등 34명이 발기인으로 양쪽 다 200명 이상이 참석하여 편집위원과 스태프, 서채원을 위로했다.

오사카 모임에서는 "상호이해를 구하는 한일 양 민족의 재산으로 남을 것이다"(와다 요이치和田洋一) 등 잡지의 공적을 평가하는 소리가 나오는 한편, 쓰루미가, 종간은 "제 생각에 꽃이 피어 열매가 되고 열매가 터져서 씨앗이 떨어진 것입니다. 저는 씨앗에는 사상이 들어있다고 생각합니다. 『삼천리』 속에 축적된 조선인 1세의 지혜가 씨가 되어 과연 어떤 모습으로 발아할지 … ."[24]라고 말한 것처럼 2세 이후의 세대가 어떻게 1세의 작업을 이어받아 새로운 문화를 만들어 갈까를 걱정하는 목소리도 적지 않았다. 50호에 게재된 '『계간삼천리』 종간에 부쳐'에도 적잖이 그러한 목소리가 있었다. 편집위원도 같은 생각이었다. 이진희는 시바에게 보낸 편지에 "2세, 3세가 홀로 서는 잡지로 연결하지 못했다는 게 마음에 걸립니다."라고 썼다.[25] 또한 강재언도 50호 편집후기를 "바라건대 우리가 못다 한 일을 젊은 세대가 언젠가 이루어 주기를 기대합니다."[26]라는 한 문장으로 매듭지었다.

많은 사람이 당시부터 지적했던 것처럼 2세 이후의 세대는 가치관이 다양화하고 1세가 자란 시대에는 바랄 수도 없었던 일본 사회에서의 활약이 가능해졌다. 하지만 가치관의 다양화나 조직으로부터의 자유 때문에 '재일조선인'의 윤곽이 희미해진 것도 부정할 수 없다. 그러한 시대 속에서 재일조선인의 문화나 역사는 어떻게 계승될 것인가. 이진희와 강재언의 앞의 발언은 자신들이 시대의 구조적 변화가 가져오는 재일조선인 사회와 문화의 변모에 대응할 전망을 제시할 수 없었던 것과, 조선반도의 남북 분단 상황과 그것을 반영한 재일사회의 분열을 자신들의 세대에서 해결하지 못한 것에 대한 유감을 나타냈다고 말할 수 있다. 한편 『일본 속의 조선문화』 시리즈로 대표되는 고대 조일朝日관계사 연구를 통해 '도래인渡来人'이 남긴 문화유적이 다양한 형태로 현재에도 일본 각지에 남아있음을 밝힌 김달수는 낙관적인 견해를 가졌다. 그는 자주 '샐러드 볼'로 비유한 미국 사회나, 한국 취재 여행 때 일본에 가지고 돌아온 조선 호박씨를 심어서 수확하고 다음 해 그 씨를 뿌려 수확하는 일을 반복하는 사이에 일본 호박이 되어버린 에피소드를 예를 들면서, 1세는 '조선민족'의 정체성을 유지하고 있으나 세대교체가 이루어지

24) 이진희, 「『季刊三千里』の十三年」, 『本』제12권 8호, 1987, p.15.
25) 강재언, 「終刊に寄せて」, 『季刊三千里』50호, 1987, p.312.
26) 시바 료타로, 「感想断片」, 『季刊三千里』50호, 1987, p.261.

면서 '한국·조선계 일본인'이라고 할 수밖에 없는 존재가 되고 이윽고 일본인이 될 것이라고 말했다.27) 오해는 금물이다, 이것은 동화주의를 긍정하는 게 아니다. '도래인'이 가져온 문화가 현재에도 여전히 일본문화 핵심에 남아있듯이 재일조선인의 역사나 문화도 어떠한 형태로든 계속 남아있다. 그 때문에 가령 '재일조선인'의 정체성을 가진 자가 없어져도 '재일조선인'의 역사나 문화의 흔적이 남아있는 한 '재일조선인'은 살아있는 것이므로 사라지는 일은 없다, '도래인'의 흔적을 지울 수 없는 것처럼. 궁극적으로 그는 그렇게 생각했다.

정치적으로는 현재의 한일관계는 과거 최악이라고 말한다. 그러나 그런 중에도 식품이나 음악, 영화 등을 통해서 조선민족 문화는 착실하게 일본 사회에 뿌리를 내리고 지금은 김치를 일본식이라고 생각하는 젊은 일본인까지 있을 정도다. 바로 김달수가 낙관적으로 말했듯이 조선민족 문화는 일본 사회에서 지우려야 지울 수 없을 정도로 굳게 뿌리내렸다. 하지만 재일조선인은, 국가인 조선과 민족으로서 조선인이 성립하기 이전에, 조선반도에서 일본열도로 건너온 '도래인'과 달리 조선반도에서 생활을 영위해 온 조선인과 그 자손 바로 그것이다. 그들이 일본인이 되는 것과 '도래인'이 나중에 일본인이 된 것과의 사이에는 결정적인 차이가 있다. 그 때문에 재일조선인의 흔적도 '도래인'의 흔적과 마찬가지로 지울 수 없기 때문에 그들이 일본 사회에서 사라져도 상관없다고 말할 수 없다.

그러면 '도래인'이 아닌 재일코리안은 향후 민족교육을 통해 어떻게 민족적 전통을 계승 발전시켜 나가야만 하는가. 『계간삼천리』 편집위원들이 차세대에 해결을 맡길 수밖에 없었던 이 문제를 재일코리안 자신들이 첫 번째로 생각해야 하는 것은 당연하다. 그러나 동시에 패전 후만

27) 김달수, 「二·三世の時代」, 『飛ぶ教室』16호, 1985, p.39 등.

해도 70년이나 넘게 전국 각지의 커뮤니티에서 그들과 공생해 온 일본인이 생각해야 할 문제이기도 하다. 『계간삼천리』 이념이 실현된 사회는 일본인과 재일코리안 뿐만 아니라 한국인 등이 이 문제를 공유하고 함께 모색해 간다면 구현되지 않을까.

참고문헌

T·K生, 「高まるファシズム, 韓国からの通信」, 『世界』427호, 1981.

강재언, 「在日朝鮮人の六十五年」, 『季刊三千里』8호, pp.33-34,36-37, 1976.

강재언, 「韓国への旅, 祖国と一体の「在日」が課題」, 『朝日新聞』석간, 아사히 신문사, 19814.7.

강재언, 「終刊に寄せて」, 『季刊三千里』50호, p.312, 1987.

강혜진(康恵鎮), 「なぜファッショ独裁をたすけるのか/金達寿氏らの「請願訪韓」への疑問」, 『朝鮮新報』, 1981.4.9.

고순일, 「NHKは朝鮮語講座を開設して」, 『朝日新聞』조간, p.5, 1974.11.26.

구노 오사무·김달수, 「相互理解のための提案」, 『季刊三千里』4호, p.33, 1975.

구와하라 시게오(桑原重夫), 「いったい, 何のために/金達寿ら「三千里」関係者の南朝鮮訪問をめぐって」, 『朝鮮新報』, 1981.5.14.

김달수, 「あるべき方向ではない」, 『朝日新聞』, p.4, 1980.10.18.

김달수, 「「故国まで」三十七年」, 『文芸』제20권 7호, 1981. 김달수, 『故国まで』, pp.5-31, 1982.

김달수, 「二·三世の時代」, 『飛ぶ教室』16호, p.39, 1985.

김달수(인터뷰·야마사키 유키오(山崎幸雄)), 「朝鮮人作家金達寿氏, 三十七年ぶり訪韓後の四面楚歌」, 『週間朝日』, 아사히 신문사, 1981.10.9.

김석범, 「鬼門としての韓国行」, 『国境を越えるもの, 「在日」の文学と政治』, p.71, 2004.

김시종, 「読者のひとりとして), 『季刊三千里』29호, p.255, 1982.

김시종·호소미 가즈유키(細見和之)·아사미 요코(浅見洋子)(인터뷰), 「在日朝鮮人の源流, 『猪飼野詩集』をめぐって」, 김시종, 『金時鐘コレクション4』, pp.370-371, 2019.

남상영(南相瓔), 「NHK「ハングル講座」の成立過程にかんする研究ノート, 日本人の韓国·朝鮮語学習にかんする歴史的研究(その2)」, 『金沢大学教養部論集 人文科学編』32(1) 참조, 1994.

無署名,「創刊のことば」,『季刊三千里』1호, p.11, 1975.
無署名,「在日韓国人政治犯の死刑囚五人, 韓国, 恩赦で減刑か, 在日大使館筋 金達寿氏に連絡」,『朝日新聞』조간, p.3, 1982.3.2.
無署名),「指紋捺印 金達寿さん拒否宣言,「立ち上がった若い人に従う」」,『朝日新聞』조간, p.22, 1985.4.30.
無署名,「指紋捺印 金石範さんも拒否声明」,『朝日新聞』조간, p.22, 1985.5.19.
사토 노부유키,「「在日一世」タルス先生への思い」,『追想 金達寿』, p.145, 1998.
사토 노부유키,「「恩師」と不出来な弟子」,『追想, 李進熙』, p.65, 2013.
서채원,「終生忘れられないこと,『季刊三千里』五十号完結パーティ(大阪)」,『追想の徐彩源』, p.180, 1988.
시바 료타로,「感想断片」,『季刊三千里』50호, p.261, 1987.
와다 하루키(和田春樹),「韓国内部の声なき声の勝利」,『朝日新聞』조간, p.22, 1981.1.24.
이진희,「三月の訪韓について」,『季刊三千里』26호, 삼천리사, 1981.
이진희,「『季刊三千里』の十三年」,『本』제12권 8호, p.15, 1987.
이진희,『海峡, ある在日史学者の半生』, pp.154-155,158, 2000.

『계간삼천리』와 식민자 2세

포스트 콜로니얼 문학 연구의 관점에서

하라 유스케原佑介, HARA Yusuke

리쓰메이칸 대학 박사. 현재 가나자와대학(金沢大学) 인간사회연구역(人間社会研究域) 부교수. 주요 저서로는 『禁じられた郷愁』(2019), 『동아시아 냉전의 문화』(공저, 2017), 『戦後史再考』(공저, 2014) 외.

1. 머리말

『계간삼천리』(1975-1987)에는 식민지 조선에 거주한 경험이 있는 일본인(이하, 조선 식민자)의 문장이 다수 게재되어 있다. 그 문장들은 제국 시기 일본인의 조선 체험이 어떠한 것이었는지, 그리고 전후 그 체험을 본인들이 어떻게 정리해 왔는지를 다양한 각도에서 엿볼 수 있는 귀중한 자료이다. 기고자는 저명한 문학자나 연구자부터 일반 시민에 이르기까지 폭넓으며, 또 당시의 거주지, 재류 시기나 기간, 당시의 연령이나 신분 등에서 상당한 개인차가 있다. 『계간삼천리』 전체를 둘러보면 조선 식민자들의 다양한 모습이 드러난다.

전원이 재일조선인인 『계간삼천리』의 편집자들은 '창간사'에서 이 잡지의 목표로 '조선과 일본 사이에 복잡하게 얽힌 실타래를 풀고, 상호간 이해와 연대를 도모하기 위한 다리를 놓는 것', 그것을 위해 '재일동포 문학자나 연구자들과 연계를 넓혀나갈' 뿐만 아니라 '일본의 많은 문학자나 연구자들과의 유대를 강화해 나가는 것'을 내세웠다[1:11,1975][1]. 조선인들만 이야기를 나누는 닫힌 언론 공간이 아니라, 조선인과

1) 본고에서는 잡지 『계간삼천리』(삼천리사, 1975-1987)에서의 출전 표기를 이와 같이 약기한다. 예를 들어 [1:11,1975]는 1호(1975년 발행) p.11에서 인용했다는 것을 나타낸다.

일본인 사이에 놓인 가교가 되는 것이, 통일 조선의 비전을 제시하는 것 및 재일조선인 문제를 위해 힘쓰는 것과 비견할 『계간삼천리』의 주요 목표였다. 오에 겐자부로大江健三郎나 시바 료타로司馬遼太郎 등 유명 작가를 포함하여 그 목적의식에 찬동하는 많은 일본인들이 조선에 관한 문장을 가지고 이 잡지에 모여들었다. 그러한 가운데에서 역시 조선 식민자의 존재감은 질적·양적으로 모두 두드러지는데, 이 점은 『계간삼천리』가 일본인의 식민지 체험에 큰 관심을 기울이고 있었다는 것의 간접적 증거라 할 수 있을 것이다.

물론, 전후에 태어난 비교적 젊은 세대를 중심으로 식민지 조선을 직접적으로는 알지 못하는 일본인도 『계간삼천리』에 다수 등장한다. 그러나 전체적으로 봤을 때 거의 매호에 걸쳐 조선 식민자의 문장을 볼 수 있는 점은 역시 주목할 만하다. 그때까지 이렇게 많은 조선 식민자가 식민지에서의 생활이나 그것을 둘러싼 전후의 소감을 이야기하는 일은 내부용인 동창회지 등을 제외하면 거의 없었다고 해도 무방하다. 『계간삼천리』는 전후 일본의 언론문화사에서 최대급(최대라 해도 될는지 모른다) 조선 식민자 포럼으로서도 기능했다고 할 수 있다. 본고에서는 그들 중 특히 현지에서 (태어나고) 자란 일본인, 즉, 식민자 2세(3세)에 초점을 맞추어, 이 잡지에서 그들이 무엇을 지향하고 어떠한 말을 했는지에 대해 문학 연구의 관점에서 검토한다.

『계간삼천리』에 집필자로 등장한 조선 식민자 2세(3세) 주요 멤버로는 하타다 다카시旗田巍(1908-1994), 무라마쓰 다케시村松武司 (1924-1993), 다나카 아키라田中明(1926-2010), 모리사키 가즈에森崎和江(1927-), 히노 게이조日野啓三(1929-2002), 고토 메이세이後藤明生(1932-1999) 등이 있다. 모두 식민지 조선에 관한 문학 작품이나 연구서 등을 다수 남겼는데, 『계간삼천리』는 그들의 중요한 활동 거점으로 기능했다. 한편, 연구 대상으로는 그 당시까지 거의 회고되지 않았던 나카니시 이노스케中西伊之助

(1887-1958)나 유아사 가쓰에湯浅克衛(1910-1982) 등 대표적인 제국 시기 식민자 작가가 조명되었다. 게다가 『계간삼천리』 간행 때에 이미 고인이 된 전후 식민자 2세 작가 고바야시 마사루小林勝(1927-1971)와 가지야마 도시유키梶山季之(1930-1975)의 업적이 처음 본격적으로 검증되었다. 이와 같이 『계간삼천리』는 잊히거나 또는 방계로 밀려났던 제국 시기 및 전후 식민자 작가들의 삶과 문학을 발굴함으로써 전후 일본의 포스트콜로니얼 문학 연구 수준을 비약적으로 향상시킨 것이다. 이렇듯 『계간삼천리』는 일본인이 식민지 조선에 어떻게 관여하고 지금 무엇을 생각하는가라는 문제를 상당히 중시하며, 조선과 일본을 중심으로 하는 동아시아의 정세나 재일조선인의 문화·생활·차별 문제 등과 더불어 일본인의 조선 체험에 관한 기사를 적극적으로 다루었다[2].

식민지 조선과 제국 일본의 역사에서 일본인 식민자는 어떤 존재였는가. 그리고 해방 후/분단된 조선과 전후 일본의 역사에서 그들은 지금 어떠한 존재인가 - 『계간삼천리』는 다양한 식민자들이 모이는 일종의 자기장 역할을 담당함으로써 그 물음을 전후 일본의 독자들에게 던졌던 것이다.

2. 『계간삼천리』와 조선 식민자 문학

『계간삼천리』는 민간 종합 잡지면서도 특히 조선사 연구에서는 그 틀을 넘어서는 중요한 논문들이 종종 게재되었는데, 그때까지 거의 손을 대지 않은 상태였던 조선 식민자 역사의 연구에서도 많은 선구적 성과가 발표되었다. 훗날 『재조 일본인의 사회사在朝日本人の社会史』(1989)를 정

2) 村島健司, 「雑誌『季刊三千里』と東アジアの架橋」, 『関西大学人権問題研究室室報』65号, 関西大学人権問題研究室, 2020, p.2 참조.

리하는 기무라 겐지木村健二가 초기 식민에 관한 논문을 발표한 것 외에, 다카사키 소지高崎宗司가 다수의 관련 논고를 발표했다(이들 성과의 일부는 나중에 『식민지 조선의 일본인植民地朝鮮の日本人』(2002)에 정리되게 된다). 가지무라 히데키梶村秀樹의 식민자 정신 구조 비판적 분석(후술) 등도 포함하여 이들 '재조 일본인' 연구는 식민자뿐만 아니라 근대 일본인의 아시아 체험·표상의 총체를 사정권에 넣은 것이며, 일본의 주류 역사 연구가 안고 있는 아시아 경시나 일국주의 등의 문제점을 내재적으로 비판한다는 목적의식을 공유하고 있었다.

이들 역사 연구를 비롯하여 이 잡지에서 발표된 조선 식민자에 관한 연구들을 부감해 보면, 특히 문학 연구의 영역에서 성과가 두드러진다는 것이 눈길을 끈다. 조선과 일본의 문학 작품 소개와 번역, 연구에 상당히 많은 지면을 할애하는 것은 『계간삼천리』의 큰 특징이었는데, 이 점은 해방 후 재일조선인 문학의 효시 중 한 사람으로 일컬어지는 김달수金達寿의 영향이 적지 않았을 것이다. 1987년의 『계간삼천리』 종간 후 90년대에 들어서자, 에드워드 사이드Edward W. Said의 『오리엔탈리즘』을 비롯한 포스트 콜로니얼 비평의 세계적 유행에 따라, 일본에서도 식민지 지배와 관련된 문학이나 사상의 연구가 활발해졌다. 재일조선인 문학 연구는 그 기둥 중 하나이며, 그 그늘에 가려지는 경향이 있기는 했지만 일본인 식민자들의 문학을 연구하는 길도 조금씩 개척되어 갔다. 그 초석이 된 연구의 다수가 다름 아닌 『계간삼천리』라는 플랫폼을 활용하여 발표된 것이다. 그때까지 묻혀 있던 조선 식민자들의 문학을 공들여 발굴하고, 그 역사적 의의를 제기하며, 연구의 토대를 마련했다는 의미에서, 『계간삼천리』가 일본의 문학 연구에서 해낸 역할은 대단히 크다.

이러한 면에서 주요 공로자는 임전혜任展慧, 다카사키 류지高崎隆治, 이소가이 지로磯貝治良, 이 세 사람일 것이다. 우선 창간호를 포함하여 초기의 몇몇 호에서 임전혜가 오비 주조小尾十三(1908-1979)의 아쿠다가와상 수상작인 「등반登攀」의 개작 문제와, 제국 시기의 대표적 식민자 2세 작가로 주목받는 유아사 가쓰에의 평가 재검토, 식민자 시인의 필두격인 우치노 겐지内野健児(1899-1944)의 조선 체험과 시작詩作의 정리를 했다. 이들 논문은 모두 각 작가의 연구사에서 지금도 기초 문헌의 역할을 계속 담당하고 있다.

1980년대에 들어서자, 다카사키와 이소가이가 연이어 등장하여, 일본인 식민자의 문학이 잡지 지면 상에서 단숨에 존재감을 높였다. 다카사키는 「일본인 문학자가 인식한 조선日本人文学者のとらえた朝鮮」이라는 제목의 연재를 담당했는데, 그에 앞선 논문에서 이미 이 문제를 언급하며, 제국 시기 일본인 문학자들의 식민주의, 그리고 일본 근대 문학사에서 '조선 또는 그 민족의 생활과 풍속과 심리 등에 대해 쓴 작품'이 질과 양 모두에서 빈약한 것을 신랄하게 규탄했다.[3] 다카사키가 연재 마지막 회에 게재한 작품 연표는 식민지 조선과 관련된 일본 근대 문학 작품들을 연구사상 처음으로 범주화하고 망라한, 대단한 역작이다 [28:133-137,1981].

제국 시기 일본 문학에 메스를 가한 다카사키의 뒤를 따라 이소가이가 「전후 일본 문학 속의 조선戦後日本文学のなかの朝鮮」이라는 테마로 3년에 이르는 장기 연재를 맡았다. 이 연재는 조선 식민자 2세(3세)를 중심으로 하는 전후 일본인이 자국의 식민주의 역사를 어떻게 극복하려 했는지, 그 노력과 고뇌의 양상을 일종의 군집극으로 그려낸 것이다. 다카사키와 이소가이의 연재를 통독해 보면, 일본의 근현대 문학이 조선을 어떻게 그려 왔는가(그려오지 않았는가)라는 난해하면서도 장대한 테마의 전체상을 파악할 수 있다.

---

3) 「문학자에게 조선이란文学者にとって朝鮮とは」3:91,1975.

이렇게 해서 재일조선인의 잡지인 『계간삼천리』가 일본인 자신이 무시 내지 망각해 온 식민자 문학의 역사를 파악하는 비전을 처음으로 제시한 것이다. 역으로 말하자면, 이는 일본의 연구자들이 얼마나 이 테마에 대해 무관심하고 냉담했는지를 보여주는 방증이라고도 할 수 있을 것이다. 또한 『계간삼천리』에 게재되었던 다카사키와 이소가이의 연재는 각각 『문학 속의 조선인상文学のなかの朝鮮人像』(1982), 『전후 일본 문학 속의 조선 한국戦後日本文学のなかの朝鮮韓国』(1992)이라는 책이 되었다. 이 두 권은 박춘일朴春日의 『근대 일본 문학에서의 조선상近代日本文学における朝鮮像』(1969)과 더불어 일본 포스트 콜로니얼 비평의 고전으로 자리매김하고 있다. 본고의 문제의식과 대조하여 말하자면, 특히 이소가이의 저술은 조선 식민자 2세(3세)의 포스트 콜로니얼 문학을 처음으로 문제화하고 그런 바탕 위에서 주요 작가·작품을 정리한 것이며, 문학사 서적으로서도 획기적이었다.

3. 「구舊조선 통치」의 평가를 둘러싼 논쟁

김달수 연구의 제일인자인 히로세 요이치廣瀬陽一에 따르면, 1970년대의 『계간삼천리』가 주력한 것 중 특히 주목해야 할 것은 세 가지이다. 첫째, NHK에 조선어 강좌를 개설하도록 요구하는 운동, 둘째, 재일조선인 2세의 생활과 정체성에 대해 생각하는 것, 그리고 셋째, '일본 사회와 일본인 속에 뿌리 깊게 남아 있는 조선관－조선 민족에게는 자력으로 사회나 문화를 발전시켜 나갈 힘이 없으며, 중국이나 일본이 이끌어주지 않으면 아무 것도 할 수 없다는 〈타율사관他律史観〉·〈정체사관停滞史観〉－의 시정'이다.[4] 그 중에서도 두 번째와 세 번째 문제에 대해, 『계간삼천리』는 종간에 이르기까지 일관되게 적극적으로 계속 힘썼다. 조선

식민자 2세(3세)들의 문장은 대체로 이 세 번째 문제, 즉 일본인의 비뚤어진 조선관을 내재적으로 비판하는 것과 관련되어 있었다고 할 수 있다(하타다 다카시가 바로 이 테마에 역사 연구자로서의 생애를 바쳤다는 것은 잘 알려져 있다).

그런데 『계간삼천리』에 등장하는 식민자들은 문학자나 연구자 등 문필 전문가에서 일반 시민까지 각양각색이지만, 그들에게는 분명한 공통점이 있다. 그것은 (적어도 표면적으로는) 일본의 조선 식민 지배에 대해 비판적인 역사 인식을 가지고 있다는 점이다. 이는 잡지의 성격상 당연할 것이다. 따라서 이 잡지에 나타난 조선 식민자의 역사 인식은 기본적으로 모두 이른바 '진보적'이며, 그것이 그대로 전후 일본인 전체를 대표하지는 않는다는 것에는 유의해 둘 필요가 있다.[5] 오히려 실태는 정반대일 것이다. 소위 '구보타 발언久保田発言'(1953)이나 '다카스기 발언高杉発言'(1965)에 그 본심이 드러나 있는 바와 같이, 전후의 일본 정부는 제국 시기의 타민족 식민 지배를 사실상 긍정하는 입장을 고수해 왔으며, '무라야마 담화村山談話'(1995) 등이 산발적으로 보이기는 하나, 기본적인 입장은 실질적으로 거의 흔들림이 없다(이 노선은 특히 아베 신조安倍晋三 정권기에 한층 고정화된 감이 있다). 국민, 그리고 조선 식민자들도 '일본 통치기'를 긍정적으로 받아들이거나, 그렇게까지는 아니더라도 그리워하는 마음 등으로 적당히 얼버무리며 적극적으로 부정하지는 않는 사람이 대부분이었지 않을까 생각한다.

이는 『계간삼천리』에 게재된 식민 지배 긍정론 비판의 논고를 보더라도 확인할 수 있다. 종간 전해인 1986년에 핵심 편집 위원 겸 집필자로

4) 廣瀬陽一『日本のなかの朝鮮 - 金達寿伝』, クレイン, 2019, p.160-162 参조.

5) 金子るり子, 「『季刊三千里』における日本進歩的知識人の「在日朝鮮人観」」, 『일본어문학』79호, 일본어문학회, 2017, pp.392-393 参조.

서 오랫동안 잡지를 지탱해 온 강재언姜在彦이 「역시 '가깝고도 먼 나라' 인가 - 최근의 조선·조선인관을 접하고やはり「近くて遠い国」か - さいきんの朝鮮·朝鮮人観に接して」라는 글을 발표했다. 깊은 실망과 환멸, 그리고 허탈감의 한숨 소리가 들릴 것 같은 제목이다. 그 전해 여름 『아사히신문』(오사카 본사판)의 '이야기를 나누는 페이지語り合うページ'라는 코너에서 '구舊조선 통치'에 대한 역사적 평가를 둘러싸고 일반 독자들이 수차례에 걸쳐 격렬한 논쟁을 펼쳤는데, 강재언의 글은 그 코너에 나타난 일본인들의 말을 분석한 것이다. 그곳에 잇달아 등장한 것은 '근대화' 등의 미사여구로 타민족 지배를 정당화하고 부끄러워하지 않는 과거 종주국 신민들의 그로테스크한 본심이었다[45:110-122,1986].

논쟁의 발단을 제공한 이는 1910년경에 태어난 한 조선 식민자 2세였다. "당시 실정을 모르는 세대가 다수를 차지하게 되었기 때문에, 이래서는 일본인이 조선에서 악역무도한 일만 했던 것처럼 받아들여지고 조선의 근대화에 심혈을 기울인 측면은 완전히 잊혀 버릴 것 같습니다. 태어난 이듬해부터 조선에서 자라고 배우고 일했던 사람으로서 잠자코 있을 수 없었습니다."라는 본인 나름의 의분에 따른 투고였는데, 내용은 '구보타 발언'을 그대로 옮긴 듯한 진부한 제국주의 예찬에 지나지 않는다. '조선인과 함께 아무런 차별도 없이' 경성제국대학에서 공부하고, 조선저축은행에 근무했다는 특권 계급, 즉, 틀림없는 식민지 지배자지만 본인에게 그러한 자각은 보이지 않는다. 학교에서도 직장에서도 차별은 전혀 없었다고 호언장담하나, 그 입에 침이 마르기도 전에 초등교육은 민족별로 이루어졌고, "관공서의 공용어가 일본어였기 때문에 조선인 동료들은 일본어를 적극적으로 익히고, 일본인화를 위해 최대한 노력을 했습니다."라고 천연덕스럽게 술회한다. 이 식민자가, 그 조선인 앞에서 있는 자신은 얼마만큼 조선에 대해 알고 있는지, 그리고 왜 조선 땅에서 조선인이 일본인화 같은 것을 해야 하는지 따위의 물음을 통해,

민족 간의 터무니없는 불균형을 단 한 번도 의식한 적이 없는 것은 분명하다. 이민족을 '일본인화하는' 것 자체가 차별 이외에 아무것도 아니라는 단순한 사실에 대해서 이렇게까지 상상력이 빈곤해지는 식민지 지배자의 정신 구조에, 아연실색한다기 보다, 섬뜩함마저 느끼지 않을 수 없다.

이처럼 식민지에서 생활한 적이 있는 일본인이 반드시 탈식민주의를 추진한 것은 아니며, 오히려 그들의 다수는 일종의 산증인임을 자처하여 '조선 통치' 찬미의 선도자 역할을 했던 것이다. 이 점에 대해서 가지무라 히데키는 이러한 체험주의적 긍정론이 세대를 넘어서 계승·강화되고 있는 일본의 현재 상태는 '전후에 일관되게 식민 지배 사실을 직시하여 그 책임을 인정하는 것을 줄곧 피해 온 일본 총체로서의 정치 과정'의 응보라고 분석하고, '식민 지배를 식민 지배로 인정하지 않으려는 충동은 새로이 강화되고 있다'고 위기감을 표명했다.[6] 가지무라가 우려한 이 '충동'이 현재 일본 정부·국민 사이에서 당시와 비교가 되지 않을 정도로 강해지고 있는 것은 주지하는 바와 같다.

실제로 많은 조선 식민자와 면담을 거듭해 온 가지무라에 따르면, '조선인에 관해서라면 구석구석까지 알고 있다'는 그들의 자부는, 바로 그 조선인들의 의견은 물론이거니와 후세의 실증 연구에도 전혀 귀를 기울이지 않을 정도로 완명하다. 마치 통치자였던 우리 외에 진실을 아는 자는 없다는 듯한 이러한 맹렬한 자부심은, 식민 지배를 자화자찬하는 식민자에게 공통적으로 보이는 특징이기는 하지만, 도대체 왜, 어디에서 오는 것인가. 가지무라는 다음과 같이 분석한다. "아닌 게 아니라 그들은 조선에 오래 산 경험이 있고, 수많은 조선인을 만나왔기 때문에 그 인식에는 확실한 실증적 근거가 있는 듯 보이지만, 사실 그들은, 자각하

6) 「구조선 통치」는 무엇이었는가(「旧朝鮮統治」は何だったのか)47:81, 1986.

는지 아닌지를 막론하고, 항상 지배자 대 피지배자라는 관계 속에서만 조선인을 접해 온 것이다. … 조선에 산 적도 없는 우리가 서적을 통해 간단하게 파악할 수 있는 기초적 사실이 그들에게는 처음 듣는 일이거나 엉터리라고 여겨지는 일이 종종 있었다. 특히 민중운동을 남모르게 지속하고 있는 속마음 등에 대해서는 유난히 그러했다. 따지고 보면 식민지 지배자의 조선 인식 체계는, 아무리 상세하다 하더라도, 조선인을 진심으로 또 총체적으로 이해하는 것을 목적으로 하지 않고, 지배 질서를 유지하고 자기를 정당화하기 위한 목적에 국한되는 일면의 '진실'이었던 것이다."[「식민지 지배자의 조선관植民地支配者の朝鮮観」 25:35-36,1981]

가지무라의 이 지적이 타당하다는 것은 조선인의 '속마음'에 일절 귀를 기울이려 하지 않는 긍정론자들에게 공통적인 오만한 태도를 보면 일목요연하다.

다만, 『아사히신문』 지상의 논쟁에서도 실제로 다수 볼 수 있었던 바와 같이, 그러한 독선적인 태도에 항의하는 식민자도 적지는 않았다. 일례를 들자면, "귀환한 뒤, 마찬가지로 저쪽에서 사셨던 분들에게 도리어 차별의식이 강하게 있는 것에 놀랐습니다."라고 한 어느 식민자는 당시 자신들이 부당하게 눌러앉아 있던 특권 계급으로서의 포지션과, 식민지 체제에서의 '지배자 대 피지배자라는 관계'에 대해 냉정한 인식을 가지고 있었다. "저는 조선인 아이들의 학교에 수년간 근무했는데도, 한국어를 전혀 할 줄 모릅니다. 이것으로 모든 것을 헤아릴 수 있으시리라 생각합니다."라는 통절한 반성은 "관공서의 공용어가 일본어였기 때문에, 조선인 동료들은 일본어를 적극적으로 익히고 일본인화를 위해 최대한 노력을 했습니다."라고 하는 등 일방적인 논리로 흡족해하는 상기 긍정론이 얼마나 독선적이고 유치한 것인가를 대조적으로 드러낸다. 그렇다고 하더라도 긍정론자에게는 통치자가 현지어를 모르는 것이 극히 자연스러운 일이므로, 그들이 '모든 것을 헤아려서' 그 생각을 바꾸는 일은 없을 것이다.

한편, 정신적으로든 실천적으로든 '조선인을 진심으로 또 총체적으로 이해하는 것'에 가장 성실하게 힘쓴 식민자 중 하나로, 이소가야 스에지 磯谷季次(1907-1998)가 있다. 빈곤한 가정에서 성장한 그는 일본에서 소집되어 조선 북부로 건너가 잠시 군에 복무한 뒤, 현지에서 생계를 꾸리는 길을 택했다. 그리고 함경남도의 공업 도시 함흥에서 일개 공장 노동자로 조선인들과 함께 일하는 가운데, 조선인 집에서 하숙하고 조선인 사회주의자들과 친하게 어울리게 되어, 그들과의 교류를 통해서 조선의 문화와 언어를 온몸으로 익혔다. 이윽고 조선인 '동무'들과 함께 노동운동에 관여하다 체포되어, 1932년부터 10년 동안 식민지 감옥에 매여 있었다. 식민자면서 피식민자들과 함께 식민지 체제와 싸우는 길을 선택한 흔하지 않은 경험의 소유자이다.[7] 전후 그가 남긴 회상기 『우리 청춘의 조선わが青春の朝鮮』(1984)은 일본의 반식민주의 문학 사상사에서 가장 위대한 서적이라고 해도 과언이 아니다.

그러한 실적이 있는 이소가야가 『계간삼천리』의 지면을 통해 몇 번인가 소감을 말했다. 그는 아직까지도 식민 지배를 찬미할 뿐만 아니라 후안무치하게도 '재외 재산'까지 주장하여 자기 자신과 자국의 과거를 정당화하려는 식민자를 '식민주의의 망령'이라 부르며 다음과 같이 일도양단한다. "일본에게 조선이란 무엇이었는가? 그리고 조선에게 일본이란 무엇이었는가? 그것은, 나보다 조선 민족이 답하리라."[「민족과 은수民族と恩讐」 25:23,1981] 설령 제아무리 상세하게 '조선 통치'의 현장에 대해 이야기했다 하더라도, 이 겸허한 시점이 결핍된 식민자의 체험담은 모두 '지배 질서를 유지하고 자기를 정당화하기 위한 목적에 국한되는 일면의 진실'을 침소봉대하게 떠들어대서 퍼뜨린 것에 지나지 않는다.

7) 변은진, 『자유와 평화를 꿈꾼 '한반도인', 이소가야 스에지』, 아연출판부, 2018, p.10 참조.

4. 식민자 3세 무라마쓰 다케시의 전후: 「단층을 넘어라, 넘어야 한다」

『계간삼천리』에 기고된 조선 식민자 2세(3세)들의 문장 다수는 이러한 전후 일본의 참담한 현상을 어떻게든 해야 한다는 절실한 문제의식으로 가득차 있다. 그 중에서도 하타다 다카시와 무라마쓰 다케시는 정력적으로 『계간삼천리』에 기고하고, 또 그 간행 사업에 심정적으로도 가깝게 동조한 것은 아닌가 한다(이를 상징하듯 두 사람은 나란히 종간호에 석별사를 보냈다). 조선에 대한 일본의 식민주의와 몸부림치듯 맞서 싸운 식민자 2세 작가 고바야시 마사루가 세상을 떠난 뒤, 하타다와 무라마쓰는 식민지 지배자로서 태어나고 자란 과거를 발판으로 삼아 식민주의를 극복한 새로운 일본인의 모습을 가장 높은 수준으로 구상한 연구자·문학자였다. 이미 노령에 달한 하타다는 『계간삼천리』에 기고한 수 편의 글 속에서, 조선에 대한 향수와 조선민주주의인민공화국을 방문했을 때의 소감, 그리고 대한민국, 특히 출생지인 마산을 재방문했을 때의 감격 등을 상당히 솔직하게 술회했다. 식민자를 그저 규탄하는 것이 아니라, 그 과거와 현재를 진지하게 이해하려고 노력해 온 『계간삼천리』의 언론 공간이었기에 '고향' 조선에 대한 생각을 어느 정도 흉금을 터놓고 고백하는 일이 가능했는지도 모른다. 이 글들은 전후 일본의 조선사 연구를 견인한 하타다의 조선관을 구체적으로 엿볼 수 있는 중요한 기록이다. 그의 식민자 2세로서 자기 인식 전개나 조선사 연구를 통한 탈식민주의 노력 과정 등은 고길희高吉嬉의 훌륭한 선행 연구에 양보하기로 하고, 여기에서는 무라마쓰 다케시에게 초점을 맞추고자 한다.[8)]

8) 高吉嬉, 『〈在朝日本人二世〉のアイデンティティ形成』, 桐書房, 2001 참조.

『아사히신문』 지상에 등장한 상기 식민지 지배 긍정론자는 하타다 다카시와 거의 같은 세대로, 경성제국대학 졸업자인데, 식민지 조선 제일의 명문으로 여겨졌던 경성중학교 졸업자이기도 했다고 한다. 문학 관계자 중 저명한 경성중학교 졸업생으로는 유아사 가쓰에 외에 나카지마 아쓰시中島敦(1909-1942)가 있는데, 연령으로 봐서 상기 긍정론자는 이 두 사람과 같은 시기에 경성중학교에 재학하고 있던 것으로 생각된다. 나카지마의 식민지 소설 「범 사냥虎狩」(1942)과 「풀장 옆에서プウルの傍で」(생전 미발표)에는 중학 시절 이야기가 쓰여 있다(유아사와 나카지마는 같은 반이었을 뿐만 아니라, 시인 우치노 겐지의 제자이기도 했다). 또한, 가지야마 도시유키는 경성중학교 재학 중에 일본의 패전을 맞게 되었는데, 그도 중요한 식민지 소설 「성욕이 있는 풍경性欲のある風景」(1958)에서 중학 시절에 대해 언급했다.

무라마쓰 다케시도 경성중학교 출신자이다. 그는 경성중학교에 대해 애증이 교차하는 복잡한 감정을 가지고 있었던 것으로 보이며, 다양한 텍스트에서 언급했는데, 『계간삼천리』에도 「조선에 살았던 일본인-나의 '경성 중학'朝鮮に生きた日本人−わたしの「京城中学」」이라는 회상기를 기고했다. 중학 시절 선생님이나 조선인 반 친구를 회고한 내용으로, 그 말미에서 무라마쓰는 이렇게 말한다. "사람들은 예외 없이 옛 학교를 그리워할 것이다. 나도 솔직하게, 이제는 폐교가 된 '경성 중학'을 생각한다고 말하리라. 그것은 조선 근대사의 한복판에 있었던 식민자 양성소였다. 지금 양성소는 자취를 감추었지만, 식민자들이 사라진 것은 아니다."[21:73,1980] 마지막 문장에는 무라마쓰가 추구한 테마의 핵심이 단적으로 나타나 있다.

상기 긍정론자가 바로 그러한데, '조선 통치'를 자화자찬하는 식민자들에게 공통적으로 보이는 특징으로서, 자신의 개인적 체험과 인상을 과대평가하여 식민 지배의 역사 전체를 판정하고, 자신이 본 바가 그러했다는 것을 이유로 '차별은 없었다', '평등했다'고 자신만만하게 주장하는 점이 있다. '늘 지배자 대 피지배자라는 관계 속에서만 조선인을 접해 온 것'으로 말미암은 착각이지만, 식민지 체제는 '차별'과 '평등'에 대한 이러한 착각을 내면화·규격화한 일본인을 양산하는 장치였다. 그런 의미에서 경성중학교만이 아니라 식민지 그 자체, 아니, 식민지 제국 그 자체가 그야말로 거대한 '식민자 양성소'였던 것이다.

이에 관해 무라마쓰는 초대 식민자인 외조부에게서 들은 바를 적은 기록을 바탕으로 한 식민자론 『조선식민자朝鮮植民者』에서 이렇게 갈파했다. "한 일본인이 자신은 조선인에 대해 아무런 차별을 하지 않았다고 한다. 이러한 사람은 많다. 이 사람의 이 표현이 실은 그 일본인의 '우월감'을 뒷받침한다. 여기에서는 평등도, 차별도, 같은 역사를 가지기 때문에 동의어가 되는 것이다." 무라마쓰에 따르면, '창씨개명'을 비롯한 동화 정책의 '평등'이 실제로는 차별 이외에 아무것도 아니었듯, 식민지란 '하나의 말이 두 개의 의미를 가지고, 두 개의 말이 하나의 의미를 가지는' '문화권'이었다.[9] 이와 관련해서 『계간삼천리』에 연재한 「전후 일본 문학 속의 조선戦後日本文学のなかの朝鮮」에서 이소가이 지로는 이렇게 지적한다. "〈평등〉과 〈차별〉은 본래 전자가 훌륭하고 인간적인 것으로, 후자가 반인간적인 것의 표상으로 정면 대치되어야 할 것이다. 그러나 식민지 침략이라는 같은 역사적 토양 위에 그것들이 존재함으로써 동의어가 되어 버린다. 인간에게 있어 칭찬받아야 할 것과 부정되어야 할 것의 경계조차 없애고, 앗아가 버리는 역사 - 그것이 식민 지배이며, 식민자의 시간이었다."[「식민 체험을 향한 응시(植民体験への凝視)」32:206, 1982.]

식민지는 "자취를 감추었지만, 식민자들이 사라진 것은 아니다."라고 전후 일본 사회에 계속해서 호소했던 무라마쓰의 문제의식 핵심은 이처

9) 村松武司, 『朝鮮植民者』, 三省堂, 1972, pp.259-260.

럼 '평등'과 '차별'이 동의어가 되어 버리는 식민주의의 역사가 아직도 끝나지 않았다는 것에 있었다. 『계간삼천리』에 기고된 또 하나의 중요한 회상기 「조선인과의 만남과 이별 - 나의 간토 대지진朝鮮人との出会いと別 - わたしの関東大震災」은 제국 일본과 전후 일본의 연속성을 밝혀냄으로써 이를 명백히 하고자 한 것이다.

전쟁 중에 무라마쓰 일가는 '경성'의 신촌에서 군수 공장을 경영하고 있었으며, 압도적 대다수의 식민자와 마찬가지로 전쟁에 적극적으로 참여했다. 아시아의 해방을 표방하는 이 전쟁이 어느 만큼 수행되든 조선의 해방은커녕 지배의 강화로밖에는 결부되지 않는 성질의 것이었다는 사실은 새삼스레 말할 필요도 없다. 이렇게 해서 조선 지배에 가담했었다는 과거는 일본의 패전 후 그가 일본 공산당에 입당하고 한국 전쟁 반대 투쟁에 투신하는 결정적 동기가 된다. '일본 귀환'으로 한때 조선과 단절되었던 무라마쓰는 한국 전쟁 때 조선인 당원들과의 만남을 통해 조선과 '재회'하게 되었다. 이때의 무라마쓰에게 '자신이 식민자 3세였다는 사실은 그들과 교분이 깊어지고 고뇌를 함께 나누게 되었을 때 역시 알려야만 하는 마지막 금구였다'.

포스트 콜로니얼기에 이루어진 구식민자와 구피식민자의 만남은 때때로 식민 지배가 민족 사이에 만들어낸 심연을 노출시키는 황량한 것이 되었다. 무라마쓰의 다음과 같은 회상은 일본인과 조선인이 새로운 관계를 다시 맺고, 공존하고, 경우에 따라서는 공동 투쟁해 나가는 것이 얼마나 어렵고 만만치 않은 일이었는지를 엄숙하게 보여준다.

> 맨 처음 만난 조선인 당원(강군이라고 했다)의 집에서 강군은 그의 부친에게 나를 조선어로 소개하고, 마지막에 일본어로 덧붙였다. "제국주의자의 자식입니다." 그 말을 이번에는 나를 똑바로 보면서 확인을 요구하듯 말했다. - 이리하여 많은 조선인 동무와 만나고, 스쳐가고, 헤

어졌다.[17:192,1979]

'제국주의자의 자식' – '조선인 동무'가 던진 이 통렬한 말은 그 후 문학자로서 무라마쓰 다케시의 정체성 거의 그 자체가 된다. 이처럼 자기 인식을 근본적으로 전환해야만 하는 기회는 조선인 민족주의자들과의 만남이라는 일종의 충격 요법이 없었다면 구식민자 3세에게 찾아오는 일이 없었을지도 모른다. 실제로 수백만 명에 이르는 민간인 식민자 중에서도 무라마쓰는 예외적이었다고 할 수 있다. 대다수의 식민자들은 피식민자들의 (포스트) 콜로니얼 체험과 자기 자신의 체험을 접속시키는 일이 없는 채로, 식민지 지배자로서가 아니라 '비극'이나 '노고'와 같은 수동적인 말로 이미지화되는 '귀환자'로서 일종의 전쟁 피해자 공동체인 '일본 국민'의 역사에 편입되어 갔다. 심지어 "일본인이 조선에서 악역무도한 일만 했던 것처럼 받아들여져서, 조선의 근대화에 심혈을 기울인 측면은 완전히 잊혀 버릴 것 같습니다."라고 개탄한 상기 식민 지배 긍정론자처럼 구식민지나 자국에서의 항의·반성의 목소리에 대해 도착倒錯된 피해자 의식을 가지는 자조차 적지 않았던 것이다.

한편, 제국주의 피해자들의 냉엄한 시선을 받아 '제국주의자의 자식'으로 거듭난 무라마쓰는 자기비판의 끝에 있는 자국 비판의 논리를 탐색했다. 무라마쓰가 직접적으로 그렇게 지탄받을 기회를 가진 적이 없었던 다른 전후 일본인 작가들이 다다르지 못한 지평을 과감하게 열어 나간 것을, 그가 남긴 서적에서 엿볼 수 있다. 무라마쓰는 시집 『조선해협·코론의 비朝鮮海峡・コロンの碑』(1965)와 상술한 식민자론 『조선식민자』(1972), 그리고 평론집 『머나먼 고향遥かなる故郷』(1979) 등, 전후 일본 식민자 문학의 백미라 할 수 있는 중요한 작품들을 써나가게 된다.

물론 일본 공산당의 한국 전쟁 반대 운동에 대해서는 방법론과 실효성, 재일조선인과의 관계성 등의 면에서 중대한 과오가 있었다는 것이 무수하게 지적되어 왔다. 무라마쓰와 관련시켜서 예를 들자면, 유력한 조선 식민자 2세 작가 모리사키 가즈에도 그것은 '연대의 거짓부리'이며 제국 시기 동화 정책의 변종에 지나지 않는다고 신랄하게 비판했다[10]. 그렇기는 하지만, 무라마쓰처럼 적지 않은 젊은 일본인들이 조선 문제와 정면으로 마주하는 계기가 되었다는 의미에서 역시 그것은 적어도 정신사적으로 커다란 사건이었다고 보아야 한다.

'화염병 투쟁'이 본격화되어 가던 1952년 봄, 그 전해 가을에 결핵이 발병한 무라마쓰는 요양소에 입원해 있었다. 옆 침대에는 같은 당의 말단 조직에 소속된 조선인 K가 있었는데, 둘 다 병든 몸이면서 당의 지령에 따라 은밀하게 비합법 활동을 계속하고 있었다. 『조선식민자』에서 무라마쓰는 자신과 같은 세대로 같은 시기에 같은 '경성'에서 살았던 K의 과거에 대해 이런 저런 생각을 한다. K는 '국어'로 일본의 역사와 지리를 배워야만 하는 한편, 집에는 그의 우수한 '국어' 성적에 화를 내는 아버지가 있다는 '명백히 이원적인 생활을 어린 시절부터 보내야만 했다.' 그러나 그렇게 '집'과 '조선 민족의 전통'에서 멀어질 수밖에 없었던 K가 성인이 되기 직전, '일본 국민의 환영'이 어이없이 사라진다. '황민화 교육'을 받은 식민지의 소년에게 해방은 조선에서도, 일본에서도 멀리 떨어진 곳에 남겨지는 일로부터 시작된 것이었다.[11]

이는 '황민화 교육'을 집중적으로 받은 이 세대의 많은 조선인에게 공통적인 체험이었다. 당시 제주도에 있던 김시종金時鐘(1929-)이나 야마구치현 시모노세키에 있던 고사명高史明(1932-)도 이구동성으로 부모들과의 단절감, 해방 시의 고립감과 일종의 당혹감으로 괴로워했다고 증언하고 있다[12]. 식민지 해방의 날조차 "열광하는 거리의 떠들썩함으로

10) 森崎和江, 『森崎和江コレクション』1巻, 藤原書店, 2008, p.107.

11) 村松武司, 『朝鮮植民者』, 皓星社, 1972, pp.53-54.

부터 홀로 따돌림을 당하고 있었다."라는 김시종은 이렇게 회상한다. "한글로는 아야어여의 '아'도 쓸 수 없는 내가 망연자실해 있는 동안에 조선인으로 되돌려져 있었다. 나는 패해서 물러난 '일본국'에게서조차 따돌림을 당해야만 했던 정체불명의 젊은이였다[13]."

한편, 1944년에 소집되어 소련과 조선의 국경 지대에서 군복무를 한 뒤, 결국 인천에서 패전을 맞이한 무라마쓰 다케시는 신촌의 본가로 귀환한다. 얼마 지나지 않아 아버지의 공장에 미군이 초소를 세웠다. 그러나 무라마쓰가 보기에는 이상하게도, 분명 자기들 일본군과 바로 얼마 전까지 싸웠던 미군이, 일본으로부터의 해방을 축하하고 군수 공장의 '해방'을 요구하며 떼 지어 모여든 조선 사람들과 대치하게 된다. "그때 그 조선인들의 분노와 절망적인 표정을 담장 너머로 보았다."[17:190,1979] 결핵 요양 중에 그 이야기를 하자, 공교롭게도 신촌 출신이었던 K는 무라마쓰 집안의 공장을 알고 있으며, 당시 미군과 조선인들의 대립을 가까이에서 보고 있었다고 한다. 식민지 제국의 역사가 일본의 '전후'와 조선의 '해방 후'로 분리되어 가는 순간에 "공장의 울타리를 사이에 두고 그와 나는 동시에 같은 경험을 가진, 적과 아군이었다."[17:192,1979] 그리고 기묘하게도 두 사람은 한국 전쟁 반대 투쟁의 국면에서 공동 투쟁을 하게 된 것이다.

> 오래 전 여름날, 미국 진주군의 한 분대가 초소를 만드는 바람에 미군과 조선인이 대치하는 형국이 되었다. 그 암시적인 사건은 나에게, 전후 일본공산당 당원이었던 정치 활동 속에서도, 나 자신과 조선을 가르는 깊은 단층이 되어 마음에 그대로 남아 있었다. 공장을 포위하지는 않았을지 모르지만 그것을 목격하고 나를 쏘아보았던 한 소년과 전후

12) 高史明, 『闇を喰むⅠ 海の墓』, 角川文庫, 2004, pp.53-54 참조.

13) 金時鐘 『在日のはざまで』, 平凡社ライブラリー, 2001, p.13

에 함께 투쟁하며 산 것은 그저 우연이라 할 수 없어, 나의 내부에 단층을 넘어라, 넘어야만 한다고 호소한다[17:193,1979].

한국 전쟁 휴전 후에 본격적으로 시작되는 무라마쓰 다케시의 문학 활동은 이 '자신과 조선을 가르는 깊은 단층'을 넘어서려는 노력의 과정이었다. 그것은 그에게 자기 자신이 - 그리고 전후 일본인이 - 아직도 식민자라는 현실과의 싸움을 의미했다. 본고에서 소개한 두 회상기도 그 싸움의 기록인데, 이것들을 포함하여 무라마쓰의 조선론에는 '식민자'라는 말이 상당한 빈도로 등장한다. 일본의 근대사에서 극히 중요한 의미를 가지는 이 말을, 무라마쓰만큼 자각적으로 사용해서 전후 일본의 상황 속에서 사상적으로 규명하려 한 일본인은 없다. 『계간삼천리』는 작품 발표의 장을 제공함으로써, 전후 일본에서 유례가 없는 식민자론을 구상하려고 한 무라마쓰를 든든하게 서포트한 것이었다.

5. 식민자들의 재회, 엇갈림, 침묵: '만나고 싶어. 손을 잡고 싶어'

『계간삼천리』에는 하타다 다카시나 무라마쓰 다케시 같은 이른바 '지식인'뿐만 아니라, 일반 조선 식민자들의 수많은 목소리도 모였는데, 이 점도 이 잡지의 중요한 특징 중 하나이다. 그 중에서 일례만 소개하고자 한다.

제15호(1978)에 사토 요시노리佐藤喜徳라는 전직 교사의 회상기가 게재되어 있다. 1918년에 일본에서 태어난 뒤 유소년기에 조선으로 건너가 현지에서 자라고 그대로 초등학교 교사가 되었다는 식민자 2세이다. "조선은 그립다. 하지만 나는 조선에 가지 않으며, 조선 이야기를 쓰는 것은 이번이 처음이다."라는 사토의 회상기는, 그 문면에서 성실하고 정직한 인품이 엿보인다. 조선 문제 전문가인 하타다나 무라마쓰처럼 넓은 역사적 시야를 가지고 식민주의 비판의 논리를 전개하는 것이 아니라, 개인적인 체험과 그것을 둘러싼 현재의 소감을 담담하게 이야기한다. 그런 의미에서 『계간삼천리』에 무수하게 게재된 극히 평범한 회상기 중 하나라고 할 수 있다.

사토는 경성사범학교에서 있었던 조선인 학우들과의 교류 등에 대해 회고하는 가운데, 취직 후 같은 학력·같은 연도 졸업이라도 민족 간에 급료 격차가 있는 현실을 안 것 등을 더듬더듬 이야기한다. 사범학교를 졸업하고 초등학교에서 근무한 것도 잠시, 세계 대전 말기 그는 군대에 소집되어 필리핀 루손섬의 사지로 파견되었다. "나는 적의 포탄 파편을 일곱 군데에 맞고 세 개의 파편이 몸속에 남아 있는 상태였지만 생환했다." 그러나 포로가 된 사토의 귀환처는 '반생半生이자 고향인' 조선이 아니라 일본이었다. 이렇게 해서 '고향'으로 가는 길이 끊긴 절망 속에서 "조선은 가깝고도 먼 나라가 되었다."[「멀고도 가까운 벗遠くて近い友」 15:189-190,1978]

사토는 전후, 식민지의 초등학교에서 인연이 있었던 옛 제자들이 일본 각지에서 여는 모임에 종종 초대를 받았다고 한다. 어느 모임에서 당시 학급에 조선인이 한 명 있었다는 것이 생각나서 서울의 신문에 사람 찾는 광고를 냈는데, 소재가 파악되고 연락이 닿았다. 사토는 일본에 오지 못한 그 식민지의 옛 제자와 전화로 이야기를 나누었다고 한다. "만나고 싶어. 손을 잡고 싶어."라고 그는 자신의 생각을 소박한 말로 표현했다.

그런데 회상기의 마지막에 사토는 다음과 같은 주목할 만한 말을 남겼다. "제자 이야기를 좀 더 하자면, 「쪽발이チョッパリ」 등의 작품을 쓴 작가 고바야시 마사루는 내가 신임 교사였을 때의 제자이다. 그가 조선에서 자라며 조선에 눈을 떠 가는 과정, 반대로 조선의 투영으로 그가 음영을 가지고 성장해 가는 과정을 나는 언젠가 과제로서 추구하지 않

으면 안 될 것이다. 조만간 그의 어머니가 살고 있는 신슈信州를 방문한다. 그러나저러나 조선 땅을 다시 한 번 그와 함께 밟아 보고 싶었다. 그는 7년 전에 죽었다."[15:191,1978]

교사가 된 사토의 첫 부임지는 고바야시 마사루가 유소년기를 보낸 경상북도의 안동이었다. 그곳에서 사토와 만난 고바야시는 전후 일본에서 탈식민주의 문학의 기수로 성장했지만, 1971년에 길 한복판에서 이 세상을 떠났다. 가지무라 히데키가 지적했듯 식민주의 비판의 강도에 있어 그에게 비견할 수 있는 문학자는 아마도 무라마쓰 다케시와 모리사키 가즈에 이외에는 없다[14]. 식민지에서의 인연도 있고 해서, 사토는 고바야시의 작품을 가능한 한 훑어보려고 했었다고 한다.

실은 고바야시가 만년의 자전적 단편 소설 「소식 십년音信十年」(1969)에서 이 전직 교사와의 전후(직접 교류에는 이르지 못했던) 교류 이야기를 그렸다. 그가 죽기 직전에 남긴 「'그립다'고 해서는 안 된다「懐しい」と言ってはならぬ」(1971)라는 에세이의 제목은 고바야시 마사루 문학의 대명사와 같은 문구인데, '소식 십년'도 바로 식민자들의 식민지 향수를 테마로 한 작품이다[15].

이 일인칭 소설은 작자 자신의 분신인 주인공에 의해 다음과 같이 이야기가 시작된다. "1945년의 패전 전에, 조선이라는 구식민지에서, 얼마간의 추억을 나와 공유하고 있는 사람들이 난데없이 소식을 전해 올 때마다, 그 엽서나 편지지의 흰빛이 별안간 어둡게 그늘진 황색으로 보였다. 그것은 차가운, 어찌할 수 없는 씁쓸한 맛을 가지고 있었다. 그리고 그 사람들의 글자가 한없는 그리움으로 그 나날들을 나에게 들려주려

14) 梶村秀樹, 『梶村秀樹著作集』1巻, 明石書店, 1992, p.240 참조.
15) 小林勝, 「「懐しい」と言ってはならぬ」, 『朝鮮文学』11号, 新興書房, 1971, pp.21-25 참조.

하면 할수록 나의 마음은 그 글자들에게서 잽싸게 물러서는 것을 멈출 수 없었다. … 사람들은 그것을 이미 훨씬 이전에 지나가서 끝나 버린 추억으로서, 진심으로 그리움을 담아 회상하고, 그 그리움을 당연히 나도 품고 있을 거라고 철석같이 믿고 있을 뿐만 아니라, 무의식중에 그들의 그리움을 더욱더 강하게 나에게 공유시키려 했다. 그러자 내 마음은 한층 더 식어 갔다.16)"

식민자들의 조선에 대한 향수를 공유할 수 없는 주인공에게, 식민지 초등학교의 신임 교사였던 요시오카 요시시게吉岡喜重로부터 서신이 온 것은 10년 정도 전의 일이었다(이 인물의 모델이 사토 요시노리라는 것은 의문의 여지가 없다). 어느 늦은 가을 날, 안동의 초등학교에 돌연 나타나, 학생들을 모아놓고 반쯤 억지로 럭비를 시키거나 하던 '키가 별로 크지 않고, 눈썹이 짙으며, 어깨가 딱 벌어지고 가슴통이 두꺼운 한 젊은 남자'를 당시 4학년이었던 주인공은 회상한다. 어린 주인공에게 요시오카는 이상한 눈을 한, 정체를 알 수 없는 어른이었다. 결국 딱히 이렇다 할 교류도 없는 채로 요시오카는 소집되어 조선의 마을을 떠났다.

이렇게 해서 역사의 물결 속으로 사라져 간 듯 여겨졌던 옛 선생이었는데, 전후 작가가 된 주인공 앞으로 그 요시오카에게서 느닷없이 복중 문안 엽서가 날아온 것이었다. "그때그때 그대의 작품은 눈에 띄는 한 읽고, 지나가 버린 머나먼 날을 그리워하며, 또 살아남아 온 오늘을 생각하곤 합니다. 더욱 활약하시길 기원합니다.17)" 그러나 주인공은 조선에서의 생활을 소박하게 그리워하는 식민자들에게 친밀감을 느낄 수 없었기 때문에 무례인줄 알면서도 결국 답장을 쓰지 않고 끝내 버린다. 다시 그 5년 후에 보내 온 재회를 바라는 편지도 역시 무시해 버렸다.

---

16) 小林勝, 「音信十年」, 『新日本文学』24巻8号, 新日本文学会, 1969, pp.6-7.

17) 小林勝, 同上, p.8.

"일찍이 식민지에서 나의 선생으로서 나타난 사람들, 그 사람들을 나는 만나고 싶지 않다. 교사라는 직업을 가지고 있으면서 그 전쟁에 대해서, 식민지라는 것에 대해서 단 한 마디도, 정말 어렴풋한 암시조차도 가르쳐 주지 않았던 사람들과 만날 마음이 도무지 들지 않는 것이다. 만나는 것은 고통이다. 많은 급우와 선배들이 계속해서 죽어가는 시대를 산 나는, 만나는 것이 아무리 해도 고통스러운 것이다. 도대체 만나서 무엇을 이야기하자는 것일까, 라고 나는 생각하고 있었다. 그리운 추억이 아니라, 결국은 죽은 자들에 대해 이야기할 수밖에 없는 것이다.[18]"

그러고 나서 첫 서신 이후 거의 10년이 지났을 무렵, 또 요시오카에게서 일방적인 서신이 왔다. 내용은 일찍이 그가 미군과 사투를 벌였던 필리핀 루손섬을 전후 처음으로 방문한다는 것이었다. 요시오카는 자신을 계속 완강히 거부하는 옛 제자를 향해 이렇게 글을 썼다. "필리핀전에서는 47만6천 명이 산화했으며, 우리 중대에서도 180명 중 생존자는 13명, 나도 일곱 군데에 포탄 파편을 맞아서 현재도 세 발의 파편이 몸속에 남아 있습니다. 살아있음의 불가사의함을 생각하며 이번에 벗들을 만나러 갑니다. 남몰래 품어 온 숙원을 이루겠습니다.[19]"

상처에 대한 요시오카 요시시게 본인의 구체적인 설명은 앞서 인용한 『계간삼천리』의 사토 요시노리 회상기 기술과 완전히 일치한다. 필시 사토에게서 받은 실제 서신을 고바야시 마사루가 거의 그대로 소설에 활용한 것으로 추측된다(또한, 사토는 루손섬에서의 장렬한 전투 체험을 상세하게 재현한 전기戰記(1982)를 남겼는데, 그 전기에서는 사토 자신의 조선 체험이나 조선인 병사에 관한 기술을 얼마간이기는 하지만 볼 수 있다.[20]) 이 서신을

18) 小林勝, 同上, p.12.
19) 小林勝, 同上, pp.12-13.

읽고 주인공은 겨우 요시오카 또한 식민 지배와 전쟁 시대의 의미를 되물으며 무거운 전후의 삶을 살아왔다는 것을 깨닫는다. "그렇기에 그는 옛 제자인 나와 아득한 과거가 아니라 바로 오늘에 대한 이야기를 나누려고 서신을 계속 써온 것임에 틀림없다.[21]"

이렇게 해서 식민지의 예전 교사에 대해 일방적으로 반감을 품고 있던 주인공이 마음을 살짝 연 장면에서 이야기는 끝이 난다. 이 소설은 결말이 상당히 싱겁다는 점을 부정할 수 없어 작품으로서 성공했다고는 도저히 할 수 없다. 다만, 식민자의 식민지 향수 - 이 감정은 일본인이 가지는 조선 소유 의식의 한 발로였다 - 안에서 제국 / 전후 일본의 식민주의를 발견한 고바야시 마사루가 결코 그것을 단순하게 단죄할 수는 없었던 미묘한 심리가 잘 반영된 작품이라고 할 수 있다.

이처럼 『계간삼천리』는 많은 조선 식민자를 모이게 하고 그들에게 식민지 조선에 대해 이야기하는 장을 제공했다. 그곳에 나타난 그들의 많은 말들은, 사토 요시노리와 고바야시 마사루의 예에서 볼 수 있는 바와 같이, 결코 단순하고 소박하게 조선을 그리워하는 것이 아니었다. 그들의 목소리에는 조선에 대한 향수나 전후 식민자들끼리의 혹은 조선인과의 관계를 둘러싼 복잡한 갈등의 그림자, 그리고 때로는 조선에 대한 자신의 생각을 말로 표현하고자 해도 할 수 없는 깊은 망설임이나 침묵의 기색이 담겨 있는 것이다.

---

20) 佐藤喜徳, 『傷痕・ルソンの軍靴』, 新装改訂版, 戦誌刊行会, 1984, pp.173-174, 235-236 참조.

21) 小林勝, 前掲, p.13

6. 맺음말

마지막으로 전후 일본의 문학 연구에서 『계간삼천리』가 수행한 역할에 대해 다시 간단하게 정리해 두고자 한다. 이미 언급해 둔 사항이기는 하지만, 이에 관해서는 역시 다카사키 류지와 이소가이 지로의 말을 참조해야 할 것이다.

『계간삼천리』에서 「일본인 문학자가 인식한 조선」을 연재하고, 일본 근대 문학에서의 식민주의에 관한 비판적 연구를 개척한 다카사키는 일본의 문학 연구가 안고 있는 커다란 뒤틀림을 다음과 같은 도발적인 표현으로 지적하고 있다. "'재일조선인 문학' 연구가, 예를 들어 가지이 노보루梶井陟와 같은 존재를 제외하면, 오로지 재일조선인 문학의 연구자 사이에서만 활발히 이루어지는 것은 오해를 두려워하지 않고 말하자면 어쩔 수 없는 일일지도 모르지만, 일본인 문학자가 조선 또는 조선인을 그린 작품에 대해, 특히 저명한 두세 작품을 제외하면, 거의 너나없이 개의치 않는다고 하는 이 나라 연구자의 자세는 어쩔 수 없다고 말하고 끝낼 수 없는 중대한 문제라고 생각하는 건 과연 나 한 사람뿐인 것일까."[「일본인 문학자가 인식한 조선」 21:55,1980]

말할 필요도 없는 이야기지만, 다카사키는, 재일조선인 문학의 연구는 재일조선인들에게 맡겨 두고 일본인은 무시해도 된다고 주장한 것이 아니다. 재일조선인 문학에 대한 일본인 연구자들의 무관심은 그것은 그것대로 상당히 중대한 문제이다(이 점에 관해서는 이소가이이가 일본인 중에서 가장 뛰어난 실적을 가진 재일조선인 문학 연구자이다). 다카사키의 논점은, 일본인은 자신들이 조선을 어떻게 인식해 왔는가(인식해 오지 않았는가)라는 문제에 대해 전혀 관심이 없으며, 바로 그런 까닭에 아직까지도 자신들의 일그러진 조선관을 전혀 대상화하지 못하고 있다는 것에 있다. 다카사키에 따르면, 이 문제를 총체적으로 파악하려고 한 일본인의 연구는 전무할 뿐만 아니라, 방대한 작가나 작품의 개별적 연구에서조차 그러한 문제의식을 내포하고 있는 것은 거의 발견되지 않는다. 이어서 다카사키는 이렇게 말한다. "재일조선인 문학의 연구가 재일조선인 연구자의 손에 의해 추진되고 있는 것을 서두에 나는 '어쩔 수 없다'고 썼지만, 일본인 문학자가 조선이나 조선인을 어떻게 생각하고, 어떻게 보고 있었는가라는, 일본인에게 본래 절실해야 할 테마도 또한, 임전혜나 박춘일과 같은 재일조선인 연구자들에 의해서만 규명되려 하고 있는 사실 앞에서, 이것도 '어쩔 수 없다' 등의 말은 도저히 할 수 없을 것이다. 혹은, 어쩌면, 일본인 연구자들은 재일조선인 연구자의 그 연구 성과조차 알려고 하지 않는 것은 아닌가라는 생각마저 나에게는 드는 것이다."[21:55-56,1980]

이러한 불가해할 정도의 조선에 대한 무시(멸시)는, 물론 문학 연구에만 해당되는 것이 아니라, 근대 일본의 학문과 지식 전체를 크게 일그러뜨리고 부식시켜 온 일종의 고질병이라고 할 수 있다. 『계간삼천리』는 다카사키 류지가 그렇듯, 근대 일본의 학문과 지식 그 자체를 상대로 하는 야심적인 일본인 연구자들이 모여서 각각의 전문 분야를 넘어 절차탁마하는 장으로서 강한 흡인력을 가지고 있었던 것이다.

이미 조금 언급해 두었지만, 역사 연구에서는 하타다 다카시, 야마다 쇼지山田昭次, 가지무라 히데키, 미야타 세쓰코宮田節子, 와다 하루키和田春樹, 우쓰미 아이코内海愛子, 다카사키 소지, 미즈노 나오키水野直樹 등, 전후 일본에서 조선사 연구 그 자체를 구축했다고 해도 과언이 아닌 쟁쟁한 면면이 집필자로 등장했다. 또한 잡지 『조선인朝鮮人』의 간행 사업을 끈기 있게 추진하고, 특히 일본인의 조선관 시정이라는 테마에서 『계간삼천리』의 문제의식에 앞서 있던 이누마 지로飯沼二郎와 쓰루미 슌스케鶴見俊輔의 활약도 빼놓을 수 없다. 문학 연구의 영역에서는 가지이 노보루와 오무라 마스오大村益夫가 전후 일본에서의 조선 문학 연구를 역사 연구와 마찬가지로 거의 아무 것도 없는 상태에서 창건해 나갔는데, 그 발판이 된 것이 다름 아닌 『계간삼천리』였다. 그런 가운데, 전술한 바와 같이, 다카사키 류지와 이소가이 지로가 '일본인 문학자가 조선이나 조선인을 어떻게 생각하고 어떻게 보고 있었는가라는, 일본인에게 본래 절실해야 할 테마'를 일본의 문학 연구 역사상 처음으로 총체로서 제시한 것이다.

이소가이는 「전후 일본 문학 속의 조선」의 연재 착수에 즈음하여, 편집부로부터 '전후 일본의 문학 작품에 그려진 조선 또는 조선인상'에 대해 집필을 의뢰받았다고 서문에서 언급했다. 그때까지 어느 일본인 연구자도 제대로 손대지 않았던 이 테마는 『계간삼천리』가 손수 발안한 것이었던 셈이다. "그렇다 하더라도, 전후에 쓰인 일본의 방대한 문학 작품의 산맥을 생각할 때, 역사적으로도 현실적으로도 민족적으로도 가장 긴밀한 관계에 있는 조선 및 조선인상이 그려지는 방식은 너무나도 살풍경하다. 특히 전후의 일본 문학이 짊어져야 하는 가장 현실적이고 실제적인 주제가 무엇인가를 생각할 때, 식민자와 피식민자라는 어찌할 도리가 없는 경험을 거쳐 지금도 여전히 불합리한 심연을 메우지 못하고 있는 일본과 조선, 일본인과 조선인의 문제가 충분히 그려지고 있지 않는 것은 어딘가 일그러진 사실이 아니겠는가."[29:207-208, 1982]

이러한 일본인 연구자의 내재적 비판이 왜 일본인들의 플랫폼이 아니라 재일조선인들이 만든 지적 포럼에만 등장했는가. 더구나 그것이 겨우 등장한 것은 식민지 제국의 붕괴로부터 실로 30년 이상의 세월이 경과한 후의 일이었다. 이 작은 사실이 의미하는 바는 비교적 단순하다. 요컨대, 일본인은 자신들이 가지고 있던 제국 시기 이후의 일그러진 조선관에 대해 전후에도 그다지 이질감을 느끼지 않고, 그것을 거의 그대로 계속 온존하여, 결과적으로 그것을 극복할 기회를 주체적으로 잡는 일이 끝내 없었다는 것이다. 다름 아닌 재일조선인의 잡지에 "당신들은 아직껏 조선에 대한 비뚤어진 시선을 스스로의 힘으로 수정하지 못하고 있는 것인가."라고 말하게 한 것 자체에, 전후 일본의 문학사상사에서 탈식민주의의 움직임이 얼마나 저조했는지가 드러나 있다고 말하지 않을 수 없다. 이렇게 해서 조선 식민자 2세(3세)의 문학을 중심으로 하는 일본의 탈식민주의 문학의 연구는 재일조선인들에게 질타를 받는 형태로 - 보다 온건한 표현을 사용한다면, 재일조선인들의 도움을 받아 그들과 공동 투쟁하는 형태로, 겨우 본격적으로 시작된 것이다.

참고문헌

金子るり子, 「『季刊三千里』における日本進歩的知識人の「在日朝鮮人観」」, 『일본어문학』79호, 일본어문학회, 2017, pp.392-393.

변은진, 『자유와 평화를 꿈꾼 '한반도인', 이소가야 스에지』, 아연출판부, 2018, p.10 참조.

廣瀬陽一『日本のなかの朝鮮－金達寿伝』, クレイン, 2019.

高吉嬉, 『〈在朝日本人二世〉のアイデンティティ形成』, 桐書房, 2001 참조.

村松武司, 『朝鮮植民者』三省堂, 1972年.

森崎和江, 『森崎和江コレクション』1巻, 藤原書店, 2008.

高史明, 『闇を喰むⅠ 海の墓』角川文庫, 2004.

金時鐘, 『在日のはざまで』平凡社ライブラリー, 2001.

梶村秀樹, 『梶村秀樹著作集』1巻, 明石書店, 1992.

小林勝, 「音信十年」, 『新日本文学』24巻 8号, 新日本文学会, 1969.

佐藤喜徳, 『傷痕・ルソンの軍靴』新装改訂版, 戦誌刊行会, 1984.

『계간삼천리』 속 한恨과 '아시아적' 미래

신채호, 루쉰, 나쓰메 소세키, 시인 그리고 '전후'

전성곤全成坤, JUN SungKon

일본 오사카대학(大阪大学) 문화형태론(일본학)전공 문학박사. 오사카대학 외국인 객원연구원 및 긴키대학 문예학부 강사. 고려대학교 일본학연구소 HK연구교수. 중국 길림시의 북화대학 동아역사연구원 교수를 지냈고 현재 한림대학교 일본학연구소 HK교수. 주요 저서로는 『제국과 국민국가』(공저, [illegible]), 『Doing 자이니치』(2021), 『일본 탐구[illegible]』(공저, 2018), 『성적인 아이코노그래피』(공역, 2009), 『재일한국인』(역서, 2005), 『인문학으로서의 죽음교육』(역서, 2008), 『근대 일본의 젠더이데올로기』(역서, 2005), 『고류큐 정치』(역서, 2010)외 다수.

1. 『계간삼천리』 속 한恨과 주체의 재발견

『계간삼천리』에는 조선과 관련된 일본의 사상가, 작가, 역사가 등을 다루며[1] 동시에 조선의 많은 사상가, 역사가, 독립운동가를 비롯해 문학 작가 등을 소개하고 있다.[2] 또한 아시아와 일본이라는 시각도 존재

1) 예를 들면, 松尾尊兊, 「吉野作造と湯浅治郎」, 『季刊三千里』第4号, 三千里社, 1975, pp.46-53. 西田勝, 「田岡嶺雲の朝鮮観」, 『季刊三千里』第4号, 三千里社, 1975, pp.54-59. 幼方直吉, 「柳宗悦と朝鮮」, 『季刊三千里』第4号, 三千里社, 1975, pp.68-76. 李煜衡, 「福沢諭吉の朝鮮政略について」, 『季刊三千里』第5号, 三千里社, 1976, pp.196-207. 飯沼二郎, 「柏木義円と朝鮮」, 『季刊三千里』第13号, 三千里社, 1978, pp.34-39. 高崎宗司, 「矢内原忠雄と朝鮮・覚え書き」, 『季刊三千里』第13号, 三千里社, 1978, pp.68-71. 澤正彦, 「上村正久の朝鮮観」, 『季刊三千里』第34号, 三千里社, 1983, pp.44-59. 森山浩二, 「内村鑑三と朝鮮のキリスト者たち」, 『季刊三千里』第34号, 三千里社, 1983, pp.52-59. 田中慎一, 「新渡戸稲造と朝鮮」, 『季刊三千里』第34号, 三千里社, 1983, pp.88-97. 이외에도 다수 있는데, 이러한 '일본인의 조선관'에 대해서는 다음 원고를 기약한다.

2) 예를 들면, 旗田巍, 「崔益鉉と義兵運動」, 『季刊三千里』第9号, 三千里社, 1977, pp.38-45. 馬淵貞利, 「全琫準と農民戦争」, 『季刊三千里』第9号, 三千里社, 1977, pp.46-53. 安宇植, 「安重根と長谷川梅太郎」, 『季刊三千里』第9号, 三千里社, 1977, pp.62-79. 姜徳相, 「李東輝の思想と行動」, 牧瀬暁子, 「柳寛順と三・一運動」, 『季刊三千里』第9号, 三千里社, 1977, pp.80-85. 原田環, 「金玉均の開化思想」, 『季刊三千里』第9号, 三千里社, 1977, pp.86-92.

했다.[3]

그 내용들을 관통하는 것은 '식민지와 제국주의 시선'에 대한 문제들이다. 그러나 그것은 지배와 피지배의 이분법을 넘어서고자 하는 노력을 어떻게든 도출해보고자 하는 시도였다. 바로 『계간삼천리』 창간사에서 밝히고 있는 한일간의 가교와 연대[4]의 길 찾기였으며, 하나의 '실천'이었다. 이것은 『계간삼천리』가 일본 내부에서 어떻게 아시아적 세계관을 형성해 갈 것인지를 고민하는 내용들이라고 여겨진다.

본 글은 그 일례로서 『계간삼천리』에 특별한 주제로 '한'과 '저항'을 설정했다는 것에 주목하여, 전후 일본 사회에 발신하는 '조선적인 것'으로서 한의 표상성과 그를 통해 만들어가려는 새로운 미래 담론으로서 '주체성'이 무엇인가를 논하고자 한다. 그것은 조선적인 것을 넘어 아시아적 '생生'의 발견으로 연결될 것도 기대해 본다.

우선 출발점으로서 『계간삼천리』에는 사전적 의미로서 한 개념을 정리하면서, 동시에 사전적 의미로는 담지하지 못하는 예외적인 것을 고찰한다. 이를 통해 조선적인 한 개념이 아니라 인간의 삶 속에서 겪는 보편적인 세계관을 열어낼 수 있는 가능성을 보여주었다. 일반적으로 한은 민중의 억압된 원망과 한탄을 의미하지만, 이는 서구의 르상티망과는 다른 승화 개념을 내포하고 있었다. 그것은 자신의 인식을 증류시키는 역할까지 가능하게 해 주며 원한이나 원망을 넘어 원한願恨으로 재생되어 선순환되는 프로세스를 동반하는 것으로 재해석 되었다. 인간의 내적 인식에 존재하는 원한을 '삭임' 과정을 통해 새로운 세계로 승

3) 姜在彦, 「小島晋治『アジアからみた近代日本』」, 『季刊三千里』第18号, 三千里社, 1979, pp.111-112. 姜在彦, 「田中宏『日本のなかのアジア－留学生・在日朝鮮人・「難民」』」, 『季刊三千里』第23号, 三千里社, 1980, pp.134-135. 光岡玄, 「福沢諭吉の国権論・アジア論」, 『季刊三千里』第34号, 三千里社, 1983, pp.37-43.

4) 季刊三千里編集部, 「創刊のことば」, 『季刊三千里』第1号, 三千里社, 1975, p.11.

화된다는 '재생'을 제시한 것이다. 바로 이러한 한 개념을 레토릭으로 활용하여 원한이나 원망을 '주체의 부정성'으로 출발하면서도 다시 그것을 창조성으로 그려냈다.

그 대표자로서 신채호와 시인들이 소개된다. 주로 '평론가 김학현'이 이 특집 기사를 집필했다. 신채호와 관련해서는 '근대사학자 가지무라 히데키梶村秀樹'의 글도 실렸다. 김학현과 가지무라 히데키의 신채호와 관련한 글은 한국에서 발표된 글들도 함께 정리하면서 소개하는 형식이었는데, 한국에서는 논의되지 못하는 루쉰과 나쓰메 소세키를 함께 기술하는 점은 매우 독특했다. 그리하여 단순하게 신채호 소개에 그치는 것이 아니라 루쉰과 나쓰메 소세키에 내재된 창조성을 제시해 주었다. 그것은 한이 원망과 원한을 넘어 친밀로 승화되듯이 이 세 명은 서구와 전통 사이의 연속과 '단斷'의 왕환往還이 어떻게 이루어졌는지를 소개한다. 즉 신채호는 유교의 재해석을 통해 아나키즘을 도출해내면서 서구의 진화론를 상대화하고, 제국주의와의 투쟁을 강조하게 된다. 민民의 각성과 아와 비아의 투쟁을 통한 연대를 논했다. 루쉰은 중국의 전통을 상대화하기 위해 전통이 갖는 노예성에 집착했다. 노예적 근성을 극복하는 방법을 전통에서 찾았고, 전통과의 대결이라는 끊임없는 자아투쟁을 논했다. 그리고 나쓰메 소세키는 서구적 근대를 모방하는 것은 아니지만, 현재적 상황 즉 서구적 근대를 마주하면서 다시 일본의 근대를 재구성하기 위한 논리로서 자아의 획득을 위한 투쟁 논리를 전개했다. 이 세 사람의 공통점은 새로움의 창조였는데, 그 방식들은 달랐다.

그리고 『계간삼천리』에 '한'과 연결하여 소개된 시인들 중 대표적으로 윤동주, 김소월, 김지하의 사상을 살펴보았다. 이 시인들의 한 극복은 저항과 만나고 있지만, 그것은 전후 일본 내에서 전전의 파시즘을 상대화하고 미래를 만들어가기 위한 인식론적 전환을 기대하는 것으로 아시아적 주체란 어떻게 재구축되어야 하는가를 묻는 작업이기도 하다. 필자는 바로 이 지점을 아시아적 주체가 각성되는 방식의 하나로 상정하고, 이를 통해 '주체적 연대'가 어떻게 가능할지에 대한 접점을 찾는 계기를 찾고자 한다.

2. '한' 사상과 주체: 원한怨恨에서 원한願恨으로

『계간삼천리』는 제9호에 특집으로 '근대조선인의 군상群像'으로 정하고, 구체적으로는 '한恨과 저항抵抗에 살다'라고 제목을 붙인 후 신채호의 사상을 부제목으로 붙여 게재하고 있다. 그리고 가지무라 히데키가 「신채호의 계몽사상」을 게재했다.[5] 말하자면 조선인과 한恨을 연결시키는 인물을 게재했다.

그렇다면 한이란 어떤 뜻으로 이해해야 할까. 먼저 『한자어원사전』을 참고해 보면 "한恨: 심心(마음 심)이 의미부이고 간艮(어긋날 간)이 소리부로, 서로 노려보며 원망하는 마음을 말하며, 이로부터 원한怨恨을 가지다, 원수처럼 보다, 유감스럽다의 뜻이 나왔다"[6]고 설명하고 있다. 한자의 어원적 설명을 바탕으로 풀어내면서 원망, 원한, 원수, 유감 등의 단어로 표현된다. 그리고 『한일사전』을 보면, "한恨: 원怨[한恨], 우라미うらみ. 원한怨恨, 원망하여 한탄하는 일. 한탄"[7]이라고 적고 있다.

한이 일본어의 '우라미'에 해당되고, 원한이나 한탄으로 번역되고 있

---

5) 『季刊三千里』第9号호에 수록된 인물들이다. 旗田巍, 「崔益鉉と義兵運動」, pp.38-45. 馬淵貞利, 「全琫準と農民戦争」, pp.46-53. 安宇植, 「安重根と長谷川梅太郎」, pp.62-70. 姜徳相, 「李東輝の思想と行動」, pp.71-79. 牧瀬暁子, 「柳寛順と三·一運動」, pp.80-85. 原田環, 「金玉均の開化思想」, pp.86-92.

6) 하영삼, 『한자어원사전』, 도서출판3, 2014, p.726.

7) 安田吉実·孫洛範編, 『엣센스 한일사전』, 민중서림, 2000, p.2377.

다. 이를 간결하게 정리한 것이 『국어대사전』에 보인다. 즉 "한恨, 한민족이 겪은 삶과 역사 속에서 응어리진 분노, 체념, 원망, 슬픔 등이 섞인 고유의 정서. 한이 맺히다. 한 많은 일생을 보내다. 원한, 한탄"[8]으로 소개한다. 이렇게 본다면, 한이 원한이나 분노, 슬픔, 원한, 한탄 등의 정서적 감정으로 설명되는 느낌이다. 이것만을 참고해서는 한과 저항의 의미를 연결시키기에는 만족할 만한 답을 찾을 수 없다.

중요한 것은 『계간삼천리』제49호에 게재된 천이두의 견해이다. 일본어로 소개된 천이두의 한恨은 한자 사전 『옥편』과 『한국어대사전』, 『한국어사전』 등을 참고하면서 '사전의 해설이 포괄하는 것과 사전의 규정으로부터 벗어나는 논점이 존재한다'는 점에 주목했다. 천이두는 한자漢字로서의 한의 사전적 규정에 구애를 받아서는 조선적 한의 진정한 함축성, 그 고유의 함축적 의미를 잡아내지 못한다고 보았다. 조선적 한의 일본과 중국 등 타 문화권의 그것과는 다른 고유한 속성을 추구하는데 중요한 것은 '한의 함축성을 추구하는 과제'라고 논했다. 즉 "한이 조선 민중의 고유한 정서적 표상이라고 하면서도 실제는 예외없이 사전에서의 개념규정에 그치는 것에 의해 그 고유의 함축성을 간과하는 결과에 빠지게 된다"[9]며 사전적 의미로는 파악하기 어려운 고유한 정서 표상을 건져내고자 한다.

그렇다면 천이두가 논하는 '한의 함축성을 추구하는 과제'를 위해 필요한 사전적 의미의 외부를 고찰하기 위해 우리사상연구소가 엮은 『우리말 철학사전5』을 참고하면 아래와 같이 적고 있다.

> 고통을 체험하는 사람들이 느끼는 정감을 문학에서는 한이라고 표현한다. 고통이 일반적 중립적 개념이라면 한은 고통을 당하는 자의 깊은

8) 이희승, 『국어대사전』, 민중서림, 2005, p.4258.

9) 千二斗, 「朝鮮的「恨」の構造」, 『季刊三千里』第49号, 三千里社, 1987, pp.179-180.

감정을 표현하는 말이다. 한은 악을 행하는 편이 아니라 악을 당하는 편에서 갖는 마음의 상처를 나타낸다. 고통을 당하면서도 정당하게 반격할 수 없는 위치에 있는 자들의 아픔을 드러내는 언어이다. 고통을 겪는다는 말은 인간이라면 실존적으로 고통을 겪을 수밖에 없다는 일반적인 의미를 내포하지만, 한을 품는다는 말은 약자의 편에서 폭발되지 못한 분노를 담고 있는 듯한 강렬한 의미를 가진다. 한은 원한이라는 말과 동일시되기도 하며 원초적인 복수심 정도로 인식되기도 한다. 고통은 중립적 용어이지만, 한은 약자의 편에서 느끼는 고통이라는 점에서 편파적이고 이미 사회구조적 계급을 반영한다.[10]

한은 일차적으로 고통을 당하는 측, 악을 당하는 쪽의 상처인데, 그러면서 그것에 대해 반격할 수 없는 위치에 있어 더욱 아픔을 갖게 되는 것으로 원한, 한탄의 부정적 의미를 내포하면서 출발한다. 그리고 '반격할 수 없는 입장'의 계급을 내포하게 되고, 실존적 고통을 당하는 약자의 논리이기도 하다. 그렇기 때문에 한은 원한, 한탄, 분함, 분만 등등, 말하자면 발산하지 못하고 항상 응어리로 남아있는 감정을 표현하는 말이다. 즉 김학현이 언급하듯이 "한이란 개인이든 집단적이든 따지지 않고 해방되지 않은 기氣의 상태를 의미한다. 한은 문학적 의미 이전에 한국인의 생生과 깊게 관련 한 곳 - 어떤 의미에서는 우리들의 생 그것 자체의 모습이라고 하는 것이 맞는지 모르지만 - 생의 생성과정에서 항상 가슴 속에 쌓아놓고 있는 정서"[11]였다.

물론 한은 이처럼 밀도 있고 진한 원한 감정을 내포하고 있는 것으로 출발하지만, 실제의 경우 철저하게 원한의 동의어로 쓰이는 경우는 극

10) 우리사상연구소엮음, 『우리말 철학사전5』, 지식산업사, 2008, p.76.

11) 金学鉉, 「光は獄中から · 金芝河の思想」, 『季刊三千里』第19号, 三千里社, 1979, p.157.

히 드물고 문맥상 한의 내포성은 다층적으로 사용된다.12) 김진의 경우는 한의 정서가 갖는 다양성을 해석학적 유형으로 분류하기도 했다. 정한情恨론적 이(문순태, 고은), 원한願恨론적 이해(유현종, 이어령), 원한怨恨론적 이해(김열규), 일원론적 이해(천이두)라고 논한다. 맨 마지막의 천이두는 '한'을 일원론적 해석을 주장했음을 보여준다.13)

그렇다면 천이두는 어떤 의미에서 한을 '일원론적'으로 해석했을까. 천이두의 저서 『한의 구조연구』를 보면 '한'의 다층성과 다면성을 제시한다. 즉 한이 원과 탄이 다르며, 부정적 속성들이 여과되어 독소들이 제거되면서 정情과 원願과 같은 긍정적 요소들도 존재하는 것으로 원한과 한탄은 한국, 중국, 일본에서 두루 쓰이고 있는 한의 상위 개념이다. 즉 원이나 탄 등과 같은 공격적 퇴영적 속성에서 정, 원 등 우호적 진취적 속성에로의 질적 변화를 가능케 하는 한에 내재적 기능이 존재하는 그것을 삭임이라고 보았다. 삭임이 업압이나 억누름이 아니라 일원적이고 연속적인 것으로서 삭임이 기능한다고 논했다.14)

천이두는 한을 이해하기 위해 한과 해한解恨을 근거로 하는 이분법적 사고방식을 지적한다. 이항대립이 아니라 한이 긍정적 생의 지평을 개척하기 위한 부정적인 것으로 풀어낸다.15) 일반적으로 논하듯이 조선적 한의 속성은 원한, 한탄 등의 어두운 감정에서 출발하지만, 그렇다고 해

12) 우리사상연구소엮음, 『우리말 철학사전5』, 지식산업사, 2008, p.77.

13) 김진, 「한(恨)이란 무엇인가?」, 『한의 학제적 연구』, 철학과 현실사, 2004, pp.22-37.

14) 천이두, 『한의 구조 연구』, 문학과 지성사, 1993, p.52.

15) 千二斗, 「朝鮮的「恨」の構造」, 앞의 잡지, p.181. 한의 문제를 긍정적 전제에서 추진하는 것이 이 논의의 성과이다. 즉 조선 민족은 다른 민족들보다 진하고 깊은 한을 갖고 있는 민족이다. 이것이 조선 민족의 아이덴티티이다. 그렇지만 조선 민족은 또한 그것을 풀어가면서 살아가는 민족이다. 이것이 또 하나의 아이덴티티인 것이다. 전자가 존재론적인 조선인이라고 한다면 후자는 당위론적, 이상적 인간이다.

서 돌연히 검은 감정을 풀고 그것을 밝게하여 깔끔하게 그것에서 빠져 나올 수 있는 돌연변이적인 것도 아니다. 오히려 그 어두운 감정과 끈기 있는 투쟁을 교환하면서 그것을 진정시키고 그것을 정화하고 새로운 가치체계로 발효시켜가는 끊임없는 지향성이라고 보아야 한다고 논한다. 이 정화, 발효의 과정은 이항대립적, 단속적斷續的 전환 양상으로서가 아니라 일원적, 연속적 운동이다.[16]

다시 말해서 부정과 긍정 사이의 투쟁이며, 끊임없는 자기상대화의 과정이기도 하다. 이것이 한이 원한으로서 보복을 이상으로 삼지 않고 정한情恨이나 원한願恨으로 전환되고 이를 소망하기에 이른다. 한의 의미는 고통을 거쳐 정신적으로 질적 변화를 이루어가는 궤적을 보여주는 개념[17]으로, 인식론적 변용의 하나를 보여주는 개념이다. 이것은 인간의 내면이나 생生의 생성발전 요소로서 보편성과도 맞닿을 수 있다. 한이라는 말이 매우 일반적이기도 하지만, 개인적인 경우와 집단, 혹은 민족을 따지지 않고 사용되는 것도 이 이유일 수 있다.

물론 이 한을 니체의 르상티망ressentiment과 동일한 것[18]이라고 보는 견해도 존재한다.[19] 물론 르상티망이 악의, 복수 등을 포함하면서 나약

16) 千二斗, 「朝鮮的「恨」の構造」, 앞의 잡지, p.182.

17) 우리사상연구소엮음, 『우리말 철학사전5』, 지식산업사, 2008, p.79.

18) 永井均, 『ルサンチマンの哲学』, 河出書房新社, 1979, pp.15-16. 르상티망은 현실 행위에 의해 반격하는 것이 불가능할 때 상상 상의 복수에 의해 그것을 메우려고 하는 자가 마음 속에 품는 반복적 감정이라고 정의하기도 한다. 다만, 니체가 제시한 이 르상티망은 '타자에 대한 부정'에서 출발하는 창조성을 논하기 위해 사용한 개념이다.

19) 千二斗, 「朝鮮的「恨」の構造」, 앞의 잡지, p.182. 프리드리히 니체(Friedrich Nietzsche) 저, 박찬국 역, 『도덕의 계보』, 아카넷, 2021, pp.59-64. 천이두는 니체의 『도덕의 계보(道徳の系譜)』(木場深定譯)를 참조하여 "니체는 기독교에서의 사랑(愛)이란 실로 상한 자신 귀족의 노닉에 대한 약자인 노예의 노닉이라고 보면서, 사닝

과 무능력의 표현으로 감상적인 부분도 존재하지만, 이 논리가 전복되어 가치전도가 일어나 삶의 철학으로 바뀌어 연대와 변혁을 도모하는 잠재적 정치력을 의미한다고 해석한다[20]는 주장을 참고할 수 있다. 이 점에서 보면 한과 르상티망이 '양쪽 모두 부정적 감정이 긍정적 가치로 전화된다는 점에서 공통적'이지만, 천이두는 이 둘 사이에 결정적인 차이가 존재한다고 보았다. 즉 르상티망에 존재하는 가치의 전화는 그것이야말로 이원적 요인의 상관관계 전환 즉 르상티망에서 사랑으로 코페르니쿠스적 전환이지만, 한은 일원적 연속선 상에서 끊임없이 정화작용의 지향성으로[21] 중대한 차이성을 보여주었다.

그리고 한이 정화작용을 거치는 프로세스에서 '삭임'의 과정이 갖는 의미를 중시한다. 즉 "한의 윤리는 우선 외적 유인誘因이 가져오는 어떠한 공격성도 가기의 내면에 수렴하고 그것을 소화, 발효시키는 것에 의해 그것을 극복하는 일원적 양식으로 성립된다. 그러나 한은 결코 자기 폐쇄에 그치는 것이 아니다. 한에 보이는 내향성 혹은 '자기 집중성'은 외적 유인에 의한 좌절을 '삭임'(소화, 발효) 위한 인욕忍辱의 프로세스에 지나지 않는다. 그 삭이다 프로세스를 통해 한은 그늘을 넓히게 된다. 이미 그늘은 폐쇄적인 것도 '자기 집중적인 것'도 아니다. 그것에 멋風雅과 슬기(지혜)로서 조선적 한의 밝은 길이 열린다"[22]며 '한과 삭임'의 관계를 설명했다. 즉 원망이나 원한이 정화되는 혹은 패러다임의 전화轉化

과는 정반대의 르상티망(원한, 반감)이 존재하는 것을 논한다. 그 한예로서 지배자인 로마에 억압받은 노예로서 이스라엘 민족의 르상티망이 생기게 되었다고 보았다. 기독교 도덕의 사랑을 르상티망의 하나의 위조로 나타난 것"이라고 보았다.

20) 권정기, 「르상티망」, 『현상학과 현대철학』61, 한국현상학회, 2014, pp.65-90.

21) 千二斗, 「朝鮮的「恨」の構造」, 앞의 잡지, p.182.

22) 千二斗, 「朝鮮的「恨」の構造」, 앞의 잡지, p.187.

가 일어나 정한情恨이나 원한願恨으로 바뀌는 프로세스에서 '삭임'의 과정이 그 조정 역할을 한다고 보았다.

물론 한이 조선 역사 속에서 민중들이 비참한 조건 아래에서 살아남아 인간답게 살아가기 위한 미적, 윤리적 정화, 발효의 장치로서 길러온 것이라는 입장에서 보아 분명히 한이 역사적 산물이기도 하다. 김학현은 한은 근대문학뿐만 아니라 고대, 중세를 통해 하나의 패턴을 형성하고 있는 것[23]은 인정했다. 그렇기 때문에 한 개념이 '만들어진 전통'으로서 공동의 환상 세계를 만들었다는 지적도 나오게 된다.[24] 그렇지만 단순하게 역사적 산물이나 공동 환상물이라는 점으로만 그치는 것이 아니라 이 한이라는 개념은 천이두가 논했듯이 '역사의 한계를 넘는 표상성'이 존재하고, 이는 앞서 언급한 것처럼 '삭임'의 과정을 통해 원한怨恨에서 원한願恨으로 변환되는 이중의 의미를 내장하고 있음에 주목할 필요가 있다.

다시 말해서 한을 사전적 의미로만 해석되지 않고 르상티망과는 다른 차원으로서 는 '연속성'이 존재한다는 점과 삭임과 발효를 동시에 거치면서 새로운 에너지로 작용하는 '장치'라는 점이다. 한 개념에 내재하는 일원론, 투쟁, 자기 집중성 속에 존재하는 민중론으로서 각성인 것이다. 즉 약자의 한의 세계가 연속, 해체, 재구성되는 논리가 삶의 핵심이며 세계적 철학의 원리로 제시되기도 한 것이다.

---

23) 金学鉉, 「光は獄中から·金芝河の思想」, 『季刊三千里』第19号, 三千里社, 1979, p.157.

24) 上別府正信, 「恨の社会的意味：共同幻想として恨－映画『西便制』と『西便制』シンドロームを中心に－」, 『大学院研究年報』, 中央大学大学院総合政策研究科, 2003, pp.87-101.

3. '차관사상'과의 대결: 반전통과 근대적인 정체성을 넘어서

앞서 언급한 것처럼 『계간삼천리』9호에서 신채호에 관해서는 두 개의 글이 실렸다. 즉 김학현의 「「한恨」과 저항을 살다 – 신채호 사상」[25]와 가지무라 히데키梶村秀樹의 「신채호의 계몽사상」[26]이다. 이 두 논고가 '한과 저항을 살다'의 첫 번째 글이었는데, 이후 『계간삼천리』에는 9개가 실린다. 글들을 정리하면 아래와 같다.

집필자	제목	권호	년도	페이지
①김학현	**신채호의 사상**	9	1977	26-37
②김학현	**하늘, 바람, 별의 시인 – 윤동주의 시심詩心과 그 생애**	10	1977	147-159
③김학현	빼앗긴 들의 한편의 시 – 이상화와 1920년대	11	1977	152-163
④김학현	'님의 침묵'의 시대 – 한용운과 님	12	1977	150-161
⑤김학현	1930년대 시나브로 운동 – 심훈과 '상록수'	13	1978	158-169
⑥김학현	**슬픈 시인·김소월 – 1920년대의 민족서정시인**	14	1978	112-124
⑦김학현	김수영 시의 세계 – 운명과 사명의 틈에서	16	1978	131-143
⑧김학현	4월의 시인·신동엽	18	1979	147-159
⑨김학현	**빛은 옥중에서·김지하 사상**	19	1979	154-167
천이두	조선적 한恨의 구조	49	1987	179-187

그리고 가지무라 히데키는 주로 역사학과 관련한 글들을 게재했다.[27]

25) 金学鉉, 「「恨」と抵抗に生きる—申采浩の思想」, 『季刊三千里』第9号, 三千里社, 1977, pp.26-37. 『계간삼천리』제37호에 신채호의 『조선상고사朝鮮上古史』」 번역서 소개가 실려 있다. 金学鉉, 「申采浩(矢部敦子訳)『朝鮮上古史』」, 『季刊三千里』第37号, 三千里社, 1984, pp.218-219.

26) 梶村秀樹, 「申采浩の啓蒙思想」, 『季刊三千里』第9号, 三千里社, 1977, pp.54-61.

27) 梶村秀樹, 「日韓体制の再検討のために」, 『季刊三千里』第7号, 三千里社, 1976, pp.134-141. 梶村秀樹, 「朝鮮語で語られる世界」, 『季刊三千里』第11号, 三千里社, 1977, pp.48-54. 飯沼二郎·梶村秀樹·姜在彦·田中宏, 「在日朝鮮人を語る」, 『季刊三千里』第12号, 三千里社, 1977, pp.75-87. 梶村秀樹, 「大韓民国臨時政府

우선 김학현과 가지무라 히데키의 신채호론을 살펴보기로 하자. 김학현은 조선반도의 역사를 '한恨'과 저항으로 표현하며 신채호의 사상적 특징과 자율성에 대해 기술한다. 김학현은 "대국大國의 이익 때문에 국토는 분단되고, 동서 대립의 최전선에 몸을 맡기고 스스로의 운명을 자신의 손으로 창조하지 못하는"28) 한국을 시대의 격류를 떠도는 작은 배에 비유했다. 그것은 일본의 식민지로부터 해방된 이후의 역사에도 중첩되는 것이었다.

그리하여 김학현이 말하고자 하는 것은 '식민지로부터 해방된 이후'의 역사에서도 반복되는 문제점이었는데, 그것은 한반도의 고난이나 불평등이 외부세력 즉 외세外勢에 의한 것이라고 보는 관념이 고정화되어 남탓으로 돌려버리는 고정관념에 내재된 문제였다. 그런 식으로 근대화를 경험했기 때문에 철저하게 '나我에 대한 자각이 이루어지지 못하고, 시대의 변천에 오로지 몸을 맡기고 상황적 순간에 따라 그때그때 사상

をめぐって」,『季刊三千里』第17号, 三千里社, 1979, pp.62-70. 梶村秀樹,「義烈団と金元鳳—その初期の思想」,『季刊三千里』第21号, 三千里社, 1980, pp.39-47. 梶村秀樹,「歴史としての四·一九」,『季刊三千里』第22号, 三千里社, 1980, pp.26-37. 梶村秀樹,「植民地支配者の朝鮮観」,『季刊三千里』第25号, 三千里社, 1981, pp.33-41. 梶村秀樹,「朝鮮共産党－一断章」,『季刊三千里』第27号, 三千里社, 1981, pp.48-55. 梶村秀樹,「一九四〇年代中国での抗日闘争」,『季刊三千里』第31号, 1982, 三千里社, pp.101-109. 梶村秀樹,「在日朝鮮人の指紋押捺拒否の歴史」,『季刊三千里』第39号, 三千里社, 1984, pp.44-55. 梶村秀樹,「南北連席会議」,「国連臨時朝鮮委員会と大韓民国」,「反民族行為特別調査委員会」,「朝連と民団」,『季刊三千里』第43号, 三千里社, 1985, p.52, 55, 56, 59. 梶村秀樹·三浦泰一·三橋修·安岡千絵里,「神奈川県外国人実態調査を終えて」,『季刊三千里』第44号, 三千里社, 1985, pp.110-121. 梶村秀樹,「「旧朝鮮統治」は何だったのか」,『季刊三千里』第47号, 1986, 三千里社, pp.74-82. 梶村秀樹,「「保護条約」と朝鮮民族」,『季刊三千里』第49号, 三千里社, 1987, pp.24-32.

28) 金学鉉,「「恨」と抵抗に生きる－申采浩の思想」」, 앞의 잡지, p.26.

을 따라가며 살아온 것'이 갖는 문제점이었다. 그렇기 때문에 한국에서는 독자적인 사상을 창조한 적이 없고, 전후도 마찬가지로 '차관사상'의 중압에 못 이겨 나를 잃고 사는 것[29]이었다. 한마디로 말하면 주체성이 결여된 '차관 주체'였다.

즉 김학현은 '한국의 불행이 외세 혹은 외부의 침략에 의한 것으로만 탓하는 고정관념, 그리고 시대적 사상에 추종하는 주체 없는 삶을 지적하고, 나에 대한 각성이 이루어지지 못한 것을 비판했다. 이를 극복하기 위해서 제시한 것이 한이었고, 김지하의 한에 대한 생각을 고찰한다. 한은 수입된 것이나 빌려 온 사상이 아니라 한국 민중이 역사 속에서 가져온 한 이론이었다. 김지하의 한을 이회성이 일본에 소개했는데, 그 내용은 '지금까지 개인적 자아와 동시에 집단적 자아 속에서 셀 수 없는 상처를 입고, 억압을 받고, 짓밟혀 온 과거의 서글픈 역사 속에서 축적되어 온의 폭발을 통해 창조된 사상인 것이다. 이 사상은 한 개인 혹은 특정 계급의 사상이 아니다. 집단 사상이다. 어느 훌륭한 철학가의 사상도 아니다. 민중의 인간다운 삶을 살지 못하고 억압되고 이용당하고 쓰레기처럼 버림받은 사람들의 인간으로서 살기위한 사상[30]이었다.

> 나는 대한민국의 백성들 즉 민중이 지금까지 개인적 자아와 동시에 집단적 자아 속에서 셀 수 없는 상처를 입고 억압을 받고 짓밟혀 온 과거의 슬픈 역사 속에서 축적해 온 원망, 즉 비애를 중시한다. 그 비애란 그것이 극한화極限化했을 때에는 어떠한 합리적 사고나 과학적 판

29) 金学鉉, 「「恨」と抵抗に生きる－申采浩の思想」」, 앞의 잡지, p.27.

30) 金学鉉, 「「恨」と抵抗に生きる－申采浩の思想」」, 앞의 잡지, p.28. 김학현은 김지하의 주장 즉 "'반독재, 민주주의 회복운동', '반외세/민족주체 확립운동', '반특권/민생 보장운동'이라는 민주화운동의 3대 테제의 저류에 흐르는 정신은 '인간으로서의 삶'을 살기 위한 학대받은 민중의 욕구"라고 표현했다.

단, 지도나 지침도 비견할 수 없는 거대한 힘을 가지면서 동시에 거대한 파괴력을 갖고 거대한 악의 존재로서도 등장할 수 있다.[31]

이는 천이두가 논하듯이 "한은 끊임없는 외침外侵을 받아온 조선의 역사 속에서 특히 비참한 경우에 놓여 온 조선 민중의 그 비참한 조건 아래에서 살아남기 위해 그리고 살아남는 것 뿐만 아니라 인간답게 살아가기 위한 미적, 윤리적 정화, 발효의 장치로서 길러온 것"[32]과 일맥상통하고 있었다. 결국 한은 외적 침략이나 공격을 받으면서도 인간으로서 살아남기 위해 아니 인간답게 살아가기 위한 논리였고, 민중의 비참함 속에서 찾아내고자 하는 인간해방의 논리이기도 했다. 그것은 근대화가 목표로 하는 인간해방의 의미와도 맞닿고 있다.

즉 근대화가 봉건적 쇠사슬로부터 벗어나는 것을 의미하면서 그것을 인간해방으로 연결하여 해석하는 입장과 연계시켜 볼 수도 있다, 즉 의식혁명을 위한 투쟁 그 자체가 근대성을 띠는 것으로 그러한 의미에서 한은 근대성을 대변해주는 역사적 산물일 수도 있다. 이러한 사상적 맥락을 고려하면서 김학현은 '한을 극복하고 저항으로 산 선인들' 중에 중국에 망명하여 항일운동을 진행한 단재 신채호를 그 한 사람으로 꼽았고 『계간삼천리』에 글을 실었다.[33]

신채호는 1880년 12월 충남 대덕군 산내면 어남리於南里에서 태어나 유년시절을 보냈다. 1887년 조부가 살던 충북 낭성면琅城面 귀래리歸來里로 이주하여 1898년 상경할 때까지 청소년시절을 보냈다고 한다.[34]

31) 金学鉉, 「光は獄中から·金芝河の思想」, 앞의 잡지, p.158.

32) 千二斗, 「朝鮮的「恨」の構造」, 앞의 잡지, p.187.

33) 金学鉉, 「「恨」と抵抗に生きる－申采浩の思想」, 앞의 잡지, p.28.

34) 金学鉉, 「「恨」と抵抗に生きる－申采浩の思想」, 앞의 잡지, p.29. 신채호는 1880년 11월 7일 충청남도 대덕군 [illegible] 곳에서 태어났다. 소년

단재 신채호 생가(필자 직접 촬영)

1898년 상경하여 성균관에 입교하여 유교경전 강학 외에도 지리와 산술 등을 배웠다. 독립협회운동에 참가하고, 만민공동회등을 개최하면서 개혁운동에 가담했다. 1905년 『황성신문』에 1906년에는 대한매일신보에 논객으로 활동하면서 사상가로 데뷔한다. 신민회에 비중을 두었고, 1910년 일본에 합병되자 중국으로 망명한다. 1923년 1월에 의열단의 요청을 받아 조선혁명선언서(의열단선언)을 기초했다. 1927년 1월 신간회를 열고 9월 무정부주의 동방연맹에 가입하여 『동방』을 발간한다. 1928년 4월 무정부주의 동방연맹을 북경에 소집해 선언문을 작성하여 발표하기도 하였다. 5월에 대만에서 체포되어 대련으로 이송되고 1930년 10년 실형을 받고 여순 감옥으로 이송되었다가 1936년 2월 감옥에서 사망했다.[35)]

시절에는 충청북도 청원군 琅城面 歸來里로 옮겨서 살았다고 전해져 이 곳에 신채호의 묘가 있으며 만해 한용운이 건립한 묘비가 서 있다.

35) 블라디보스톡의 광복회, 1913년 상해로 가서 역사연구를 하기도 한다. 1915년 북경에서 조선사 집필을 구상하기도 하고, 신한청년회를 조직하기고 신규식과 한중항일공동전선을 제의하였고, 1918년 조선사를 집필하고, 1919년 4월에 상해 임시정부에 참여하지만 외교나 노선을 달리하여 비판적이게 되었다. 1920년에 북경에서 보합단에 참여하고 1922년에 조선사통론을 저술한다. 1925년

여순 감옥(2016년 필자 직접 촬영)

김학현은 먼저 신채호가 1909년 5월 28일 발표한 「제국주의와 민족주의」를 소개한다. 신채호는 제국주의를 영토와 국토를 확장하는 주의라고 해석했는데, 이 제국주의에 저항하는 방법은 타민족의 간섭을 받지 않는 민족주의밖에 없으며 이를 위해 분휘奮揮해야 한다고 논하는 부분에 주목했다.[36] 신채호가 제국주의에 대항하는 유일한 방법을 신채호는 민족주의에서 찾았다는 것에 초점을 두고, 이것이 신채호 사상의 핵심이라고 소개했다. 그리고 신채호는 '개화자강계열'인데 이는 달리 말하자면 '민족의 주체' 확립을 주창하는 입장이라고 논했다.[37] 김학현의 이

『동아일보』에 「조선고래의 문자와 시가의 변천」 등을 연재 발표한다. 그 후 『조선사』와 『조선상고문화사』를 연재 발표했다. 단재신채호선생기념사업회, 『단재신채호와 민족사관』, 형설출판사, 1986, pp.11-16. 임중빈, 『단재 신채호 전기』, 충청출판사, 1980, pp.26-42. 崔洪奎, 『단재 신채호』, 태극출판사, 1980, pp.10-426. 손문호, 「丹齋申采浩의 정치사상」, 『湖西文化論叢』5, 西原大學校湖西文化硏究所, 1988, pp.64-67. 손문호의 논고는 丹齋申采浩先生紀念事業會 간행의 『丹齋申采浩全集』(下)의 '年譜', pp.495-507를 참고로 했다고 밝히고 있다. 趙東杰, 「丹齋 申采浩의 삶과 遺訓」, 『韓國史學史學報』3, 韓國史學史學會, 2001, pp.181-183.

36) 金学鉉, 「「恨」と抵抗に生きる－申采浩の思想」」, 앞의 잡지, p.29.

37) 金学鉉, 「「恨」と抵抗に生きる－申采浩の思想」」, 앞의 잡지, p.30.

러한 글은 신일철의 「신채호의 자강론적 국사상國史像」을 근거로 하고 있었다.[38)]

> 여기서 주목해야 하는 것은, 신채호의 사상이 청말의 변법자강 사상의 영향이다. 물론 신채호에 한하지 않고 이 시대의 많은 지식인들에게 영향을 준 것인데, 청조말기의 엄복, 강유위, 양계초의 변법자강론은 주로 한말韓末에 장지연에 의해 수입되었다. 그에 의해 자강주의와 대한자강회의 정치적 실천에까지 전개된다. 특히 양계초의 문집에는 당시 지식인들에 있어서 유길준의 『서유견문』, 박지원의 『열하일기』와 함께 중요한 보석으로 여겨졌었다. 장지연에 의해 변법자강 사상은 퍼지고 있었다. 청말의 변법자강 사상이 한말의 사회에 미친 영향이나 신채호의 사상에 어떠한 형태로 나타났는가, 또한 양계초의 변법파와 그 이후에 등장하는 혁명파의 사상적 영향 등, 이러한 문제는 역사연구자의 연구를 바란다. 여하튼 신채호뿐만 아니라 개화기에 지식인들은 외래사상의 수용 방법, 식민지화되어 가는 과정에서 민족의 자주성 모습은 현재의 우리들에게도 중요한 문제점을 제기해 준다.[39)]

이 내용은 신일철의 '단재의 자강론사상'을[40)] 요약한 것이다. 물론 원문에는 이보다 더 구체적으로 '민족' 논의를 전개했다. 김학현이 소개한 것은 '계몽사상'에 대한 부분으로, 신일철이 접근하는 방식은 앞에 언급한 '민족의 주체' 확립에 있었다. 그렇다면 원문에서 신일철은 민족 개념

38) 이호룡, 『신채호 다시 읽기 : 민족주의자에서 아나키스트로』, 돌베개, 2013년. 그리고 본문에서는 홍이섭(洪以燮)의 「埋没した歴史の発掘考」를 소개하며 광개토대왕의 능비를 논한다. 고구려 유적을 방문한 신채호를 소개한 것이다. 金学鉉, 「「恨」と抵抗に生きる－申采浩の思想」」, 앞의 잡지, p.32. 신일철, 『신채호의 역사사상연구』, 고려대학교출판부, 1981, pp.1-392.

39) 金学鉉, 「「恨」と抵抗に生きる－申采浩の思想」」, 앞의 잡지, p.31.

40) 신일철, 『신채호의 역사사상연구』, 고려대학교출판부, 1981, pp.75-93.

을 어떻게 전개하고 있었을까.

신일철은 우선 민족 개념에 대한 정확한 정의가 무엇인가부터 정리한다. 민족이 네이션이나 인종race과도 일치하지 않으며 볼크volk와도 유사하지만 동일하지 않은 점에 주목한다. 신일철의 이러한 시각은 일본에서 전후 전개되는 스탈린 민족 개념의 해석과 맞닿는 부분이 있다. 스탈린은 다원적 인종이 네이션으로 통합되면서 민족주의가 형성된다고 보고 이를 자본주의 사회와 연결시켰는데, 바로 이 스탈린의 민족 이론이 일본에서도 반향을 일으키고, 이를 근거로 일본 내의 민족 개념을 재구축하여 민족이 정의되어 간다. 특히 스탈린이 '나치야=네이션' 이전의 '나로드노스치'를 설정함으로서 새로운 민족 개념을 만들어 내는 근거로 삼았는데, 이것은 매우 독창적인 견해였다. 즉 자본주의 경제가 발전하기 이전에는 민족의 성립을 인정하지 않게 되고, 민족운동이 부르주아의 민족주의가 성립되어버린 것을 논했다. 신일철은 이를 다시 한국사회에 대입해 보았다. 즉 자본주의 이전의 전통사회에서도 준準민족적 공동체를 인정하는 것을 통해 한국은 서구의 네이션과 구별되는 민족주의가 존재한다고 보고 겨레나 민족이 지난 게마인샤프트적인 성격을 이해하는 힌트를 찾으려고 했다.[41]

신일철이 주장하는 민족 개념은 스탈린의 민족 이론과도 또 다른 의미에서의 민족 개념 찾기였다. 그리하여 신일철은 한국 민족주의를 이해하기 위해서는 두 가지 루트를 알아야 한다고 했다. 즉 근대국가의 네이션 형성 과정에서 서구 근대의 국가관념을 수용한 점, 그것과 함께 19세기 청말清末의 변법자강 사상이 한국에 자강주의적인 국가관념을 이식하는 역할을 했다고 보았다. 중국의 양계초는 국가의 결합체로서 서구 근대 국가의 state에 해당하는 법적 결합체가 없다는 점에 착안하

41) 신일철, 앞의 책, p.367.

여 변법자강주의가 제창되는데, 그것이 부국강병형의 새로운 집단의식인 국가사상을 고취하려고 했다는 점이다. 한국에서도 장지연, 박은식, 신채호가 자강주의 영향을 받아 국가사상 계몽을 시도했다고 보았다.[42]

여기서 중요한 것은 신일철이 주장하듯이 한국 민족주의를 이해하는 데 있어서 '서구 근대의 국가관념'과 '한국에 자강주의적인 국가관념'이 이식되는 논리를 설명해야 한다는 점이다. 이에 단초가 되는 것이 신채호의 주권론이다. 즉 신채호는 어디까지나 주권은 국민에게 있다는 시각을 갖고 있었다. '인민은 국가의 주인'이라는 기본적 사고는 변하지 않았다. 그렇기 때문에 인민을 어떻게 하면 각성시켜서 새로운 국가를 만들어 갈 것인가에 초점이 맞춰졌다. 그리하여 신채호는 국민을 새로 만들기 위해서는 민民의 육성이 선결과제라고 보았다.[43] 민은 개인을 가리키는 것으로, 이 개인은 아我를 갖고, 이 아我는 개인적이 자각을 넘어 사회적 의미로까지 확대된다. 즉 아我는 곧 국가를 의미한다. 국가는 민족정신으로 구성된 유기체라고 정의하고 이것은 다시 정신상의 국가와 형식상의 국가로 구분했다.[44]

신채호는 "전제봉건專制封建의 구루旧陋가 가고 입헌공화立憲共和의 복음이 퍼져 국가는 낙원이 되며, 인민은 국가의 주인이 되어 공맹孔孟의 보세장민주의輔世長民主義가 되어 이에 실행되며 루소의 평등 자유정신이 여기에 성공했다"[45]라며 인민이 중심이 되는 새로운 국가상을 제시했다.[46]

여기서 신채호는 국가를 다시 상대화하면서, 중국의 유교와 다른 조

---

42) 신일철, 앞의 책, p.369.

43) 申采浩, 「二十世紀 新國民」, 『丹齋申采浩全集』(別集), 螢雪出版社, 1977, p.216.

44) 申采浩, 「讀史新論」, 『丹齋申采浩全集』(上), 螢雪出版社, 1977, pp.471-472.

45) 申采浩, 「二十世紀 新國民」, 앞의 책, p.213.

46) 申采浩, 「讀史新論」, 앞의 책, p.471.

선적인 것을 국수에서 찾아야 한다고 주장한다. 신채호는 "오호라 한국은 유교국이라. 오늘날今日 한국의 쇠약衰弱이 여기此에 이르른 것은 오직 유교를 신앙한 소이가 아닌가. 그렇지 않다. 어찌 그것이 원인이 되겠으며 어찌 그렇게 되겠는가. 유교를 신앙했기 때문에 쇠약해 진 것이 아니고 유교의 신앙이 그 도道를 얻지 못했기 때문에 쇠약함에 이른 것이다. 이것은 무슨 말인가 한국의 유교신앙이 그 도를 얻지 못했다고 말하는 것은 무슨 말인가. 황성皇城에는 성균관이 우뚝하니 솟아있고 지방 삼백여 주와 도처에는 대성전이 나열되어 있어서 조야朝野에서 춘추로 공맹에게 제를 올리며 선비와 백성이 밤낮으로 공맹만을 말하며 읽는 것은 사서육경이요, 언급하는 것은 삼강오륜이다. 유교의 도道를 얻지 못한 것에 있는 것"[47]이라며 무주체적 유교에 대한 각성을 요청하고 있었다.

신채호는 유교적 사고를 재구성하는 의미에서 정신의 각성과 민民을 연결시켰다. 신채호가 비판한 "유림들의 보수, 수구, 완고 사상, 존화주의를 버리고 신사업에 나아가 민지民智를 진흥하고 국권을 옹호하는데 적극적으로 나아가야 한다"[48]는 주장은 물론 애국심과 연결되어 '민족주의 혹은 국수주의'로 해석되지만, 신채호의 국수개념은 폐쇄적이고 배타적인 국수주의적 관념이 아니었다. 민족문화의 특장特長적인 전통사상을 바탕으로 외국문화를 주체적인 입장에서 비판적으로 수용하여 변화를 가져오는 개화적인 진취적 근대사상을 만들어 내는 맹아를 내포하는 사상이었다.[49]

---

47) 申采浩, 「儒教界에 對한 一論」, 『丹齋申采浩全集』(別集), 螢雪出版社, 1977, p.108.

48) 申采浩, 「國粹保全說」, 『丹齋申采浩全集』(別集), 螢雪出版社, 1977, p.116.

49) 이지중, 「丹齋 申采浩의 教育觀 考察」, 『교육사상연구』 제21권제2호, 韓國教育思想硏究會, 2007, pp.73-100. 裵勇一, 「朴殷植과 申采浩의 愛國啓蒙思想의 比

신채호는 한국 고유의 장점長을 보전하고 외래문명의 취하여 신국민을 양성[50]하는 것을 주장했으며, 평등적 사상의 모방과 동화적 사상의 모방을 구분하고 전자는 옳고 후자는 비판했다.[51]

바로 이러한 논의들은 실은 '공공화 된 역사 설명'으로 이 부분을 김학현은 『계간삼천리』에 소개하고 있었다. 사실 김학현은 '양계초의 신민설과 신채호의 관계'를 구체적으로 기술한다. 즉 양계초가 신민에 의한 신국가건설을 제창한 유신사상이었다는 점인데, 양계초는 진화론을 기초로 신민설을 제창한 것으로 민을 새롭게 한다는 취지의 신민설이었다.[52] 바로 이부분에서 신채호의 신민설이 구성되고 제창되는 것이었다. 이것은 한국이 일본제국의 식민지로 치닫는 상황에서, 한국의 국권회복을 위해 인민의 실력 배양이 필요하다고 인식한 시대적 배경이 깔려 있었다. 일본 제국으로부터 주권을 되찾고 이를 통해 전근대적인 민이 아니라 국권회복의 주체로서의 새시대를 열 근대적인 신민新民의 양성을 구상하고 있었던 것이다.[53]

국가를 곧 인민이라고 규정하고 나아가 주체적인 아를 자민족으로 규정하고 비아를 아 이외의 모든 경쟁상대로 보았다. 그 결과 중국은 다른 나라들처럼 아와 대등하게 경쟁하는 존재로 재배치된다. 신채호는 중화론적 세계관을 극복하고자 실학사상을 평가한다.[54] 국수주의 그리고 중국과의 차이성을 찾는 투쟁이기도 했다. 즉 "고거考據와 모방模倣에 치

較 考察」, 『한국민족운동사연구』제13집, 이문사, 1996, pp.25-70.

50) 申采浩, 「文化와 武力」, 『丹齋申采浩全集』(別集), 螢雪出版社, 1977, p.201.

51) 申采浩, 「同化의 悲觀」, 『丹齋申采浩全集』(別集), 螢雪出版社, 1977, pp.151-152.

52) 신일철, 앞의 책, p.375.

53) 裵勇一, 「朴殷植과 申采浩의 愛國啓蒙思想의 比較 考察」, 『한국민족운동사연구』제13집, 이문사, 1996, p.61.

54) 申采浩, 「舊書刊行論」, 『丹齋申采浩全集』(下), 螢雪出版社, 1977, p.102.

우쳐 창의적 기백을 잃게 되고 마침내 독창적인 주장에 대해서는 처형 당하는 의타적 노예적 풍조가 된 것이 바로 형식주의에 치우친 유교의 영향"[55]이라고 보았다. 신채호의 계몽사상에는 노예주의 극복이었다. 한국사회가 중국에 대해 너무 내면화하던 사고 방식을 탈피하는 주체의 식에 대한 경고의 의미이고 자각의 의미이기도 하다.

이러한 점에서 신채호의 논리는 일본의 고토쿠 슈스이幸德秋水와 유사성이 있었다. 즉 아스카이 마사미치飛鳥井雅道는 고토쿠 슈스이도 한학의 전통과 정신적 풍토 속에서 자랐다고 논한다. 물론 그것은 중국의 고대 역사로서 한학을 배우는 것에는 저항감이 있었지만, 나카에 초민中江兆民에게 수학하면서[56] 새로운 형태를 취하는 계기가 되었다고 했다. 즉 유학을 배경으로 사회주의를 재구성하게 되었고, 근대적 프롤레타리아를 석출해 내는 과정이었다고 보았다. 그러나 내부의 정신적 근원은 유학의 옛 형식에 새로운 내용을 담아갔다고 논했다.[57]

이호룡 역시 신채호의 「낭객의 신년만필」을 분석하여, 외래사상을 수용 문제를 다루면서 비주체적인 태도에 대해 비판했다고 보고, 신채호가 단순하게 외래 사상을 '무조건 수용'하는 태도가 아니었음에 주목했다. 즉 신채호는 아나키즘에 대해서도 한국 내부의 전통을 고려했고 사상성의 연결에 신중했다. 신채호는 이러한 사상적 편력을 거쳐 사회진화론도 상대화하고, 민중을 민족해방의 주체로 인식하고 민중해방을 표방하는 아나키즘 그리고 사회주의에 주목하게 되었다.[58]

고토쿠 슈스이가 유교를 바탕에 두면서도 서구 사상도 함께 담아내면

55) 申采浩, 「浪客의 新年 漫筆」, 『丹齋申采浩全集』(下), 螢雪出版社, 1977, pp.33-34.
56) 西尾陽太郎, 『幸德秋水』, 吉川弘文館, 1987, p.13.
57) 飛鳥井雅道, 「明治社会主義者と朝鮮そして中国」, 『季刊三千里』第13号, 三千里社, 1978, p.29-30.
58) 이호룡, 앞의 책, pp.158-172.

서 신이론을 만들어 내듯이, 신채호도 유교를 통해 신도덕을 과제로 제시하면서 인격과 인권의 평등, 자유, 정의, 공공 등을 논했다. 신민은 식민지적 노예상태로부터 벗어나는 새로운 시대의 신민의 인권과 국권론이었던 것이다.[59]

다만, 신채호는 유교확장을 주장하여 일본과 결탁하거나 협력하는 유림에 대해서는 "우학자愚學者의 맹안盲眼으로 존화주의尊華主義나 주장하며 완고사상頑固思想이나 고취鼓吹하고자 하여 유교 확장을 창唱하는 자는 문명의 적이오 유교의 적"[60]이라고 표현한다. 신채호는 국권이 상실된 상황에서 제국주의 지배자인 일본과 입장을 달리한다는 점을 강조하고, 피지배국의 '민본'을 중시하고 개인의 각성 입장에서 새로운 도덕관 수립의 논리는, 일본제국주의 유교 논리와의 연대를 반대한 것이다.

신채호는 외래사상의 무비판적 수용을 식민지화라고 간주한 것처럼, 반대로 새로운 인민 해방의 유학이론이라 하더라도 이것이 제국주의 국가와 연대하는 것도 문제가 있다고 본 것이다. 김학현은 이러한 신채호의 사상을 저항, 혁명 사상이라고 표현했다. 즉 신채호는 아나키즘에 이끌렸고 그것은 『조선혁명선언』에서 읽을 수 있다고 보았다. 김학현은 신채호가 일본을 강도라고 표현하고, 악업惡業을 구체적으로 예로 들면서 통렬하게 비판하는 것을 기재했다. 민중 폭력에 의한 타도 일본 제국주의를 제창한다. 신채호는 고유 조선의, 자주적 조선민중의 민중적 경제

59) 裵勇一, 「朴殷植과 申采浩의 愛國啓蒙思想의 比較 考察」, 『한국민족운동사연구』제13집, 이문사, 1996, p.64. 申采浩, 「道德」, 『丹齋申采浩全集』(下), 螢雪出版社, 1977, p.140. 신채호는 전제시대나 군주와 왕조중심의 입장에서 민을 새로운 중심에 두는 서술방식이다. 맹자의 민본주의를 시대에 맞게 재해석함으로서 새로운 국가개념을 정립하고자 했다. 맹자의 구세주의와 민본주의의 실현으로 간주했다. 이를 위해 새로운 도덕의 확립을 주장한다.

60) 申采浩, 「儒敎 擴張에 對한 論」, 『丹齋申采浩全集』(下), 螢雪出版社, 1977, p.119.

의 민중적 사회의 민중적 문화의, 조선을 건설하기 위해서는 이민족 통치와 약탈제도, 사회적 불평등, 노예적 문화사상 현상을 타파하지 않으면 안 된다고 보고, 민중의 직접혁명을 주장한다. 이러한 과격한 사상 배경에는 해외에서의 독립운동의 모습에 대한 비판과 동시에 그의 적극적인 민족주의의 입장이 작용하고 있는 것은 말할 것도 없다.[61]

민중 폭력에 의한 타도 일본제국주의를 긍정하는 의미에서 폭력을 전혀 부정하는 것이 아니었다. 이를 두고 김학현은 "한의 극복과정에서 폭력의 유혹은 억제되지만, 그 폭력도 인간을 사랑하기 때문에 억압의 어둠 속에서 있을 때 불가피적으로 생겨나는 폭력 즉 사랑의 폭력이다. 이 사랑은 결코 자기애가 아니라 아가페적인 것이며 그때 폭력은 억압하는 폭력이 아니라 저항하는 폭력이며 인간성 회복을 위한 폭력인 것이다. 특히 민중이 침묵하고 굴종 속에서 깨닫지 못하는 단지 한의 저변에 빠져있을 때 이들 민중에 대해 비폭력을 설파하는 것은 광야의 늑대들 앞에서 민중을 벌거숭이로 내버려두는 행위이며 그때 민중을 각성시키기 위해 결연한 투쟁을 일어나게 하기 위해 폭력의 계기는 피할 수 없다"[62]며, 민중 폭력이 제국주의 타도를 위해 '투쟁'의 하나이며, 민중 각성이라고 보았다.

신채호는 맹자의 혁신 사상으로서 혁명을 받아들이고, 일본제국주의를 '주왕紂王'의 논리로 비유하며 방벌을 주장한다. 민중을 주체로 하는 혁명론으로 나아가게 된다. 이것이 바로 맹자가 이야기하는 민중의 혁명론이다. 민중 직접혁명론으로 나타난 것이다. 신채호는 "강도 일본의 정치와 경제 양 방면으로 핍박을 주어 경제가 날로 곤란하고 (중략) 민중

61) 金学鉉, 「「恨」と抵抗に生きる－申采浩の思想」」, 앞의 잡지, p.33.
62) 金学鉉, 「光は獄中から·金芝河の思想」, 『季刊三千里』第19号, 三千里社, 1979, p.161,

의 직접 혁명 수단을 선언"[63]했으며 이를 민중의 혁명을 진행해야 한다고 보았다.

이처럼 신채호는 『조선혁명선언』을 통해 민중의 직접혁명을 주장하고 있었다. 민중의 중요성을 자각하면서도 민족주의와 공산주의의 독립운동 노선의 분열과 대립 속에서 신채호는 두 노선 모두에 회의를 품었다. 새로운 운동의 노선을 모색한 것이다. 이는 민족주의는 자유를 보장하나 평등을 희생하는 경향, 공산주의는 평등을 보장하나 자유를 희생하는 경향이 있어[64] 상호 모순의 문제를 해결하는 방법을 찾고자 했다.

신채호가 목표로 삼는 것은 '국가를 변혁하여 다 같은 자유로서 잘살자는 것'[65]에 있었다. 신채호는 독립의 주체는 민중이라는 것과 민중은 노예도덕에서 빠져나와야 하는데, 여기서 노예도덕은 강자인 소수의 지배계급에 대해 약자인 다수의 민중이 반항하지 않는 문화[66]를 가리키는 것이었다. 신채호는 민중이 제국주의와 지배계급을 타도하여 착취와 지배가 없고 불평등이 없는 세상을 만드는 것을 이상으로 삼았다. 민중에 의해 직접혁명을 통해 세상의 권력과 지배로부터 해방하는 길을 신채호는 혁명 사상이라고 논했다.

그리고 또 하나 『계간삼천리』[67]에서 『조선상고사』번역을 소개하면서 다시 한번 동일한 내용이 언급되는데, 「조선혁명선언」에 대해 신일철은 다음과 같이 논했다.

---

63) 申采浩, 「朝鮮革命宣言」, 『丹齋申采浩全集』(下), 螢雪出版社, 1977, pp.39-41.
64) 신용하, 「申采浩의 무정부주의 독립사상」, 『東方學志』第38輯, 연세대학교국학연구원, 1983, p.113.
65) 申采浩, 「公判紀錄」, 『丹齋申采浩全集』(下), 螢雪出版社, 1977, p.433.
66) 申采浩, 「朝鮮革命宣言」, 『丹齋申采浩全集』(下), 螢雪出版社, 1977, pp.44-45.
67) 金学鉉, 「申采浩(矢部敦子訳)『朝鮮上古史』」, 앞의 잡지, pp.218-219.

> 신채호의 조선혁명선언을 다루며, 여기에는 사회적 불평등의 파괴를 다루고 있는데 테제가 평등주의가 아니라 사회적 평균주의의 표명으로서 애너키즘적 반강권의 논리에서 민중의 자유연합에 기초한 평균을 선언하고자 했다고 해석한다. 사회적 평균주의는 약자와 강자의 한계에서 본 반강권주의와는 애너키즘의 논리에 서 있고 마르크스주의적인 계급투쟁론은 보이지 않는다. 신채호의 민중개념도 반강권적 평민의 개념으로서 상하귀천의 불평균을 시정하자는 비판개념으로 파악되어야 한다고 적었다. 선언에서 명시했듯이 '적의 부정=파괴'에 따르는 '자기의 긍정=건설'의 구상을 필요로 하게 된다. 파괴는 건설을 위한 것이다. 일제의 강권에 대한 반강권의 투쟁이 자시와 자국의 강권화를 위한 것이라는 기왕의 자강주의는 스스로 포기하지 않을 수 없게 되며 자강주의의 자기부정은 무강권의 애너키즘적 평균주의로 이어지게 되는 것이 신채호의 민족주의의 이상적 변이이기도 하다. 애너키즘적 민족주의로 전환된 신채호의 반강권적인 사회평균주의적인 자유국가관은 1900년대의 자강주의적인 강권국가의 자기 극복의 산물이다.[68]

다시 말해서 신채호는 민족주의의 의미를 재구성하는데 그것은 신일철의 말을 빌리면 '애너키즘적 민족주의'로, 그 내용은 강권국가론을 지향하는 자기 극복의 산물이었다. 신채호에게 아나키즘은 어떤 것이었을까. 이호룡은 신채호가 일본의 고토쿠 슈스이幸德秋水의 영향을 받았으며, 1913년에 상하이에서 류스푸劉師復의 논설을 탐독하면서 크로포트킨Kropotkin의 상호부조론을 이해했다고 한다.[69] 『계간삼천리』에도 고토쿠 슈스이에 대해 적고 있는데, 고토쿠 슈스이는 사회주의 이론을 크로포트킹을 원용하여 자신의 사회주의를 구성했다.[70]

68) 신일철, 「신채호의 근대국가관」, 『신채호의 사상과 민족독립운동』, 형설출판사, 1987, pp.389-390.

69) 이호룡, 앞의 책, p.154.

이 부분에 주목한 이호룡은 신채호의 아나키즘이 사회진화론을 극복하는 과정에서 이루어졌고, 상호부조론을 제창한 크로포트킨의 '아나코=코뮤니즘'이 신채호가 수용한 아나키즘이라고 논한다. 신채호는「위학문의 폐허」에서 바쿠닌Bakunin과 크로포트킨으로 도덕을 논술하여 '청년의 두뇌를 다시 씻을는지라'면서 바쿠닌이나 크로포트킨의 감화를 받지 못하는 것을 아쉬워했다고 했다[71]는 부분을 제시하는데 이렇게 보면 신채호는 민족적 주체성 찾기에 일관하고 있었음을 알 수 있다. 특히 바쿠닌의 '파괴가 곧 건설'이라는 주장을 근거로 내세우며 독립을 주장한 것[72]은 앞의 신일철의 논리와도 맞닿고 있다.

가지무라 역시 신채호가 '민족사학'의 주창자라는 점을 확인하면서 그 내용은 "신채호는 민족의 주체성을 탈회奪回하는 투쟁을 위해 모든 생명을 불태운" 즉 "혁명적 민족주의자"[73]라고 표현했다. 주체성 탈환을 위한 투쟁으로서 혁명적 민족주의는 김학현이 '외래사상의 수용 방법, 식민지화되어 가는 과정에서 민족의 자주성' 구축과 만나고 있다.[74] 가지무라 히데키 또한 신채호의 사상은 현재에 미치고 있으며 신채호의 문언文言은 오늘날에도 물음을 던지고 있는 것으로[75]고 '외래적인 것과

70) 飛鳥井雅道,「明治社会主義者と朝鮮そして中国」,『季刊三千里』第13号, 三千里社, 1978, p.29. 伊藤成彦,「大逆事件と「日韓併合」- 一つの仮説」,『季刊三千里』第17号, 三千里社, 1979, pp.14-18. 西重信,「幸徳秋水の朝鮮観—飛鳥井論文について」,『季刊三千里』第17号, 三千里社, 1979, pp.207-215. 石坂浩一,「日本の社会主義者の朝鮮観」,『季刊三千里』第34号, 三千里社, 1983, pp.79-87.

71) 이호룡, 앞의 책, pp.172-173.

72) 이호룡, 앞의 책, p.174.

73) 梶村秀樹,「特集·申采浩の啓蒙思想」,『季刊三千里』第9号, 三千里社, 1977, pp.54-55.

74) 金学鉉,「「恨」と抵抗に生きる - 申采浩の思想」」, 앞의 잡지, p.31.

75) 梶村秀樹,「일본인으로서 신채호를 읽다」,『신채호의 사상과 민족독립운동』, 형설출판사, 1987, pp.719-720.

식민지주의적인 것'을 비판하는 주체성 구축이었다. 즉 신채호가 이를 위해 나아간 방향은 아나키스트적 민족해방운동이었다. 신채호는 민중에 주목했고 민중은 억압받는 약자로서의 민중이었다. 이를 근거로 신채호의 민중직접 혁명론은 아나키스트의 민중들의 직접행동에 의한 민족해방운동론이자 사회혁명론이었다. 정치혁명과는 다른 것이다. 지배계급의 교체에 불과한 것은 의미가 없었기때문이다.[76] 바로 '지배계급이 교체'만으로는 달성할 수 없는 '민중의 한'이었다. 일본일 자본가에서 조선인 자본가로 바뀌는 것만으로는 혁명이 아니었기 때문이다.

가지무라 히데키 역시 신채호의 사상은 주체성 찾기에 있었다는 점을 중시했다. 민족적 주체였다. 자기 변혁을 위한 노력에 의해 만들어 낸 '사상'이었다. 즉 신채호는 제국주의가 다가오는 상황 속에서 자기를 변혁하면서, 동시에 일상생활에 매몰되어 부르짖음에 호응하지 않는 민중을 보면서 이를 개혁하기 위해 투쟁했다. 이러한 상황 속에서 신채호가 중시한 것은 경제력이나 정치력이 아니라 정신력과 사상의 주체성이었다.

> 신채호 역시 '정신'의 중요성을 강조하고 있었다. 즉 아我와 비아非我의 관계나 대아와 소아의 관계를 통해 아我를 상대화하는 논리를 구축

76) 이호룡, 앞의 책, p.237. 크로포트킨의 민중론을 수용, 그러나 신채호는 공산주의의 프롤레타리아 국제주의를 반대했다. 즉 프롤레타리아 국제주의에 입각하여 일본의 프롤레타리아와 연합할 것을 주장하는 것에 대한 반대의견이다. 한국인 유산 계급이 일본인과 함께 민중을 수탈한다는 것은 맞지만, 무산계급의 일본인을 한국인으로 보는 것은 몰상식한 언론이라고 보았다. 일본인이 아무리 무산계급이라 할지라도 그 뒤에 일본제국이 있어 이에 보호를 받으며 조선의 유산자보다 호강한 생활을 누리며 조선에 이식한 자는 조선인의 생활을 위협하는 식민의 선봉이니 무산자의 일본인을 환영한다는 것은 식민의 선봉을 환영하는 것이라고 보았다.

> 하고자 했다. 그리고 그것을 정신상의 각성이며, 이런 시각에서 역사 자체를 아와 비아의 투쟁이라고 본다. 여기서 아는 절대적 개념이 아니라 대상과 상황에 따라 얼마든지 달라질 수 있는 상대적 개념이다. 특정 개인이나 사회나 민족일수도 있다. 더 나아가서는 개인 내의 특정 부위나 사상, 국가와 사회 내의 특정 계급일수도 있다. 단재는 역사는 끊임없는 투쟁의 과정으로 보았다. 투쟁은 휴식이 없으므로 역사는 완결될 날이 없다고 했다. 중요한 것은 하나로 일원화하지 않는다는 점이다. 말하자면 역사 진행의 방향과 목적에 대해 언급하지 않고 투쟁 자체만을 강조하고 있다. 이러한 관점에서 조선사는 조선민족이 다른 민족과 끊임없이 투쟁하는 과정에 대한 기록이 된다.[77]

가지무라 히데키는 신채호가 중시한 것은 바로 민중의 각성이었다고 보았다. 그 민중의 각성을 위한 것이야말로 역사가 가장 중요하다고 생각했다. 가지무라는 다음과 같이 적고 있다.

> 신채호는 끊임없이 자기를 극복하면서 앞으로 나아갔다. 10년 이전의 신채호에게는 무엇보다도 가치가 있는 것은 어디까지나 총체로서의 추상적인 국가이든 민족이었다. 민중은 그것을 지탱하기 위한 존재였다. 이러한 신채호의 사색은 일면적으로는 민족의 실체로서의 민중 그것 자체에 가치를 발견해 가는 궤적이었다. 그리고 또 하나 다른 면은 상호 간의 약점을 보호하고 서로 기대는 무책임한 집단을 자립된 주체적 개인의 그렇기 때문에 강고한 결합이 가능한 민족으로 탈바꿈시키지 않으면 안 된다는 지향 논리가 명확해지는 과정이었던 것이다. 자아의 확립이라는 관념적인 말을 그는 결코 갖고 놀지는 않았지만, 기인으로까지 여겨졌던 망명이후의 신채로의 삶의 방법은 먼저 자기 자신을 자립시키려고 하는 결의의 표현이었다.[78]

77) 김기승, 「申采浩의 독립운동과 역사인식의 변화」, 『중원문화연구』제15집, 충북대학교 중원문화연구소, 2011, p.49.

이처럼 신채호는 민중의 주체적인 의식 확립을 중시했다. 그러면서 신채호 자신은 무정부주의 운동에 참가하게 되는데, 이 이후를 신채호의 '방황'으로 표현하기도 했다. 가지무라 히데키는 바로 이 '신채호의 무정부주의는 아마 착란하면서 자립하는 민중에 의해 성립된 민족 생활에의 뜨거운 정념의 정치적 표현 형태'[79]라고 하듯이, 착란과 자립의 경계를 논했다. 그것이 정치적 표현 형태라고 정의했다. 이것은 '정치혁명'과는 다른 것이었다.

신채호는 정치란 민중을 속여 민중의 생존을 빼앗는 민중의 적으로 간주했다. 오직 민중이 혁명에 참여해야 한다는 입장이었다.[80] 바로 이 부분은 가지무라 히데키가 언급한 것처럼 루쉰魯迅과 일본의 나쓰메 소세키夏目漱石와도 만난다.[81] 가지무라 히데키가 제시한 신채호, 루쉰, 나쓰메 소세키는 물론 세 사람을 대비하는 것에 타당한지 않은지는 면밀한 검토가 이루어져야 하겠지만, 이들이 인간적/사상적 대비로서 크게 빗나갈 것은 아니라고 생각한다[82]고 했는데, 그들은 "재생再生되고 순환적인 운동"[83]이라는 독창적 혁명 사상을 갖고 있었다.

먼저 루쉰을 보면, 루쉰은 일본 유학시절 나쓰메 소세키를 접했다.[84]

78) 梶村秀樹, 「特集 · 申采浩の啓蒙思想」, 『季刊三千里』第9号, 三千里社, 1977, p.60.

79) 梶村秀樹, 「特集 · 申采浩の啓蒙思想」, 위의 잡지, p.61.

80) 이호룡, 앞의 책, pp.203-204.

81) 潘世聖, 「中国と日本における「魯迅と漱石」研究の史的考察－魯迅と漱石の比較論の予備的研究」, 『比較社会文化研究』6, 九州大学大学院比較社会文化研究科, 1999, pp.35-43.

82) 梶村秀樹, 「特集 · 申采浩の啓蒙思想」, 앞의 잡지, p.56.

83) 野口武彦, 『王道と革命の間』, 筑摩書房, 1986年, p.19.

84) 潘世聖, 「魯迅と漱石」, 『Comparatio』3, 九州大学大学院比較社会文化研究科比較文化研究会, 1999, p.14.

루쉰은 강유위나 양계초와 같은 청말의 사상가 중 한 사람이었고, 중국 근대의 르네상스 5.4운동, 루쉰은 과도기의 인물, 신구시대의 투쟁을 체험한 인물이다. 소세키 역시 서구를 의식하면서도 서구 모방문화에만 집착하지 않는 입장에서 독자적인 근대를 창출하려고 한 인물이었다.[85]

히야마 히사오桧山久雄는 루쉰과 나쓰메 소세키를 비교하면서 독창적인 견해를 제시한다. 즉 '소세키의 자각 속에는 자신의 창작에 영향을 미치고 있는 것은 자국의 전통이 아니라 이인종異人種의 사상이었다. 물론 루쉰 또한 동일하다. 그러나 뤄쉰이 그러했듯이 소세키 역시 이인종의 사상의 그대로 자신으로 사상으로 착각하지는 않았다는 사실이다. 즉 이들은 어디까지나 자신들의 현실부터 출발하여 독자적인 근대를 창출하려는 작가였다. 이인종의 사상을 맹목적으로 차용하지는 않았다'[86] 고 논했다.

여기에 신채호를 비교한다면, 신채호 또한 기존의 성리학적 세계관으로는 새로운 현실사회에 대응할 수 없다 보았고 동시에 서구 근대사상으로만 한국사회의 파악하는 것도 불가능하다는 의미에서 새로운 유학사상에 관심을 갖고 있었다.[87] 그렇지만 이런 신채호에 또한 한편으로는 신비주의적 색채를 다분히 지녔고, 독일 헤겔의 '역사철학' 영향을[88]

85) 李国棟,「魯迅の悲劇と漱石の悲劇: 文化伝統からの一考察」,『会議発表論文』, 国際日本文化研究センター, 1991, pp.1-68. 李国棟,「中日両国の近代化と魯迅·漱石」,『国文学攷』176·177, 広島大学国語国文学会, 2003, pp.13-26. 李国棟,「アジアの近代化と魯迅·漱石」,『Fukuoka UNESCO』37, 福岡ユネスコ協会 2001, pp.116-129.

86) 히야마 히사오, 정선태역,『동양적근대의 창출』, 소명출판, 2000, pp.72-73.

87) 朴正心,「愛國啓蒙運動期의 儒教觀」,『한국철학논집』제6집, 한국철학사연구회, 1997, p.158.

88) 崔洪奎,「申采浩의 近代民族主義史學」,『한국민족운동사연구』제10집, 이문사, 1994, pp.152-160.

받았고 그것에 기반을 둔 정치사상도 독단의 요소를 지닌다고 평가된다.[89)]

히야마 히사오가 루쉰과 소세키를 비교하면서 내놓은 분석은 시사적이다. 히야마 히사오는 "루쉰은 인간의 확립이야말로 근대의 핵심이라고 생각하고 있었다. 루쉰은 그렇다고 근대를 서구화만으로 생각한다거나 서구와의 동일화를 지향한 것이 아니었다. 서구화론은 근대 지향의 이른바 하나의 국면이었고 근대 지향 그것은 서양문명을 목표로 한 것이 아니었다"[90)]라고 기술한다. 히야마 히사오는 이를 '전범典範과 모사模寫로는 충분하지 않은 것'이라는 점을 강조했고, 이는 나쓰메 소세키가 말한 것 즉 주어진 서양의 문학사를 유일한 진실로 알고 만사를 그것에 호소하여 판정하려고 하는 것이 갖는 협소성을 인지하고 있었다.[91)] 다시 말해서 소세키나 루쉰은 '서양의 문명을 유일한 진실'이라고 인정하지 않는 것에서 출발했다는 점이다. 그러면서 "소세키와 달리 루쉰에게는 고유문명이라는 4천년의 전통이 있었다. 소세키가 문명개화의 저항을 통해 후쿠자와류의 진보사관을 극복한 것처럼 루쉰은 고유문명사관을 극복하지 않고서는 그가 말한 제3의창조사관으로 나아갈 수 없었다. 서양의 문명보다 중국의 고유문명을 찬미하는 사관에 반대하여 그 고유문명이란 것은 사실상 노예 또는 노예 이하의 역사에 지나지 않는다는 노예사관을 주장한 것도 그 이유"[92)]라고 했다.

물론 김학현이 지적하듯이 "한국의 역사는 볼 것도 없이 체질화한 사대주의 사상에서 온 것이다, 이것들 안으로의 봉건왕조적 압제에 의해

89) 손문호, 「丹齋 申采浩의 政治思想」, 『湖西文化論叢』5, 西原大學湖西文化研究所, 1988, p.76.

90) 히야마 히사오, 정선태역, 앞의 책, p.161.

91) 히야마 히사오, 정선태역, 앞의 책, p.163.

92) 히야마 히사오, 정선태역, 앞의 책, p.165.

잉태된 민중의 안티 테제가 역사법칙의 발전에 따라 압제를 배제하고 자기의 본질을 행사하는 것에 의해 비로소 통일의 가능성을 나타내는 것이다. 관리화 된 노예의 상태에서 놓이고 민중의 주체성은 모두 충성을 강요당한 것"[93]와 접속되는 점도 있다.[94]

이러한 신채호와 루쉰의 노예사관이 민중의 입장에서 나왔다는 점은 동일하다, 즉 "아무리 왕조가 바뀌어도 언제나 노예상태에서 벗어나지 못한 민중의 관점에서 볼 때 비로소 중국 역사에서 으뜸이라는 고유문명은 그 기만성을 드러낼 것"[95]이었다. 히야마 히사오가 지적하듯이 "노예사관을 통해 고유문명사관을 뒤집어엎고 그 기만성을 폭로했다. 그 범위 안에서 노예사관은 현상으로부터의 탈각에 유효한 것이었다. 그런데 그렇게 고유문명사관과 대립하는 노예사관은 그 자체가 일봉의 순환사관이어서 내부에 발전의 계기를 포함하지 않고 있다. 루쉰의 노예사관은 출구가 보이지 않는다. (중략) 후쿠자와의 진보사관을 대입했다면 간단명료했을 터이다. (중략) 루쉰은 소세키가 그렇게 한 것처럼 이러한 길을 머릿속에 구상하지 않았다. 그가 선택한 것은 노예사관이라는 출구 없는 길이었다. 전통의 내부에 몸을 담고서 전통을 안으로부터 무너뜨리는 것 이외에는 방도가 없다"[96]며 '내부적 자아 비판'의 시각을 주창했다.

어쩌면 신채호 또한 아와 비아의 투쟁을 끊임없는 '내적 투쟁'으로 간주하면서 개인의 내면 각성을 주장하는 것과 유사하다. 신채호의 아我와 비아非我에 대한 연구[97]는 많다. 그중에서 서형범의 논고가 특별한데,

93) 金学鉉, 「光は獄中から・金芝河の思想」, 앞의 잡지, p.166.

94) 栗原省, 「「恨」をめぐって(3)沖縄戦－天皇のために死んでいった人たち」, 『月刊人権問題』330, 2004, pp.20-24.

95) 히야마 히사오저, 정선태역, 앞의 책, pp.165-166.

96) 히야마 히사오저, 정선태역, 앞의 책, pp.169-170.

이 논고에서는 주체가 타자를 향해 발화하는 의미로서, 신채호 특유의 세계상에 대한 인식구조로 규명해 냈다. 특히 아와 비아라는 도식으로 정립시킨 인식의 틀은 세계인식과 주체적 자기인식의 도정을 이끌어가는 동력으로, 그 연장선상에서 당신 즉 비아라고 칭해지는 존재도 실은 '당신도 나이고, 나도 나이며, 나의 대적은 나'라고 여 '당신은 나와 중첩된 나'라는 점을 제시했다. 그런 의미에서 신채호의 주체 인식 논리의 기본 틀은 아와 비아이며, 그것은 소아와 대아로 확장되는 인식[98]이 특징이라고 보았다.

신채호는 즉 나는 너와 구별되지 않고 인식은 나의 원인이며 결과라는 논리를 바탕에 두고 있었다. 그것은 대결의식이며 굴종과 복종의 구도가 아니었다. 그리하여 서형범은 "아와 비아는 하나의 역사적 행보이며 나와 너를 아우르는 자기와의 대결의식이 우리로 확장되고 외부지향의 주체 정립과정과 함께 별도로 내부에서 끊임없이 분화하고 자기 응시하는 복합적인 시선이 '복합진술주체'를 만들어 낸다"[99]고 논했다. 특히 나와 남의 대결 구도로도 읽을 수 있지만, 그것이 신채호 자신과 외부의 타자로서가 아니라 실질적인 나와 남이라는 나를 지탱해준 나의 준거와 내 안에 부정태로서의 남의 것으로 변형될 수 있는 것 이는 외부와의 대결이 아닌 자기성찰의 구도로 환원될 수 있다는 것이며 자기를

97) 박정심, 「申采浩의 '我'에 관한 연구」, 『東洋哲學研究』제76집, 東洋哲學研究會 2013년, pp.61-88. 박정심, 「申采浩의 我와 非我의 관계에 관한 연구」, 『東洋哲學研究』제77집, 東洋哲學研究會, 2014, pp.375-402.

98) 徐亨範, 「丹齋 申采浩 詩篇의 陳述方式과 知識人의 自意識에 대한 考察」, 『韓國文學論叢』제56집, 韓國文學會, 2010, p.342.

99) 徐亨範, 「丹齋 申采浩 詩篇의 진술방식과 지식인의 자의식에 대한 고찰: 시적 화자의 진술방식을 통해 본 내면 풍경」, 『韓國文學論叢』제56집, 韓國文學會, 2010, p.348.

응시하는 치열한 성찰적 태도[100]였다. 신채호의 근대적 개인의 주체를 혼돈과 모색의 투쟁으로 기술하는 방식은 루쉰의 전통론과 나쓰메 소세키의 근대적인 것을 모두 포함하는 것이었다.

뤼쉰의 이러한 겉돌기의 반복은 내적 투쟁으로 이어지고 내압內壓이 높아져 자신의 궤도마저 파괴되어 '미치광이狂人'이 된다고 논한다. 이것은 역설적으로 전통을 소급하면 할수록 루쉰 내면 속에서 형성된 미치광이적 인식은 그를 미치광이로 만들어 버린 노예의 역사구조와 대결하는 길이었고, 동시에 자신 내부에 존재하는 노예의 전통과도 대결하는 양상으로 나타났다.[101] 나쓰메 소세키의 경우는 근대의 지향을 목적으로는 하지 않지만, 그 근대의 물결 속에서 그것에 항거하지만 그곳을 기점으로 자신의 자유를 추구할 수밖에 없다는 입장이었다. 즉 주어진 서양이나 주어진 일상 세계를 물론 유일한 진리로 인정하지는 않지만, 주어지지 않은 역사를 창조하는 것을 단정하지 않는 것 그것에 특징이 있었다.[102]

4. '한'과 '단斷'이라는 미귀未歸: 코이노니아Koinonia에의 길

『계간삼천리』에 김학현은 한과 저항을 키워드로 윤동주, 이상화, 한용운, 심훈, 김소월, 김수영, 신동엽 그리고 김지하를 소개했다. 윤동주는 북간도 명동에서 태어나 명동학교, 평양의 숭실중학교, 용정龍井의 광명

100) 徐亨範, 「丹齋 申采浩 詩篇의 진술방식과 지식인의 자의식에 대한 고찰: 시적 화자의 진술방식을 통해 본 내면 풍경」, 『韓國文學論叢』제56집, 韓國文學會, 2010, p.348.
101) 히야마 마사오저, 정선태역, 앞의 책, p.174.
102) 히야마 마사오저, 정선태역, 앞의 책, p.45.

중학을 졸업하고 연희전문학교를 다녔고, 도쿄의 릿쿄立教대학에 입학했다가 다시 교토京都의 도시샤同志社대학 영문과로 편입학했다. 이후 교토대학 재학 중인 송몽규와 함께 사상범으로 체포되어 규슈 후쿠오카福岡형무소에서 생을 마감했다.[103]

윤동주는 일본에 의해 식민지화 된 '조선'의 피식민자로서의 북간도에서 태어나 일본으로 유학을 경험한 '디아스포라'적 수용돌이 속에서 삶을 살았다. 디아스포라라는 말은 조선반도의 조선인이 아니기는 했지만, 일본 제국에 의해 나라를 잃은 국가 없는 국민으로서, 일본에 유학하면서 '일본 제국주의에 저항'한 삶을 살았다는 의미이다. 윤동주의 저항은 다름아니라 '슬픈 종속種屬의 한 사람'으로서 자기 존재를 바라보는 시선을 통해 나타났다. 즉 정주하지 못하는 부재의식과 그 정착을 내면세계에서 갈구하는 모습 속에 저항이 존재했다.[104] 그렇기때문에 윤동주의 저항은 '자신의 존재를 깊게 성찰하고 어두움을 극복'하고자 하는 점에 있었다. 이를 두고 김학현은 윤동주가 찾고자 했던 잃어버린 것은 존재의 근원에 돌아가는 것을 의미했고, 그에게 근원적 존재란 숭고한 자기희생 의식으로, 식민지 모국의 비참한 실정에서의 위기의식이 마침내 숭고한 자기희생 의식으로 승화되고, 순교정신으로 표현했다.[105] 윤동주의 내면세계 또한 한의 일종이었다.

그리고 김학현은 「슬픈 시인·김소월」에서 한국의 정신사 중 '슬픔의 예술'이라는 것을 조지훈의 말에서 빌려와 소개한다. 그러나 김소월은 허무의 슬픔 속에서도 항상 반성과 명상, 희구와 신앙, 체념과 달관 등 착잡한 감정이 순화되어 변형된 이상세계를 예술작품 속에서 찾아내어

103) 김혁, 『윤동주 코드』, 연변인민출판사, 2015, pp.1-324.

104) 金学鉉, 「空·風·星の詩人」, 『季刊三千里』第10号, 三千里社, 1977, p.153.

105) 金学鉉, 「空·風·星の詩人」, 위의 잡지, p.155.

만들었다고[106] 논했다.

한의 주제가 이별이었다. 김소월은 이별을 주제로 한 시 작품을 많이 썼다. 김학현은 김소월이 시 속세어 표현하는 이별은 '미련을 담고 있으면서 상대방을 원망하지 않는 심정을 스스로가 관찰하여 자신을 억누르는 관용의 표현'이라고 해석했다. 즉 이것 또한 일종의 한恨 사상이었다. 그리고 이러한 한 사상은 물론 시대나 상황에 따라 달라지는 부분이 있고 한이 형상화되기도 하지만 그 저류에 흐르는 서정 그 자체는 개인적인 것이기도 하고 동시에 집단적으로 승화되어 민족의 역사로서 나타난다고 논한다. 즉 그것은 개인과 민족의 생의 비애이며 한이었다.[107] 개인에서 집단 그리고 민족성으로 연결되어 개인을 넘는 더 큰 개념으로 연결된다.

그런데 이 슬픔은 두 가지로 나누어진다. 감상에 빠지는 슬픔에 빠질 경우와 자각적인 경지까지 승화되는 체념, 달관의 영역에 이르는 것 두 개다. 후자의 경우는 카타르시스가 느껴져 개인적 비애나 집단적 비애의 현실이 '상대화'하여 새로운 생의 창조로 이어지게 된다. 이렇게 되면 한은 한의 사전적 개념을 넘어서게 된다. 즉 새로운 생의 원동력으로서 작동하게 되고, 한은 새로운 의미로서 그 의미를 지속하게 된다. 바로 이점을 김학현은 김소월에게 적용했고, 김소월의 개인적 한의 세계가 시로 표현되면서 민중의 마음으로 공감대가 형성되고, 민족적인 한으로 확산된 것을 중첩시켰다. 서민적이고 대중적 혹은 향토적인 것이 한과 연결된 것이다. 그리하여 김학현은 "소월의 시혼詩魂은 경우에 의해 대소심천大小深淺, 자재변전自在變轉하는 것이 아닌 시간과 공간을 초월한 것이며, 중략 음영陰影의 현상이다. 낮과 밤, 빛과 그림자, 환희와 적막,

106) 金学鉉,「哀しき詩人・金素月」,『季刊三千里』第14号, 三千里社, 1978, p.113.
107) 金学鉉,「哀しき詩人・金素月」, 위의 잡지, p.115.

고독과 동정, 생과 사가 엮어내는 자연의 인간 세상 속 생활의 그늘 속에 소월은 음영의 사상을 형성한다. 불변의 시혼, 그것은 다른 말로 표현하면 한이다. 중략 애절한 원망의 시가 많지만, 때로는 강한 소망을 담기도 한다"[108]며 김소월의 시를 한과 연계해서 해석했다.

김소월의 시 속에는 개인의 슬픔과 허무가 민중과 연계되고, 다시 이 슬픔은 집단적으로 승화되어 가는데 그 과정에서는 반성과 명상, 희구와 신앙, 체념과 달관 등의 감정이 순화되어 새로운 이상 세계를 만들려는 원동력으로 작동하고 있는 것이었다고 보았다. 그것은 비애와 한탄, 원망을 넘어 인간 삶의 생이 갖는 비애를 극복하는 힘이었다.

마지막으로 김학현은 한을 주제로 김지하를 제시했다. 일본에서 김지하는 한국의 민주화운동의 상징적 존재로 거론되었다. 당시 김지하는 한국과 일본을 넘어 세계적인 존재로 크로즈 업 되었다. 김학현은 바로 이 김지하를 '한국인으로서' 논하기도 하지만, 인간으로서의 삶이 무엇이었는가에 초점을 맞추어 소개했다. 김지하에게서 '김지하가 갖는 투쟁의 근저에 흐르는 의지'를 보았다고 했다. 즉 김지하의 의지는 시대라던가 민족을 넘어 인간의 보편적인 것을 보여주는 '사상'이었던 것이다.

> 오랫동안의 수난의 역사 속에서 키워온 민족의 파토스이며 로고스인 것이다. 일제말기의 윤동주가 어둠 속에서 아침을 기다리는 최후의 나라고 노래했고 루쉰이 암흑과 뒤얽혀 싸울 뿐이라며 자신의 숙명이고 사명이라고 믿고 봉건과 근대의 틈새에서 고통스러워한 것과 같은 것이다. 즉 암흑 속에 감춰진 진실을 빛 아래로 꺼내는 것이라는 이은 나에게 정치적 의미, 예술적 문제, 종교적 신앙, 이런 것들에 일치하는 보편적 정신의 문제이다. 진실을 빛 아래로 끄집어내는 작업은 그의 문

108) 金学鉉,「哀しき詩人・金素月」, 위의 잡지, p.119.

학의 기조라고 말할 수 있는 한의 사상과 연결된다. 한은 어둠 속에 쌓이고 쌓인 개인적·민족적인 원념怨念이라고 할 수 있기 때문이다.[109]

김지하의 사상은 민중이 진정한 해방과 이상국가를 추구하는 것에 있었다고 보았다. 그렇지만 김지하의 경우는 '기다림의 민중들'에 대해서 비판적이었다. 민중들은 기다리는 것에 익숙한 그것 자체를 극복해야 하며, 그 기다림이라는 것을 익숙하게 길러온 민중의 의식 그 저변에 꿈틀거리는 한을 풀고 해결하기 위해 이 익숙함과 투쟁해야 한다고 보았다.[110] 김지하는 바로 이점이 노예근성이라고 보았고, 이 노예근성이 몸에 베어 있어, 근대적 자아의 각성이 늦어졌다고 논했다. 바로 이점이 민중을 그려내면서 민중의 노예근성 즉 한이 갖는 수동성을 극복하는 것이 근대성을 쟁취하는 것이라고 제시한다. 이것은 한을 노래한 저항의 의지이기도 하며 이는 한용운, 김소월, 이상화, 이육사, 윤동주의 시혼詩魂에 담겨진 자유의 쟁취이며, 빼앗긴 것에 대한 저항이었다.[111]

김지하 사상의 핵심으로서 한은 저항의 원동력으로서 해석되었다. 원망이나 원한의 구도를 넘어서는 것으로 '억압되고 착취를 당한 가난한 민중 속에서는 비애의 문화'가 탄생하기도 했지만, 역으로 이 비애의 역사, 유약의 역사 저변에 침전해 있는 한을 응시하는 것에서부터 출발하지 않으면, 미를 알 수 없다는 것이다. 즉 한이 있기 때문에 역설적으로

109) 金学鉉, 「光は獄中から·金芝河の思想」, 앞의 잡지, p.155.

110) 金学鉉, 「光は獄中から·金芝河の思想」, 앞의 잡지, p.156.

111) 金学鉉, 「光は獄中から·金芝河の思想」, 앞의 잡지, pp.156-158. 이별의 시나, 연가부터 시작해서 인생의 비애, 체념을 노래한 것에서부터 근대에 이르는 김소월, 한용운 등의 민족 서정시에도 보인다. 문학에 한하지 않고 예술문화 등 모든 분야에서 말할 수 있다. 특히 식민지시기의 예술작품, 대체적으로 민족의 한을 기조로 하고 있다고 말해도 과언이 아니다.

강인한 삶이 지속되고 있다는 것이다.[112)]

이것을 보여주는 것이 마르독인데, 마르독을 통해 한과의 투쟁 과정을 그려낸다. 이 마르독이라는 인간상은 김지하가 '거대한 어둠을 거두지 못하고' 슬픔 속에서 미칠 것 같은 꿈을 꾸면서 만들어 낸 인간상으로 1975년 5월 19일에 제1회 재판이 열린 김지하에 대한 반공법위반 사건의 재판 때에 홍변호사의 반대심문에서 '마르독은 어떤 인물입니가' 라고 묻자 김지하가 '마르독은 일일 노동자라고 말하며 다음과 같이 정의했다.

> 정규직이 없어 그날그날 몸으로 때우는 인부이고, 방랑자이다. 모든 권위를 인정하지 않는 한 마리의 이리이다. 완고한 접할 수 없는 천민이다. 그러나 그 반면, 강한 생명력을 갖고 있고, 철저한 저항정신, 강인한 민중의식, 반권력적인 비판 정신을 갖고 있다. 그러한 점에서 마르독은 노동자적인 패기와 강인성, 그리고 농민적인 자유로운 마음과 낙천성을 겸비하고 있다. 그렇지만, 마르독이라는 천민은 민중 전체의 긍정적인 측면을 갖고 있음과 동시에 부정적인 측면을 갖고 있다'고 답했는데, 김지하는 옥중의 '마르독' 신분이었다.[113)]

마르독은 김지하의 한의 세계와 만나게 되는데, 이는 「고행 1974」에도 나타난다. 김지하의 작품은 김지하 자신이 말하고 있듯이 '사탕팔이, 나병환자, 창부, 걸인 등 도시천민'을 연결했고, 감옥에서 나왔을 때 자신을 맞이해 준 '생활의 찌든, 햇빛에 그을린 생선을 파는 어머니들'이었다고 말하며 바로 이들이 민중이라고 했다. 즉 앞서 언급한 사탕팔이, 창부, 걸인 그것에 생선 팔이 아주머니는 말하자면 민중이며 김지하 자

112) 金学鉉, 「光は獄中から·金芝河の思想」, 앞의 잡지, p.158.

113) 金慶植, 「マルトックとの出会い」, 『季刊三千里』第8号, 三千里社, 1976, p.20.

신도 그 민중의 한사람이었다. 김경식은 김지하의 「고행 1974」와 마르독의 연결고리를 찾아냈다. 그것은 '죽임을 당하는 것에 의해 죽음을 이길 수 있고, 죽음을 선택하는 것에 의해 집단의 영생을 얻는다는 것'을 김지하가 깨닫는 순간이 있었다는 점에 주목했고, 바로 그것은 '역사적 순간'으로 감동의 극치라고 했다.

> 그 방들 속에서의 매 순간순간은 한마디로 죽음이었다. 죽음과의 대면! 죽음과의 싸움! 그것을 이겨 끝끝내 투사의 내적 자유에 돌아가느냐, 아니면 굴복하여 수치에 덮여 덧없이 스러져가느냐? 1974년은 한마디로 죽음이었고, 우이들 사건 전체의 이름은 이 죽음과의 싸움이었다. 죽음을 선택함으로써 비로소 죽음을 이겨내는 촛불 신비의 고행. 바로 그것이 우리의 일이었다.[114]

김지하는 감옥에서 만난 김병곤에게 사형이 구형되었을 때 김병곤이 '영광입니다'라고 대답한 것에 대한 김지하의 생각을 적은 것이다. 김지하는 사형은 죽인다는 말인데, 일체의 종말을 의미하는 것인데, 김병곤은 '영광입니다'라고 표현한 것이다. 김지하는 이것은 성자聖者를 비유하며, 죽음을 받아들임으로써 죽음을 이겼고 죽음을 스스로 선택함으로써 집단의 영생을 얻는 것이라고 논했다. 이상과 현실의 간극을 한 번에 극복해 버리는 순간을 노래했고, 그것을 '엄청난, 엄청난 순간'이라고 표현했다.[115] 바로 이러한 엄청난 순간이라고 표현되는 세계는 친교와 '원한과 아가페적인 사랑이 합치되는' 순간이기도 할 것이다.

> 저항의 단계에서 불가피적인 폭력적 계기를 끊는 단의 상태 즉 대자

114) 김지하, 「고행 … 1974」, 『김지하전집3』, 실천문학사, 2002, p.571.
115) 김지하, 「고행 … 1974」, 위의 책, p.577.

적對自的인 어느 지양상태에 다다른다. 깊은 고뇌 속에서 자기를 던지는 것, 이기적 집착을 잘라 떼어내는 사랑 이것이 단이고 이 단을 통해 친교koinonia, 共有의 세계에 다다른다. 한의 결말일 뿐만 아니라 혁명의 목적도 이 코이노이아이다. 말하자면 한의 폭발이 기독교적 사랑의 정신을 통해 억압되고 친교로 높아지는 것이다. 한과 단의 변증법적 과정은 말하자면 사랑의 변증법에 의해 통일이 시도되는 것이다.[116]

원망에서 바램 사이는 대치적인 관계가 아니라 그 '양가적인 것'을 끊으면서 동시에 끊어지는 관계가 아니며, 변증법적 과정이기도 하지만 동시에 그 변증법이 하나로 합쳐져 새로움으로 나아가는 순간이기도 할 것이다. 이것은 이상적인 비현실성이 아니라 '언어와 인식'의 세계에서도 일어나는 사건이기도 했다.

가지무라 히데키는 자신이 한국어를 배우게 되면서 느끼게 된 새로운 세계에 대해 논했다. 즉 일본인으로 태어나 일본어를 배운 자신은 조선에 대해 접하면서 느낀 것이 '조선에 대한 것'을 일본어로 생각하게 되는 자신을 발견하게 되었다고 한다. 더 나아가 가지무라 히데키는 자신이 일본인으로서 일본어를 배운 것은 '조선에 대한 것뿐만 아니라 모든 것 즉 세계를 일본어로 생각하게 되는 점'에 대해 의구심을 가졌고, 일본어를 통해 세상의 이미지를 축적한 것을 되돌아보게 되었다고 논했다.

그것은 한글을 배우면서 '한글로 세상을 생각하는 자신'을 알게 되면서 '한글로 인지하는 세계가 일본어로 인지하는 세계가 다르다는 점'을 알게된 순간 '놀라움을 금치못했음'을 피력했다. 가지무라 히데키는 바로 이 점을 논하면서, 말은 사상을 운반하는 수단이기도 하지만, 그 말에 깃들어 있는 사상의 알맹이가 중요하다는 것을 제시하면서, 그 사상의 알맹이가 무엇인지에 대해 다음과 같이 논했다.

116) 金学鉉, 「光は獄中から·金芝河の思想」, 앞의 잡지, pp.160-161.

재일조선인이 조선어 체험을 한 이야기이다. 서울 사람이 유창하게 하는 말을 들으면 자신의 말이 '고장Broken났다'는 부끄러운 생각이 들어 고민하고 있었는데, 이처럼 언어 그 자체를 신비주의적으로 받아들여도 어쩔 수 없었다. 가령 '고장났다'고 하더라도 자신이 고생하며 배운 언어라고 한다면 그것이 자신의 진짜 언어인 것으로, 서울 사람의 유창한 말도 진짜라는 것과 별반 다르지 않다. 오히려 문제는 인간적인 진짜 고생을 하고 있는가 그렇지 않은가에 있다고 생각하게 되었다는 것을 말했다. 나도 조선어 이해가 아직 부족하고 고장났지만 내 나름대로의 방식으로 이해하는 조선어의 세계라는 것이 있고, 그것을 자신에게는 진짜라고 말할 수 있는 것이 아닌가라고 생각한다.[117)]

가지무라 히데키가 표현한 '고장 난 것' 또한 새로움을 발견하는 세계였다. 한국 본국에서 한국인이 발음하는 한국어가 기준이 되어 재일조선인 오임준씨가 자신의 한국어가 그에 미치지 못해서 '고장난 것'이라고 표현했지만, 자기 나름대로의 방식으로 이해하는 조선어의 세계 그것이야말로 '진짜의 세계'이며 주체와의 만남이 되는 것이었다.

앞서 언급한 것처럼 한이 원한에서 원한願恨으로 승화되는 것은 정신이나 내면 이식의 운동과 연결되어 해석될 수 있으며 중요한 역학인데, 바로 이것은 고장난 것으로 여겨지는 세계를 극복하고 자신만의 방식으로 마주한 조선어의 세계로서 그 가치가 다이나믹한 새로운 인식의 세계로 승화되는 지점으로서 만나는 것이다.

그렇기 때문에 한은 하나의 기준점이나 확정된 개념의 세계로부터 '억압과 유린, 거짓, 기만, 착취'를 느끼는 세계이며, 이러한 세계는 제3의 모든 민중들로 연결된다. 바로 이러한 억압과 억눌림 그리고 개념에 노예의식으로 세상을 보는 '민중의 한'을 극복하여 새로운 사상을 일구

117) 梶村秀樹, 「朝鮮語で語られる世界」, 『季刊三千里』第11号, 三千里社, 1977, p.49.

어 내는 것은 이처럼 각각의 내면적 투쟁 속에서 생겨나는 것이었다.

김학현은 그것을 개인성에 두기도 하면서, 다시 이데올로기의 상대화를 시도하는 의미에서 보편적이기도 했다. 왜냐하면 개인의 내부에는 세계가 내재되어 있고, 그 세계를 상대화하는 것은 개인이지만 세계성을 띠기 때문이다. 그러나 그것은 보편성의 의미가 다르다. 즉 새로운 세계적 사상, 새로운 세상을 제시하는 기존의 보편성과는 다른 것이다. 즉 김학현은 '오늘날 남한의 자유민주주의 형태도 아니고 또는 북한의 사회주의 형태도 아닌 모든 비인간적 요소를 제거한 모순을 포함하는 현존의 세계의 모든 국가형태를 진정으로 인간적인 것으로 지양하는 것의 새로운 건국의 사상이지 않으면 안된다'고 논했다. 그렇다면 이러한 세계를 눈앞에 제시할 수 있는가하면 그렇지 못하다. 그렇기 때문에 보편성적 세계가 아니라는 것이 아니다. 김학현이 논하고자 하는 것은 '전세계의 영지英知의 필요하면서 동시에 환상으로 보이는 새로운 세계도 자신과 혹은 자신이 속한 민족의 역사적 한에 근거를 두고 있는 리얼리티'[118]에서 출발하는 것 이것이 보편성으로 연결되는 것이다.

그리하여 '전세계의 인민'과의 접속이 가능해진다. 즉 '한의 실체'가 억압받는 세계에 존재하는 사람의 경우에서 성립되고 그 한의 세계는 각각의 개인이나 민족, 국가에 따라 다양多樣한 의미로 확대될 수 있다. 한국과 일본의 경우를 생각한다면, 식민지지배 36년이 그것이다. 물론 이는 끝난 것이 아니라 전후 30년 이상의 세월이 지나면서 세대 교체가 이루어져 식민지지배를 체험하지 않은 사람들이 증가하게 되어 '전후' 세대를 다시 포함하면서 형성되는 전후[119]를 논하면서도, 여기서 일관되게 저류하는 '고정화된 조선관, 차별적 조선관'은 계승되고 재생산되

118) 金学鉉, 「光は獄中から·金芝河の思想」, 앞의 잡지, p.167.

119) 成田龍一, 『「戦後」はいかに語られるか』, 河出書房, 2016, pp.18-23.

어 졌다.[120]

이는 동시에 조선인은 조선인 입장에서 한일관계의 모든 악의 근원을 일본의 식민지통치에서'만' 논하고, 스스로의 책임 있는 삶의 방식 즉 그것을 넘으려는 생각을 등한시하는 것은 '약함'의 표명이며 한의 세계를 이해하지 못하는 것이다. 말 그대로 인간으로서 한국인과 일본인이라는 등가等價의 입장에서 주체 문제로서 일본인은 차별적 조선관의 재생산을 극복하고 한국인은 악의 재생산을 끊어내는 것을 동시에 일구어내야 하는 것이었다.

가지무라 히데키가 논하듯이 '후지오 마사유키藤尾正行의 발언[121]에서 한국병합이 합의에 의해 이루어 진 것'으로 한국 측도 문제가 있다고 논하는 '인식'은 여전히 '민족=국가라는 패러다임을 유일한 고정불변적인 것으로 절대화 사상에 근거'하는 비주체적 자아 인간인 것이다. 한국인과 일본인의 등가적인 입장에서 역사를 바라보고 고정화된 관념의 재생상을 끊으면서 만나자는 논리가 일본의 신국가주의적 풍조 대두를 알리는 서막이었는데, 이를 일본 사회가 자각할 것을 주장했다.[122] 그리하여 이러한 방향으로 나아가지 않기 위해서는 민중의 시점에 서서 한의 역사를 대하는 방법으로 가능해 질 수 있다. 즉 지금까지 언급해 온 것처럼 한을 가진 민중의 시점에 서는 것에서 시작해야 민족 간의 혹은 국가 간의 관계는 영원한 대립과 투쟁이 반복하는 냉소적인 사상을 초극하는 단서가 열리게 되는 것이다.

다시 말해서 이것을 다시 '일본의 파시즘'을 상대화하려는 회한 혹은

120) 梶村秀樹, 「植民地支配の朝鮮観」, 『季刊三千里』第25号, 三千里社, 1987, p.33.
121) 庄司潤一郎, 「戦後日本における歴史認識 - 太平洋戦争を中心として」, 『防衛研究所紀要』第4巻第3号, 防衛研究所, 2002, pp.100-119.
122) 梶村秀樹, 「「保護条約」と朝鮮民族」, 『季刊三千里』第49号, 三千里社, 1987, p.24.

한의 승화로서 권력적 국가를 재생산하는 내셔널리즘이어서는 안되는 것이다. 국가에의 충성과 국가권력에 절대시를 둘러싼 지배층들의 대립에 의해 형성된 파시즘 비판뿐만 아니라 일본 민중의 저항력을 잃고 전쟁협력을 수행한 것에 대한 반성과 피식민자의 한을 이해하는 것을 필요로 한다. 그 한의 포용성을 받아들이는 것이 국가주의 극복으로 연결된다는 점을 상기하게 해 준다.

5. '되만듦'의 창조력을 위하여

본 글에서는 먼저 한 개념의 정의를 재시도하면서 『계간삼천리』에서 특집으로 구성한 한과 저항의 논리를 인간 내면와 연계하여 고찰했다. 특히 원한이나 원망, 한탄의 개념을 넘어 정한情恨이나 원한願恨으로 변용되어 질적인 전환이 이루어지는 인식론의 생성 과정으로 파악했다. 물론 원한이나 한탄에서 돌연변이적으로 나타나는 해한解恨이 아니라 자기상대화의 끊임없는 투쟁의 연속적 운동으로 파악하고자 했다. 이는 서구의 르상티망과는 또 다른 차원의 정화작용으로 비서구적 개념이다. 그리고 민중들이 혹은 약자들이 원한에서 원한願恨으로 나아가는 과정에서 '삭임'의 과정이 매우 중요했는데, 이 과정을 거쳐 슬픔의 벽을 넘어 타자 이해로 승화되는 중간지점이 존재한다는 것을 중시했다. 이는 한을 재해석하고 한을 통해 인간의 보편성을 재고할 수 있다는 세계를 보여주는 가교였다.

이것을 달리 표현하면 인간의 삶의 보편적 문제로서 인식 체계의 재구성이 가능하다는 논리와 그것이 새로운 세계상을 창조하는 과정으로 재현되는 부분이 있다는 점에 주목했다. 이는 한恨 담론의 재구성이며 비애의 민족성이 어떻게 식민지주의와 조우하게 되는가로 연결된다. 즉 신채호로 대표되는 19세기는 서구화 지향이 추동되고, 또는 전통의 고수로서 국수주의화가 진행되었다. 이 둘은 달라 보이지만 결국 서구화를 둘러싼 양극 현상으로 동질적인 문제를 내포한 것이었다. 바로 이 둘을 초극하기 위한 시도로서 신채호가 찾고자 한 것은 중국적 자강론과 근대적 네이션을 재구성하고자 아나키즘적 민중 주체 국가론을 제안한다.

이는 동시대의 루쉰이나 나쓰메 소세키와 비교하는 논점을 통해 『계간삼천리』는 한국적 시각에서는 볼 수 없는 또 하나의 창조적 세계관을 보여주었다. 신채호적 아와 비아의 투쟁이 만들어 내는 근대, 루쉰이 전통을 매개로 서구적 근대를 끊임없이 비판하고 다시 전통 자체를 상대화하려는 시도, 나쓰메 소세키가 서구적 근대의 모습 속에서 다시 일본의 근대를 전통과 조우시키는 방식에는 '주어진 것'에 대한 자기 상대화의 표출이었다. 자기 내부를 응시하며 내압을 견디는 것을 통해 승화되는 창조의 세계발견이다.

마지막으로 윤동주와 김소월 그리고 김지하의 한에 담겨진 원망과 한탄이 정한情恨과 친교의 세계로 전화되는지를 설명했다. 윤동주가 북간도 출신으로 조선반도와 일본 사이에서 부유하는 정체성 속에서 자신의 내면에 대한 성찰을 표현하는 방식을 설명했다. 그것은 저항적 정신의 표출이면서 희생으로 승화된 내면의 특징이다. 김소월의 경우는 비애나 원망을 극복하여 카타르시스의 세계로 승화되는 한으로 그려냈다. 민중의 삶으로 연결되면서 인간의 삶 속에 내재된 비애를 승화하는 순환을 보여주었다. 김지하의 사상을 한과 연결하여 설명했다. 민중들이 익숙하게 체화 한 기다림의 수동성은 한을 만들어 내지만, 그 한은 곧 노예근성의 연장이었다. 그렇기 때문에 그 익숙함과 투쟁하여 쟁취하는 자아만이 근대적 자아이고 해방적 자아임을 주장했는데, 이것은 근대 인간해방의 논리와 만나는 지점이었다.

이것은 한의 다양성을 보여주는 사례들인데, 이 한 개념이 친교로 거듭나는 것은 개인적 세계관의 자타인식이기도 하면서 동시에 민족이나 국가의 '이데올로기'의 상대화 작업이기도 했다. 특히 전후 일본인의 차별적 조선관이나 한일합방의 상호 책임론 거론은 민중의 시각이 결여된 '원한과 한탄의 한 공동체'에 머무르는 증류되지 못한 비주체적 단계에 그치는 것이다. 이것을 끊고 다시 연대로 연결하는 사상을 출발하는 것이 한의 이해이며, 이 한의 세계관이 원한에서 친교로 나아가는 과정에서 고정관념과 남탓하는 악의 관념을 상대화를 가능케 해 주는 것이다. 이는 한 개념을 레토릭으로 하는 내셔널리즘과 초국가주의의 또 다른 세계관으로 연대해 가는 아시아를 상상하게 해 주는 기회인 것이다.

참고문헌

권정기, 「르상티망」, 『현상학과 현대철학』61, 한국현상학회, 2014.

김기승, 「申采浩의 독립운동과 역사인식의 변화」, 『중원문화연구』제15집, 충북대학교중원문화연구소, 2011.

김지하, 「고행 … 1974」, 『김지하전집3』, 실천문학사, 2002.

김진, 「한(恨)이란 무엇인가?」, 『한의 학제적 연구』, 철학과 현실사, 2004.

김혁, 『윤동주 코드』, 연변인민출판사, 2015.

단재신채호선생기념사업회, 『단재신채호와 민족사관』, 형설출판사, 1986.

梶村秀樹, 「일본인으로서 신채호를 읽다」, 『신채호의 사상과 민족독립운동』, 형설출판사, 1987.

朴正心, 「愛國啓蒙運動期의 儒敎觀」, 『한국철학논집』제6집, 한국철학사연구회, 1997.

裵勇一, 「朴殷植과 申采浩의 愛國啓蒙思想의 比較 考察」, 『한국민족운동사연구』제13집, 이문사, 1996.

徐亨範, 「丹齋 申采浩 詩篇의 陳述方式과 知識人의 自意識에 대한 考察」, 『韓國文學論叢』제56집, 韓國文學會, 2010.

손문호, 「丹齋申采浩의 정치사상」, 『湖西文化論叢』5, 西原大學校湖西文化研究所, 1988.

신용하, 「申采浩의 무정부주의 독립사상」, 『東方學志』第38輯, 연세대학교국학연구원, 1983.
신일철, 『신채호의 역사사상연구』, 고려대학교출판부, 1981.
申采浩, 「讀史新論」, 『丹齋申采浩全集』(上), 螢雪出版社, 1977.
申采浩, 「公判紀錄」, 『丹齋申采浩全集』(下), 螢雪出版社, 1977.
申采浩, 「舊書刊行論」, 『丹齋申采浩全集』(下), 螢雪出版社, 1977.
申采浩, 「浪客의 新年 漫筆」, 『丹齋申采浩全集』(下), 螢雪出版社, 1977.
申采浩, 「大我와 小我」, 『丹齋申采浩全集』(下), 螢雪出版社, 1977.
申采浩, 「朝鮮革命宣言」, 『丹齋申采浩全集』(下), 螢雪出版社, 1977.
申采浩, 「國粹保全說」, 『丹齋申采浩全集』(別集), 螢雪出版社, 1977.
申采浩, 「同化의 悲觀」, 『丹齋申采浩全集』(別集), 螢雪出版社, 1977.
申采浩, 「文化와 武力」, 『丹齋申采浩全集』(別集), 螢雪出版社, 1977.
申采浩, 「儒教界에 對한 一論」, 『丹齋申采浩全集』(別集), 螢雪出版社, 1977.
申采浩, 「二十世紀 新國民」, 『丹齋申采浩全集』(別集), 螢雪出版社, 1977.
安田吉実·孫洛範編, 『엣센스 한일사전』, 민중서림, 2000.
우리사상연구소엮음, 『우리말 철학사전5』, 지식산업사, 2008.
이지중, 「丹齋 申采浩의 教育觀 考察」, 『교육사상연구』제21권 제2호, 韓國教育思想研究會, 2007.
이호룡, 『신채호 다시 읽기: 민족주의자에서 아나키스트로』, 돌베개, 2013.
이희승, 『국어대사전』, 민중서림, 2005.
임중빈, 『단재 신채호 전기』, 충청출판사, 1980.
趙東杰, 「丹齋 申采浩의 삶과 遺訓」, 『韓國史學史學報』3, 韓國史學史學會, 2001.
천이두, 『한의 구조 연구』, 문학과 지성사, 1993.
崔洪奎, 「申采浩의 近代民族主義史學」, 『한국민족운동사연구』제10집, 이문사, 1994.
하영삼, 『한자어원사전』, 도서출판, 2014.
히야마 히사오, 정선태역, 『동양적근대의 창출』, 소명출판, 2000.

金慶植, 「マルトックとの出会い」, 『季刊三千里』第8号, 三千里社, 1976.
金学鉉, 「空·風·星の詩人」, 『季刊三千里』第10号, 三千里社, 1977.
金学鉉, 「光は獄中から·金芝河の思想」, 『季刊三千里』第19号, 三千里社, 1979.
金学鉉, 「申采浩(矢部敦子訳)『朝鮮上古史』」, 『季刊三千里』第37号, 三千里社, 1984.
金学鉉, 「哀しき詩人·金素月」, 『季刊三千里』第14号, 三千里社, 1978.

栗原省, 「「恨」をめぐって(3)沖縄戦 - 天皇のために死んでいった人たち」, 『月刊人権問題』330, 2004.
李国棟, 「アジアの近代化と魯迅 · 漱石」, 『Fukuoka UNESCO』37, 福岡ユネスコ協会, 2001.
李国棟, 「魯迅の悲劇と漱石の悲劇」, 『会議発表論文』, 国際日本文化研究センター, 1991.
李国棟, 「中日両国の近代化と魯迅 · 漱石」, 『国文学攷』176 · 177, 広島大学国語国文学会, 2003.
梶村秀樹, 「「保護条約」と朝鮮民族」, 『季刊三千里』第49号, 三千里社, 1987.
梶村秀樹, 「朝鮮語で語られる世界」, 『季刊三千里』第11号, 三千里社, 1977.
梶村秀樹, 「申采浩の啓蒙思想」, 『季刊三千里』第9号, 三千里社, 1977.
潘世聖, 「魯迅と漱石」, 『Comparatio』3, 九州大学大学院比較社会文化研究科比較文化研究会, 1999.
潘世聖, 「中国と日本における「魯迅と漱石」研究の史的考察 - 魯迅と漱石の比較論の予備的研究」, 『比較社会文化研究』6, 九州大学大学院比較社会文化研究科, 1999.
飛鳥井雅道, 「明治社会主義者と朝鮮そして中国」, 『季刊三千里』第13号, 三千里社, 1978.
上別府正信, 「恨の社会的意味」, 『大学院研究年報』, 中央大学大学院総合政策研究科, 2003.
西尾陽太郎, 『幸徳秋水』, 吉川弘文館, 1987.
石坂浩一, 「日本の社会主義者の朝鮮観」, 『季刊三千里』第34号, 三千里社, 1983.
成田龍一, 『「戦後」はいかに語られるか』. 河出書房, 2016.
野口武彦, 『王道と革命の間』, 筑摩書房, 1986.
永井均, 『ルサンチマンの哲学』, 河出書房新社, 1979.
千二斗, 「朝鮮的「恨」の構造」, 『季刊三千里』第49号, 三千里社, 1987.

생활자를 보는 시각

신기수와 『계간삼천리』

야마구치 유카山口祐香, YAMAGUCHI Yuka

규슈대학(九州大学) 아시아·오세아니아 연구교육기구 학술연구원. 규슈대학 박사 졸업. 학술박사. 일본학술진흥회 특별연구원(DC1). 전공은 한일관계사, 재일조선인 역사, 시민운동사 등이다. 전후 일본 및 한반도와 관련된 인물들의 역사와 문화적 실천 양상을 연구하고 트랜스 내셔널한 네트워크 만들기의 확산에 관심을 갖고 있다. 주요 업적으로는 「歴史実践としての朝鮮通信使関連文化事業 - 韓国側の取り組みを中心に」(2019), 「한일 지방도시간의 역사실천과 시민공공권의 가능성 - 조선통신사관련문화사업을 사례로」(2020), 「1970-80年代日本の市民運動史における映画『江戸時代の朝鮮通信使』と上映運動」(2022) 외 다수.

1. 서론

1910년에 시작된 한일합병으로 식민지가 된 한반도에서 많은 조선인이 일본 국내로 유입되었고 그들과 그 자손은 '재일조선인'[1]으로서 전후를 살게 되었다. 과거 식민지 출신인 재일조선인은 일본 사회에서 가혹한 민족 차별 및 사회적 권익상의 불이익, 경제적 궁핍에 시달렸으며 전후 한일관계의 변천과 동서냉전으로 남북한이 분단되어 일본, 한국, 북한 3개국의 사이에 끼인 채 각 국가와 국제관계의 강한 영향을 받으며 매우 복잡한 정치적 문화적 경계를 살아가는 존재가 되었다. 사상사 연구가인 윤건차는 재일조선인이란 근대 일본의 식민지 지배로 생겨난 존재라며 그 존재에 대해 다음과 같이 표현하고 있다. '재일조선인은 하나의 역사적, 운명적 존재로 일본, 남북한 세 나라 또는 사회가 가진 언어 및 교육, 도덕, 종교, 편견, 미신 그리고 생활 양식을 얻기 위한 고투, 이데올로기나 민족 조직, 남자와 여자 그리고 가족 간의 애증 등 모든

1) 본 논고에서는 사용하는 재일조선인은 한일합방 이후 일본으로 건너간 조선인 및 그 자손들을 가리킨다. 한국 · 조선적(朝鮮籍), 일본적(日本籍) 그리고 기타 국적에 상관없이 '재일조선인'이라고 표기한다. 또한 재일조선인을 세대별로 표현할 때는 재일 몇세라고 표기했다. 1948년에 성립한 대한민국 및 조선민주주의인민공화국에 대해서는 각각 '한국'과 '북조선'이라는 호칭을 사용했다.

것이 얽힌 삶을 살아간다.'[2]

일본에 생활 기반을 두게 된 재일조선인은 자신을 둘러싼 식민지 해방 이후의 여러 문제를 해결하기 위해 전쟁 이후부터 다양한 운동을 펼쳐왔다. 예를 들어 식민지 해방 직후에 이루어진 민족학교 개설 운동이나 한반도 국가 건설과 관련된 운동을 비롯해 남북 분단 이후부터는 각 국가를 지지하는 민족 조직으로 나뉘어져 조국 통일을 위한 운동을 펼쳐왔다. 그리고 조국의 분단 상황이 길어지고 재일조선인 2세 이후의 세대가 늘어남으로서 재일조선인이 일본에 정착하기 시작한 1970년대 이후부터는 국내의 차별적 구조나 제도에 저항하는 여러 운동이 때로는 국내의 타 소수자 집단이나 일본인 시민과 함께 연대하며 각지에서 펼쳐졌다.

1975년에 창간된 『계간삼천리』는 바로 이러한 동시대적 상황 속에서 발간된 잡지이며 당시 한국, 조선과 관련된 가장 주요한 일본어 잡지 중 하나로 많은 독자들의 선택을 받았다. 초기 편집부는 김달수, 강재언, 이진희, 박경식, 김석범, 윤학준 등 모두 오랜 세월 일했던 재일본조선인총련합회(조총련)과 결별한 재일조선인 1세 지식인들이 맡았고 창간사에는 편집 방침으로 1972년 남북 공동성명에 따른 한반도 평화적 통일과 일본과 한국 간의 가교 역할을 맡아 근대 백년간의 문제를 주로 다루겠다고 적었다.[3] 제1호에서는 당시 한국 민주화 운동의 상징적 존재였던 시인 김지하 특집을 꾸미고 많은 일본인 지식인들이 참가한 한일연대연락회의 활동보고나 논고 등이 실렸다. 그 이후에도 일본역사교과서에 실린 조선 관련 내용의 문제점을 일찍이 지적하고 재일조선인의 본명 사용과 사회보장 문제, 한국의 민주화운동 상황, 외국인 등록법, 지문

2) 尹健次, 『「在日」の精神史1渡日·解放·分断の記憶』, 岩波書店, 2015, p.6.
3) 「創刊のことば」, 『季刊三千里』第1号, 1975, p.11.

등록거부 등과 관련된 특집이나 재일조선인 2세 이후 젊은 세대의 문제 의식을 다룬 좌담회를 기획하는 등 한반도와 재일조선인의 현 상황을 적극적으로 다루어 큰 호응을 얻었다.[4] 그리고 정치 사회문제 뿐 아니라 시와 문학 평론, 역사, 문화에 관한 논고나 에세이도 다수 다루고 있다. 특히 제4호에 실린 김달수와 구노 오사무久野収의 대담을 계기로 「NHK에 조선어 강좌 개설을 요청하는 모임」을 발족해 개설운동을 펼친 결과 1984년부터 NHK에서 한글 강좌가 시작되는 등 사회적으로도 큰 공헌을 했다고 할 수 있다.

많은 선행 연구에서는 편집위원들과 조총련 간의 대립이나 일본 지식인들과의 교류로 이루어진 한일연대운동에서의 의의 또는 재일조선인의 정체성을 어떻게 논했는가 등을 분석하는 단서로 『계간삼천리』의 발자취와 개별 논고를 다루어왔다.[5] 그리고 창간사나 제1호 특집에서 알 수 있듯이 초기의 『계간삼천리』가 같은 시기 조국의 정치적 상황에 큰 관심을 기울인 논고를 계속 발표하는 한편, 재일조선인의 정체성이나 일본에서의 생활 모습에 관해서는 거의 다루지 않았다는 존 리 '2007'의 지적은 편집 방침과 본지 기사의 변모를 돌아보는데 중요한 지적이었

4) 申宗大·沈素暎·金玉枝·朴美瑩·孫東周, 「『季刊三千里』·『季刊青丘』に関する一考察－在日社会のコミュニケティ形成について」, 『日語日文学』58号, 2013, p.293-301.

5) 선행연구 사례로, として, 金泰泳「在日コリアンの言論におけるアイデンティティの変遷: 季刊誌, 『三千里』『青丘』にみる 70 年代から 90年代の「在日」」, 東洋大学社会学部紀要45.1, 2007, p.21-35. 朴正義「『季刊三千里』の立場(1) : 総連との決別」, 『日本文化學報』第48輯, 韓国日本文化学会, 2011.2, p.259-279. 朴正義, 「『季刊三千里』と韓国民主化－日本人に知らさせる」, 『日本文化學法』第54輯, 韓国日本文化学会, 2012.8, p.217-237. 강성우, 「『계간삼천리』로 보는 1970년대 한일 시민연대운동」, 『인문사회 21』10권 4호, 아시아문화학술원, 2019.8, p.353-365. 이한정, 「재일조선인 잡지 『계간삼천리』와 코리안디아스포라」, 『일본어문학』89권 0호, 한국일본어문학회, 2021, p.167-199 등을 열거해 둔다.

다.[6] 즉 조선에서 태어나 일본으로 건너온 1세대들로 구성된 초기 편집부에 있어서 남북한은 정치적 사정으로 지금은 귀국이 어려운 상황이지만 사상적, 문화적으로 통일이 되면 돌아가야 할 '조국' 이기에 관심을 가지고 한국의 군사정권 비판과 통일에 관한 국가적 여러 문제를 다뤄야만 했다. 다시 말하면 『계간삼천리』의 많은 지식인들(대부분이 남성)에게 재일조선인은 일시적으로 일본에 머물고 있는 것에 지나지 않아 재일조선인의 일본생활 자체는 중점적으로 논해야 할 주제가 아니었다. 그리고 동아시아 냉전하의 지정학적인 요구 속에서 성(젠더), 세대 간의 차이 등 디아스포라diaspora들의 「내면」문제나 의견은 모두 뒷전시 되었다.[7]

그러나 재일조선인 개개인은 일본과 한반도의 경계에 서있으며 정치적, 사회적 과제를 위해 활동할 뿐 아니라 당연하게도 매일 현실을 살아가는 주체이기도 하다. 앞서 기술했듯이 『계간삼천리』가 발간된 1970년대 당시 재일조선인 사회에서는 1세대들을 중축으로 일본사회로의 동화를 거부하고 철저히 조선인으로서의 민족성을 지키며 조국 통일에 공헌해야한다는 의견이 뿌리 깊은 반면 일본에 뿌리내린 생활자로서 사회의 여러 민족차별문제에 대항하려는 재일조선인 2세들이 새로운 움직임을 모색하는 모습도 보였다. 특히 '김희로 사건(1968)'과 '히타치 취업 차별 사건(1970)'은 일본 사회의 민족 차별 현실을 직접 고발하는 큰 계기가 되어 전후 태어난 재일조선인 2세를 중심으로 재일조선인 권리 운동이 동시대의 일본 시민운동 세력과 의기투합해 활발해졌다. 그리고 1965년 한일기본관계조약 체결 당시에 발효된 '법적지위협정'으로 과거의 조선

6) ジョン・リー,「想像上の祖国とディアスポラの認識－『季刊三千里』一九七五~一九八七」, 高全恵星編,『ディアスポラとしてのコリアン 北米・東アジア・中央アジア』, 新幹社, 2007, p.139-143.

7) リー, 위와 같음, p.155.

국적에서 협정영주권이 부여되는 한국 국적으로 이전하는 사람들이 1970년대 초에 급증하면서 2세들은 한국이냐 북한이냐, 조선 민족으로 살아 갈 것인가 일본인으로 동화될 것인가 등 여러 갈등을 겪게 되었다. 고도 경제 성장기에 인격을 형성한 2세들은 취업, 결혼, 육아 등의 변화를 겪으며 직접적인 민족 차별 뿐 아니라 취업 시의 국적 차별, 육아수당 수급, 공영 주택 입주 제한, 지문 등록 및 지방 참정권 획득 등 여러 문제에 직면했다.[8] 일본어를 모국어로 받아들이며 자랐고 바다 건너의 조국을 모르는 대다수 '보통'의 그들에게 있어서 일본 국내에서 어떻게 안정적으로 생활할 것인가, 일본에서 살아갈 조선인으로서 어떻게 살아갈 것인가 하는 문제는 현실적으로 절실한 문제였다.

이런 배경을 토대로 이번 논문에서는 과거의 연구와는 다른 측면에서 『계간삼천리』를 논의하고자 한다. 즉, 『계간삼천리』는 일본과 한반도를 둘러싼 정치적, 사회적 문제를 활발히 논하는 한편 현실 생활을 살아가는 주체인 '보통'의 재일조선인을 어떻게 다루어 왔는가를 살펴볼 것이다. 그 단초로 1975년 제11호부터 1987년 최종호까지 이어진 신기수(1931~2002)의 화보 연재 '재일조선인'에 주목하려고 한다.

저자인 신기수는 조선통신사 연구의 권위자로 널리 알려진 인물로 다큐멘터리 『에도시대의 조선통신사江戸時代の朝鮮通信使』나 『해방의 날까지解放の日まで』등을 제작한 영상작가이기도 하다. 재일 교포 2세인 신기수는 과거 조총련에 소속된 적이 있어 김달수나 강재언과 같은 1세대들과도 깊은 친분이 있었기에 자신의 특기인 영상, 사진을 활용한 기사나 논고를 『계간삼천리』에 제공했다. 특히 신기수가 담당한 화보 연재 '재일조선인'은 매호 서민으로 살아가는 '보통' 재일조선인들의 다양한 삶

8) 文京洙, 「在日朝鮮人からみる日韓関係－〈国民〉を超えて」, 磯崎典世・李鍾久編, 『日韓関係史 1965-2015Ⅲ 社会・文化』第三章, 東京大学出版会, 2015, p.77.

이나 상황을 소박한 사진과 함께 다룬 매력적인 연재물로서 비교적 강경한 논고가 즐비한 『계간삼천리』의 지면 중에서 눈길을 끌었다. 그럼에도 불구하고 지금까지의 선행 연구에서는 『계간삼천리』의 집필자 신기수와 그의 연재를 본격적으로 논한 적이 없었다. 따라서 본 글에서는 신기수의 삶과 인물상을 소개하는 동시에 필자가 진행한 관계자 인터뷰와 자료 조사를 통해서 얻은 정보를 토대로 『계간삼천리』와 신기수의 관계, 담당 연재의 언설 및 그 의의에 대해 짚어본다.[9] 이 시도는 재일조선인 1세 중심의 편집부 멤버에서 나아가 다채로운 집필자의 관점에서 동시대의 재일조선인의 현실을 조명하고자 한 『계간삼천리』의 다대한 노력을 확인하고 『계간삼천리』 관련 연구의 지평을 넓힐 가능성이 있다고 생각한다.

2. 신기수와 『계간삼천리』

(1) 신기수는 누구인가

이번 분석에 앞서 본 글의 핵심 인물인 신기수의 경력을 간단하게 정리하겠다.

1931년에 독립 운동가인 아버지와 방직공장 여공이었던 어머니 사이에 태어난 신기수는 교토에서 유년기를 보냈다. 생활은 경제적으로 궁핍했으며 어머니와 여동생은 후에 결핵으로 세상을 떠났다. 해방 후 1948년 고베대학에 입학한 신기수는 교양부 자치회 위원장을 맡아 반미

9) 신기수의 활동에 대해서는, 上野敏彦, 『辛基秀と朝鮮通信使の時代』, 明石書店, 2018. 山口祐香, 『「朝鮮通信使」をめぐる戦後日本市民社会の歴史実践 : 在日朝鮮人歴史家・辛基秀(1931-2002)の活動を中心に』, 九州大学地球社会統合科学府提出博士論文, 2021을 참고.

학생운동을 이끌었고 1950년에 일본 공산당에 입당하는 등 운동가로서 경력을 쌓기 시작했다.

학생운동에 참여하던 당시, 신기수는 자신의 활동과 관련된 큰 사건으로 일본 탄광노동조합 중앙위원회의 다나카 아키라田中章 위원장이 사임한 사건을 거론했다. 1921년 조선인 아버지와 일본인 어머니 사이에서 태어난 다나카는 탄광 노동자로 일하며 전후 일본의 주요 노동운동 중 하나인 탄광 노동조합을 이끌었다. 하지만 1952년 탄광 자본과의 단체 협상 석상에서 회사측이 조합측 책임자인 중앙위원회 위원장 다나카 아키라를 '조선인이다'라고 폭로하는 사건이 일어났다. 따라서 다나카는 '나는 조선인이다. 모든 것을 분명히 밝히고 다시 시작하고 싶다'라며 사표를 제출하고 집행부를 떠났다.[10] 이 사건은 원래 국적과 민족을 불문하고 모든 노동자의 결속과 생활 보호를 위해 힘써야할 노동조합 운동, 나아가 그 주체인 혁신계 일본인 운동가들의 사이에서 조차 외국인인 조선인은 일본 사회의 일원이 아니며 국내 활동에 참가할 자격이 없다는 배외주의적인 의식이 깊게 깔려 있었다는 것을 보여주게 되었다.[11] 이 사건은 같은 재일조선인으로 일본인과 함께 학생운동에 참여하던 신기수에게 '인위적 장벽, 차별을 다시금 생각하게 하는 계기'[12]가 되었으며 그 이후 '사회적 약자 편이어야 할 일본 노동운동과 재일조선인의 관계'는 생애에 걸쳐 해결해야할 중요한 과제가 되었다고 말하고 있다.[13]

그리고 한반도의 남북분단으로 전후 재일조선인 사회에서는 대한민

10) 「田中炭労委員長が辞任」, 『朝日新聞』, 1952.9.4.

11) 外村大, 『在日朝鮮人の歴史学的研究 : 形成·構造·変容』, 緑蔭書房, 2009, p.444.

12) 辛基秀, 『アリラン峠を越えて「在日」から国際化を問う』, 解放出版社, 1992, p.241.

13) 위와 같음.

국을 지지하는 재일본대한민국민단(민단)과 북한을 지지하는 조총련으로 나뉘어진 이데올로기 대립이 일어났다. 1955년에 결성된 조총련에는 김일성이 제시한 노선전환방침에 따라 일본에 살지만 민주주의적 민족 권리를 지키며 조국의 통일, 독립을 실현하기 위해 공헌하는 것을 재일조선인 운동으로 정의하고[14] 민족차별 극복과 황폐해진 조국의 재건에 강한 문제의식을 지닌 많은 좌파 재일조선인이 참가했다. 그리고 신기수도 학생 시절부터 관심을 가지고 있던 영상 분야의 지식을 활용해 재일조선인문학예술가동맹(문예동文芸同)오사카 사무국에서 노동쟁의나 조선인 민중의 역사를 기록한 다큐멘터리 제작 활동을 했다. 또한 조총련이 주최한 행사나 재일조선인들의 일상 생활을 촬영한 필름을 평양에 보내는 작업을 하기도 했다. 이 문예동은 1965년에 설립된 문학, 연극, 음악, 무용, 영화 등 각 분야를 거느리는 조총련 산하단체로 작가 김달수나 강재언 등 유명한 재일조선인 지식인도 다수 참가하고 있었다. 여기서 활동하면서 신기수는 그들과 친분을 다지게 되었다.

그러나 1957년에 김일성이 조선노동당에서 단독지배 체제를 확립하면서 조총련도 김일성의 혁명사상을 절대화하고 비주류파를 배제하는 쪽으로 바뀌게 되었다.[15] 그 결과 자신의 표현 및 연구 활동과 조직 간에 마찰을 빚은 많은 재일조선인들이 조총련을 떠나 일본 사회에서 독자적으로 활동하게 되었다. 그 대표적 예가 김달수, 강재언, 이진희, 박경식 등이며 나중에 『계간삼천리』편집부의 중심이 되는 인물들이다. 그들과 개인적으로 친분이 있었던 신기수도 조총련과 갈등을 겪게 되었다. 신기수는 당시의 심경을 재일조선인이 일본어로 일상생활을 하고 일본

14) 「朝鮮総聯について~朝鮮総聯の結成」在日本朝鮮人総聯合会ホームページ, http://chongryon.com/j/cr/index2.html(2021.11.23. 최종 열람)

15) 水野直樹 · 文京洙, 『在日朝鮮人－歴史と現在』岩波新書, 2015, pp.136-138.

에 동화된 모습을 촬영해선 안된다, 일본어로 적은 문학을 읽어선 안된다 등의 조직 분위기에 무척 고민하면서도 도무지 의견을 말할 상황이 아니었다고 회상했다.[16] 그리고 '김일성 개인숭배와 조직의 교조教条주의나 권위주위가 너무나도 심해졌다. 개인적으로 발간한 영화 잡지도 『멋대로 행동하지 말라』며 몰수당하게 되었고 여기에서는 아무것도 할 수 없다는 생각이 들어 결심하게 되었다.', '선배작가나 역사가들의 출판을 방해하거나 검열하는 것도 더 이상 지켜볼 수 없었다.'[17]라고 말했다. 그 후 신기수도 조총련을 떠나게 되었다.

신기수가 인생 전반부에 경험한 이러한 조직운동 경험과 좌절은 그 이후의 활동에 큰 영향을 미쳤다. 조총련 시절을 '그 때는 무엇을 하고 있었을까요 … . 허무하네요. 바다 건너의 동향에만 신경을 쓰느라고 같은 민족이 일본에서 대립하고 있다. 일본에서 생활한다는 것이 일시적이라는 느낌이었다. 하지만 지금은 다르다. 뼈를 묻을 각오이기 때문에 다른 인생 커리큘럼을 짜야한다.'[18] 라고 말하고 있다. 이데올로기 중심의 운동조직에서 겪은 이러한 경험은 남북한 어딘가를 위한 충성과 조국귀환을 전제로 한 정치투쟁이 아니라 일본에 뿌리 내리고 실생활을 하는 재일조선인 개인으로서 어떻게 살아가야할 것인가를 생각하고 일본인과 조선인의 연대 실현을 모색하는 길로 이어졌다. 그 후 신기수는 특정 민족 조직에 속하지 않고 1974년 거주지인 사카이시堺市에 '영상문화협회'를 설립해 재일조선인역사와 한일관계사를 주제로 한 아마추어 영상 작가의 길을 걷기 시작했다. 그리고 다큐멘터리 영화 『에도시대의 조선통신사』(1979), 『해방의 날까지, 재일조선인의 발자취』(1986) 등을 차

16) 「辛基秀歴史のかけはし(世界の中の関西ひと編 : 70)」, 『朝日新聞』, 1989.5.26.

17) 上野敏彦, 앞의 책, p.267.

18) 『朝日新聞』, 위와 같음.

례로 발표했다.

그 후 1984년에는 오사카시 덴노지구天王寺区에 '청구青丘문화홀'을 설립하고 자신이 수집한 조선사 관련 자료, 전시 및 조선요리교실, 한글교실, 아시아영화 상영회 개최 등 지역 주민을 위한 문화 교류 거점으로 운영했다. 나아가 조선통신사 이외에도 관심 대상을 넓혀 조선인 노동자나 피차별민, 해녀, 종군 위안부 등에 대한 취재를 통해 사회에서 차별받아온 소수자의 역사나 생활을 자료로 수집하고 미디어화하는 것을 필생의 업으로 삼았다.

(2) 『계간삼천리』의 변화

그렇다면 신기수와 『계간삼천리』와의 관계는 어떻게 시작된 것일까? 지금부터 『계간삼천리』 편집부 중 한명이자 편집 실무를 담당했던 사토 노부유키佐藤信行씨의 증언을 중심으로 되돌아보겠다.

언급한 바와 같이 『계간삼천리』는 1975년에 창간되고 신기수가 연재를 시작한 것은 1977년 가을 제11호부터이다. 사토씨에 의하면 당초 편집 방침은 편집 위원의 연재를 중심으로 시작해 단계적으로 다른 재일조선인이나 일본인의 연재로 전환하는 것이었다.[19] 제1호 목차를 보면 편집부의 연재로는 '조선근대사화朝鮮近代史話(강재언)', '역사기행 조선통신사의 길을 가다歴史紀行 通信使の道をゆく(이진희)', '재일조선인 운동사在日朝鮮人運動史(박경식)', '장편시 이카이노시집長編詩猪飼野詩集(김시종)', '화보 일본의 조선 문화 유적グラビア 日本の朝鮮文化遺跡(김달수)'가 초회에 실렸으며 그 중 하나인 김달수의 연재가 제10호로 종료됨에 따라 편집회의에서 다음 화보를 어떻게 할 것인가를 논의했다고 한다. 그

19) 필자와 사토 노부유키씨의 인터뷰, 2021.11.4.

리고 창간 후부터 '너무 학술적인 것이 아닌가' '왜 재일조선인를 다루지 않는가'라는 등의 독자 및 지원자들의 의견이 있어 『계간삼천리』는 새로운 기획을 모색하게 되었고 '재일조선인'을 특집으로 제8호를 발간했다.[20]

지금까지는 한국의 정치 운동 및 한일 연대 운동, 조선 근대사 등의 논고가 중심이었으나 제8호는 처음으로 재일조선인을 주제로 한 특집을 싣고 재일조선인의 역사적 형성을 정리한 강재언의 논고를 비롯해 재일조선인 여성들이 다니는 야간중학교夜間中学의 상황이나 한국계 상공인들의 현 상황과 관련된 기사가 실렸다. 이 특집에서는 남북 어딘가의 '조국'을 근거로 한 재일조선인의 정의를 재고해서 일본에서 태어나고 자란 2세대 이후의 재일조선인들이 처한 현실에 걸맞은 논의가 필요하다는 내용이 다루어졌다. 예를 들어 미야다 히로토宮田浩人는 '『조국』조선인과 『재일』조선인'[21]이라는 표현을 사용해 다음과 같이 문제를 제기하고 비판했다.

> 한 조직의 모임에서 재일조선인 1세 간부가 2세 청년에게 '자네 고향이 어디인가?'라고 물었다고 합니다. '이카이노 입니다.'라는 대답이 돌아왔다는 웃지 못 할 이야기가 있습니다. 그 간부는 조선의 본적지를 물은 것인데 청년의 입장에서는 본 적도 알지도 못하는 아버지의 고향보다는 일본의 땅이기는 하나 자신이 태어나고 자란 곳이 '고향'이라고 느꼈을 것입니다. 현재 약 65만 재일조선인 중 일본에서 나고 자란 세대가 76%를 넘어섰습니다. 전체의 4분의 3은 이미 조국을 모르는 세대가 차지하고 있는 것입니다.
>
> 남한에서 또는 북한에서 나고 자란 세대는 자신이 한국인, 조선인이

20) 위와 같음.

21) 宮田浩人, 「在日朝鮮人の顔と顔」, 『季刊三千里』第8号, 1976, p.41.

라는 사실을 당연시 받아들였고 조금도 의심하지 않았을 것입니다. 그리고 조선에서 나고 자라 일본으로 건너온 재일조선인들도 자신이 조선인임을 재확인하려 하지 않을 것입니다. 그렇다면 재일조선인 2세, 3세, 4세는 어떨까요? …

'본국'에 충실한 "민족"에게 '민족적 허무주의'라고 비난 받을지도 모르겠지만 '재일'이라는 입장에서 각자 자신의 삶을 찾아 나선 사람들이 있습니다.

남북 분단은 앞으로도 지속될 것입니다. 그리고 '본국'과 '재일'의 괴리도 그렇습니다. '재일'이라는 위치에서 아무리 '본국'과 똑같이 해본들 어차피 본토를 따라가지 못할 것입니다.

'아니다, 조국이 있기에 우리가 존재한다.'는 반론도 있을 수 있습니다. 어떤 결정을 할지는 당사자의 문제이지만 방관자의 의견을 말하자면 '재일'이라는 상황에 근거한 논리가 있어도 좋지 않겠습니까. 오히려 '재일'을 끝까지 고집해 남북한 '조국'에 불만을 드러내는 일이 일어나도 이상하지 않습니다. 그건 그렇다 치더라도 재일조선인 출신의 고명한 작가와 문화인도 적지 않은데 재일조선인의 생활 실태와 굴곡을 고려하며 '조국'의 미래를 내다보는 문화 활동이 거의 보이지 않는 것은 이상한 일입니다.[22)]

또한 제8호 지면에는 '재일조선 2세의 생활과 의견'이라는 제목으로 일본에서 학생, 회사원으로 생활 중인 20~30대 청년 6명이 참여한 좌담회가 실렸다. 좌담회에서는 각자의 성장 과정부터 시작해 본명 문제, 민족운동과 참여 여부, 한국 여행 경험을 통해 느낀 조국의 이미지, 학교나 직장에서 차별 당한 경험, 재일조선인 1세에 대한 감정 등 지금 일본에서 살아가는 젊은 조선인 세대가 실제로 직면한 여러 문제와 정체성 문제 등이 거론되었으며 솔직한 의견 교환이 이루어졌다. 강재언은 이러

22) 위와 같음, p.41-43.

한 제8호 특집을 두고 독자에게서 여러 반향이 있었다며 '특히 많은 독자들이 비슷한 특집을 2회, 3회만이 아니라 계속해서 진행해 줬으면 좋겠다는 의견도 있었다[23]'라고 말했다. 실제로 1년 후인 1977년에 발행된 제12호 '재일조선인의 현상황' 라는 특집이 실렸다.

이러한 제8호의 논고나 자담회의 논의에서는 본국과 관련된 문제를 철저히 중시해 온 재일조선인 1세 지식인들의 자세를 비판하고 전후에 태어난 세대가 중심이 된 재일조선인사회의 상황을 제대로 직시한 후 그것을 토대로 한 현실적인 논의와 실천이 필요하다고 주장했다. 이러한 상황에서 새로운 화보 연재가 논의되며 신기수의 이름이 거론되었다. 당시 오사카에 거주하던 강재언이 추천하고 그를 비롯한 다른 편집위원들도 조총련 소속 시절에 신기수와 교류가 있었기 때문에 집필을 의뢰하기로 했다. 이에 따라 제10호 '가교'에 컬럼 기고, 제11호부터는 연재를 시작했다. 이 기획 의도를 묻는 필자의 질문에 사토씨는 '편집위원들이 『사진의 힘』을 잘 알고 있었기에 글만으로 구성된 지면이 아닌 사진을 통해 생활자로서의 다양한 『재일조선인의 민낯』을 일본인 독자들에게 알려주고자 하는 의도가 있었다.'고 말했다.[24] 신기수는 조총련 문예동에 몸 담고 있던 시절 영화 제작과 기록 촬영 등의 일을 담당했었고 『계간삼천리』 발행 당시에는 '영화문화협회'를 설립하여 미디어 제작 활동을 하고 있었다. 따라서 새로운 화보 연재 담당자로 적합했다.

기본적으로 취재 대상 선정이나 기사 내용은 신기수에게 일임하고 오사카에 거주하던 신기수는 우편 또는 도쿄에 상경했을 때 직접 전달하는 형식으로 원고를 제출했다. 사토씨는 신기수에 대한 인상을 다음과 같이 말한다. '신기수씨는 관서 지방에서 줄곧 활동하기도 했고 신기수

23) 姜在彦, 「編集を終えて」, 『季刊三千里』第12号, p.256.

24) 사토 노부유키씨와의 인터뷰.

씨의 성격 덕인지 교우 관계가 폭 넓은 점 등 나로서는 편집위원들과는 또 다른 '시선'과 '현실적 감각' 측면에서 배울 것이 많았습니다.'.[25] 『계간삼천리』를 발행하는 '삼천리사'는 도쿄 신주쿠구에 사무소가 있어 오사카에서 사는 강재언을 제외하고 편집위원 대부분이 도쿄 부근에 거주했다. 반면 재일조선인 2세인 신기수는 고베대학에서 학생운동을 한 경험이나 문예동 오사카 사무소에서 활동했던 경험이 있었고 조총련 탈퇴 이후에도 오사카시에서 영화 제작 및 조선사 관련 강좌를 여는 등 줄곧 관서 지방에 거점을 두고 활동을 해 넓은 인적 네트워크를 가지고 있었다. 관서 지방은 일본에서 재일조선인이 가장 많이 모여 사는 지역이기에 지역사회에서 일본인 주민과 공생을 모색하며 민족교육 및 재일조선인 권리와 관련된 시민 활동이 활발하게 이루어지는 장소이기도 하다. 따라서 신기수의 참가로 『계간삼천리』는 독자의 요청에 대응하며 도쿄와 관서를 넘나드는 보다 넓은 관점에서 재일조선인이 살아가는 실태를 재인식하고 전파하는 새로운 활동을 이끌어냈다고 말할 수 있다.

3. 화보 '재일조선인'의 시점

그렇다면 이렇게 시작된 신기수의 화보 연재 '재일조선인'은 어떤 '재일조선인의 민낯'을 다뤘을까? 우선 다음 표 1은 40회 연재한 화보 제목을 모두 나열했다.

25) 전술.

표 1. 화보 연재 '재일조선인' 제목 목록[26)]

호수	발행연도	『계간삼천리』 호별 특집 제목	화보 제목
11	1977	일본인과 조선어	야간중학교의 어머니들 夜間中学のオモニたち
12	1977	재일조선인의 현 상황	생선 찌꺼기를 모으는 일을 하다 魚アラ収集に働く
13	1978	조선의 친구였던 일본인	민족 학급에서 공부하는 아이들 民族学級に学ぶ子どもたち
14	1978	역사 속의 일본과 조선	이카이노·불황과 주택 猪飼野·不況と住宅
15	1978	8·15와 조선인	대마도에서 일하는 조선인 해녀 対馬に働く朝鮮人海女
16	1978	조선을 알기 위해	일본전신전화공사에서 일하는 재일조선인 電電公社に働く在日朝鮮人
17	1979	3·1운동 60주년	양 군의 생활과 연극 梁君の生活と演劇
18	1979	재일조선인이란	불황에 허덕이는 이카이노 不況にあえぐ猪飼野
19	1979	문화로 본 일본과 조선	노동절에 초대받은 장씨 メーデーに招待された張氏
20	1979	재일조선인 문학	교토 니시진의 조선인 京都西陣の朝鮮人
21	1980	근대 일본과 조선	목장에서 일하는 양수용 군 牧場に働く梁寿龍君
22	1980	「4·19혁명」20주년과 한국	시가라키 도자기 도공·구흥식씨 信楽焼の陶工·具興植さん
23	1980	조선·두개의 36년	8mm영화의 지상오씨 ハミリ映画の池尚吾さん
24	1980	지금 재일조선인은	본명으로 졸업한지 11년 本名で卒業して十一年
25	1981	조선인관朝鮮人観을 생각하다.	민족 문화로의 여행 民族文化への旅立ち
26	1981	조선 통일을 위해	아타카의 이조 도자기 安宅の李朝陶磁器
27	1981	조선의 민족 운동	나라먹을 만드는 박할머니 奈良墨づくりの朴ハルモニ

26) 『계간삼천리』제11~50호의 기사를 참고로 필자 작성.

호수	발행연도	『계간삼천리』 호별 특집 제목	화보 제목
28	1981	재일조선인을 생각하다	조선어 타자기와 김효철 朝鮮語タイプライターと金孝哲
29	1982	다카마쓰총고분高松塚古墳과 조선	산장을 운영하는 이씨 형제 ロッジ経営の李兄弟
30	1982	조선의 예능 문화	「광주」를 그린 김석출 「光州」を描く金石出
31	1982	15년 전쟁 속의 조선	학교 도서실을 지원하는 청년들 学林図書室を支える青年たち
32	1982	교과서 속의 조선	재즈 연주하는 김성귀 ジャズの金成亀
33	1983	동아시아 속의 조선	노인 동아리의 김흥곤씨 老人サークルの金興坤さん
34	1983	근대 일본 사상과 조선	50년 만에 만난 세 자매 五〇年ぶりの三姉妹
35	1983	현재의 재일조선인	박추자씨와 본명 선언 朴秋子さんと本名宣言
36	1983	관동 대지진 시절	조선사찰의 최용낙씨 朝鮮寺の崔龍洛さん
37	1984	에도 시대의 조선통신사	마당극 청년들 マダン劇の青年たち
38	1984	조선어란 어떤 말인가	공인회계사 최용이씨 公認会計士の崔勇二さん
39	1984	재일조선인과 외국인등록법	30년간 민족학급을 지킨 황선생님 民族学級三十年の黄先生
40	1984	조선의 근대와 갑신정변	유리 공예가 이말용씨 ガラス工芸の李末龍さん
41	1985	일본의 전후 책임과 아시아	집배원 손군와 이군 郵便屋さんの孫君, 李君
42	1985	재일 외국인과 지문 등록	본명으로 교단에 선 이경순씨 本名で教壇に立つ李慶順さん
43	1985	조선 분단 40년	장애인 극단과 김만리 障害者の劇団と金満里
44	1985	해외 거주 조선인의 현재	8·15 문화제 「one korea」 八·一五文化祭「ワン·コリア」
45	1986	다시 교과서 속의 조선	바이올린 제작자 진창현 バイオリンづくりの陳昌鉉
46	1986	80년대·재일조선인은 지금	한글 문자 인쇄하는 고인봉 ハングル文字印刷の高仁鳳

호수	발행연도	『계간삼천리』 호별 특집 제목	화보 제목
47	1986	식민지 시대의 조선	방직 마을의 심할머니 紡績の街の沈ハルモニ
48	1987	전후 초기의 재일조선인	바다에서 일하는 권정오씨 가족 海で働く権釘呉一家
49	1987	「한일합병」전후	맥두교실의 할머니들 麦豆教室のハルモニたち
50	1987	재일조선인의 현재	벽지에서 진료하는 배만규 僻地診療の裵萬奎

지면 사정 상 개별 기사 전체를 언급할 수 없기 때문에 이번 논문에서는 관련 기사를 적절히 다루며 『계간삼천리』에서 신기수가 연재한 화보의 특징과 의의를 논하려고 한다.

표 1의 제목에서 볼 수 있듯이 화보 '재일조선인'은 재일조선인들의 인생과 일상을 다루고 있다. 매회 등장하는 주인공들은 유명한 활동가나 지식인이 아니라 다양한 세대, 직업, 성별을 가진 '보통의 사람들'이였으며 대부분이 관서 지방에 사는 재일조선인 1~3세로 매호마다 신기수가 취재한 이들의 인생사에 관한 글이나 몇 장의 사진이 6페이지에 걸쳐 실렸다. 한 명의 재일조선인 인생에 초점을 맞춘 구성은 일본 사회에서 일하며 가족을 부양하거나 진학, 취업, 결혼 문제에 직면해 방황하거나 또는 민족운동과 문화적 활동을 통해 자아를 실현 하고자 하는 재일조선인의 다양한 현실을 상기시켰다. 전체 40호에 등장하는 재일조선인들의 직업만 봐도 학생, 주부, 공장 노동자, 농어업 관계자, 회사원, 공무원, 의사, 회사 경영자, 공예품 등의 장인, 연극 관계자, 종교인 등 다방면에 걸쳐있어 일본 사회의 모든 분야에서 직업을 가지고 생활을 영위하고 있는 재일조선인의 존재를 부각시켰다.

신기수는 이러한 재일조선인들을 일본의 역사적, 구조적인 민족 차별과 사회 상황 때문에 역경을 겪어온 존재로 다루고 있다. 예를 들어 첫 화보인 제11호 '야간중학교의 어머니들'에서 오사카시내에 위치한 야간

중학교를 다니는 고령의 재일조선인 여성들이 활기차게 공부하는 모습을 취재했다. 신기수는 식민지 지배로 경제적으로 어려움을 겪는 와중에 일본으로 건너와 생활과 육아를 위해 열심히 일했지만 학교 교육을 받지 못해 읽기와 쓰기가 안 되던 그녀들이 모인 야간 중학교를 '차별과 빈곤 때문에 소외되어 글자와 말을 빼앗긴 사람들의 학교'라고 표현했다.[27] 그리고 일본인에 비해 교육과 취업 면에서 선택의 자유가 크게 제한되던 대부분의 재일조선인들은 신기수가 'dirty job'2[28]이라고 표현한 가혹한 생산직 일과 불안정한 서비스직 예를 들어 토목업, 농어업, 제조업, 음식업 등에 종사할 수밖에 없었다. 한편 제20호 '교토 니시진의 조선인', 제22호 '시가라키 도자기 도공·구홍식씨', 제26호 '아타카의 이조 도자기', 제27호 '나라먹을 만드는 박할머니', 제40호 '유리 공예가 이말용씨', 제45호 '바이올린 제작자 진창현' 등에서 다루었듯이 오랜 세월 성실히 수행을 해 우수한 기술을 익히고 직물, 도자기 등 일본 전통 문화나 예술 공예의 일부를 담당하게 된 사람들도 있었다. 하지만 이런 일본의 산업과 사회에서 분명히 중요한 구성원인 재일조선인들은 일상적인 민족 차별을 받을 뿐 아니라 여러 일본 사회의 시스템에서도 배제된 사회적 약자였기 때문에 고도 경제 성장 후의 일본 국내 불황과 공해 등의 영향을 항상 받을 수밖에 없었다. 예를 들어 제12호 '생선 찌꺼기를 모으는 일을 하다'에서는 어패류 가공 단계에서 생기는 찌꺼기, 즉 생선 뼈에 붙은 살을 처리하는 재일조선인 가공업자를 취재하며 다음과 같이 말한다.

> 오사카 수집업자의 대부분이 재일조선인이며 그 역사도 길다. … 하지만 도시화가 주변까지 진행되면서 악취의 공해원으로 주민들의 민원

27) 辛基秀,「夜間中学のオモニたち」,『季刊三千里』第11号, 1977, p.130.
28) 辛基秀,「猪飼野·不況と住宅」,『季刊三千里』第14号, 1978, p.129.

이 계속되고 생선 찌꺼기 유통 산업에 적극적으로 임해야할 행정마저 도 주민들의 감정에 동조해 많은 처리장을 없애버렸다. … 생선 찌꺼기 수집이라고 쉽게 말하지만 노동 내용은 가혹하다. 그리고 악취와 생선 물이 생기는 만큼 노동자를 충원하기도 어려워 온 가족이 동원될 수밖에 없다. … 돈벌이가 되는 곳은 일본의 상사와 어업회사가 선점하고 힘든 노동만이 조선인에게 돌아온다.[29]

그리고 제14호 '이카이노·불황과 주택'에서는 조선인 노동자가 모여 사는 오사카 시내의 이카이노 지구에서 하천 오염과 재일조선인이 경영하는 영세기업이 쇠퇴해가는 모습을 심층 취재하고 있다.

경기 불황이 극심한 최근 몇 년간 오사카 이카이노 마을에서 실업자와 찻집 그리고 영세 공장을 허물고 지은 분양 주택, '외국인 불가'라고 적힌 주택 임대 및 분양 벽보만이 무수히 늘어나고 있다. …

현재의 불황과 차별은 재일조선인을 겉돌게 만들고 있다. 경기 조절을 위한 최소한의 안전판으로 이용되고 있지만 그 상황 속에서 불황과 주택 차별이 예사롭지 않은 관계로 눈길을 끈다.

모모다니桃谷부터 이쿠노生野 전역까지 '외국인 불가'라고 붙은 벽보는 일본의 전통적인 '조선인에게는 방을 빌려주지 않고 딸을 시집보내지 않으며 회사에 들이지 않는다.'는 뿌리 깊은 차별 의식을 다시금 확인시켜주었다. …

핵가족화가 진행 중인 재일조선인에게 주거는 절실한 문제이다. '집만 있으면 결혼하고 싶다.' 라고 말하는 젊은 커플도 많다. 하지만 주택 문제는 동화 정책의 선별 기준踏み絵이 되고 있는 게 현실이다. …

공영 주택, 주택금융공사, 주택 대출 혜택을 일절 받을 수 없는 재일조선인에게 집 문제가 동화로 가는 관문이 되고 있는 이러한 상황이 방치되는 것은 용납할 수 없다.[30]

29) 辛基秀, 「魚アラ収集に働く」, 『季刊三千里』第12号, 1977, p.129-130.

그 외에도 제20호 '교토 니시진의 조선인'에서는 '교토의 니시진은 일찍이 재일조선인에게 번영과 부의 상징이었다.' 라고 적은 후 직물 산업의 심각한 불황과 기업 간의 경쟁으로 실적 부진에 빠진 재일조선인 업자들의 현 상황을 강조했다. 이런 내용은 재일조선인이 놓인 1970~1980년대 현재의 생활 상황을 상세히 보고하면서 그런 사람들의 존재와 그들이 처한 사회 구조 상의 문제에 무관심한 일본 사회를 비판한 것으로 해석할 수 있다.

단 이번 화보 연재로 신기수가 이루고자 한 진정한 목적은 이런 가혹한 상황을 살아가는 재일조선인의 모습을 강조하는 것이 아니다. 오히려 전쟁 이전에 일본 사회에서 일반적이었던 '더럽다, 가난하다, 못 배웠다, 나태하다, 난폭하다'[31] 등의 부정적인 고정관념에서 벗어나 어려운 현실 속에서 자긍심을 가지고 맞서는 주체적 존재로 부각시키는 것에 있었다. 예를 들어 신기수는 다른 저서에서 일본인이 생각하는 재일조선인의 이미지를 다음과 같이 말하고 있다.

> 재일조선인이 가난한 삶 속에서 여러 차별의 벽을 허물며 일본의 민주 세력과 손잡고 반제국주의, 전쟁반대, 생활권을 수호하기 위해 싸워온 것이 정당히 평가 받지 못하고 오히려 괴롭힘 받고 차별당하는 수난자의 측면만이 강조되어 재일조선인의 이미지가 묘해졌다.[32]

제12호에서는 생선 찌꺼기 가공업에 종사 중인 재일조선인 업자들이 조합을 결성해 행정 및 기업, 지역 주민들과 협의를 거듭하며 상부상조

30) 辛基秀, 「猪飼野・不況と住宅」, 전술, p.130.

31) ソニア・リャン, 『コリアン・ディアスポラ 在日朝鮮人とアイデンティティ』, 明石書店, p.87.

32) 辛基秀, 전술서, p.87.

하고 사업 확대를 위해 노력하는 모습이 긍정적으로 다뤄지며 다음과 같이 이야기를 마무리 했다.

> 단백질자원 수집 및 재생업의 중요성은 계속해서 높아질 것이며 결코 줄어들 일은 없을 것이다. '신 국제해양질서'라고 불리는 200해리 배타적 경제 수역 시대가 생선 찌꺼기 수집업자들의 미래를 열고 있다.
> …
> 김권사 이사장은 늠름한 얼굴에 미소를 띄며 '오랜 세월 주목 받지 못하는 일을 해왔지만 조합원들이 결속하여 안정된 생활을 꾸리기 위해 힘을 합쳤으면 좋겠다. 귀중한 자원인 생선 찌꺼기의 수집과 재생 분야에서 전국 표본이 될 수 있도록 열심히 하겠습니다.'라고 당당하게 말했다.[33]

그리고 앞서 확인했듯이 『계간삼천리』 발행 당시 재일조선인 사회에서 2세 이후의 젊은 세대가 등장해 일본에서 생활하는 민족적 소수자로서의 현실에 근거한 논의를 요구하는 의견이 잡지에 밀려들었다. 1970년의 '히타치 취업차별 사건' 등을 시작으로 재일조선인을 향한 취업 차별 실태가 사회문제로 등장했다. 많은 재일조선인 청년 세대가 진학, 취업, 결혼 등의 과정에서 '조선인'으로서의 자기 자신의 정체성을 어떻게 정의할지에 관한 문제에 직면하게 되었다. 그 과정에서 그들은 일본 사회에서 자신의 국적과 본명을 밝힐 것인가, 숨길 것인가 또한 다른 재일조선인이나 일본인과 어떤 관계성을 구축할 것인가 하는 선택을 강요받아야 했다. 이러한 상황을 토대로 신기수의 화보 연재에서도 재일조선인 2,3세 청년들의 현 상황과 갈등을 적극적으로 취재하며 일과 문화적 활동 등을 통해 '조선인'으로서의 정체성을 받아들이려는 사람들의 실

33) 辛基秀, 「魚アラ収集に働く」, 전술, p.130.

천을 소개하는 일이 점차 늘어갔다. 예를 들면 제21호 '목장에서 일하는 양수용 군'의 내용을 보자. 재일조선인 2세인 25세 주인공은 경상남도 출신의 병약한 부모님과 밑으로 남동생 여동생이 있어 고등학교 졸업 후에 효고현 내의 목장에서 일하고 있다. 목장 취업 당시 그는 일본 이름이 아닌 본명으로 일하게 해달라고 요구했다.

> 효고현 아리마有馬고등학교를 졸업했을 때 목장에 취업하고자 한 이유도 현실 사회의 차별 구조가 원인이었을지도 모른다. 양군이 사람을 싫어하게 되고 소에 애정을 가지게 된 것은 언제부터였을까? 취직 시험 즈음에 18년 간 써온 일본 이름을 버렸다. 평생의 업으로 고른 목장에서 거짓 삶을 계속 이어가는 것을 참을 수 없었기 때문이다.
>
> 면접에 참관한 호리에 전무는 7년 전 일을 회상하며 '본명을 쓰며 일하고 싶다는 원서를 받았을 때 좋다, 하지만 지금부터 용기가 필요할 것이라고 격려했다'고 말했다.
>
> 현실 사회의 첫 관문은 통과했지만 '양梁'이라는 호칭이 익숙해질 때까지 6년이라는 세월이 걸렸다. 전화 상에서 상대방이 몇 번을 되물어도 상대방이 받아들일 때까지 "조선인 양梁" 임을 전달했다. 주체적으로 살아가기 위해 회피의 자세에서 인간성 회복을 위한 공격으로 전환했을 때 비로소 주변 사람들과 따뜻한 사람과 사람의 관계를 맺을 수 있게 된 것이다.
>
> 양군 뿐 아니라 일본 학교를 다니는 재일조선인 2,3세에게 본명 사용과 취업은 가장 큰 문제이다. '엄격한 일본 사회에 나가게 되면 주변 환경에 좌우되어 본연의 자신에게서 도망치고 싶어질지도 모른다' '본명으로 바꾸는 것은 정말 불안한 일이다. 천지개벽할 정도로 큰 사건이다.'(조선장학회가 발행한 『청운青雲』32호)라며 그 중에는 '인간은 너무 까다롭고 복잡해 어렵다. 인간이길 포기하고 싶다는 생각을 한다.'라고 말하는 학생도 있다.[34]

34) 辛基秀,「牧場に働く梁寿龍君」,『季刊三千里』第21号, 1980, p.129.

위의 내용과 같이 재일조선인 학생들에게 이름은 민족 정체성의 근간과 관련된 문제인 한편 본명을 사용하는 것은 사회적으로도 심리적으로도 장벽이 높은 행위라고 인식되어 왔다. '양군'은 다행이도 일본인 상사의 이해를 얻어 본명으로 취업했다. 그리고 직장에서 열심히 본명을 사용한 것이 일본 이름을 사용하는 '회피의 자세'를 버린 '인간성 회복을 위한 공격'으로의 전환이라고 긍정적으로 평가되었다. 따라서 조선인으로서의 정체성을 공개한 것이 주변과의 인간관계 구축으로 이어졌다고 말한다. 나아가 '양군'은 '어떻게 해서라도 인간 실격자에서 벗어나고 싶었다'[35]라고 밝히며 1977년부터 손수 만든 개인잡지 『집오리アヒル』를 발행해 자작시나 재일조선인 문제 평론, 한반도 관련 소식 등을 담아 친구들과 지인들에게 보내는 활동을 시작했다. 신기수는 이 활동을 '조선인으로서의 민족적 주체가 형성되는 과정' '상처 받고 무너진 인격의 회복을 위한 노력'[36]이라고 표현하며 민족 차별과 불안정한 정체성에 고통 받으면서도 민족적 활동을 펼치며 주체적인 자기 존재 의식을 되찾으려는 개인의 실천으로 평가하고 있다.

그리고 제16호 '일본전신전화공사에서 일하는 재일조선인', 제35호 '박추자씨와 본명 선언'[37], 제38호 '공인 회계사 최용이씨', 제41호 '집배원 손군와 이군', 제42호 '본명으로 교단에 선 이경순씨' 등에서도 가족과 은사, 친구, 동료들의 지원을 받으며 일본인과 동일한 채용 시험을 통과하고 한국, 조선 국적 및 본명을 유지한 채 일본 사회에서 직업을 가지고 생활을 영위하는 재일조선인들의 삶을 소개하고 있다. 본래 집배원이나 학교 선생님 등과 같은 직업은 일본 국적 이외에는 시험 응시

35) 辛基秀, 「牧場に働く梁寿龍君」, 전술, p.130.

36) 위와 같음.

37) 신기수가 주재한 영화문화협회에서는 이 박추자씨를 주인공으로 한 다큐멘터리 영화 『이름-박추자씨의 본명 선언』을 1983년에 제작했다.

가 제한되는 이른바 '국적 조항'이 있어 재일조선인의 취업이 어려웠다. 1980년대 이후 '국적 조항'을 삭제하는 지자체나 기업들이 조금씩 늘기 시작해 이러한 당사자들의 귀중한 경험과 현 상황을 화보를 통해 다양하게 소개하고 있다. 나아가 제23호 '8mm영화의 지상오씨', 제25호 '민족 문화로의 여행', 제30호 '「광주」를 그린 김석출', 제31호 '학교 도서실을 지원하는 청년들', 제32호 '재즈 연주하는 김성귀', 제37호 '마당극 청년들', 제43호 '장애인 극단과 김만리', 제44호 '8 · 15 문화제 「one korea」'에는 독서, 음악, 영화, 그림, 연극 등을 통해 재일조선인으로서의 자아를 실현하거나 민족 문화를 접하는 사람들, 한국의 민주화 운동에 공감해 국경을 넘어 활동하는 사람들의 이야기가 담겨 있다. 『계간삼천리』의 독자 의견란에 한 일본인 독자가 다음과 같은 감상문을 보내왔다.

> 화보 '재일조선인'과 신기수씨의 글은 매회 구체적인 주제를 가지고 문제를 파고들어 재일조선 재선인의 현실을 접하기 어려운 나에게 매우 유익한 기획입니다.
>
> 신기수씨의 화보가 감동적인 이유는 일본사회의 중압에도 굴하지 않고 매일을 씩씩하게 살아가는 사람들의 다양한 모습을 취재했기 때문입니다. 게다가 그들이 있어 일본 사회의 많은 부분이 돌아가고 있습니다.
>
> 지금까지는 지역이 오사카에 국한된 것 같은데 앞으로는 일본 각지의 재일조선인 모습을 보다 다각적인 관점에서 취재하여 그 강인한 삶을 소개해주세요.(시즈다카현 후지시, 가토 요시오, 교사, 29살)[38)]

이렇듯 신기수의 화보는 재일조선인 2,3세를 취재해 어둡고 비참한 재일조선인들의 모습에 머물지 않고 나아가 어려운 차별 상황에 고민하

---

38) 「おんどるばん」, 『季刊三千里』第15号, 1978, p.254.

면서도 '조선인'으로서의 정체성을 가지고 일본 사회에 적극적으로 진출하는 '강인'하고 '씩씩한' 새로운 재일조선인의 모습을 강조했다. 그리고 친숙한 구체적인 예시를 많이 들어 여러 지역에서 살아가는 재일조선인의 모습을 상상하게 하고 공감하게 하면서 재일조선인 개개인의 인생과 다양한 실천에 의미를 부여하여 독자들에게 삶의 롤모델로 제시하는 효과를 가져왔다고 할 수 있다.

더불어 신기수의 화보 연재에서 '여성 재일조선인'이 거론된 의의에 대해서도 언급해 두고 싶다. 여러 분야를 다룬 종합지 『계간삼천리』는 '여성' 또는 '성(젠더)'에 초점을 맞춘 시점이 결여되었다는 것이 한계로 꼽힌다. 전쟁 이전부터 유교적인 가부장제가 강하던 재일조선인 사회에서 여성의 지위는 남성에 비해 압도적으로 낮았기 때문에 교육의 기회나 직업 선택, 경제적 자립의 가능성도 크게 제약을 받았다. '재일조선인'이며 '여성'인 그녀들을 여러 겹의 차별 구조 속에 남겨놓았다. 하지만 50호에 걸친 『계간삼천리』의 모든 지면을 둘러봐도 여성 집필자는 몇 명 볼 수 있지만 여성 재일조선인이 처한 상황이나 문제를 언급한 논고는 거의 찾아볼 수 없다.[39] 즉 대부분 남성 재일조선인으로 구성된 편집부에게 '여성'의 존재는 도외시되었다고 할 수 있다. 반면 신기수의 화보 연재에서는 전40회 중 9회에서 여성 재일조선인 1~2세가 주인공으로 등장한다. 예를 들면 제15호 '대마도에서 일하는 조선인 해녀'에서는 가혹한 육체노동을 하는 해녀들의 모습을 취재하고 '재일조선인 여성 노동자들의 실태는 자세히 조사되지 않았지만 해방 후 생산점生産点에서 배척되어 유민화流民化된 조선인들의 생활을 이 여성들이 부양해왔

39) 예를 들면 제38호에 홋카이도 여성사연구회의 다카하시 미에코씨가 기고한 기사에서는 한국을 방문했을 때 만난 여자 대학생들과의 이야기 내용이 있고, 여성사의 시점에서 새로 본 민중사의 필요성에 대해 언급하고 있다. 하지만 어디까지나 한국사적 문맥이며 재일조선인 여성들을 염두에 두고 논한 것이 아니다.

다.'[40]며 재일조선인 역사 상 지금까지 간과되어 온 여성들의 공헌을 적극적으로 평가하려 한다. 그리고 제42호 '본명으로 교단에 선 이경순씨'에서는 선생님이 된 재일조선인 2세 여성과 아버지의 관계를 다음과 같이 적고 있다. 원래 영문학을 전공하고 싶었던 이 여성은 아버지의 의견에 따라 집에서 통학이 가능한 대학교의 교육학부로 진학했다. 하지만 '아버지는 평생 가난과 역경의 근심을 어머니에게 풀었다. 아버지의 의견을 거스르는 것은 어머니를 더 고통스럽게 하는 것이었다.'라고 표현하며 아버지를 힘겨워했다고 말하고 있다.[41] 이런 내용에서 아버지의 권위가 강한 재일조선인 가정 내에서 여성들이 처한 입장과 갈등을 엿볼 수 있다. 현 단계에서 신기수가 적극적으로 성문제를 다루었는지 아닌지를 자료적으로 뒷받침 할 수는 없지만 남성 중심적인 지면을 제작해온『계간삼천리』에서 여성 재일조선인의 다양한 삶이나 심정을 소개했다는 점은 이 연재의 의의 중 하나로 꼽을 수 있을 것이다.

그리고 화보 연재 전체에서 한결같이 이러한 자아 회복, 자아실현을 위해 활동에 나선 재일조선인들을 지원하는 존재로 그들에게 힘이 되어주는 일본인 시민의 존재를 다수 소개했다. 신기수의 연재에서 협력자, 이해자로 등장하는 일본인 시민은 예를 들어 배우자, 학교 친구, 선생님, 직장 상사나 동료, 교회 목사님, 시민운동 멤버 등으로 등장하며 재일조선인과 대립하는 존재가 아닌 그들을 격려해주고 같은 입장에 서서 함께 차별의 문제와 맞서는 존재로 강조되고 있다. '일본인과 조선인의 유대'가 신기수에게 중요한 부분이었음은 이미 확인한 바 있다. 1984년 오사카 시내에 청구 문화홀을 설립했던 때 신기수는 강연회에서 다음과 같은 말을 했다.

40) 辛基秀,「対馬に働く朝鮮人海女」,『季刊三千里』第15号, 1978, p.129.
41) 辛基秀,「本名で教壇に立つ李慶順さん」,『季刊三千里』第42号, 1985, p.145.

오직 책을 통해서만이 아닌 18만 명이나 되는 오사카 거주 조선인과 일상적으로 만날 수 있는 장소가 만들어져 서로 오사카의 사회 역사를 어떻게 구성하고 만들어 왔는지에 대해 알아보는 작업이 이루어진다면 편견과 차별을 해소하는 일은 그다지 어려운 일이 아니라고 생각합니다.42)

즉 위의 신기수의 주장에서 재일조선인이 처한 차별적 현실을 바꾸고 일본인과 재일조선인의 진정한 연대를 실현시키기 위해서는 관념적인 논의나 학습이 아닌 지역적 역사를 배우고 사람들끼리 만나 상호 이해와 공감을 끌어내는 것이 필수적이며 그 핵심으로 '일상'이 매우 중요한 부분을 차지하고 있다는 것을 알 수 있다. 그렇다면 화보 '재일조선인'에는 전후 일본에서 재일조선인들의 위상을 높이는 것 뿐 아니라 일본 사회에서 정착해 주체적으로 살아가는 재일조선인들의 존재나 일상적 실천을 많은 일본인 독자들에게 보여주어 함께 사회를 구성해온 존재로서 이해를 촉구하고 국적이나 민족을 넘은 사람 간의 연대를 맺고자 하는 신기수의 의도도 담겨있다고 말할 수 있을 것이다.

4. 끝맺음

본 글에서는 『계간삼천리』에 연재된 신기수의 화보 '재일조선인'에 주목해 지금까지 『계간삼천리』의 관계자로서 학술적으로 다루어지지 않은 신기수의 삶을 단서로 연재 실시 과정과 의의에 대해 정리해보았다. 1970년대 이후 재일조선인 사회가 세대교체를 겪으며 창간 이후의 『계간삼천리』편집부는 재일조선인이 처한 현실 문제에 관심을 기울이지 않

42) 枚方市·枚方市教育委員会編, 『同和教育学習資料13生きることについて』, 1985. 10.1, p.43.

는다는 독자들의 비판에 부딪쳤다. 이러한 변화를 맞아 시작된 신기수의 연재는 지금까지 『계간삼천리』가 다루지 않았던 보통의 재일조선인들에 주목해 일본 사회에서 여러 곤경을 겪으면서도 주체적인 삶을 실현하고자 하는 사람들의 현실을 여실히 보여주었다.

물론 이러한 신기수의 연재 자체도 문제가 없는 것은 아니다. 연재에 등장한 대부분의 재일조선인은 가정이나 문화를 통해 민족성에 눈떠 일본 사회에 동화되는 것을 거부하고 '조선인' 국적과 본명 등을 유지하기 위해 일상적인 투쟁에 적극적으로 뛰어든 사람들이었다. 반면 최근 일본에서는 재일조선인 연구와 관련해 재일조선인의 정체성을 반드시 일본 사회로의 '동화'인가, '고립'인가 등 양자택일적인 기준으로는 규정할 수 없는 다각적인 시야가 필요한 분야로 재인식되어 복잡한 문화나 가치가 병존하는 현실 사회에서 방황하면서도 맞서고 자아를 잃어버리지 않으면서도 긍정적, 창조적으로 살아가는 개개인의 삶을 평가해야할 필요가 있다는 논의가 있다.[43] 그에 반해 신기수의 글은 개인의 정체성이나 생활면에서의 '민족성'을 긍정적으로 강조하고 예를 들면 본명을 쓸 수 없거나, 본명을 쓰지 않는 것을 '회피', '굴복'과 같이 부정적으로 평가해 민족성과 굳이 거리를 두고 살아가는 재일조선인들의 존재나 실천은 전혀 다루지 않고 있다. 즉 어디까지나 '재일조선인'의 정체성을 민족성의 강약으로 규정하는 본질주의적인 견해였다는 점에서 신기수의 인식은 한계를 지닌다고 할 수 있다.

하지만 『계간삼천리』라는 유명한 전국권 잡지에서 다양한 세대, 직업, 성별을 지닌 '보통'재일조선인의 일상과 실천을 세밀히 다루었다는 점

43) 山中速人, 「在日朝鮮人のエスニック·アイデンティティ形成と複合文化状況－在日朝鮮人史研究のひとつの対象をめぐって－」, 在日朝鮮人運動史研究会編, 『在日朝鮮人史研究Ⅳ』, 緑蔭書房, 1996, pp.93-103. 李洪章, 『在日朝鮮人という民族経験－個人に立脚した共同性の再考へ』, 生活書院, 2016, p.9.

에서 신기수의 연재는 역시 차별성을 지니며 지금까지 정치, 역사 논의에 편중된 『계간삼천리』의 시야를 확장시켰다는 점에서는 매우 큰 공헌을 했다고 할 수 있다. 그리고 그것은 정보 수집 수단이 제한적이던 동시대의 상황에서 문자와 사진의 힘을 활용해 '약자'의 이미지에서 나아가 재일조선인의 다양한 모습을 보여주었으며 지역과 세대를 넘어선 재일조선인 간의 그리고 재일조선인과 일본인 간의 유대를 촉구한 시도로서 의미를 가진다.

감사의 말

이 글을 집필할 때에 재일한국인문제연구소RAIK 사토 노부유키 씨와 메일로 인터뷰를 진행했다. 귀중한 증언을 해주신 사토 씨에게 감사의 말을 전한다.

지역 속의 『계간삼천리』

'서클 소개'를 통해서 본 일본시민의 활동

사쿠라이 스미레櫻井すみれ, SAKURAI Sumire

한국외국어대학교 중국학대학 졸업, 현재 도쿄대학(東京大学)대학원 종합문화연구과 지역문화 연구전공 박사과정.

1. 들어가며

『계간삼천리』는 재일조선인[1] 지식인들의 주도 하에 1975년부터 1987년에 걸쳐 일본어로 발간된 종합잡지이다[2]. 『계간삼천리』는 창간의 목적으로 조선민족의 염원인 통일의 기본방향을 제시한 '7·4 남북공동성명'에 기초하여 '통일된 조선[3]'을 실현하기 위한 절실한 소원을 담았다'

1) 본고에서 말하는 '재일조선인'이란 20세기 전반에 한반도에서 일본으로 건너오거나 전시동원체제 하에서 끌려온 사람 혹은 제2차 세계대전 후의 혼란기에 다양한 사정으로 인하여 일본에 건너온 사람과 그들의 자식을 가리킨다. 이외에도 이들을 '재일 한국·조선인', '재일코리안' 혹은 단순히 '재일(자이니치)'라고 호칭하며 한국에서는 '재일 한인' 또는 '재일동포'라는 호칭이 사용되기도 한다. 필자는 자료에 쓰인 용어를 존중하여 '재일조선인' 혹은 '재일조선·한국인'이라는 호칭을 사용하되 이들이 지칭하는 대상은 같다. 또한 본고의 '조선인'은 '북한 사람'을 지칭하는 것이 아니라 한민족 전체에 대한 총칭으로서 사용하는 것이다.

2) 초창기 편집위원으로 작가 김달수(金達寿), 김석범(金石範), 평론가 윤학준(尹学準), 시인 이철(李哲), 역사가 박경식(朴慶植), 이진희(李進熙), 강재언(姜在彦)이 있었고, 이들의 공통점은 1945년 8월 식민지 '해방'을 직접 경험한 재일조선인 남성 지식인이자, 기존의 민족단체에 관여하지 않았거나, 탈퇴한 인물들이라는 점이다.

3) 본고에서는 '대한민국'과 '조선민주주의인민공화국' 정부수립 이전 시기에 한해서는 '조선'을 사용하되 정부수립 이후에 대해서는 '한국'과 '북한'이라는 약칭을

고 표명했다. 그리고 이어서 조선과 일본 사이에 '상호 간의 이해와 연대를 꾀하기 위한 하나의 다리를 만들어 나가고자 한다'는 점을 표명했다.[4] 즉, 남북의 어느 한 쪽으로 기울지 않은 '한반도의 통일'과 복잡하게 얽힌 상태인 일본과 조선 사이의 가교적 역할을 지향한 잡지라고 할 수 있다. 뿐만 아니라 창간사에서 표명하지는 않았지만, 이상적인 '재일在日'의 모습 중요한 주제로 다룬 점이 특징이다. 잡지 특집으로 '재일조선인'(제8호, 1976.11), '재일조선인의 현황'(제12호, 1977.11), '재일조선인이란'(제18호, 1979.5)'이 실리는 등, 조국지향이 아니라 일본에 정주해 나가는 이상적인 '재일'의 모습을 강하게 의식하고 있었다.[5] 재일조선인이 편집위원이나 집필자 등의 중심적인 역할을 맡았으나, 일본인 문학자, 역사학자, 언론인 등의 일본인 지식인도 적잖이 참여했고 때로는 일본 시민들도 원고를 기고하곤 했다.

『계간삼천리』는 1945년 8월, 일본이 패전한 후 재일조선인이 발간한 수많은 잡지[6]나 80년대 말 이후에 발간된 재일코리안 잡지와 비교해도 발행 부수가 많고, 발행 연도가 길어서 오늘날에 이르기까지 다방면에 걸쳐서 선행연구가 진행되었다. 특히 2000년대 이후 한국의 연구자들을

사용한다. 다만 자료를 인용할 때는 기본적으로 원문에 쓰인 단어를 존중하기로 한다.

4) 「創刊のことば」, 『季刊三千里』第1号, 三千里社, 1975, p.11.

5) 도노무라 마사루, 「역사로서의 『계간삼천리』: 시대의 규정성과 현상現狀변혁의 모색」, 『「계간삼천리」해제집』 총8권 간행 기념 국제학술대회 '제일/자이니치'가 묻는 정주/국민/국가, 한림대학교 일본학연구소, 2021, pp.52-54.

6) 일본의 패전 후, 식민지 지배에서 '해방'을 맞이하고 일본이 '민주화'되면서 재일조선인들은 여러 잡지를 발행했는데, 재원, 글쓴이, 인쇄용지, 인쇄기술 등 모든 측면에서 부족하여, 오래 발간되지 못했다. 宮本正明「『朝鮮人刊行新聞・雑誌(2)』解題」, 朴慶植編『在日朝鮮人関係資料集成〈戦後編〉第9巻』, 不二出版, 2001, p.5.

중심으로 주로 잡지의 정치적 입장이나 편집자들의 민족적 정체성을 둘러싼 논의들이 이루어졌는데[7], 일본어로 출간되었으며 대부분의 독자가 일본인이었음에도, 일본인 혹은 일본사회와의 관계에 초점을 맞춘 선행연구는 아직 충분하다고 보기 어렵다. 선구적인 예로서 잡지에 등장하는 일본인 진보적 지식인의 언론에 초점을 맞추어 분석한 가네코 루리코金子るり子(2017)와, 독자 투고란 '온돌방'을 중심으로 일본인 독자의 반응과 수용양상을 분석한 무라마츠 겐지村松健司(2021)를 들을 수 있다. 가네코는 『계간삼천리』1호부터 10호까지 게재된 일본의 진보적인 지식인[8]의 담론을 분석하여 그들의 재일조선인관으로 인해 식민지시기에 형성된 편견과 차별 감정, 그리고 그것에 대한 속죄의식과 한국사회나 재일조선인들이 권력에 저항하는 모습을 동경하며 선망하는 마음으로 바라보면서도 열등감을 느끼고 있던 진보적 지식인들의 모습을 제시했다.

한편 무라마츠는 가네코가 제시한 진보적 지식인들의 재일조선인관과 일반독자의 반응을 비교 대조하여, 일반 독자들도 진보적인 지식인들과 유사하게 차별과 편견에 대한 속죄의식을 가지고 있었으며, 전후태어난 세대에도 비슷한 언급이 있었다고 지적한다. 또 다른 측면으로 '온돌방'이 교육현장과의 가교적 역할을 했음을 밝히고 있다. '온돌방'에

7) 자세한 연구성과는 참고문헌을 참조.

8) '일본의 진보적 지식인'이란, (1) 조선 멸시관을 내포한 역사인식에 비판적이며, 반성하는 시각을가진 인물이며 (2) 동학농민운동과 식민지 시기의 조선인 독립운동을 이해하고 지지하는 시각을 가진 인물 (3) 한일 양국의 체제와 한일유착에 대해서 비판하면서 시민들의 저항운동을 긍정적으로 평가한 인물(4) 재일조선인이 처한 문제들에 비판적인 시각을 가진 사람을 뜻한다. 金子るり子, 「『季刊三千里』における日本進歩的知識人の「在日朝鮮人観」」, 『日本語文學』第79輯, 일본어문학회, 2017, p.393.

는 재일조선인 학생과 직접 접하는 교직원들의 목소리가 쇄도했는데, 그들은 교육현장에서 벌어지고 있는 문제의 해결책을 요구하는 한편, 이에 대응하기 위해 편집자들도 교육과 교과서에 관한 특집을 편성했다. 이처럼 선행연구가 『계간삼천리』와 일본인, 일본사회를 분석하고는 있으나, 대상이 한정적이며 일반인들의 관점이 충분히 반영되었다고 보기 어렵다.[9] 그러므로 본고는 일본사회의 미시적인 시선에서, 즉 지역 속의 『계간삼천리』라는 시각에서 살펴보고자 한다.

본고에서 다루는 『계간삼천리』 '서클 소개'는 일본 각지에서 한반도나 재일조선·한국인 관련 서클활동에 관여한 시민들이 자신의 활동내용을 소개하며 각자 활동의 연결고리를 만드는 것을 목적으로 한 코너이다. '서클 소개'는 총 50호를 발행하는 동안 16개의 서클을 소개하고 있다.[10] 그러나 어떠한 인물들이 어떠한 장소에서, 어떠한 활동을 하고 있었는지에 대한 구체적인 연구는 아직 없다. 하지만 앞에서 언급한 바와 같이 『계간삼천리』가 일본어로 발간된 미디어이며 대부분의 독자가 일본인이었다는 점을 감안하면, 독자에 대한 분석은 『계간삼천리』가 일본사회에 어떠한 영향을 주었는지를 검토하기 위한 필수 작업이라 할 수 있다. 또한 70년대부터 80년대 중반까지의 시기는 일본사회에서 기존의 조직과 다른 다양한 형태의 시민운동이 활발해지기 시작하는 시기로, 『계간삼천리』의 '서클 소개'를 분석한다면 70년대 이후의 일본 시민

9) 가네코(金子, 2017)는 1호부터 10호까지(1975-1977) 게재된 일본인 진보적 지식인의 담론에만 초점을 맞추었으며, 무라마츠(村松, 2021)도 '일본인 독자의 투고를 간략히 고찰하는 데에 그쳐서' 동시대의 사회 배경과 결부시켜서 더욱 자세하게 분석하는 것이 앞으로의 과제임을 스스로 지적하고 있다.

10) 「가교를 지향하며(架け橋をめざして)」, 『계간삼천리』제25호, 1981.2, pp.92-107에 소개되어 있는 세 개의 서클을 포함하면 총 19개가 된다. 본고는 이들도 분석 대상으로 한다.

운동을 고찰하는 데에 시사하는 바가 적지 않을 것으로 기대된다.

본고에서 우선 『계간삼천리』에 실린 '서클 소개' 기사를 중심으로 활동 지역 및 활동 내용, 그리고 주요 구성원에 대해서 정리하기로 한다. 나아가 각 지역의 서클이 발간한 회보会報나 세미나 통신通信 등의 자료에 입각하여 더 구체적인 활동 양상을 살펴보고자 한다. 가나가와 현 요코하마 시에서 발행된 조선의 모임朝鮮の会의 간행물 '바람ばらむ'과, 히로시마 현 히로시마 시의 서클인 히로시마 조선사 세미나広島朝鮮史セミナー의 세미나 소식 '바다セミナーだより「海」'를 주된 분석대상으로 한다. 이를 통해 일본시민들이 각 지역에서 어떠한 활동을 하고 있었는지, 그들이 가지고 있던 문제의식은 무엇이었는지를 밝힘으로써 『계간삼천리』가 동시대 일본 각 지역에 미친 영향을 검토하고자 한다.

2. 『계간삼천리』 '서클 소개'와 주변 사람들

'서클'이란 무엇인가. 『전후사 대사전戦後史大事典』에 따르면, 일본에서 '서클'이라는 말이 사용되기 시작한 것은, 1931년 구라하라 고레히토蔵原惟人가 소비에트의 사례를 모범으로 여겨 프롤레타리아 예술단체 하부 소집단을 가리키는 용어로 사용한 것이 최초라고 알려져 있다. 일본의 패전 이후, 그 뜻이 변화하여 더 다양한 형태의 서클이 나타나기 시작했다.[11] 전후 일본시민들은 문화적 욕구 및 생활향상을 위해서 자발적인 활동을 벌였는데, 이에 따라 '서클운동'이라는 말이 탄생한다. '서클운동'은 정당과 기존의 조직처럼 규칙을 만들어서 각자 고정된 역

11) 1950년대 서클운동을 다룬 대표적인 선행연구로 宇野田尚哉·他編, 『「サークルの時代」を読む』, 影書房, 2016(우노다 나오야 외 편, 『'서클 시대'를 읽는다』, 가게쇼보, 2016_가 있다.

할을 맡는 것이 아니라 자발적으로 모인 사람들 간의 교류 속에서 규칙과 비슷한 것이 자연적으로 생기는 것인데, 이는 참가하는 사람들의 사고방식에 따라 갱신되기도 한다. 또한 개개인이 가능한 범위 내에서 참여하기에 설령 참가자 사이에 능력 차가 있을지라도 우열관계는 거의 존재하지 않는 것이 서클운동의 특징이다.[12)]

『계간삼천리』에 '서클 소개'가 처음으로 게재된 것은 제3호(1975.11) '무궁화 모임'과 '가나가와대 자주강좌조선론'이었다. '서클 소개'에는 한 서클당 한 페이지의 분량이 할당되었으며 서클의 결성 시기, 결성 장소, 결성 이유, 현재의 활동 내용에 대해서 쓰여져 있다. 소개된 19개의 활동 지역, 서클 명칭 및 활동 내용은 다음과 같다.

표 1. 『계간삼천리』 '서클 소개'에 게재된 서클 일람표

<table>
<tr><th colspan="3" rowspan="2">지역</th><th>서클 명칭</th></tr>
<tr><th>서클 구성원·활동 시기 및 내용</th></tr>
<tr><td rowspan="2">간토 지방 関東地方</td><td rowspan="2">도쿄도 東京都</td><td>시부야구 渋谷区</td><td>현대어학원·상록수 모임現代語学塾·常緑樹の会
1980년 23호, 1981년 25호
1970년 김희로金嬉老 재판을 지원하는 공판대책위원회 활동을 통해서 출범된 시민의 모임이다. 가지무라 히데키梶村秀樹, 장장길, 오무라 마스오大村益夫 등의 지도 하에 당시 한국에서 온 편지나 김희로가 옥중에서 모국어로 쓴 노트의 첨삭을 맡았다. 어학연수 이외에 독서회, 강좌를 실시. 심훈의 장편소설 『상록수』를 번역, 동소설은 1981년 류케이쇼사龍渓舎社에서 출판되었다.</td></tr>
<tr><td>기타구 北区</td><td>소리 모임ソリ(声)の会
1976년 8호, 연락처: 田中勝義
한국 『동아일보』에 대한 언론 탄압, '일본과 조선'에 대한 문제의식을 가진 사람들이 모여서 1975년 '동아일보를 읽는 모임'이 출범된다. 기사 번역, '한일', '조일朝日'의 역사, 한국기독교사, 한일 유착의 실태, 한국 민주화 투쟁을 학습, 기관지 '부화孵化'를 발간. 1976년 명칭을 '소리 모임'으로 바꿨다. 일본인, 조선인의 남녀, 노인, 중년, 청년 등 정회원은 8명.</td></tr>
</table>

12) 佐々木元, 「サークル運動」, 『戦後史大事典 増補版』, 三省堂, 2005, p.335.

지역			서클 명칭 서클 구성원·활동 시기 및 내용
		히가시나카노구 東中野区	**조선문학을 읽는 모임**朝鮮文化を読む会 1976년 6호, 연락처: 神田雅治 1970년 신 일본문학회가 주최하는 '조선어 입문 강좌'를 수강하던 사람들이 만든 서클이다. 정회원으로 재일조선인을 포함한 6명이 매주 모여서 조선어로 된 소설을 읽는다. 김문주, 조해일, 박태순, 조선작, 이봉구의 단편소설과 이병주의 중편 소설 등 모두 동시대에 한국에서 활동하던 작가들의 작품이다.
	가나가와현 神奈川県	요코하마시横浜市	**가나가와대학 자주강좌조선론**神奈川大自主講座朝鮮論 1975년 3호 연락처: 矢沢 가나가와대학교 자주강좌 조선론은 1969년 학내 민주화 투쟁 속에서 '자주강좌운동'의 하나로 탄생했다. 정한론이나 탈아론 등 일본근대사 속의 조선관 및 조선 현대사가 왜곡된 과정을 규명하고 현대조선사상사를 중심으로 학습하는 서클이다. 1973년 가지무라 히데키가 가나가와대학교 조교수로 부임하면서 이듬해 조선어강좌를 개강. 연 2회 재일조선인 지식인, 일본인의 조선연구자를 초청하여 강연회를 연다. 연구 성과는 '조선론'에 발표했다.
			조선의 모임朝鮮の会 1981년 25호, 투고자: 遠藤敬光 1976년 3월 가나가와대학교 자주강좌 조선론을 모태로 탄생한 서클이며 졸업생 약 10명이 운영했다. '널리 조선 문화를 배우고자 하는 사람들의 교류의 장을 만들며 타민족과 연대하기 위해서 서로의 문화를 정당하게 평가할 수 있는 관계를 구축해야 한다고 주장. 주요 활동은 연구회, 조선어 교실, 월보 '바람'의 발간이며 '바람'에서 일본 국내의 조선에 관련된 소식 및 한국 잡지를 번역해서 소개하고 있다.
중부지방 中部地方	나가노현 長野県	마츠모토시松本市	**일본과 조선을 생각해 나가는 모임**日本と朝鮮を考えていく会 1977년 11호, 연락처: 金長道·小林弘志 신슈대학교信州大学에 재학 중인 일본인 학생과 조선인 학생의 교류 속에서 '조선 영화를 보는 모임朝鮮映画を見る会'이 탄생했다. 상영회를 중심으로 조선어 학습, 학습회를 진행했고, 1977년에 '일본과 조선을 생각하는 모임'으로 명칭을 바꿨다. 조선문제를 거론할 때 정치우선주의적 사고를 강요하는 일부 학생운동가, 또는 우정와 연대만을 강조하는 사람들의 태도에 찬동하지 못하는 일본인과 조선인, 한국인 학생들의 모여 조선과 일본의 관계를 고민하고 토론하는 모임이다.

지역			서클 명칭
			서클 구성원·활동 시기 및 내용
	아이치현 愛知県	나고야시 名古屋市	**나고야 시민의 모임名古屋市民の会** 1979년 17호, 연락처: 塚田道生
			나고야에서 민족차별 철폐운동을 전개한 시민운동이 침체되자, 기존의 운동에서 부족했던 이론적 측면을 보강하고자 출범한 서클이다. 상호 비판적인 자세로 민족차별 철폐를 쟁취하고 일본인과 재일조선인과의 관계에 대한 이해를 새롭게 높여가는 것을 서클의 역할로 삼았다. '재일조선인 차별철폐를 ! 나고야 시민의 모임'이라는 단체명으로 매주 화요일 저녁 YWCA에서 학습회를 개최.
			재일조선인작가를 읽는 모임在日朝鮮人作家を読む会 1979년 19호, 연락처: 磯貝
			문학을 통해서 조선과 일본의 관계를 배우고 재일조선인의 시각으로 일본사회를 논하는 것을 목표로 1977년부터 매월 1회 정례회를 개최한다. 주로 김사량, 허남기, 김달수, 오림준, 김시종, 김태생, 김석범, 고사명, 이회성 등 재일조선인 작가들의 작품을 읽는다. 고등학생, 50세 이상의 여성, 재일조선인을 포함하여 총 12명에서 13명 정도 참여한다. 여성이 과반수를 넘는 것이 서클의 특징이다.
			나고야 조선사연구회名古屋朝鮮史研究会 1979년 20호, 연락처: 栗原伸子
			1965년 한일기본조약 체결 후 정세에 대응하기 위해 시작한 학습회를 계기로 조선사연구에 초점을 맞춰 활동해 온 서클이다. 『조선왕조실록朝鮮王朝実録』, 『쇄미록瑣尾録』, 『징비록懲毖録』 등 조선시대에 관한 논문이나 서적을 읽는 학습회를 실시했다. 1973년에 시카타 히로시四方博(경성제국대학교 교수)가 수집한 약 4000점에 이르는 조선 관련도서를 멤버의 한 사람이자 그의 셋째 딸인 구리하라 노부코栗原伸子가 자신이 구매한 서적 2000점을 추가하여 '시카타 조선문고四方朝鮮文庫'를 개설. 서클활동은 문고 구석을 빌려서 진행. 정회원은 4명에서 8명. 문고는 2010년 도쿄경제대학東京経済大学에 기증되었다.
	기후현 岐阜県	기후시 岐阜市	**기후·조선문제를 생각하는 모임岐阜·朝鮮問題を考える会** 1980년 21호, 연락처: 吉田
			1974년 자신의 신변에 일어난 민족차별과 개인사를 통해 본 조선인과의 관계를 개개인이 정리해보고 무엇을 할 수 있는가를 생각해 보고자 모인 20명이 참가하여 출범된 서클이다. 재일조선인의 법적 지위, 조선인 강제연행의 역사, 미쓰이 가미오카 광산三井神岡鉱山의 강제연행 현지조사, 영화 '이방인의 강' 상영회, 기후와 한일문제, 간

지역			서클 명칭
			서클 구성원·활동 시기 및 내용
			토대지진 당시의 조선인 학살, 한국노동자의 투쟁에 관한 학습과 영화 '어머니' 상영회의 개최 등 다방면에 걸쳐 활동했다. 회보 '조선문제통신'을 발행. 중심 멤버로 시인인 요시다 긴이치吉田欣一가 있다.
긴키 지방 近畿地方	오사카후 大阪府	오사카시 大阪市	**가쿠린 도서실学林図書室** 1981년 25호
			1979년 재일조선인 밀집지역에 동포의 힘으로 도서관을 만들자는 취지로 재일조선인 유지가 모여 개설한 민간 도서관이다. 회비를 500엔으로 하는 회원제도를 만들어 운영하고 있다. 회원 수는 50여 명(1981년 기준). 주요 활동으로 도서나 자료 수집 및 '가쿠린学林통신'의 발행, 연구회 및 심포지엄의 개최 등이 있다. 소장자료는 8000여권에 이른다. 1989년에 폐관되었다.
		사카이시 堺市	여성의 **사랑방** 회女の「舎廊房」会 1976년 8호, 연락처: 角田
			여성 그룹에 참여하던 인사들이 남북한문제, 재일조선인들 문제에 대해 이해하려는 취지로 결성한 서클이다. 매월 1회 정경모鄭敬模, 강재언, 우에다 마사아키上田正昭, 다나카 히로시田中宏 등을 강사로 초청하여 강습회를 실시. 이외에도 조선통신사 사적지를 방문하는 행사를 개최했다. 회원은 매회 500엔 상당의 회원비를 낸다. 가정주부나 학교 교원, 공무원, 대학교수, TV관계자, 70세 이상의 어르신 등 다양한 사람들이 참여.
	효고현 兵庫県	고베시 神戸市	**청구문고와 연구회 활동青丘文庫と研究会活動** 1979년 18호
			1969년 고베에서 케미컬 슈즈 산업 및 부동산을 운영하던 한석희韓晳曦가 조선 근현대사 전문도서관 '청구문고'를 개설. 문고 소장자료를 이용하여 매월 1회 '1920년대 연구' 와 '재일조선인 운동사 연구회'를 개최. 전자는 5~7명이 참가했으며 후자는 박경식도 참여하는 등 총 10여명이 참가. 연 2회 기관지 '조선사총朝鮮史叢'을 발행. 청구문고 서적은 1996년 고베 시립 중앙 도서관에 기증되었다.
			무궁화 모임むくげの会 1975년 3호, 연락처: 飛田
			70년대 입관법入管法 반대하는 운동과 효고현 현내고등학교에서 규탄투쟁을 벌이던 시기에 베헤이렌べ平連('베트남에 평화를! 시민연합'의 약칭)의 일부 인사들이 운동의 경험을 공유하는 등의 교류를 위해 '차별억압연구회'를 발족. 나아가, 조선 문제를 집중적으로 학습해

지역			서클 명칭 서클 구성원·활동 시기 및 내용
			야 할 필요성이 제기되어 1971년 일본인들의 주도 하에 조선연구회 '무궁화 모임'이 탄생했다. 일본인에게 심어진 잘못된 조선관을 전체적으로 점검하고 조선의 역사를 학습하는 것을 목표로 하였으며, 매주 조선어 학습과 2개월에 한번 '무궁화 통신'을 발행. 이외에도 상영회 및 강연회, 공개 학습 등을 실시했다.
			고베학생·청년센터神戸学生·青年センター 1975년 4호·1981년 25호, 연락처 및 투고자: 小池基信·辻建·飛田雄一
			청년센터는 1972년에 설립되어 유스호스텔 등을 운영하는 재단법인이다. 전신은 일본기독교단 효고교구와 공동운영을 하고 있던 '롯꼬六甲기독교 학생센터'이다. 학원투쟁 시기에 식민지 하의 기독교 실태에 대한 물음이 제기되었고, 이를 계기로 학문은 어떤 자세를 지녀야 하는가에 대한 의문을 품고 각종 세미나를 개최. 이 시기에 조선 세미나가 탄생하여 강사로 박경식, 김달수, 강재언, 이노우에 히데오井上秀雄, 가지무라 히데키, 가도와키 데이지門脇禎二, 나카쓰카 아키라中塚明, 이누마 지로飯沼二郎 등을 초청. 조선어 강좌도 개설하였으며 언어학습을 통하여 '일본인에게 조선어는 무엇인가'와 같은 주제를 다루기도 했다.
		스모토시 洲本市	**아와지 조선문화연구회淡路の朝鮮文化研究会** 1981년 25호, 투고자: 鄭承博
			1980년 일주일에 1회 조선어학습을 하던 4~5명이 고베신문 기자로 구성된 조선어연구 그룹의 송년회에 초대를 받아 참가하였는데, 여기에서 정조문鄭詔文을 알게 된다. 그 후, 영화 '에도시대의 조선통신사' 상영회 및 정조문 강연희를 주최한 것을 계기로 탄생한 서클이다. 아와지에 거주하는 신문기자, 작가, 학원운영자, 가정주부, 교직원, 스모토시에 거주하는 재일조선인이 정회원으로 참여하여 현내의 도래인 문화 조사 및 긴키지방의 도래인渡來人에 관련된 유적지를 방문. 이외에도 신야 에이코新屋英子의 연극 '센세타령'(스모토 시 중앙 공민관)을 개최했다. 중심 멤버로 작가이자 시인인 정승박이 있다.
주고쿠 지방 中国地方	히로시마현広島県	히로시마시広島市	**재일조선인의 역사를 생각하는 모임在日朝鮮人の歴史を考える会** 1976년 7호, 연락처: アジア通信社
			재일한국인 정치범으로 체포된 서승·서준식 형제의 구원활동을 전개한 인사들이 만든 서클이다. 일본과 조선의 역사를 깊이 이해하고자 꾸준히 강습회를 실시하여, 전전 여러 기관에서 발행하였으나 열람이 어려웠던 재일조선인 관계자료의 복각을 진행했다. 또한 손진두 재판이나 히로시마 거주 한국인 피폭자에 대한 피폭자수첩의 교부를

지역			서클 명칭 서클 구성원·활동 시기 및 내용
			요구하는 운동도 함께 전개했다.
			히로시마 조선사 세미나広島朝鮮史セミナー 1980년 22호·1981년, 25호 연락처: 原田
			1976년 '한 사람 한 사람의 일본인과 조선인이 앞으로 어떠한 관계를 구축해 나갈 것인가'에 대한 의문에서 시작한 서클이다. 정회원으로 학생, 가정주부, 교원 등 10여명이 참여했다. 주요 활동은 공개세미나, 여름 합숙, 조선어 강좌, 영화 상영회, 연구회, 연 4회 세미나 소식 '바다'의 발행이다. 이는 제34호(1986.3)까지 발간되었음을 일본 국회도서관에서 확인할 수 있다.
시코쿠 지방 四国地方	가가와현 香川県	다카마츠시 高松市	**일본과 조선을 잇는 모임日本と朝鮮をつなぐ会** 1981년 25호, 투고자: 浄土卓也
			조선에 대한 지식을 얻음으로써 일본인의 조선 민족멸시를 바로잡고 민중 차원의 우호관계를 확대하는 것을 목표로 1976년에 결성된 서클이다. 매월 1회 연구회를 개최하고 기관지 '기즈나絆'를 발행(1980년에 45호를 발간). 지역주민을 대상으로 상영회나 강연회를 실시하였으며 1980년에 김달수를 초청하여 고대사 답사를 실시, 총 130명이 참가하였다. 또한, 가가와 현내 조선인 강제노동 실태조사를 실시하여 중심 멤버인 조도 다쿠야浄土卓也는 1992년에 "조선인 강제연행과 징용朝鮮人の強制連行と徴用"을 출판했다.

출처: 「サークル紹介」, 『季刊三千里』第3号, 第4号, 第6号, 第7号, 第8号, 第11号, 第17号, 第18号, 第19号, 第20号, 第21号, 第22号, 第23号, 第25号, 三千里社. 国際高麗学会日本支部, 『在日コリアン辞典』編集委員会編, 『在日コリアン辞典』, 明石書店, 2010年. 淡路朝鮮文化研究会 『あわじ島そしてむくげの国』1986을 참고하여 필자가 작성.

주: 2022년 기준으로 '재일조선인작가를 읽는 모임', '무궁화 모임', '고베학생·청년센터'는 현존하는 것으로 확인된다.

표에서 확인할 수 있는 점 가운데 첫 번째로 대다수의 서클이 1970년부터 1978년 사이에 출범하였으며 특히 74년부터 78년에 이르는 기간에 집중되어 있다는 것이다. 두 번째로 서클 명칭에 '조선'이나 조선어에 관련된 단어를 사용하는 서클이 많다는 점을 들 수 있는데, '역사' '문화' '문학'과 같은 활동 목적을 이름으로 내세우는 서클도 눈에 띈다. 세 번째로 활동 지역을 보면 간토지방에 5개, 오사카부나 효고현과 같은 긴키 지방 6개, 나고야시 3개, 이외에도 나가노현 마츠모토시, 히로시마현 히로시마시 등, 도심 인구밀접지에서 활동이 활발했음을 알 수 있다. 다만, 인구밀접지가 아닌 가가와현 다카마츠시에도 서클이 존재했다는 점은 예외적이기는 하나 주목할 만한 사실이다. 참고로 1975년 기준 재일조선인 인구수가 많은 지역市区町村 순으로 보면 오사카시 이쿠노구大阪市生野区가 20.3%, 오사카시 히가시나리구大阪市東成区가 11.7%, 교토시 미나미구京都市南区가 8%, 고베 나가타구神戸長田区가 6%, 히가시 오사카시東大阪市 4%이며 간토 지역에서 도쿄 시부야구東京都渋谷区가 0.7%, 요코하마시 나카구横浜市中区는 1.4%이었다.[13] 즉, 이는 재일조선인 집주지역과 서클 탄생의 상관관계는 반드시 밀접하게 결부되지 않았을 수도 있음을 시사한다.

활동 내용을 보면 연구회나 학습회와 같이 정기적으로 서클 정회원들이 모여서 조선 역사나 문화에 대해 배우는 활동이 가장 활발했으며, 그 다음으로 조선어 혹은 한국어를 학습하는 어학 학습과 이에 연계하여 독서회를 연 서클이 많다.[14] 조선어·한국어 교재를 쉽게 구할 수 없는 시기였기에 어학 학습은 주로 조선어/한국어로 된 소설을 읽고 번역하는 방식으로 이루어졌다. 실제로 1960년대에 재일조선인의 생활, 대한민국 국민과의 연대, 조국 통일을 주제로 한 조선어 작품이 다수 출판되

13) 여기에 인용된 수치는 각 지역(市区町村)의 총 인구에 대한 비율이다. 外村大, 『在日朝鮮人社会の歴史学的研究』緑蔭書房, 2004, p.460.「表7-1 朝鮮人人口数の多い市区町村(1975)」.

14) 독서회를 중심으로 활동하는 서클로는 '현대어학원·상록수 모임', '조선문학을 읽는 모임', '재일조선인 작가를 읽는 모임', '나고야 조선사 연구회'가 있으며, '현대어학원·상록수 모임'과 '나고야 조선사 연구회'는 번역본을 출판하는 성과를 내기도 했다.

었으며, 60년대 후반에는 조총련이나 그 이전 시기의 민족단체에서 활동하다가 여러 이유로 빠져나온 재일조선인 1세들이 일본어로 책을 펴내서 김학영金鶴泳을 비롯해 문학상 수상하는 작가들이 봇물 터지듯 일본의 문단에 등장하기 시작했다.[15] 그러한 가운데 70년대에 들어서자 일본에서 조선문학에 대한 수요가 늘어나면서 수많은 재일조선인 작가들이 한국어로 된 소설이나 자신이 조선어로 쓴 소설을 번역 및 자역自訳했다.[16]

공적 시설을 이용하여 지역 주민을 대상으로 강연회나 세미나를 연 서클도 있다. 이러한 서클은 재일조선인 지식인을 초청하여 지역의 공민관公民館이나 현민센터県民センター, 근로회관勤労会館에서 행사를 개최했다. 강사로는 강재언, 김달수, 박경식, 이철, 정조문 등 잡지『일본 속에 조선문화日本のなかの朝鮮文化』[17]나『계간삼천리』편집자들이 섭외되어 각지에서 시민강좌를 맡았다. 뿐만 아니라 나카츠카 아키라, 이이누마 지로, 가지무라 히데키, 우에다 야스아키, 다나카 히로시 등 일본인 역사학자 혹은 재일조선인사 연구자, 재일외국인 문제에 정통한 일본인도 시민들을 대상으로 강연했다. 강연회와 함께 고대사 답사를 진행하기도 했다. 이는 1972년 나라현 아스카촌奈良県明日香村에서 다카마쓰총 고분高松塚古墳이 발굴이 되어 일본 국내에서 고대사 붐이 일어난 것이

15) 대표적인 인물로 소설가 이희성, 김석범, 김태생, 고사명, 시인으로 오림준, 김시종 등이 있다. 国際高麗学会日本支部,『在日コリアン辞典』, 編集委員会編, 앞의 책, p.179.

16) 宋恵媛,『「在日朝鮮人文学史」のために』, 岩波書店, 2014, pp.330-337.

17) 1969년 3월에 김달수와 정귀문, 정조문 형제가 창간한 잡지다. 조선과 관련이 있는 일본 국내의 고대 문화 유적을 소개하거나, 고대와 근세의 조일관계사를 중심으로 여러 분야에서 연구하고 있는 연구자 혹은 지식인들, 지역의 향토사가나 역사 애호가들의 글을 게재하기도 했다. 廣瀬陽一,『日本のなかの朝鮮 金達寿伝』クレイン, 2019, pp.124-132.

배경이었다. 그 이전까지는 문화유적이 발굴되면 대개 중국과의 관계를 중심으로 연구가 이루어지는 경우가 많았으나, 다카마쓰총 고분의 경우, 발견 직후부터 적지 않은 학자들이 조선과의 관계, 특히 고구려와의 관련성을 적지 않은 학자가 언급하였으며 고대 조선에서 온 '귀화인'의 존재에 일본인들의 이목을 집중시켰다[18]. 이에 따라 김달수를 비롯한 재일조선인 지식인들이 일본시민이 주최하는 고대사 답사에 자주 초청되었으며 고대사 답사는 많은 인기를 끌었다.[19]

또한, 영화 상영회도 지역주민을 끌어들이기에 적합한 수단이었다. 가장 많이 상영된 작품은 신기수辛基秀의 다큐멘터리 영화 '에도시대의 조선통신사'였으며, 그 외에도 이학인李學仁의 '이방인의 강'이나 한국 노동운동의 현실을 다룬 '어머니' 등이 상영되었다.[20]

일본과 조선에 관련된 서적이나 재일조선인 관련자료를 수집하여 시민들에게 대여하는 민간도서관도 '서클 소개'에 소개되어 있다. 이러한 서클은 긴키 지방인 나고야, 오사카, 고베에 집중되어 있다. '재일조선인의 역사를 생각하는 모임'은 중일전쟁 전에 여러 기관이 발간한 자료를 복각하는 작업을 했다[21]. 이 당시는 역사학자 박경식의 주도 하에 조선

18) 앞의 책, pp.143-144.

19) 예를 들어 '여성의 사랑방회'에서 조선통신사의 사적지인 도모노우라(鞆の浦), 후쿠젠지福禅寺를 둘러보고, 강재언, 이철, 정조문의 해설을 들으면서 '한국 미술 5천년전'을 견학하기도 했다. 「〈サークル紹介〉女の「舎廊房」会」, 『季刊三千里』第7号, 三千里社, 1976, p.87. 또한 '일본과 조선을 잇는 모임'은 1980년 김달수를 초청하여 이틀에 걸쳐서 행사를 진행했다. 첫날은 강연회 '시코쿠(四国) 속의 조선문화', 둘째날은 버스투어 '가가와 속의 조선사를 방문하여'를 개최하였는데, 총 130명이 참가했다. 「架け橋をめざして」, 『季刊三千里』第25号, 三千里社, 1981, p.97.

20) 이러한 작품은 '기후·조선문제를 생각하는 모임', '무궁화 모임', '일본과 조선을 잇는 모임'에서 상영되었다.

에 관련된 자료가 겨우 자료집으로 간행되기 시작한 시기였기에 시민들이 쉽사리 자료를 구하기는 어려웠다. 이렇게 복각된 자료 및 수집된 조선관련 자료가 70년대 이후 조선과 일본의 관계사, 재일조선인사를 연구하는 젊은 연구자에게 귀중한 연구 기반이 되었을 것이 확실하다.

그렇다면 큰 조직에 속하지 않은 서클은 어떠한 방식으로 활동 자금을 조성했을까. 회원제를 실시하거나 후원자들의 기부금으로 활동한 서클도 있으며, 조선어 강좌를 운영하는 서클은 수강료를 활동자금으로 활용하기도 했다. 다만 그것만으로 충분한 활동비를 확보할 수 있었는지는 확실하지 않은데, 애초에 경제적 이익을 목적으로 하지 않았기에 대부분의 서클이 수입과 지출의 평형을 맞추기 위해 부단히 노력했거나, 부족한 경우 주요 멤버가 보충하면서 활동을 유지했을 것으로 추측된다.

마지막으로 어떠한 인물들이 정회원으로 참여하였는지 살펴보도록 하겠다. '서클 소개' 기사에 정회원 수나 정회원들의 직업에 대한 정보가 기재되지 않았기에, 정확한 수를 파악하기 어렵지만, 십여 명 내외의 소수의 인물들이 정회원으로 활동했던 것은 분명하다. 기사에서 여성 혹은 재일조선인이 적잖이 참여한 사실을 확인할 수 있다. 이를테면 '소리모임'은 '일본인, 조선인 남녀, 노인, 중년, 청년으로 정회원은 8명'이라고 하며[22] '일본과 조선을 생각하는 모임'에는 신슈대학교의 일본인 학생과 조선대학교 학생이 참가하고 있다. '여성의 사랑방회'는 원래 '여성그룹으로 각종 운동에 참가하고 있는 동료들'이 모여서 탄생한 서클이

21) 복각된 자료로 1924년 발간된 조선총독부 『한신·게이힌 지방의 조선인노동자(阪神·京浜地方の朝鮮人労働者)』, 1930년 오사카시 사회부 『왜 조선인은 도래한 것인가(なぜ朝鮮人は渡来するのか)』등, 주로 1920년 중반에서 1930년 중반까지의 자료이다. 「〈サークル紹介〉在日朝鮮人の歴史を考える会」, 『季刊三千里』第7号, 三千里社, 1976, p.217.

22) 「〈サークル紹介〉ソリの会」, 『季刊三千里』第8号, 三千里社, 1976, p.187.

며, '재일조선인 작가를 읽는 모임'은 '일본인 고등학생부터 오십 넘은 어머니까지 다양한 멤버'들로 구성되어 '특징은 여성이 과반수를 자치하는 것'이라고 한다. 이처럼 다양한 사람들이 정회원으로 참여했음을 알 수 있는 한편, '무궁화 모임'와 같이 '일본인에 의한 조선연구 모임'을 표방하는 서클도 있다. 또한 '서클 소개' 기사에서 드러나지는 않지만, 일본인과 조선인 사이에서 태어나서 일본에서 자란 혼혈의 존재도 확인할 수 있다.[23]

3. 지역 서클의 구체적인 활동 및 특징

(1) '조선의 모임朝鮮の会'의 활동

'조선의 모임'은 1976년 3월에 '가나가와대학 자주강좌조선론'을 모태로 출범한 서클이다. '조선의 모임 결성에 즈음하여'에는 출범 목적과 방향이 다음과 같이 제시되어 있다.

> 이번에 가나가와대학 자주강좌조선론 7년간의 발걸음 속에서 '학외'를 향한 기운이 고조되어 졸업생 8명을 발기인으로 하여 '조선의 모임'을 결성하게 되었다. 우리는 이 '조선의 모임'을 널리 조선의 문화를 배우려는 사람에게 열린 교류의 장으로 만들고자 한다. (중략) 우리는 타국과 타민족과의 친선, 연대를 위해서 서로의 문화를 정당하게 평가할 수 있어야 함을 확신하고 있다. 그럼에도 불구하고 우리에게 그러한 축적이 너무나도 부족하다. (중략) 현재 조선은 두 개로 분단되어 있다. 그러나 우리들은 그곳에 숨쉬는 문화가 하나이며 통일이야말로 조선의

23) '히로시마 조선사 세미나'가 발행한 세미나소식 '바다'에는 일본인으로 귀화한 '재일조선인 2세'가 기고하고 있다. H·H, 「朝鮮語講座から(8)帰化朝鮮人として」, 広島朝鮮史セミナ-事務局, 『セミナーだより 海』15号, 1979, p.13.

새로운 문화 창조의 원동력이 된다고 생각한다.[24]

'조선의 모임'은 대다수의 멤버가 가나가와대학교의 졸업생이며 기혼이거나 자녀를 가진 연령대가 된 10여명이 운영을 하고 있었다. 주요 활동은 정회원이 모여서 하는 연구회와 조선어교실, 그리고 월보 '바람'의 발간이었다. '바람'의 창간은 1976년 4월이며 1986년 11월까지 발행되었음을 확인할 수 있다. 등사판 인쇄로 평균 12페이지, 발간부수는 매출을 통해서 미루어 보건대 한 달에 119여 부 정도로 추산된다.[25]

매월 발간된 '바람'에는 어떠한 내용들이 실려 있었을까. '바람'을 보면 적은 인원으로 다양한 내용을 다루었는데, 예컨대 정회원들이 차례로 돌려가면서 쓰는 '권두언卷頭言',[26] 일본인과 재일조선인의 문학자나 역사가와 같은 지식들의 수필이 실리는 '문扉',[27] 독자의 목소리를 소개하는 '바람소리', 매월 2번 개최하는 연구회 성과를 보고하는 '연구회 보고', 그리고 연구회의 모습을 사회자의 시각으로 소개하는 '사회자의 눈',[28] 다른 시민단체가 주최하는 강연회나 집회를 소개하는 '안테나',

24) 「架け橋をめざして」, 『季刊三千里』第25号, 三千里社, 1981, p.92.

25) 가격은 50엔이었고, 배송료를 포함하면 연간 500엔(1977.4 기준)이었다. '조선의 모임' 회계보고(20호, 1977.11)에 따르면 1977년 4월부터 9월까지의 '바람' 판매액은 3만5700엔이므로 한 달 발행 부수가 119부로 추산된다. 이후의 현황을 보면, 시기에 따라 다르지만 1979년 10월부터 1980년 3월까지의 판매액이 3만 9250엔이므로 발행부수는 131부, 동년 4월부터 9월까지는 3만 5500엔의 판매액을 올렸으므로, 발행부수는 118부로 추산이 된다.

26) 공무원 신분으로 지방 자치체에서 세무(税務) 업무를 하는 사람, 우체국에서 업무를 하는 사람, 공립병원근무자, 기타 회사원, 교원 등 주로 7~8명이 차례로 원고를 기고한다.

27) 예를 들면 이은직(李殷直), 가지무라 히데키, 강재언, 김양기, 지명관, 가나가와대학교수인 도미오카 마스오(富岡倍雄) 등의 글이 실렸다. 이외에도 조선어교실 강사 혹은 학생들이 조선어학습 소감과 같은 글을 기고하곤 했다.

한국의 월간 교양 잡지 『씨알의 소리』 등을 일본어로 번역해서 소개하는 '번역', 조선의 민속 및 풍습을 소개하는 '세시기歲時記', 당월에 일본에서 일어난 역사적 사건 가운데 조선과 관련된 것을 소개하는 '달력暦', 58호부터 개설된 항목으로서, 근대 조선 역사의 등장하는 조선인의 소개에 초점을 맞춘 '근대의 사람들' 등으로 구성되어 있다.

(2) '조선의 모임'의 특징

그렇다면 '조선의 모임'은 앞에서 언급한 다른 서클과 비교할 때, 어떠한 특징이 있다고 할 수 있을까. 우선 그들 스스로가 대학내의 한 강좌에서 유래한 모임으로 규정하고 있듯이, '비행동주의적, 문헌주의적'이며 '학술적'인 성격을 띠었다.[29] 동시대의 국적차별철폐운동과 같은 시민운동과 아무런 관계가 없었던 것은 아니지만[30] 학습을 위주로 하는 학습형 서클이라 할 수 있다. 다만, 이론만 가지고 조선문제에 접근하는 것이 아니라 직장이나 결혼과 같은 사회생활 속에서 조선과 일본 관계를 생각하며 그것을 타인과 공유하고자 하는 모습을 엿볼 수 있다. 멤버들이 담당하던 코너인 권두언을 보면, '조선문제를 마주하는 일본인'으로서 어떠한 자세를 지녀야 하는가에 대해서 끊임없이 모색하는 자세가 드러난다. 예를 들면, 직장 회식 자리에서 거리낌 없이 군가를 부르는

---

28) '바람' 45호부터 시작된 코너이다.

29) 1977년 4월에 발행된 1주년 기념호 권두언에서 이 점을 밝히고 있다.

30) '요코하마 민족차별과 싸우는 모임(横浜の民族差別と闘う会)'이나 신애숙(信愛塾), 지문날인거부운동에 관한정보를 게재했으며 서클 멤버 가운데 개인적으로 운동에 관여한 사람도 있었다. け,「ひとつの動き」,『ばらむ』41号, 1979, p.1. 真野保久「支援の中で」,『ばらむ』92号, 1983, p.1. 또한 '바람'의 '자료실'이라는 코너에서 '조선의 모임'으로 보내진 각 지역의 서클 소식과 회보를 소개 및 배부했다.

자신의 모습을 보자, 군가에 부정적인 인식을 가지고 있던 학생시절의 자신, 혹은 여러 재일조선인 친구들의 얼굴을 떠올리면서 '아무런 변화가 없었던' 자신의 경험을 토로한 멤버가 있었고, 어느 공립병원에 근무하는 한 멤버는 이름을 부를 때 '민족이름이 아니라 일본이름으로 불러달라'고 요청한 환자가 있었다는 이야기를 하면서 조선식 이름을 왜 일본식으로 부르는가에 대한 의문을 던졌다. 또한 선거 기간에 기업 전체가 선거활동을 하는 회사에 근무하는 한 멤버는 본인의 아내가 한국국적이라 선거권이 없다는 사실을 동료들이 인지하지 못하고, 조선인 여성이 일본인 남성과 결혼한 경우, 일본사회와 조선사회 양측으로부터 '동화'된 주체로 간주되는 것에 대해서 우울감을 호소했다.

'조선문제를 마주하는 일본인상像'의 모색이라는 문제의식은 조선어교실의 운영방식에서도 드러난다. 1977년 8월 '바람' 17호를 보면, 조선의 모임이 주최하는 조선어교실이 새 수강생을 모집할 때, 응모자에게 「(조선어를 배울 때 : 인용자)최소한 명심해야 할 사항」이라는 것을 제시하고 있다. 이는 「①일본에서 조선어의 습득이 전후, 전후를 통틀어서 공안, 경찰, 군 관계자에 의해서 이루어졌음에 유의하고 적어도 침략과 억압의 첨병先兵이 되거나 이를 돕는 일이 없도록 주의한다. ②조선어를 배우고 말하는 것만이 목적이 아니라 조선어 학습을 통해서 조선의 문화와 역사와 같은 분야로도 관심을 넓히고 조선(사람)을 이해하는 첫걸음이 되도록 한다」는 것이었다.[31] 당시 신규 수강생의 모집은 '바람' 혹은 신문 광고, 전단지를 이용하여 이루어졌으며, 개강식에 맞춰서 '조선어의 역사와 일본'이라는 기획강연은 열어 조선어교실 운영 방식을 전달하기도 했다.

조선어를 배우고자 하는 일본 시민이 소수였던 시기에 조선어를 학습

31) 朝鮮の会, 「朝鮮語教室の方向」, 『ばらむ』17号, 1977, p.3.

하면서 가르치는 입장이었던 멤버는[32] 어떠한 연유로 조선어에 관심을 가지게 되었을까. 각자 배경이 다르지만 '조선의 모임'이 제시한 취지에 맞게 침략과 식민지배를 한 과거가 있는 일본인으로서 먼저 조선어를 배울 필요가 있다고 생각하는 사람이 있는가 하면,[33] 이웃나라임에도 불구하고 멀게 느껴지는 이웃나라에 대한 관심에서 조선어 학습을 시작한 사람도 있다. 또한 당시 독재정권에 저항하며 민주주의를 요구하는 한국 사람들과 연대하기 위해서, 혹은 서승·서준식 형제를 구명하기 위해서 조선어를 학습하는 사람도 많았다. 그러한 가운데 어떤 사람은 '동기가 단순해서 (조선어 학습을 시작하여 배우는 이유에 대 : 인용자) 질문을 받을 때마다 주눅이 들곤 했다. (중략) 그러나 지금 사상이나 정치와 상관없이 이웃나라인 조선과 우리가 직접적인 흥미를 통해서 관계를 맺고자 하면 왜 안 되는 것일까. 이제 그러한 우여곡절을 극복하고 그들과 우리가 다시 서로를 이해할 수 없다면 이만큼 슬픈 일도 없지 않을까」[34] 라며 반문하고 있다. 이에 대해서 조선어를 학습하는 다른 독자는 공감을 표하면서 '우리는 우리들과 조선인의 관계를 왜곡하는 것에 대한 분노를 키워 왔습니다. '침략' 역사가 있어서, '차별'이 있어서 혹은 남북분단의 현실을 마주보기 위해서, 그것들을 어떻게 해야 할 책임이 있다고 스스로 칼을 등에 꽂으면서 조선과 관계를 맺으려는 것이 아닙니다. (중략) 이웃을 올바르게 이해하고 싶기에, 이웃나라 사람들과 아주 당연하고도 성실한 관계를 맺고 싶기에 조선어를 배우고 조선사람과 만나는 것'[35]이며 침략의 역사와 일본사회에 남아있는 차별이 이러한 마음을

32) '조선의 모임'은 멤버 중에서 조선어 강사를 육성하는 것도 모임의 목표 가운데 하나로 삼고 있었다.

33) やざわけんじ, 「私の朝鮮語学習 - 中級講師」, 『ばらむ』17号, 1977, p.2.

34) 清野直子, 「私の朝鮮語」, 『ばらむ』39号, 1979, p.2.

35) 林久美子, 「Sさんへ「私の朝鮮語」を読んで」, 『ばらむ』41号, 1979, pp.2-3.

짓밟는다며 정면으로 마주하지 못하는 일본과 조선 관계에 대한 억울한 심정을 토로했다.

이처럼 '조선의 모임'의 멤버가 조선과 관계를 맺는 일본인상에 대해서 모색하던 이 시기는 재일조선인들이 큰 전환점을 맞이한 시점이기도 했다. 1970년에는 한국 국적자라는 이유로 히타치 제작소日立製作所의 채용이 취소된 재일조선인 2세 청년이 이에 불복하여 소송을 제기한 '히타치 취직차별재판日立就職差別裁判'이 일어났다. 이 사건이 상징하듯이 재일조선인 가운데 조국으로 돌아가지 않고 일본에서 정주하는 것을 전제로 하여 장래를 고민하는 세대가 탄생했다. 비슷한 시기에 『조선연구朝鮮研究』[36]가 네 번에 걸쳐서 '기로에 서있는 재일조선인 문제' 특집을 발행했으며, 『계간삼천리』도 '재일조선인의 현황'을 다루는 등 '재일'의 바람직한 모습에 대한 논의가 활발했다. 조선어를 읽지 못하는 2세, 3세가 어떠한 방식으로 민족의식을 형성해 나갈 것인가 하는 동시대적 문제에 직면한 이 시기에, '조선의 모임' 멤버들은 일본인이 어떤 자세를 지녀야 하는가에 대해서 반문하였다.

> 조선인들의 인식 변화에 대한 일본인 측의 대응은 구체적으로 드러나지 않고 있다. 그러나 문제의 단초는 이미 제기되고 있다. (중략) 일본인의 전통적 정신세계에는 타자의 존재를 의식하지 않으려고 하며 늘 스스로와 동일하지 않으면自己同一的 안심되지 않는다는 측면이 있다. (중략) 책이나 매스미디어뿐만 아니라 우리들의 생활 속에 '조선'이 존

36) 1961년 11월 설립한 일본조선연구소가 발행한 잡지. 초대이사장은 후루야 사다오(古屋貞雄, 1889-1976)로 사회당 중의원 의원을 역임하였다. 이외에도 우츠미 아이코(内海愛子), 가지무라 히데키, 사토 카츠미(佐藤勝巳)가 참여했다. 1984년 4월부터 잡지명칭을 '현대코리아'로 변경, 1986년 3월 연구소 명칭을 '현대코리아 연구소'로 개칭했다. 2007년에 종간. 国際高麗学会日本支部『在日コリアン辞典』編集委員会編, 앞의 책, p.39, pp.132-133.

> 재하고 그것과 마주보지 않으면 안 되는 관계를 일본인이 만들어 나가야 한다. 생활 속에서 '조선'을 표면화하고 '두려움'을 소멸시키기 위한 노력을 통해서 양쪽이 타자로 마주보는 것, 이것이야말로 자기 주체성의 확립으로 이어지리라고 생각한다[37].

이를 통해서 짐작할 수 있듯이, '조선의 모임'은 조선의 역사와 문화, 언어를 배우면서, 재일조선인의 세대교체로 인한 전환기를 일본인이 어떻게 마주할 것인가에 대해서 끊임없이 모색하고 있었던 것이다.

(3) '히로시마 조선사 세미나広島朝鮮史セミナー'의 활동

'히로시마 조선 세미나'는 '한 사람 한 사람의 일본인과 조선인이 앞으로 어떠한 관계를 만들어 갈 수 있을까'라는 물음에서 시작되어, 1976년에 결성된 서클이다. 중심 멤버에는 조선근대사 전문가이자 당시 히로시마 대학대학원에 재학 중이던 하라다 다마키原田環(이후 현립 히로시마대학 교수)가 있다.[38] 정회원으로 학생, 가정주부, 교원 등 10여명이 참가했다. 주요 활동은 지역 주민들을 대상으로 하는 공개세미나, 매년 8월에 히로시마 교육회관이나 현립 사회복지회관을 빌려서 운영하는 여름 합숙, 조선어강좌, 영화 상영회, 정회원으로 구성된 연구회, 그리고 연 4회 세미나 소식 '바다'의 발행이다. 세미나 소식 '바다'는 평균 20페이지에서 30페이지 정도 분량의 책자이다. 내용은 공개 세미나 강연 내용의 개요, 세미나 참가자의 설문조사 결과 모음, 연구회 보고, 그리고 히로시마에서 일어난 재일조선인이나 한반도 관련 사건을 정리한 '일지

---

37) 遠藤敬光, 「『本名雑感』に寄せて 生活の場に"朝鮮"の顕在化を」, 『ぱらむ』21号, 1977, p.2.

38) 「原田環さん ありのままの朝鮮半島」, 『朝日新聞』, 2002年9月3日朝刊.

히로시마와 조선日誌広島と朝鮮'이다.[39] 1979년부터는 운영기금을 설립하여 지원자들로부터 모은 자금으로 운영했다.

공개세미나는 출범 당시, 1년에 수 차례 개최되었으나, 1979년 이후부터는 연 2회 열리게 된다. 자료가 제한적이어서 공개세미나 내용을 정확하게 파악하기는 어렵지만 일본 국회도서관에 소장된 '바다'[40]를 바탕으로 주제와 시기를 확인할 수 있다. 제1기"조선통신사"(1976), 제2기"조선인의 문학"(1977.1-5), 제3기"재일조선인"(1977.6-12), 제4기"일본인과 조선"(1978), 제5기"오늘의 조선"(1979), 제6기는 조선통신사의 유적지를 방문하는 "히로시마와 조선"(1980.5, 1980.10), 제7기"히로시마사람과 조선"(1981.5, 1981.11), 제8기"오늘날의 한국"(1982.10), 제9기"한국의 전통무용"(1983.4, 1983.7), 제10기"재일외국인과 국제문제Ⅰ"(1984.4, 1984.11), 제11기"재일외국인과 국적문제Ⅱ"(1985.6, 1985.11), 제12기"한국인의 민족관"(1987.3, 1987.8) 등이다.[41] 공개 세미나는 외부에서 강사를 초청하여 진행하는데 제2기 강사로 김달수, 김시종, 윤학준, 고사명, 강재언, 히라오카 다카시平岡敬, 이어서 제3기에는 사토 가쓰미, 오자와 유사쿠小沢有作, 다나카 히로시, 가지무라 히데키가 초청된다. 제6기 조선통신사 유적지를 방문하는 투어에서는 5월 연휴 기간에 고고학자인 이진희를 초빙하여 고대사 답사를 진행했다. 제7기"히로시마 사람과 조선"에서는 히로시마와 조선에 관련이 있는 역사적 인물을 다루고 가지야마 토시유키梶山季之 원작인 영화 '족보' 상영회를 개최하고 있다. 지면의 관계로 모든 강사를 나열할 수 없지만 제15기(1990~1992) "한일양국의

39) '일지 히로시마와 조선'에는 독자들로부터 수렴된 정보가 게재된다.

40) '바다'는 일본 국회도서관에 15호~21호, 29호, 33호, 34호가 소장되어 있다.

41) 제27기(2003.6)"조선반도는 어떻게 될 것인가" (강사: 구로다 가쓰히로)까지 개최되었음을 확인할 수 있다. 広島朝鮮史セミナー事務局,『梶山季之を偲んで』, 2007, pp.71-78.

교과서 속의 조선과 일본"를 주제로 정재정, 다부치 이소오田淵五十生, 김은숙, 라이 기이치頼祺一, 마부치 사다요시馬渕貞利를 초청하여 심포지엄을 개최하였으며, 제17기(1993-1994) "한국의 현황"에서 서울대학교(당시) 안병직과 구로다 가쓰히로黒田勝弘를 초빙하고 있다.

'히로시마 조선 세미나'는 공개세미나 이외에도 1980년 3월부터 학생, 교원, 회사원, 공무원 20여명이 중심이 되어 '히로시마와 조선' 공동연구반을 개설한다. 월 1회의 정례연구회에서 1876년 개항 이래 100여년에 걸친 조선과 히로시마의 역사적 관계에 대한 조사 성과를 보고하고 있다. 구체적인 내용은 시립도서관의 관계자료 소장 상태 조사 및 개항 시기부터의 신문기사 조사를 바탕으로 '히로시마 조선 사찰단' 역사를 정리한 것이었다.[42]

(4) '히로시마 조선 세미나'의 특징

히로시마 조선사 세미나의 특징으로 우선『계간삼천리』와 밀접한 관계를 맺고 있다는 점을 들 수 있다. 세미나 강사로 초청된 대다수의 인사들은『계간삼천리』에서 활동하는 편집자, 학자, 연구자, 또는 활동가들이다. 따라서 세미나의 주제도『계간삼천리』가 다루던 주제와 상당히 유사했다. 또한 1979년 11월, 히로시마대학교 대강의실에서 '삼천리 강좌 보고 - 교과서에 쓰여진 조선教科書に書かれた朝鮮'을 개최하여 총 149명의 교사와 학생이 참여했다[43]. 교사 중에는 사회과 교사뿐만 아니라

42) 広島朝鮮史セミナ-事務局,『セミナーだより 海』15号, 17号, 20号.

43) '히로시마 조선사 세미나'가 회수한 참가자 설문지(참가자 149명 중 56명이 회답)에 따르면 참가자 가운데 70%는 히로시마 시내 거주자이며, 남성63%, 여성이 37%이었다. 연령대를 보면 20대는 31.5%, 30대는 20.4%, 40대는 18.5%이며 직업은 교직원 33.3%, 학생 31.5%, 상공 자영업 14.8% 순으로 많았다. 広島朝鮮史セミナ-事務局,『セミナーだより海』16号, pp.7-12.

음악이나 미술을 담당하는 교사도 참가하였는데, 그들은 교육실천에서 지금까지 전혀 언급되지 않았던 조선의 음악과 미술을 앞으로 어떤 식으로 가르치면 될지 토론하였다[44]. 이는 무라마츠村松(2021)가 지적했듯이, 『계간삼천리』가 교육현장에서 벌어지고 있는 재일조선인 학생을 둘러싼 문제에 대한 해결의 실마리를 제공했음을 보여준다.

한편, '히로시마 조선사 세미나'가 단체명의 취지를 반영하여 히로시마의 지역성을 의식하고 활용하는 문화운동을 지향했다는 점이 두 번째 특징이다. 예컨대 공개 세미나 강사로 히라오카 다카시[45]를 초청하여 피폭자 조선인에 대해서 강연한 점, 그리고 제7기 때, 조사 대상 지역에 연고가 있는 역사적 인물을 조사하여 지역주민들에게 얻은 정보를 바탕으로 공개 세미나를 기획한 점[46], 그리고 '히로시마와 조선'이란 주제로 공동연구팀을 구성했다는 점을 통해서 지역성을 강하게 의식하던 서클임을 짐작할 수 있다.

지역성을 중요시하면서 한국의 민속문화도 적극적으로 다룬 것 또한 히로시마 조선사 세미나의 특징이다. 1983년 7월 민속학자이자 한국민속극 연구소 부설극단 '서낭당'의 창립자인 심우성을 한국에서 초청하여 '심우성 인형극'을 히로시마시 중앙공민관에서 개최하였는데, 히로시마 시민 140명이 감상했다.[47] 1985년 8월에도 서낭당을 초대하여 인형

44) 앞의 책, p.10.

45) 히라오카 다카시(平岡敬, 1927)는 오사카에서 태어나 히로시마에서 자랐다. 1937년에 아버지를 따라서 조선으로 건너가 패전을 한반도 흥남에서 맞이했다. 와세다대학교 제1문학부를 졸업한 후 1952년 주고쿠 신문사(中國新聞社)에서 근무. 1991년부터 히로시마 시장을 역임하여 1회 연임하였다. 平岡敬, 『時代と記憶 - メディア·朝鮮·ヒロシマ』, 影書房, 2011.

46) 1981년 3월 『바다』(20호)에 제7기 공개세미나에서 다룰 인물에 대한 자료 및 정보를 독자에게 구하고 있다. 広島朝鮮史セミナー事務局, 『セミナーだより 海』 20号, p.2.

극 '우리의 산, 우리의 강'[48]을 현립 사회복지회관에서 열었다.[49] 심우성 인형극 공연 당시를 돌이켜 보면, 일본사회에서 조선과 한국 관련 이슈 가운데 주로 정치분야가 주목 받고 있던 시기였기에 일본의 일반시민들이 한국의 전통문화를 접하고 조일관계를 생각할 기회는 흔하지 않았다. 심우성의 인형극은 현대사회의 모순을 신랄하게 추궁하는 요소가 있었는데, 이에 대하여 관람객들은 참가자 설문조사에 '훌륭하다'는 소감을 남겼을 뿐만 아니라, '너무나도 게으르고 긴장감이 없는 사생활에 초조함 같은 감정을 느낀다'며 자신의 생활을 되돌아 보거나, '베트남 전쟁을 떠오르게 했다' 혹은 '(한반도가 : 인용자) 많은 나라의 간섭으로 인해 둘로 나뉘어 있는 슬픔을 느꼈다'는 등, 전쟁이나 조선의 통일문제를 언급하기도 했다.[50] 이처럼 '히로시마 조선사 세미나'는 '특정한 정치과제에 휘둘리지 않고 총체로서 조선문제를 재인식하는 것'[51]에 주안점을 두고, 문화를 통해서 조선을 이해하고자 했던 것이다.

4. 서클 활동이 활발해진 배경

지금까지 『계간삼천리』에 게재된 '서클 소개'와 구체적인 서클 활동 사례를 살펴보았다. 마지막으로 70년대에 서클 활동이 활발해진 원인은 무엇인지, 어떠한 동시대적 변화로 인해서 폭넓은 층이 참여할 수 있게 된 것인지, 또 그들이 어째서 조선이나 한국, 재일조선인 문제에 주목하

47) 広島朝鮮史セミナー事務局, 『セミナーだより 海』29号, 1983, p.1-5.
48) 일본어 제목은 「わたしたちのふるさと(우리들의 고향)」이다.
49) 広島朝鮮史セミナー事務局, 『セミナーだより 海』34号, 1986, p.2.
50) 広島朝鮮史セミナー事務局, 『セミナーだより 海』29号, 1983, pp.6-8.
51) 「サークル紹介 広島朝鮮史セミナー」, 『季刊三千里』第22号, 三千里社, 1980, p.131.

게 되었는지 정리한 후, 『계간삼천리』가 일본사회에 미친 영향을 생각해 보고자 한다.

(1) 70년대의 사회적 배경

우선 1970년대의 동아시아 국가 및 지역 가운데 시민들의 표현, 집회, 결사의 자유가 어느정도 보장된 곳은 일본뿐이었다. 제2차 세계 대전의 종결 이후, 다른 아시아 국가들은 개발독재 혹은 군사독재 정권, 사회주의 체제 하에서 통제를 받고 있었기에 80년대 후반이 될 때까지 시민이 자기 목소리를 내는 것 자체가 어려운 상황이었다. 그러한 가운데 전후 일본의 경우, 부흥단계를 거쳐 경제 성장이 궤도에 오른 50년대부터 노동조합이나 직장을 중심으로 활동이 전개되었다. 원수폭 금지운동原水爆禁止運動이나 공해문제운동公害問題運動, 베트남 반전운동 등이 활성화되었으며, 60년대 후반부터는 일본의 침략역사 혹은 식민지지배에 기인하는 여러 문제에 대한 활동도 등장하기 시작한다. 한일회담 반대운동과 베트남 반전운동이 무르익는 가운데, 연구자 및 활동가들은 가해의 역사에 대해서 문제를 제기하는 한편, 재일조선인을 비롯한 구 식민지 출신자들이 구축한 입관체제를 비판하고, 차별에 대한 반대운동을 전개했다.[52] 이어서 70년대 이후에는 스스로가 거주하는 지역에 주목하여 지역사 발굴을 통해서 일본의 침략전쟁이나 식민지 지배 역사를 돌이켜 보는 활동이 나타나기 시작했다.[53] 이러한 활동이 활발해진 배경으로 60년대

52) 外村大, 「歴史問題における和解と市民運動」, 『和解学の試み』, 明石書店, 2021, pp.170-172.

53) 전쟁과 식민지 역사 발굴 활동, 기억계승에 관한 일본국내의 사례연구로서 大和裕美子, 『長生炭鉱水没事故をめぐる記憶実践』, 花書院, 2015(야마토 유미고, 『죠세이 탄광수몰사건을 둘러싼 기억실천』, 가쇼인, 2015). 本庄十喜, 「北海道における植民地支配の記憶と継承」, 法律文化社, 2021(혼죠 토키, '홋카이도에서

이후 고도 경제성장에 따른 경제적, 시간적 여유의 확보 및 대도시 인구 집중 현상, 이로 인한 가족 형태의 변화를 들 수 있다. 대도시권의 인구 집중을 보면, 60년에 전 인구의 37%가 도쿄도 23구, 오사카 시, 나고야 시 3개 대도시에 집중되어 있었는데, 70년대에는 50%를 돌파했다.[54)]

〈표 2〉와 〈표 3〉에서 짐작할 수 있듯이, 1965년부터 1976년까지 서클 활동이 활발해진 지역의 젊은 층(20-34세) 인구비율은 전국평균 26~27% 정도로, 1970년에는 기타큐슈시北九州市를 제외한 대도시에서 3할을 차지했다. 이는 제2차 세계대전 후 태어난 제1차 베이비 붐 세대(1947-1949년생)가 청년기에 접어든 시기임을 의미한다. 참고로 2021년 11월 현재 젊은 층의 인구비율은 일본인구 가운데 15%[55)]이므로 70년대에는 현재보다 2배 가까운 비율의 젊은 층이 있었던 셈이다.

표 2. '서클' 활동이 있었던 지역의 젊은 층(20~34세)의 비율과 추이(1965~1975)

(단위 : 만명)

지역	1965년		1970년		1975년	
	총 수	인구비	총 수	인구비	총 수	인구비
일본 전국	2,568	26.1%	2,812	27.1%	2,911	26.0%
도쿄도	384	35.3%	400	35.1%	372	31.9%
가나가와현	143	32.5%	177	32.7%	192	30.1%
나가노현	43	22.0%	42	22.2%	43	21.6%
기후현	41	24.5%	43	24.9%	45	24.1%
아이치현	142	29.7%	162	30.5%	167	28.3%
오사카부	215	32.4%	247	32.7%	243	29.4%
효고현	118	27.6%	134	28.7%	131	26.4%
히로시마현	55	24.4%	60	25.2%	67	25.5%
가가와현	19	21.6%	21	23.0%	22	23.1%

의 식민지 지배 기억과 계승', 법률문화사, 2021). 등을 들 수 있다.

54) 歴史学研究会編, 『日本同時代史4 高度成長の時代』, 青木書店, 1990, p.192.

55) 総務省統計局, 『人口推計－2021年(令和3年)11月報』, https://www.stat.go.jp/data/jinsui/pdf/202111.pdf(2021.12.10 열람).

표 3. 7대도시의 젊은 층의 비율(1965, 1970) (단위 : 만명)

구/시	1965년		1970년	
	총수	인구비	총수	인구비
도쿄도의 구	320	36.0%	316	35.8%
요코하마시	59	33.1%	72	32.7%
나고야시	62	32.4%	64	32.1%
교토시	40	29.9%	44	32.1%
오사카시	101	32.2%	94	31.8%
고베시	36	29.8%	38	30.0%
기타큐슈시	28	27.7%	27	27.0%

출처 : 総理府統計局, 『第十七回日本統計年鑑』,1966, pp.34-35. 『第二十二回日本統計年鑑』, 1971, pp.26-27. 『第二十六回日本統計年鑑』, 1976年, pp.26-27.

주 : 1965년의 일본 총인구는 9,827만 명, 1970년은 1억 372만 명, 1975년은 1억 1193만 명이다.

또한 60년대에 도시에 유입된 젊은 노동자 층은 결혼 후 핵가족을 형성하여, 출생률의 저하와 함께 급격한 '소가족화 현상'의 원인이 된다. 이러한 가족 형태의 변화에 따라서, 여성들이 시부모 봉양이나 육아 문제로부터 비교적 자유로워지고, 스스로를 위한 여가시간을 가질 수 있게 되었다.[56] 아울러 60년대 중반부터 세탁기나 청소기를 비롯한 가전제품이 보급되어[57] 가정주부 층의 가사노동에 대한 부담이 줄었다. 이러한 사회적 변화야말로 주부를 포함한 다양한 사람들이 서클활동에 참여할 수 있게 된 요인이라 할 수 있다.

도회지에 공민관의 설치가 진행된 것 또한 70년대 이후였다. 공민관은 1949년에 제정된 사회교육법에 법적 근거를 두고 있으며, 제2차 세계대전 이후 각 지자체는 '민주화'와 교육개혁 과정에서 공민관의 설치를 장려했다. 50년대까지는 농촌 지역을 중심으로 설치되었는데, 고도 성장

56) 歴史学研究会編, 앞의 책, pp.192-195.

57) 1970년 당시 가전제품 보급률을 제품별로 보면 세탁기, 냉장고 9할, 선풍기 8할, 청소기는 약 7할이었다. 歴史学研究会編, 앞의 책, p.204.

에 따른 인구이동으로 인하여 70년대 이후 농촌 지역의 공민관은 쇠퇴하고 오히려 설치가 늦었던 도회지에서 증가했다. 특히 도쿄 산타마三多摩지구 혹은 가와사키시, 나가노현 이이다飯田 등에서 공민관 설치 운영을 둘러싼 다양한 주민 운동이 전개되었다. 공민관은 지역 주민에게 친근한 학습의 거점이자 교류의 장으로서 중요한 역할을 했다. 설치 된 공민관의 수를 보면, 1955년 기준으로 전국 각지에 3만 5343개소가 설치되었으며[58] 2018년에는 1만 4281개소[59]까지 줄었으나 이 숫자는 여전히 의무교육기관인 중학교의 수보다 많다.[60] 지역주민이 공민관을 염가에 회의나 강연장으로 활용할 수 있었고, 동일한 지역 내에 공민관이나 이와 유사한 시설이 설치되어 사람들이 모일 공간이 확보됨으로써 서클활동이 활발하게 전개될 수 있는 여건이 마련되었던 것이다.

70년대에는 미니코미ミニコミ도 유행했다. 미니코미는 주요 신문과 주간지, 텔레비전과 같은 매스미디어에 대비되는 작은 출판물로서 이윤을 목적으로 삼지 않았기에 개인이 독립적인 입장에서 사회문제에 대하여 거론하거나 주장하는 미디어로 활용되는 일이 많았다. 50년대에는 직장이나 노동조합에서 발행되었다가 60년 안보투쟁과 베트남 반전운동을 거치면서 독립된 개인이 발행하는 미디어가 된다. 60년대에는 연구자 혹은 지식인들이 문제제기를 하기 위한 도구로 활용하였고, 70년대에

58) 小林文人·佐藤一子, 『世界の社会教育施設と公民館』, エイデル研究所, 2001, p.273.

59) 각 지방마다 정한 조례로 사회교육관 등 공민관과 유사한 시설도 포함된다. 文部科学省, 『平成30年度社会教育調査 – Ⅱ調査結果の概要』, https://www.mext.go.jp/content/20200313-mxt_chousa01-100014642_3-3.pdf (2021.12.13. 열람).

60) 2021년 현재, 일본 내의 중학교 수는 10,077개교다. 文部科学省, 『令和3年度学校基本調査(確定値)の公表について』, https://www.mext.go.jp/content/20211222-mxt_chousa01-000019664-1.pdf (2021.12.6. 열람).

들어서자 '시민과 자각하는 사람들'이 자신들의 거주지역 내 문제에 대하여 주장하는 미디어로 사용하게 되었다.[61] 70년대 전반에는 젊은 층 사이에서 '셋이 모이면 미니코미가 나오는 시대'[62]라는 말이 유행하였다. '조선의 모임'의 회보인 '바람'을 보면 멤버의 단골 야키니쿠 가게 사장과 미니코미를 주고 받는 모습이 소개되어 있을 만큼[63] 대중적 소통수단으로 널리 활용되었음을 알 수 있다.

(2) 조선/한국을 둘러싼 관계 변화와 『계간삼천리』의 영향

제2차 세계대전 이후 일본사회에서 아시아라는 타자가 대두하게 된 시점은 60년대부터 70년대에 걸쳐서 전개된 다양한 운동과 관계가 있다. 1960년대 중반에는 한일회담반대운동,[64] 베트남 반전운동과 일본 국내의 민족차별을 고발한 김희로 사건, 히타치 취업차별재판 등이 일어났으며, 70년대에 이후에는 김지하 구원운동金芝河救援運動, 재일한국인 서승·서준식 형제 구원운동 등 한국의 민주화 투쟁을 지원하는 운동

61) 丸山尚編, 『「ミニコミ」の同時代史』, 平凡社, 1985, pp.12-60.

62) 앞의 책, p.44.

63) 시부야 구에 위치한 야키니쿠 '구쟈쿠정(くじゃく亭)'. 점주가 제주도나 도쿄의 박물관을 주제로 한 미니코미를 발행하여 조선의 모임 멤버와 교류하는 모습이 소개되어 있다. 朝鮮の会, 『ぱらむ』15号, 1977, p.5.

64) 한일회담 반대운동의 성격을 보면, 한국에서는 한국정부가 식민지지배에 대한 사죄 및 책임을 추궁하지 못하는 모습에 시민이 분노하여 양국 정부가 급속히 국교를 정상화하려는 움직임에 대하여 이의를 제기한 것이었음에 반하여, 일본에서는 전체적으로 운동의 분위기가 저조했으며 경제협조라는 명목 하에서 한국에 제공되는 무상 및 유상 차관에 대해서 '박(박정희)에게 준다면 나(僕, 일본어 발음으로 '보쿠')에게 다오' 라는 글귀를 들고 참여한 사람이 있을 정도로, 운동이 이기적인 측면을 내포하기도 했다. 李美淑, 『「日韓連帯運動」の時代』, 東京大学出版会, 2018, p.88.

이 전개되었는데, 이러한 일련의 운동이 그 계기가 되었던 것이다. 이어서 73년에 벌어진 김대중 납치사건을 계기로 이전까지 베트남 반전운동을 벌이던 사람들이 한국 민주화 투쟁에 관여하기 시작하였으며, 74년의 민청학련사건이나 인혁당사건 등을 겪으면서 일본의 운동은 '지원' 차원에서 나아가 '한일연대'로 전환하였다고 할 수 있다.[65)]

주요 신문 기사나 월간지 『세계』에서 한국 민주화 운동에 관심을 보이던 시기에 정치적 측면에서 서클활동에 참여하는 사람뿐만 아니라 '단순한 동기'로 조선어를 배우고자 하는 사람도 있었듯이, 정치가 아닌 다른 측면에서 조선을 알고 싶어 하는 사람들도 어느 정도 존재했다. 그러나 동네서점에서 쉽게 구할 수 있는 조선 관련 서적이 많지 않던 당시[66)]에 정치 뿐 아니라 문학과 예능, 미술에 대해 이해하기 쉬운 말로 서술한 『계간삼천리』는 귀중한 존재였을 것이다.

70년대 이후 재일조선인사를 연구하는 주체도 변화를 맞이했다. 이전까지는 주로 재일조선인 연구자가 맡아 왔는데, 그들은 일본인의 역사에 대한 무지함과 배외주의적 행동을 규탄하는 한편, 재일조선인의 도일 경위와 식민지배의 관련성을 규명했다. 70년대 이후, 이에 자극을 받은 일본인 연구자도 나타나기 시작하여[67)] 연구성과를 『계간삼천리』에 기고하고 편집자와 함께 일본 각지를 돌며 시민을 대상으로 일본인이 어째서 조선과 한국, 그리고 재일조선인에 관한 여러 문제를 마주해야 하는지에 대해서 강연했다. 대부분의 일본인이 조선문제에 무관심한 시기였기에, 재일조선인 문제에 관한 견해를 듣고자 강연회를 개최하는 것 자체가 70년대 이후에 나타난 광경이라고 할 수가 있겠으나, 일본인

65) 자세한 내용은 앞의 책, 李美淑(2018)을 참조.

66) 『조선사』(하타다 다카시, 1951, 이와나미서점)가 증판되었으며, 『조선』(김달수, 1958, 이와나미신서), 『조선사』(가지무라 히데키, 1977, 고단샤) 정도가 있었다.

67) 外村大, 『在日朝鮮人社会の歴史学的研究』緑蔭書房, 2004, pp.8-10.

이 일본인을 대상으로 조선에 대해서 이야기하고자 하는 시도는 이 시기에 시작되었다고 할 수 있다.

80년대가 되자 재일조선인의 취업형태에도 변화가 있었다. 재일조선인 가운데 젊은 노동자들은 일본 사회의 차별과 배제로 인해 사회적 상승기회가 결여되어 있었기 때문에 자영업자의 비율이 일본인보다 높았고, 연고 관계에 기반하여 집주지구 내에서 고용기회를 창출했다. 그런데 80년대 이후 재일조선인 청년노동자 중에서 일본 기업에 채용된 새로운 중간층이 늘어나서 집주지구 외에서 취직을 하는 비율이 증가한다.[68] 이러한 취업형태의 변화에 따라서 일본인도 재일조선인과 접할 기회가 이전보다는 늘어났을 것으로 추측된다. 그럼에도 불구하고, 일본 국내의 차별이 없어진 것은 아니었다. 그러나 이러한 만남 속에는 일본인으로 귀화한 조선인이나 조선인과 일본인의 '혼혈', 한반도에 유대관계를 가지고 있는 사람 등 『계간삼천리』에 등장하지 않는 사례가 많았을 것이다.

이처럼 일상생활 속에서 조선과 한국, 재일조선인 문제에 대해서 고민하는 사람들이 존재하였기에 서클활동이 활성화된 것이 아닐까. 서클 참가자는 극히 소수였고, 사회적 변화를 이끌어낼 만큼 큰 영향력을 가지지는 못했으나, 메이지 유신 이래의 일본인과 조선인의 역사적 관계를 돌이켜 볼 때 서클활동은 획기적인 일이었다고 평가할 수 있으며, 그 중심에 『계간삼천리』가 존재했던 것이다.

5. 마치며 - 서클활동의 역사적 의의와 한계

본고는 『계간삼천리』에 게재된 '서클 소개'를 중심으로 서클의 활동

68) 福本拓, 「近現代日本の都市におけるエスニック集団の集住形態の諸相」, 京都大学博士論文, 2017.

내용과 동시대의 사회적 배경에 대한 분석을 통해서 규명한 점은 다음과 같다. 첫 번째로 1970년대 이후 일본 내에서 아시아를 타자로서 인식하기 시작하는 가운데, 일상생활 속에서 조선·한국과 일본의 관계에 대해서 고민했던 시민들의 모습이다. 일본의 식민지배 역사 혹은 한국 민주주의 연대뿐만 아니라 조선의 역사 및 문화, 언어, 풍습과 예술을 접하면서 조선과 일본 관계를 재고하고자 하는 사람들이 각지에서 서클 활동을 전개했다. 두 번째로 당시 일본 사회는 동아시아에서 유일하게 시민적 자유가 보장되어 있었고, 60년대에 이룬 고도경제성장으로 인해 경제적 여유가 생겼을 뿐만 아니라 젊은 층을 중심으로 한 인구밀집에 따라서 가족형태의 변화가 일어났는데, 이러한 사회적 배경 하에 서클이 활성화되었다는 점이다. 즉, 사람들의 자유도가 높아져서 서클활동에 참여할 수 있는 시간의 확보가 가능해졌던 것이다. 또한 70년대 도회지에서 공민관과 유사한 시민들의 활동 시설이 정비되었던 점, 그리고 시민들의 소통도구였던 '미니코미 붐'이 일어난 점도 그 요인 중 하나로 지적할 수 있다.

학술 분야를 살펴보면, 재일조선인 학자뿐만 아니라 이들의 영향을 받은 일본인 연구자가 재일조선인의 역사를 연구하기 시작한 것도 70년대 이후의 일이었다. 일본인 연구자들은 시민강좌에서 연구성과를 발표하고 일본인들에게 일본과 조선관계와 차별문제를 제시함으로써 조일관계에 대하여 재고하게 하는 데에 많은 기여를 했다. 그러나 시대적 제약을 감안하더라도 공적인 공간에서 조선과 일본의 관계를 언급한 주체의 대부분이 남성이었으며 여성 연구자가 재일조선인의 역사에 관한 견해를 표명하기까지 많은 시간이 필요했다는 점에 유의해야 할 것이다.[69]

69) 1990년 조선에 뿌리를 둔 여성들이 중심이 되어 잡지 『봉선화(鳳仙花)』를 발행.

마지막으로 서클활동의 과제와 한계점을 지적하고자 한다. 앞에서도 언급하였듯이 70년대 이후 활동 참가자들은 각 지역에서 조선과 한국, 그리고 일본의 관계를 돌이켜 보고자 했으나 '자신과 부모, 혹은 친족과 조선'이라는 측면에서 접근하는 시각은 얼마나 가지고 있었을까. 현시점에서 함부로 단정할 수는 없지만 그러한 인식이 충분하지 못했을 가능성이 훨씬 크리라 판단된다. 동시대 사람 가운데 조선에 관심을 가진 인원 자체가 소수였을 뿐만 아니라 핵가족화로 인하여 가족사에 대해서 제대로 알 기회가 줄었을 것이다. 애초에 조선과의 접점이 그다지 없었을 수도 있겠으나, 개개인이 조선에 대해서 생각할 때 자신의 가족과 조선이라는 시점에서 마주보는 것 또한 필요한 작업이 아니었을까.

아울러 70년대부터 재일조선인의 권리 획득운동에 깊이 관여해 온 일본인 가운데 한국과 북한을 비판하게 된 인물을 어떻게 볼 것인가 하는 문제도 있다. 예를 들면 '히로시마 조선사 세미나'에 강사로 초청된 사토 가츠미와 같은 사람들의 의식이 언제 어떠한 계기로 변화되어 갔는가, 또한 그들의 인식과 현재 일본인의 인식은 과연 단절된 것인가에 대해서도 곱씹어 볼 필요가 있다.

『계간삼천리』가 종간된 지 벌써 35년이 지났다. 창간 초기의 편집자나 집필자, 그리고 서클에 참여하던 많은 시민들도 고령화되거나 세상을 떠난 사람들이 적지 않다. 지난 35년 간을 되돌아볼 때, 일본과 조선, 그리고 한국과의 관계는 어떻게 변화하였는가. 인터넷의 보급과 함께 일본의 배외의식이 확산되었고, 혐오발언은 동영상 매체를 통해서 각 지역으로 전파된다. 또한 2002년 이후 북한의 납치문제를 구실로 조선

2006년에 마찬가지로 조선에 뿌리를 둔 여성들이 '재일 여성문예협회(在日女性文芸協会)'를 결성하여 문예종합잡지인 『땅에서 배를 지어라(地に舟をこげ)』가 발행했다.

학교에 대한 공격이 가해지는 등 결코 바람직한 방향으로 진행되고 있다고 보기는 어렵다. 그러나 이러한 시대일수록 '조선'이라는 단어를 차별과 멸시, 식민지배, 분단과 결부시킬 뿐만 아니라, 『계간삼천리』나 서클 활동에서 제시된 바 있듯이 한 사람 한 사람이 스스로의 생각을 통해서 조선에 대한 인식을 재고할 필요가 있다. 그러므로 『계간삼천리』와 참가자들이 시사하는 바는 여전히 크다고 할 수 있을 것이다.

참고문헌

淡路朝鮮文化研究会,『あわじ島そしてむくげの国』, 1986.

宇野田尚哉,『「サークルの時代」を読む』, 影書房, 2016.

金子るり子,「『季刊三千里』における日本進歩的知識人の「在日朝鮮人観」」,『日本語文學』第79輯, 2017, pp.391-418.

国際高麗学会日本支部,『在日コリアン辞典』編集委員会編,『在日コリアン辞典』, 明石書店, 2010.

小林文人·佐藤一子,『世界の社会教育施設と公民館』, エイデル研究, 2001.

佐々木毅·他編,『戦後史大事典 増補版』, 三省堂, 2005.

総理府統計局,『第十七回日本統計年鑑』, 日本統計協会, 1966.

総理府統計局,『第二十二回日本統計年鑑』, 日本統計協会, 1971.

総理府統計局,『第二十六回日本統計年鑑』, 日本統計協会, 1976.

宋恵媛,『「在日朝鮮人文学史」のために』, 岩波書店, 2014.

田中宏『在日外国人 第三版』, 岩波新書, 2013.

朝鮮の会,『ばらむ 13号~24号 合本』, 1979.

朝鮮の会,『ばらむ 37号~48号 合本』, 1980.

朝鮮の会,『ばらむ 49号~60号 合本』, 1981.

外村大,『在日朝鮮人社会の歴史学的研究』緑蔭書房, 2004.

朴正義,「『季刊三千里』の立場(1) : 総連との決別」,『日本文化学報』第48輯, 2011, pp.259-279.

朴正義,「『季刊三千里』の立場(2) : 金日成主義批判による北韓との決別」,『日本文化学報』第50輯, 2014, pp.291-309.

朴正義,「『季刊三千里』と韓国民主化：日本人に知らせる」,『日本文化学報』第54輯, 2012, pp.217-237.
朴正義,「『季刊三千里』が語る在日の日本定住 - 日本国籍否定から定住外国人」,『日本文化学報』第62輯, 2014, pp.239-258.
平岡敬,『時代と記憶 - メディア·朝鮮·ヒロシマ』, 影書房, 2011年
広島朝鮮史セミナ-事務局,『セミナーだより 海』15~21, 29, 33, 34号.
広島朝鮮史セミナ-事務局,『梶山季之を偲んで』, 2007.
廣瀬陽一,『日本のなかの朝鮮 金達寿伝』, クレイン, 2019.
福本拓,「近現代日本の都市におけるエスニック集団の集住形態の諸相」, 京都大学博士論文, 2017.
本庄十喜,「北海道における植民地支配の記憶と継承」, 山田朗·諸井勇一編,『平和創造学への道案内』, 法律文化社, 2021, pp.166-178.
丸山尚編,『「ミニコミ」の同時代史』, 平凡社, 1985.
宮本正明,「『朝鮮人刊行新聞·雑誌(2)』解題」, 朴慶植編『在日朝鮮人関係資料集成〈戦後編〉第9巻』, 不二出版, 2001.
村島健司,「雑誌『季刊三千里』と日本人読者にとっての「架橋」」,『関西大学人権問題研究室紀要』第81号, 2021, pp.61-77.
李進熙,『季刊三千里』1~25号, 三千里社.
李美淑,『「日韓連帯運動」の時代』, 東京大学出版会, 2018.
歴史学研究会編,『日本同時代史4 高度成長の時代』, 青木書店, 1990.
歴史学研究会編,『日本同時代史5 転換期の世界と日本』, 青木書店, 1991.
大和裕美子,『長生炭鉱水没事故をめぐる記憶実践』, 花書院, 2015.

김태영,「에스닉미디어에 나타나는 자시정체성의 전개 - 季刊誌『三千里』·『青丘』를 중심으로 한 재일한인의 민족적 성격의 변화」,『韓國民族文化』제30호, 부산대학교 한국민족화연구소, 2007, pp.209-230.
도노무라 마사루,「역사로서의『계간삼천리』: 시대의 규정성과 현상(現狀)변혁의 모색」,『「계간삼천리」해제집』총8권 간행 기념 국제학술대회 '제일/자이니치'가 묻는 정주/국민/국가, 한림대학교 일본학연구소, 2021, pp.52-54.
손동주·신종대·이수진·이상수,「재일한인의 커뮤니티 구축 -『계간삼천리』를 통해서 본 정책변화를 중심으로」,『동북아 문화연구』35권, 2013, pp.45-62.
이영호,「재일조선인 잡지『계간 마당(季刊まだん)』연구:『계간삼천리(季刊三千里)』와의 비교를 중심으로」,『日本文化研究』제61편, 동아시아일본학회, 2017,

pp.241-260.
전성곤, 「계간삼천리에 교차하는 공간과 주체」, 『日本思想』제36호, 2019, pp.189-212.
최범순, 「『계간삼천리』의 민족정체성과 이산적 상상력」, 『일본어문학』41권, 2009, pp.397-420.

総務省統計局, 『人口推計－2021年(令和3年)11月報』, https://www.stat.go.jp/data/jinsui/pdf/202111.pdf
文部科学省, 『令和3年度学校基本調査(確定値)の公表について』, https://www.mext.go.jp/content/20211222-mxt_chousa01-000019664-1.pdf
文部科学省, 『平成30年度社会教育調査－Ⅱ調査結果の概要』, https://www.mext.go.jp/content/20200313-mxt_chousa01-100014642_3-3.pdf

1970년대 일본 지식인들의 한일연대시민운동

『계간삼천리』에 나타난 체제 인식을 중심으로

권연이權姸李, KWON Yeoni

쓰쿠바 대학(筑波大学) 박사. 국제일본연구 전공 서울시립대 국제관계학과 강사. 현재 한림대 일본학연구소 HK연구교수. 연구 분야는 일본정치, 시민사회, 한일관계, 동아시아협력. 주요 연구로는 「제2기 아베 정권의 장기 집권 요인」(2021), 「일본의 NPO세제우대제도의 제정·개정 과정」(2021), 「市民社会ガバナンスに関する市民意識の日韓比較」(2020), 「NPO政策と政策ネットワーク」(2017) 등이 있다.

1. 1970년대 민주화 운동과 『계간삼천리』

1970년대는 한일 관계가 긴밀하게 '유착'되어 있는 구조 하에서 유신 체제에 대항하는 민주화 운동을 지원하기 위해 일본의 지식인들을 주축으로 한일간의 시민운동이 연대하기 시작한 시기이다. 냉전 체제하 반공 이데올로기를 공통분모로 하여 경제성장을 통해 체제의 정당성을 인정받고 싶어한 유신체제의 한국 정부와 경제성장을 바탕으로 일당우위 체제가 확고해진 일본 정부 사이에는 정치경제적 측면에서 '유착구조'가 형성되어 있었다. 유신 체제에 저항한 민주화운동이 탄압받고 있던 상황에서 한일의 시민운동은 연대를 통해서 국제사회의 지지를 이끌어 내려고 하였다.

재일조선·한국인과 일본의 지식인들이 참여하여 1975년에 창간된 종합문예지 『계간삼천리』는 한국 민주화 운동에 있어서 한일 간 연대운동의 증언록이라 할 수 있다. 창간호 특집으로 시인 김지하 관련 기사가 실리고 이후에도 김지하를 비롯한 한국의 정치 상황, 민주화 운동, 한일관계 관련 기사가 다수 실리게 된다. 본고에서는 『계간삼천리』에 실린 한국 민주화 운동과 관련된 기사들, 특히 일본 지식인들이 게재한 논평을 토대로 한국의 민주화 운동, 한일관계에 대한 인식을 살펴보고자 한다. 동 잡지를 통해서 일본 지식인들이 유신 체제하의 한국의 상황에 대해서 어떤 생각을 가지고 있었는지 그리고 한일관계를 어떻게 인식하고 있었는지 살펴봄으로써 1970년대 한일연대운동이 가능했던 '기회구조opportunity structure'에 대해 논하고자 한다.

1972년 10월 유신체제가 시작되자 이에 반대의사를 표명하는 재야의 운동가와 종교단체를 중심으로 민주화 투쟁이 일어나고 유신정권은 이들을 탄압하기 시작했다. 1973년 8월 국외에서 유신체제를 비판하며 투쟁할 것을 선언한 김대중 납치 사건이 발생한다. 11월에 김지하를 포함한 함석헌 등 15인이 박 정권의 독재를 비판하는 '민주회복을 요구하는 시국선언문'을 발표한다. 12월에는 동아일보 기자들에 의한 '언론자유수호선언' 발표와 언론투쟁, '개헌청원 백만 명 서명운동'이 일어났다.

1974년 1월 8일 '대통령긴급조치' 제1호와 제2호가 잇달아 공포되었고, '개헌청원운동'이 탄압을 받아 지도자인 장준하, 백기완이 체포되었다. 4월에는 '민청학련'을 중심으로 유신 반대운동이 일어났다. '대통령긴급조치' 제4호가 공포되었고 5월 민청학련 사건과 관련하여 34명이 체포되었고 이때 김지하도 체포되어 '민청학련'의 주모자로 군법 회의에 기소된다. 7월 김지하는 대통령 긴급조치 제4호 위반, 국가보안법 위반, 내란선동죄 등으로 사형을 선고받는다.[1] 이즈음 '김지하를 구원하는 국제위원회'가 결성되고 일본의 저명한 작가, 평론가, 종교인을 비롯해 사르트르, 노엄 촘스키 등 해외의 저명한 문인, 학자 등이 서명한 석방 호소문이 발표된다.

1975년 2월 박정희 정권은 유신체제 지지를 요구하는 국민투표를 실시하고, 대통령 긴급조치 위반자 일부를 석방하며 국민의 단결을 호소한다. 이때 형 집행 정지 조치로 김지하는 석방되었지만 정권에 대한 투쟁을 지속한다. 당시 동아일보는 정부의 언론 탄압으로 광고 해약 사

1) 1976년 가을7호,『계간삼천리 해제집1』, p.211.

태를 맞아 광고란을 백지로 발행하고 있었다. 기자가 대량 해고되고, 「신문협회보」는 폐간되었다. 자유언론실천 선언 이후 구속자 석방과 유신헌법 철폐를 요구하는 목소리가 높아졌다. 동아일보에 옥중기와 인혁당 사건 조작 등의 부당성을 호소하는 의견을 게재한 것이 반국가 단체를 찬양·고무하고 북한의 선전 활동에 동조했다는 혐의가 되어 김지하는 다시 연행되어 3월 14일 반공법 제4조 위반을 이유로 재구속된다. 김지하가 공산주의자라는 조작된 자필 진술서가 언론사에 배포되고, 4월 4일 반공법 위반 사건 관계 자료가 배포된다.

국제사회는 지속적으로 김지하 구명 활동을 전개해 박정희 정부에 압력을 가한다. 일본을 포함하여 국제적인 구명운동이 일어나게 된다. 일본인, 재일조선인 문학인들이 단식투쟁을 벌이고 쓰루미 슌스케를 중심으로 '김지하를 돕는 모임'이 결성된다. 그리고 오다 마코토를 중심으로 한 '방한시민연합'이 만들어진다. 일본의 평화운동단체 '베헤렌べ平連'은 김지하 석방요구운동을 전개한다. 민주화 운동을 지원하기 위해 일본에서 아오치 신青地晨, 와다 하루키和田春樹 등의 지식인을 중심으로 한 '한일연대연락회의日韓連帯連絡会議'가 결성된다.[2)]

1974년 4월에 결성된 '한일연대연락회의'는 '일본의 대한정책을 바로잡는 것日本の対韓政策をただす'을 활동의 목적으로 하였다. 일본 정부의 경제원조가 한국에 대한 제2의 경제 침략이며, 일본 기업의 공해 수출, 저임금 수탈, 기생 관광, 재일한국인·조선인에 대한 민족 차별을 고발하고 이들을 시정하는 것을 구체적인 목표로 설정하였다. 김지하가 구속수감되고 민청학련 사건 관련 구속자들이 발생하자 이들의 석방을 요구

2) 1970년대 당시 '한일연대연락회의' 이외에도 한국 문제와 관련해서 일본의 홋카이도, 도쿄, 요코하마, 시즈오카, 나고야, 교토, 오사카, 고베, 히로시마, 오키나와 등에 61개의 시민운동조직이 결성되었다. 青地·和田, 「全国日韓連帯·韓国問題運動体リスト」, 『日韓連帯運動の思想と行動』, 1977, pp.449-451.

하는 집회를 지속적으로 개최하는 등 한국의 민주화 운동과 연대하는 활동을 전개하였다.[3)]

6월 29일 소련 모스크바에서 열린 '아시아·아프리카 작가회의'는 김지하에게 로터스상 특별상을 수여한다. 작가회의는 김지하 석방 요청문을 채택하고 이것을 박정희 정부에 보낸다. 8월 4일 김지하의 '양심 선언'이 일본의 가톨릭 '정의평화협의회'에 의해 도쿄에서 공개되고, 9월 세계의 저명한 신학자들이 김지하의 '양심 선언'에 지지를 보낸다. 신학자들은 김지하를 지지한다는 서명과 함께 결의문을 박정희 정부에 보낸다. 유신체제에 대한 문제제기, 민주화 운동에 대한 부당한 탄압에 저항하는 김지하가 위기에 처할 때마다 국제적 연대 운동이 형성되었고 이들이 국제 여론을 지렛대로 하여 유신 정권에 압박을 가하는 등 한국의 민주화 운동을 측면 지원하는 역할을 하였다.

2. 유신체제와 한일관계

1961년 5월 군사 쿠데타에 의해서 군사정권이 창출된 이래, 1965년 한일 국교정상화 교섭으로 한일협정이 맺어진다. 이어서 박정희 정권과 이케다 정권 간에 경제협력이 맺어진다. 경제협력은 순수한 경제적 동기라기보다는 한국의 반공체제를 강화하는 것이 일본의 안보에 기여한다는 호혜적 관점에서 이루어졌다. 한국정부도 경제협력에서 유리한 조건을 획득하기 위해서 일본의 안전보장에 공헌하고 있음을 강조하였다.[4)]

3) 青地·和田, 「日韓連帯連絡会議結成宣言」, 『日韓連帯運動の思想と行動』, 1977, pp.121-123.

그리고 이러한 협력의 증대는 두 나라의 정치체제에도 영향을 미친다. 일본과의 경제협력은 1960년대 후반부터 1970년대에 걸쳐서 한국의 박정희 정권에게 경제성장의 동력을 제공하였으며 그 실적은 정권의 정통성을 획득하는데 유효하게 작용하였다. 또한 일본의 자민당 정권도 60년대 고도경제성장을 달성함으로 인해 일당우위체제를 굳혀 정치적 안정을 이루는데 성공하게 된다. 한일간의 협력이 성공의 한 요인으로 평가된다.5)

1972년 11월 박정희 정권은 비상계엄령을 선포하고, 대통령 특별선언으로 기존 헌법의 효력을 정지시켰다. 그리고 12월에 유신헌법을 성립시켜 자신을 반영구적 대통령으로 하는 유신 체제를 성립시켰다. 1973년 8월에 일본에 체류하고 있던 야당 신민당의 김대중이 납치되어 한국에 끌려오는 김대중 납치 사건이 발생한다. 야당의 대통령 후보로서 지지를 모으고 있었던 김대중은 유신 체제가 성립된 이후 해외에서 활발한 반정부 활동을 전개하고 있었다. 박 정권은 이러한 활동을 저지하기 위해 납치해서 한국에 끌고 와 김대중은 사실상 연금상태에 놓이게 되었다. 이 사건의 진실을 규명하는 과정에서 한국 주재 일본신문사가 폐쇄되고 특파원이 추방되는 등의 조치가 취해졌다. 일본 정부는 주권 침해행위라고 한국 정부에 항의하면서 한일 관계는 악화되었다. 이를 계기로 한일정기각료회의가 연기되는 등 박정희 정권에 대한 비판이 강해졌다.

1974년 8월 15일 광복절 행사 중 박정희 대통령 저격 사건이 일어나, 육영수 여사가 암살되는 사건이 발생했다. 이 사건의 조사과정에서 문세광이라는 재일한국인, 그리고 이 사건에 사용된 권총이 일본 경찰이 사용하는 것임이 밝혀지면서 한국 정부의 일본 정부에 대한 비판 강도

4) 李・木宮他,『戦後日韓関係史』, 2017, p.100.

5) 李・木宮他,『戦後日韓関係史』, 2017, p.101.

가 높아졌다. 한국 사회에는 반일 감정이 강하게 일기 시작했고 한일관계는 다시 악화되기 시작했다. 사건을 수습하기 위해 일본의 다나카 수상이 직접 육영수 여사의 장례식에 참석하였고, 시이나 에쓰사부로 자민당 부 총재가 특사로 한국에 파견되었다. 이후 1975년 미야자와 키이치 외무상이 한국을 방문하여 상기의 두 사건을 더 이상 정치문제화하지 않기로 의견을 모은다. 한국이 북한과 대치 중인 분단 국가라는 상황이 한일 관계의 악화에 민감하게 작용한 사건이었다. 김대중 납치 사건과 박정희 저격 사건은 이렇게 해서 정치적 결착으로 일단락된다.

이후 1970년대 중반에 이르러서 한일간의 관계는 '한일유착日韓癒着' 이라는 조어가 빈번하게 쓰일 정도로 밀착된다. 특히 정재계 간의 관계에서 70년대의 한일 관계는 이전의 시기와 비교해서 긴밀해졌다. '유착' 이나 '긴밀'해졌다고 할 때는 부패를 동반하고 있다는 부정적 의미로 쓰이는 표현이었다.[6] 정재계는 '한일의원연맹' '한일협력위원회' 등의 조직을 통해서 교류를 긴밀히 해나갔다. 이러한 긴밀한 관계가 형성된 것은 한일 간에 '반공 이데올로기'와 '경제적 이익'의 공유가 가능해진데 있었다. 일본의 ODA를 포함한 막대한 자금이 일본에서 한국으로 들어왔고 이는 다시 한국과 일본의 여당의 정치 자금으로 환류되고 있었다.[7]

3. 일본 지식인들의 한국 민주화운동에 대한 인식

(1) 유신체제 하 민주화 운동에 대한 평가

『계간삼천리』1호에 실린 쓰루미 슌스케鶴見俊輔(철학자, 대중문화연구자)와 김달수金達壽(재일 소설가, 고대사 연구자)의 대담을 보면, 쓰루미 슌

6) 李・木宮他, 『戦後日韓関係史』, 2017, p.116.
7) 李・木宮他, 『戦後日韓関係史』, 2017, p.119.

스케가 김지하를 지원하기 위한 시민운동에 임하며 가지고 있었던 인식을 알 수 있다. 김지하가 투옥되고 일본에 그를 위한 지원 그룹('방한시민연합')이 만들어져서, 이들이 김지하 석방을 위해 한국을 방문한다. 그러나 이들의 한국 입국허가 신청이 거절되어, 쓰루미 슌스케는 마쓰기 노부히코와 함께 한국을 찾는다.

마산의 요양소에 있는 김지하를 만난 쓰루미 슌스케는 원주에 가볼 것을 권유받는다. 원주 방문을 통해서 쓰루미 슌스케는 운동의 성격이 일종의 '생활개선운동'이기도 하며 '언론 자유를 위한 저항', 그리고 '신앙운동'이기도 한 복합적 성격이 있음을 알게 된다. 그리고 '시인'이라는 말, '목사나 신부'라는 말도 사전적 의미는 같을지라도 한국의 상황에서는 일본과 전혀 다른 의미를 내포하고 있다는 것을 깨닫는다. 민주화운동의 지도적 역할을 했던 사람들의 대부분이 기독교 신자들과 카톨릭 신자들이었기 때문이다. 김대중, 지학순, 김추기경 등은 카톨릭 신자였으며, 함석헌, 장준하, 김동길, 문동환, 김관석 등은 개신교 신도였다. 민청학련 사건 관련자들 대부분도 학생 기독교 신자였다.[8] 그는 김지하를 도와야하는 이유가 그가 저명한 시인이기 때문이 아니라 그를 통해서 그 뒤에 있는 억압에 굴하지 않고 투쟁하는 민중 세력을 돕는 것이 된다는 것을 깨닫는다.

그는 체제에 저항하는 한국의 운동가들과 관계를 맺는 '연대'를 통해서, 패전 후 미군 점령이 끝나고 고도 경제 성장을 통해 '괴물'이 되어버린 일본에 안주하려는 '때' 묻은 인식을 씻어내고자 했다.[9] 그는 김지하 구명운동을 통해서 이것이 저명한 시인을 위한 인권 옹호 운동에 그치지 않고 한국의 민주주의를 수호하기 위한 더 큰 목적이 있음을 깨닫

8) 青地·和田, 『日韓連帯の思想と行動』, 1977, pp.305-308.

9) 1975년 봄1호, 『계간삼천리 해제1』, pp.14-18.

고 한일연대운동을 통해서 물질적 풍요에 안주해버린 일본의 민주주의(정치)도 거듭나기를 촉구한 것이다.

『계간삼천리』2호에서 후세 시게요시布施茂芳(교도共同통신사 서울지국장)는 유신 체제의 탄압 하에서 일어난 일련의 민주화 운동들을 보면서 한국의 민주주의가 성장하는 계기가 되고 있다고 평가한다. 유신체제에 반대하는 1974년 4월의 민청학련 사건, 1975년 유신정권의 동아일보 광고 탄압이 일어나자 민주회복운동을 전개하던 사람들의 일부가 동아지원운동, 구독료 선납 운동을 개시하였고, 이 운동은 곧 전국 각지의 국민들에게까지 확산되었다. 민주회복 운동이 하나의 흐름을 형성하기 시작했다. 운동을 추진하기 위한 국민적 조직, 민주회복국민회의 등이 결성되었고, 동아일보 광고 해약에 대해 국민지원운동이 전국에서 일어나기 시작했다. 후세 시게요시는 운동에 대한 유신 정권의 탄압이 오히려 한국 민주주의에 '실천의 장'을 마련해주고 있다고 평가한다. 그는 한국의 민주주의 회복을 위한 운동이 "풍부한 내용"을 가진 것이 되어 가고 있다고 말한다.[10)]

(2) 한일유착구조와 식민지배 반성없는 일본에 대한 비판

히다카 로쿠로日高六郎(사회학자)와 김달수의 대담에서는 박정희 정권 하에서, 그리고 미국의 아시아 전략 속에서 체결된 한일협약, 한일 공조 관계와 한미일 3국의 유착 관계에 대해서 논한다. 김달수는 한일 양국의 유착관계에 대해서 1965년 한일협정 체결 그리고 1970년대 한국의 로비와 일본의 자본과 결탁한 재일조선인 자본가의 진출로 한일 양국의 유착관계가 더욱 복잡해지고 심각해졌다고 지적한다.

10) 1975년 여름2호, 『계간삼천리 해제1』, pp.61-63.

이러한 유착 관계 속에서 김대중 사건은 그와 표리 관계에 있음을 언급한다. 히다카는 1960년대 들어 전환기를 맞이한 일본의 정치, 경제, 사회는 박정희 정권의 탄생과 대응관계에 있다고 설명한다. 그러면서 '록히드 사건'을 한미일 3국의 유착관계 속에서 모호하게 무마하려고 하는 일본 정치에 대해서도 비판한다. 한일 관계의 유착 구조 속에서 '한일협정' 반대운동, '베헤렌' 등의 시민운동이 공산당 등의 혁신정당과 연대하지 못하고 좌절했음을 지적하고 있다. 이와 달리 1970년대 김지하 구명운동은 그러한 1960년대의 일본의 안보반대운동을 거쳐 출현한 일본 '시민'에 의해서 이룩한 성과였다고 평가하고 있다.[11]

마쓰기 노부히코真継伸彦(히메지독쿄姫路獨協 대학교수)는 일본과 한국의 상황을 '천국'과 '지옥'으로 비유한다. 현해탄을 경계로 천국과 지옥으로 나뉘어져있지만 천국을 밑에서 받치고 있는 지옥의 주민에게 천국의 주민이 관심이 없다는 것을 지적한다. 그는 1973년 6월 김지하 석방운동 참석을 위해 한국에 방문했을 때 느꼈던 감상을 말한다. 김지하는 시인이면서 박정희 정권에 맞서서 체포와 고문이라는 극형을 당하면서도 민중운동을 주도하였으며 결코 권력자를 용서하지 않겠다고 한다. 마쓰기는 김지하가 용서할 수 없다고 한 그 권력자에는 일본도 포함되어 있음을 지적하고 임진왜란, 36년의 식민지배, 한일조약 체결 이후의 "경제 수탈"에는 가해자와 피해자라는 일본과 한국의 불가분의 관계가 있음을 언급한다.[12]

와다 하루키和田春樹(역사학자, 도쿄東京대 교수)는 1970년대의 한일관계, 그리고 한국의 민주화 투쟁에 대해서 언급하면서, 억압자와 차별자의 편에 있는 일본과 억압받고 차별받는 존재인 조선인과 한국인이 진

11) 1976년 여름6호, 『계간삼천리 해제1』, pp.176-178.

12) 1975년 봄1호, 『계간삼천리 해제1』, pp.25-26.

정한 화해를 하기 위해서는 마음이 통하는 것이 필요하며 진정한 친구가 되는데 방해가 되는 차별의식을 극복하고 억압구조를 전복시켜야 한다고 말한다. 그러면서 일본인들에게는 36년간의 식민지 지배에 대한 근본적 반성이 결여되어 있다고 지적하고, 1965년부터 일본은 한국에 재진출하고 있고 일본의 힘을 빌려 한국의 공업화를 추진하려는 그 정권과 손을 잡고 있다고 말한다. 그러면서 와다는 일본 정부와 재계가 한국에 재진출하면서 드러낸,한일간의 불행한 과거 역사에 대한 천박한 인식 - 가급적 민족감정을 자극하지 않는 것이 좋다 - 을 비판한다. 김대중이나 김지하가 정부에 저항하는 것은 바로 이러한 한일간의 구조를 바꾸는 것까지 포함하고 있다고 말한다.[13)]

오카베 이쓰코岡部伊都子(수필가)는 1973년 8월 8일 텔레비전에서 '김대중 납치 사건'을 뉴스로 접하며, 씁쓸함, 두려움, 분노를 느꼈다고 한다. 그러면서 혁신 진영 조차 한국을 포기하고, 북쪽을 동경의 눈으로 바라보고 있는 일본사회에 일그러진 의식이 있다고 비판한다. 지금의 혁신 속에는 비혁신성, 비인간성이 두드러지고, 조직이 개인을 짓밟고 있다고 보았다. 여기에서 나아가 남북으로 대립하고 있는 조국을 가지고 있는 재일조선인에 대한 일본사회의 차별과 박해가 지속되고 있음을 지적한다. 이를 통해서 자신 역시 인간적이지 않은 냉혹함을 지니고 있다고 자아성찰하면서 인간성 회복을 주문한다. 그러면서 인간적 의식이 없어진 이유가 침략국가 일본의 인민으로서 '차별과 수탈에 익숙해져버렸기 때문'이라고 말한다. 김지하의 시처럼 일본에 민중 자산으로서 저항시, 저항가가 거의 없는 것도 이 때문이라고 말한다.[14)]

마에다 야스히로前田康博(마이니치每日신문기자)는 1974년 8월 15일 발

13) 1975년 가을3호, 『계간삼천리 해제1』, pp.91-94.

14) 1975년 봄1호, 『계간삼천리 해제1』, pp.22-24.

생한 문세광의 박대통령 저격사건의 처리 과정을 비판한다. 한국에서 대일 비난의 목소리가 거세지고, 반일감정이 일어나자 이 사건을 해결하기 위해 한일국교 정상화의 실무 교섭에 참여했던 한일 정부의 고위급들이 만나게 된다. 이를 통해 두 국가간의 '밀월관계'가 시작되고, '결탁'이 일어나 정권들간의 유착 구조, 의존 구조에서 벗어나지 못하고 있는 모습을 보게 된다. 이래서는 진정한 "서울의 자유"는 찾기 어려우며 이러한 구조를 용인하는 양국 국민 또한 나쁘다고 비판한다.[15)]

마에다는 1975년 한국을 방문했을 때 '김대중 납치사건'과 '박 대통령 저격 사건'이 처리되는 과정을 보면서 한국의 상황과 한일 관계가 정상적이지 않다고 느꼈다. 두 사건 다 일본과 연관되어 있는 매우 충격적인 사건인데, 그 사건의 처리 과정이 명확한 진상규명 없이 해결되어버렸다는 점에서 한일 관계의 비정상성을 지적하고 있다. 이뿐만이 아니라 민주화 운동가인 장준하가 의문의 죽음을 당한 것이나 김지하가 반공법 위반으로 구금되어 있는 것, 또 가난 속에서 상당수 한국인이 일본으로 밀입국하는 숫자가 늘어나고 있는 현실을 지적한다. 그러면서 이 '비정상성'의 원인이 강압과 독재체제, 그리고 분단국가로서 적과 대결하고 있는 상황에 있다고 설명한다.[16)]

요시토메 로주吉留路樹(신문기자·평론가)는 독재 권력을 향한 한국의 민주화 운동에 대해 김지하, 김대중을 비롯한 한국 민중의 지속적인 궐기가 전세계에 공감을 주고 있다고 언급하면서 일본인은 '인도적 견지'에서의 한일연대만으로는 부족하다고 말한다. 박정희 정권 하에서 한국 민중이 겪고 있는 불행은 남북 분단에 기인하는 것이고 분단의 원인은 미소 양국의 분할점령에서 비롯되었고 분할점령의 원인이 일제의 식민

15) 1975년 봄1호, 『계간삼천리 해제1』, pp.27-30.

16) 1975년 겨울4호, 『계간삼천리 해제1』, pp.129-130.

지배에 있었음을 지적하고 있다. 일본정부가 한국정부와 맺은 한일기본 조약이나 한일협력위원회, 의원연맹, 친선협회, 경제협회는 그 유착을 위한 기관이며, 경제협력이나 친선우호도 남한의 특권 그룹과의 부패한 유착에 지나지 않는다고 언급한다. 그리고 일본의 차관 공여가 박 정권을 지원하는 것이며 이것이 한국 민중의 탄압으로 이어지고 있다고 언급하고 있다. 그러면서 일본의 지배권력이 자본 유착의 당사자이기 때문에 변화는 쉽지 않다고 지적하면서 일본이 한국을 위해서 해야 하는 역할에 대해서 오히려 "아무것도 하지 말기 바란다"는 김대중과 "일본인은 일본에 대해 생각하라"는 김지하의 역설적인 당부의 말을 덧붙이고 있다.[17)]

4. '폐색閉塞적' 기회구조 하에서의 한일연대

후세 시게요시는 유신체제 하에서 탄압을 받으면서도 몇몇 지식인의 저항을 시작으로 국민적 조직이 결성되는 등 민주화 운동이 활성화되는 것을 보면서 한국 민주주의가 오히려 발전해갈 토대가 마련되고 있다고 긍정적으로 평가한다. 또한 쓰루미 슌스케는 한국의 민주화 운동과 연대를 통해서 일본의 민주주의를 돌아보는 계기가 되고 있다고 평가한다. 마쓰기 노부히코는 김지하의 저항운동을 통해서 단순히 한국의 유신체제에 대한 문제의식만이 아니라 '권력자'로서 일본을 바라본다. 거기에는 임진왜란, 식민지기, 한일조약체결 이후에까지 이어지고 있는 한국에 대한 일본의 가해의 구도가 있음을 발견한다. 와다 하루키는 김대중의 반정부투쟁이나 김지하의 저항운동의 근저에 억압과 차별의 구조 속에

17) 1977년 여름10호, 『계간삼천리 해제2』, pp.89-90.

있는 한일관계를 근본적으로 바꿔야 하는 필요성이 자리잡고 있다는 통찰을 제시한다.

와다 하루키나 오카베 이쓰코는 일본이 36년간 식민지 지배에 대해 근본적 반성이 결여되어 있는 한 이러한 구조가 쉽게 바뀌지 않을 것이라는데 인식을 같이 한다. 마에다 야스히로는 한국의 민주주의가 비정상적인 상황에 있음을 인지하고 한일관계도 유착구조로 역시 정상적이지 않음을 지적하고 있다. 요시토메 로주는 한국 민주화 운동에 대해서 인도적 견지에서의 연대만으로 부족하고, 일제 식민지배라는 근본적 원인을 인식해야 한다고 말한다. 또한 유신체제와 경제협력 관계를 맺고 있는 일본정부의 지배 권력 역시 자본 유착의 당사자임을 비판하며 이러한 한일관계는 부패한 유착에 지나지 않는다고 지적한다. 한국의 유신 체제의 문제점을 지적하면서 동시에 일본의 정치 역시 문제임을 언급하고 있다.

일본 지식인들의 인식에는 근본적으로 2가지 의식이 자리 잡고 있었다고 볼 수 있다. 하나는 민주주의라는 보편적 사상에 입각한 문제의식이고 다른 하나는 식민지 역사에 대한 속죄 의식에서 비롯된 것이라고 할 수 있다. 전자는 유신 정권에 대한 정당한 문제제기와 언론 자유에 대해서 이를 폭력으로 억압하는 한국 정부에 대한 문제제기였으며, 이에 대응하는 민주화 운동의 정당성, 한국 민주주의의 재발견이었다. 또한 한일 간의 유착적 관계 속에서 한일 간 협력의 결정과정이 민주적 절차가 결여된 투명하지 않은 밀실 소통에 의해서 이루어지고 있다는 문제제기도 포함되어 있었다.

후자의 식민지 역사에 대한 속죄 의식은 『계간삼천리』에 게재된 일본인들의 글에서 종종 보이지만, 당시 일본사회에 있어서 속죄 의식은 보편적이지 않은 것이었다. 당시 재일조선인 문제에 대한 일본사회의 반응은 자극과 반응 사이의 단편적인 것이었다. 김희로 사건에 대해 일본의 매스컴은 처음 인질 사건이 터졌을 때는 민족적 차별을 가한 일본사회를 반성하다가도 그가 구속되어 형이 확정되자 그에 대한 일본사회의 시선은 싸늘하게 식어갔다[18]. 일본사회는 재일조선인에 대해 살인사건과 같은 자극적인 스캔들을 매개로 했을 때만 귀 기울이고 반응했다. 이러한 상황에서 유신 체제 하에서 민주화 운동에 투신한 운동가들에 대해 가해국가 국민으로서 속죄 의식을 갖고 바라본다는 것은 다나카 아키라田中明(아사히朝日저널 기자)의 표현대로 '경敬'의 의식[19] 없이는 할 수 없는 일인 것이다.

『계간삼천리』에서 일본 지식인들은 김지하의 저항 운동을 통해 한국 민주화 운동의 전체를 조망하고 나아가 한국 민주주의의 장래를 희망적으로 예측한다. 또한 김지하 구명 운동을 통해서 한국의 유신 정권의 비민주성을 고발하면서 경제협력을 통해 유신 체제에 협조하고 있는 일본 정부를 비판한다. 나아가 이를 통해서 가해자로서 일제 식민지기 수탈에 대한 반성도 없이 유신 정권과 '유착'을 통해 '제2의 수탈'을 기획하고 한국의 민주주의에 위해를 가하는 일본 정부를 비판하는 깊은 통찰을 제시한다.

1970년대 한일관계는 65년 국교정상화 이래로 경제적으로는 긴밀해졌지만, 시민사회교류는 여전히 제한되어 있는 상황이었다. 권위주의 체제 하에서 반공 이데올로기가 정치 사회 전반에 강한 영향을 미치고 있는 상황에서 특히 일본의 재일조선인총연합회나 좌익세력의 침투 방지를 위해서 일본 시민사회와의 교류가 철저히 제한되는 상황이었다.[20] 김지하 구명 운동을 위해 여기에 적극적으로 가담했던 일본의 시민운동

18) 1976년 여름6호, 『계간삼천리 해제1』, p.178.

19) 1975년 봄1호, 『계간삼천리 해제1』, pp.36-39.

20) 李・木宮他, 『戦後日韓関係史』, 2017, pp.82-83.

가들도 한국으로의 입국이 제한되는 상황이었다.

이러한 한계 상황에서 김지하의 구명운동을 위해 일본의 지식인, 시민운동가들을 비롯한 국제사회의 문학계와 지식인들, 종교인들의 국제적인 연대가 가능했던 것은 당파적 운동이 아닌 시민운동의 본질에 입각한 활동이었기 때문이다. 김지하의 유신 정권에 대한 저항의식을 담은 문학작품을 매개로 하여 간접적으로 경험한 한국 정치체제에 대한 관심과 분노 그리고 동정은 일본을 넘어서 국제 사회의 관심을 불러일으키고 연대에 동참하게 만들었다. 한국의 민주화 운동과 연대하기 위해 조직된 일본의 시민운동은 이데올로기가 아닌 '인권'에 바탕을 둔 한국의 민주주의에 대한 근본적인 문제제기였으며 식민지배에 대한 근본적 반성 없이 유신체제, 권위주의체제와 유착하는 일본 정부에 대한 문제제기였다. '유착'된 한일 관계의 비정상성은 시민 레벨에서 연대를 촉진하는 기폭제가 되었으며 새로운 차원의 한일 관계 구축을 모색하는 계기가 되었다고 할 수 있다.

『계간삼천리』는 일본 내에서 한국의 민주화 운동의 현황을 전달해주는 '중개자'였으며 한일시민운동을 연결하는 '가교'로서의 역할을 하였다. 유신 체제 하에서 민주화 운동과 언론 자유가 제약받고 있는 상황에서 시민 레벨에서 한일 간의 연대를 호소하고 지원했다고 하는 점에서 동 잡지의 의의를 찾을 수 있다.

참고문헌

강성우, 「계간삼천리로 보는 1970년대 한일 시민연대운동」, 『인문사회21』10-4, 2019, pp.353-365.

김영미, 「외교문서를 통해서 본 김대중 납치사건과 한일연대」, 『한국근현대사연구』 58, 2011, pp.214-250.

남기정, 「한일1965년 체제 극복의 구조」, 『일본학보』127, 2021, pp.45-66.
류상영, 안정화, 「재일한인 잡지소재 '김지하 담론'의 정치적 의미」, 『한국문학논총』 42, 2006, pp.419-439.
와다 하루키 외, 『김대중과 한일관계』, 연세대학교출판문화원, 2012.
와카미야 요시부미, 『화해와 내셔널리즘』나남, 2007.
장문석, 「현해탄을 건넌 '타는 목마름'」, 『상허학보』58, 2020, pp.97-162.
한림대학교 일본학연구소, 『계간삼천리 해제집1』, 학고방, 2019.
한림대학교 일본학연구소, 『계간삼천리 해제집2』, 학고방, 2019.
한림대학교 일본학연구소, 『계간삼천리 해제집3』, 학고방, 2019.
青地晨·和田春樹, 『日韓連帯の思想と行動』, 東京:現代評論社, 1977.
李鐘元·木宮正史·磯崎典世·浅羽裕樹, 『戦後日韓関係史』, 有斐閣アルマ, 2017.
「1970년대를 대표하는 한국 문학가 김지하」, 『다음백과』 https://100.daum.net/encyclopedia/view/60XX69700005(2022.01.15.검색)

『계간삼천리』로 보는 조선인 여공

김경옥金慶玉, KIM KyungOk

동경대학(東京大学) 박사, 역사학 전공. 현재 한림대 일본학연구소 HK연구교수. 연구 분야는 근현대일본사, 일본여성사, 일본의 여성노동과 젠더이다. 주요 논문으로는 「근대일본의 노동자와 농민의 공동재산으로서의 무산자탁아소」(2021), 「Factory labor and childcare in wartime Japan (2020), 「일본의 여성노동자의 동원과 보호에 관한 연구-"보호직공"으로 동원된 여성노동자를 중심으로」(2019), 「전시기 일본 여성의 광산노동과 보육-아키타현 하나오카광산을 중심으로」(2019). 주요 저서로는, 『알면 다르게 보이는 일본문화』(공저, 2021), 『제국과 포스트제국을 넘어서』(공저, 2020), 『한일 화해를 위해 애쓴 일본인들』(공저, 2020) 등이 있다.

1. 머리말

『계간삼천리』는 1975년 2월 재일한국·조선인이 스스로 편집인이 되어 재일조선인 문제를 다루기 위해 창간한 계간 잡지이다. 1987년 5월을 끝으로 총 50권이 발행된 이 잡지에는 집필자로서 재일한국·조선인뿐만 아니라, 다수의 일본인도 참가하고 있으며 이들 중 몇몇은 현재도 연구자로서 활발한 활동을 하고 있다. 『계간삼천리』에는 한국과 일본의 정치 분석, 재일조선인에 대한 차별문제, 일상생활, 문화 등 다양한 주제가 논의되고 있지만, 이글에서 살펴보고자 하는 것은 히라바야시 히사에平林久枝[1]가 창간 2년째인 1976년 봄 『계간삼천리』제5호에 쓴 「실을 뽑는 여자들糸を紡いだ女たち」이다.

히라바야시는 식민지기의 재일조선인 여성의 활동에 관심을 기울이고 이를 집중적으로 연구하여 관련된 다수의 논문을 발표했다. 그녀는 「실을 뽑는 여자들」을 통해 식민지 조선의 전라남도 광주의 가네후치방

1) 히라바야시 히사에(平林久枝)는 1932년생으로 재일조선인, 특히 재일조선인 여성을 중심으로 「強制連行と従軍慰安婦」, 日本図書センター, 1992.5: 「わたしを呼ぶ朝鮮」, 社会評論社, 1991.10. 「フェミニズムから見た東アジアの経済発展と宗教」, 1990.10. 「身世打鈴(シンセターリョン): 在日朝鮮女性の半生」, 1981.10 등 다수의 연구논문이 있다. 현재는 사가미하라시(相模原市)에 있는 '在日外国人と共に生きる会'의 국제협력분야에서 재일한국·조선인에 대한 협력과 지원을 담당하고 있다.

적鐘淵紡績[2])과 대구의 가타쿠라片倉 제사[3]), 기타우치北宇智의 제사공장 등 조선과 일본의 제사·방적공장에서 여공으로 일했던 5명의 조선인 여성의 공장노동 경험과 1인의 기시와다岸和田방적 쟁의[4])에 관한 생생한 구술 증언을 적고 있다. 이들은 모두 식민지기에 방적공장 여공의 삶을 시작한 조선인 여성으로서, 구술 증언을 하던 1976년이라는 시점에는 일본에 거주하며 50~60대라는 공통점이 있다. 즉, 현재의 국적(조선적, 한국적, 귀화)은 다르지만, 식민지기에 내지 일본으로 이동하여 전쟁을 경험한 재일한국·조선인이라는 공통점을 가진다.

일제 말기에 일본이 침략전쟁 수행을 위해 실시한 조선인 인력동원은 병력동원, 노무동원, 성동원으로 크게 구별할 수 있다. 그중 일제에 의한 조선인 강제동원과 강제노동에 관련한 국내 연구는 활발하게 진행되었다. 초기에는 조선인 노동력 수탈과 강제노동의 실상을 알리는 연구가 주를 이루었지만, 그 후 노동력의 이동이라는 측면을 통해 조선인 강제동원과 강제노동을 일제의 전시체제와 연결하여 거시적 관점에서 정책과 실태를 규명하고 탐구하는 연구가 진행되고 있다. 이러한 연구는 역

2) 가네후치방적(鐘淵紡績)은 줄임말로 가네보(鐘紡)로 불렸다. 이글에서는 원문의 증언을 실증자료로 존중해 준다는 의미에서 가네보라는 칭호를 그대로 사용한다.

3) 현재는 가타쿠라공업주식회사(片倉工業株式会社)로 메이지기부터 다이쇼기에 걸쳐 일본의 수출품인 견사를 주로 생산한 기업이다. 1939년 유네스코의 세계문화유산이 된 도미오카(富岡)제사장을 합병했다. 대구의 가타쿠라 제사공장은 1919년에 설립된 것이다.

4) 1918년부터 조선인 노동자를 받아들인 기시와다 방적은 1928년 조선인 1478명 중 1253명이 조선인 여성노동자였다. 최초의 쟁의는 1922년에 발생하였고, 조선인은 이때부터 쟁의에 참가하고 있다. 그후 1928년 조선인 여공 100명이, 1929년 200명이 쟁의에 참가하고, 1930년 심야업 폐지에 따른 실질임금 40% 감소에 반발한 일본인과 조선인 노동자 198명이 쟁의에 참가하고 있다. 관련연구로는 金賛汀, 『朝鮮人女工のうた－1930年·岸和田紡績争議』, 岩波新書, 1982가 대표적이다.

사학뿐만 아니라, 경제학, 인류학, 도시사, 일본사 등 다양한 전공의 연구자와 학제적 네트워크 속에서 활발하게 진행되고 있다.[5)]

이글에서 살펴보고자 하는 것은 조선인 여성의 공장노동 경험과 이동이라는 측면의 다양성이다. 실을 뽑는 여성으로서 제사나 방직과 같은 방적공장에서 '여공' 혹은 '공녀'로 불린 조선인 여성은 조선과 일본에서 방적공장이 급증함에 따라 그 수도 급격히 증가했다. 히라바야시가 인용한 5명의 조선인 여성은 식민지 조선에서 내지 일본으로 민족의 경계를 넘어 이동했고, 조선과는 달리 일본에서 계급적, 민족적, 젠더적 차별을 경험하며 전후 한국으로 돌아오지 못하고 일본에 남아 재일조선인으로서 정체성을 형성하게 된다.

이글은 『계간삼천리』제5호 「실을 뽑는 여자들」의 조선인 여성 5인의 구술 증언을 토대로 조선에서 내지 일본으로 이동하게 된 배경, 조선과 일본에서의 공장노동 경험 등 당시를 어떻게 기억하고 있는지, 전후 31년이 지난 1976년이라는 시점에서 그들의 이동과 기억의 다양성에 주목하고자 한다. 일원화될 수 없는 다양한 층위의 이동 과정과 공장노동 경험을 가진 조선인 여성들, 그들은 조선에서 일본으로의 이동, 공장노동과 경험을 어떻게 기억하고 있을까. 그 기억은 전후 일본에서의 재일조선인으로서의 그들의 삶에 적지 않은 영향을 미쳤을 것이다. 식민지기에 겪은 기억은 오늘날에도 현재형으로 진행되고 있다. 그런 의미에서 과거의 문제는 현재의 문제이자 미래의 문제라고도 할 수 있을 것이다.

2. 조선인 여성 5인의 이동 배경

히라바야시는 「실을 뽑는 여자들」에서 6인의 조선인 여성의 증언을

5) 정혜경, 『조선인 경제연행 강제노동Ⅰ: 일본편』, 선인, 2006, pp.15-16.

인용하고 있다. 그들은 식민지 조선의 ①광주 가네후치방적[6], ②대구 가타쿠라 제사와 내지 일본의 기타우치 제사공장, ③도요하시豊橋 제사공장, ④아카시明石 교토京都의 작은 방적공장, ⑤후쿠이현福井県 마루오카丸岡의 동네공장町工場, ⑥기시와다岸和田 방적에서 일한 여성들이다. 이 글에서는 ⑥기시와다岸和田 방적 쟁의 참가 구술 증언을 제외한 5인의 조선인 여성의 이동 배경과 과정을 살펴보고자 한다.

이를 통해 식민지기의 조선인 여성이 처한 현실과 그들의 선택지의 공통점과 차이점에서 강제동원·강제노동의 다양한 상을 살펴볼 수 있을 것이다.

(1) 광주 가네후치鐘淵방적의 이정선 씨

이정선 씨는 현재 나이 50세(1976), 12세부터 50세까지 쉬지 않고 일했다고 한다. 그녀는 우에노에 거주한 지 십 수 년이 지났지만 한 번도 꽃구경을 가본 적이 없다고 자신을 설명한다. 그럴 수밖에 없었던 것이 한창 일할 때 남편과 사별하여, 여자 혼자의 몸으로 자녀 셋을 길러야 했기 때문에 그것은 말로 다 할 수 없는 힘든 일의 연속이었을 것이다. 그녀는 12세(1937)에 조선의 군산에서 미국인이 경영하는 학교에 다니고 있었다. 가정환경은 지주였던 아버지 덕에 생활에 어려움 없이 풍족했고, 그녀는 당시를 행복한 어린 시절로 기억하고 있다. 그러나 아버지가 빚보증을 서는 바람에 가산이 기울어 소학교 5학년이 되었을 무렵에는 학교에 도시락을 가져갈 수도, 월사금(50전)을 낼 수도 없어 학교에서

6) 가네후치방적, 즉 가네보는 1935년 8월 전남 광주 임동에 설립되었다. 설립 당시 설비는 방기38,368추와, 직기1510대를 갖추고 1937년 시점에 조선인 여성노동자는 약 2,700명이었다. 서문석, 「近代的 綿紡織工場의 登場과 技術人力 養成制度의 形成」, 『東洋學』第50輯, 檀國大 東洋學硏究所, 2011.8, p.123.

쫓겨나기도 했다고 한다. 경제적으로 힘들어하는 어머니에게 아무 말도 하지 못한 채, 그녀는 학교에 가는 척 집을 나와서 학교에 안 가고 밖에서 시간을 보내던 어느 날, 길에서 한 남자를 만나게 된다. 그는 "방적에 가면 일도 하고 공부도 시켜주고, 임금도 받는다", "내가 보증인이 되어 줄 테니까 잠자코 집을 나와라"하고 말했다. 이 말을 듣고 12세의 이정선 씨는 "나도 집에 송금할 수 있고 나 자신도 건강하게 공부할 수 있다면 부모님도 기뻐하시겠지" 생각하며 몰래 가출했다.[7]

그녀는 군산에서 지주의 가정에서 태어났지만, 갑작스럽게 가산이 기울면서 경제적 궁핍함에 직면하게 되었을 때 방적공장에서 일하면 돈도 벌고 공부도 시켜준다는 꾀임에 속아 전남 광주의 가네보에서 12세의 어린 나이에 방적 여공으로서 삶을 살게 된 것이다.

(2) 대구 가타쿠라片倉 제사[8]와 내지 일본의 기타우치北宇智 제사공장의 박분이 씨

66세(1976)인 박분이 씨는 14세(1927)에 대구의 가타쿠라 제사공장에 여공으로 들어갔다. 그녀는 꽤 오래된 일이라 잘 기억이 나지 않는다며 자신이 왜 공장에 가게 되었는지 밝히지는 않지만, 어머니가 돌아가셔서 돌봐줄 사람이 없어 공장에서 기숙사 생활을 했다고 한다. 다만, 2년 후인 16세가 되던 1929년 일본의 나라현奈良県 기타우치의 제사공장으로 이동하게 된 경위를 설명한다. 이동하게 된 배경에는 친구 어머니를 통해 "조선의 공장보다 내지 공장 쪽이 사람을 더 귀하게 생각하고, 임금도 좋다"고 들은 이야기가 이동을 선택한 동기였다. 그녀는 일본으로 데려

7) 平林久枝, 「糸を紡いだ女たち」, 『季刊三千里』第5号, 1976.5, pp.97-98.
8) 대구 가타쿠라제사공장은 1919년 설립되었다. 당시 대구에는 가타쿠라 외에도 대구제사공장과 조선생사공장이 있었다.

가는 사례비로 친구 어머니에게 배 운임 등을 포함해 20엔을 지불했다.[9)]

그녀의 이동 배경은 조선보다 더 나은 일자리를 찾아서 자의에 의한 선택에서 출발하고 있다. 친구 어머니라는 중개인이 있었지만, 그 친구 어머니도 먼저 일본으로 건너간 방적 여공이자 경험자로서 소개하고 있고, 박분이 씨의 이동 배경에는 무엇보다 친구와 친구 어머니에 대한 신뢰가 깔려 있었다. 게다가 친구 어머니의 딸 2명도 박분이 씨와 함께 일본으로 건너갔기 때문이다. 그녀는 후에 일본에 도착하여 조선에 있는 자신의 여동생도 공장으로 부르고 있다. 이러한 사례는 앞에서 서술한 광주 가네보처럼 낯선 남자에 의한 중개와는 전혀 다른 지인에 대한 신뢰를 바탕으로 한 선택지였음을 알 수 있다.

(3) 도요하시豊橋 제사공장의 박옥순 씨

요코하마横浜에 거주하는 66세(1976)의 박옥순 씨는 그녀보다 먼저 일본에 건너간 남편을 찾아서 22세(1933)에 갓난아기인 장녀를 업고 일본 요코하마로 건너갔다. 그런데 간신히 도착해 보니 남편은 이미 다른 여자와 함께 살고 있었다. 남편과 새살림을 차린 여자의 구박을 참다못한 그녀는 주변 사람을 통해 도요하시의 제사공장에서 조선인 여자를 모집한다는 이야기를 듣고, 어느 밤 딸을 재워둔 채 몰래 집을 나와 도요하시 제사공장을 찾아가 그곳에서 방적 여공의 삶을 시작했다.[10)]

박옥순 씨는 식민지 조선보다 먼저 근대화를 이룬 일본에 대한 동경으로 혹은 일자리를 찾기 위해 일본으로 이동한 것이 아니다. 일본에서 일하는 남편을 찾아 도일한 것으로 앞의 이정선 씨나 박분이 씨와는 다른 사례이다. 낯선 일본 땅으로 남편을 찾아 나선 그녀의 행동에서 수동

9) 平林久枝, 「糸を紡いだ女たち」, 『季刊三千里』第5号, 1976.5, p.100.
10) 平林久枝, 「糸を紡いだ女たち」, 『季刊三千里』第5号, 1976.5, pp.101-102.

적으로 남편의 그늘 아래에 머물기보다는 적극적 삶의 주체로서 일본으로 건너간 모습을 발견할 수 있다.[11] 그녀는 일본에서 남편의 그늘에서 벗어나 독립된 한 여성으로서 일자리를 찾아 방적공장에서 일하게 된다.

(4) 아카시明石 교토京都의 작은 방적공장의 이순희 씨

59세(1976)인 경상남도 출신의 이순희 씨는 7세 때 이별한 어머니를 찾아 일본에 건너갔다. 18세(1935)가 되던 무렵 어머니가 오사카大阪에서 일한다는 얘기를 듣고 방적공장에서 일할 여공을 모집한다는 방물장사의 감언이설에 속아 어머니를 찾아 일본으로 이동했다. 그러나 그녀가 간 곳은 오사카의 방적공장이 아닌, 시모노세키下関의 유곽이었다. 그녀는 자신도 모르는 채 일본의 유곽으로 팔려 간 것이다. 이후 그녀는 시모노세키의 유곽을 시작으로 오사카, 이치오카市岡, 후세布施, 교토京都 등 일본의 각지를 전전하며 팔려 다니게 된다.[12]

이순희 씨의 사례는 위의 박옥순 씨의 사례처럼 가족을 찾아, 즉 어머니를 찾아 오사카의 방적공장에 가고자 도일한 이동 배경이 있었지만, 실상은 감언이설에 속아 유곽에까지 팔리게 된 조선인 여성의 모습을 볼 수 있다. 이러한 사례는 최근 한일관계의 과거사문제 중 핵심이라 할 수 있는 '일본군 위안부' 할머니들의 증언과도 상통하는 부분이기도 하다.

(5) 후쿠이현福井県 마루오카丸岡의 동네공장町工場의 김수하 씨

부산이 고향인 56세(1976) 김수하 씨는 18세(1938)에 일본에서 일하고 있던 남편과 결혼해서 일본으로 건너갔다고 한다. 경제적으로 힘들지는

11) 홍양희, 「제국 일본의 '여공'이 된 식민지 조선의 여성들: 그 배경을 중심으로」, 『여성과 역사』29, 2018.12, p.277.

12) 平林久枝, 「糸を紡いだ女たち」, 『季刊三千里』第5号, 1976.5, p.102.

않았지만, "여자는 공부할 필요가 없다"고 학교에 보내주지 않아서 교육을 받지 못한 채 결혼하여 후쿠이현의 마루오카에서 결혼생활을 시작하고 있다. 처음에는 그녀의 조선인 남편만 직물공장에서 기계 운전과 정비를 담당하는 일을 했지만, 이후 그녀도 마루오카에 있는 작은 직물공장에 견습생으로 들어가 방적 여공의 삶을 시작하고 있다.[13] 아래의 표1은 조선인 여성 5인의 이동 배경을 간단히 표로 나타낸 것이다.

표1. 조선인 여성 5인의 이동 범위, 시기, 배경

공장/이름	이동 범위	이동 시기	이동 배경
(1) 광주 가네후치鐘淵 방적 /이정선 씨	조선 군산→조선 광주→일본 도쿄	12세(1937), 미혼	경제적 궁핍, 낯선 남자의 꼬임
(2) 대구 가타쿠라片倉 제사와 내지 일본의 기타우치北宇智 제사공장/박분이 씨	조선 대구→일본 기타우치	16세(1929), 미혼	경제적 궁핍, 친구 어머니의 소개
(3) 도요하시豊橋 제사공장 /박옥순 씨	조선→일본 요코하마 →도요하시	22세(1933), 기혼	가족(남편)을 찾아서
(4) 아카시明石교토京都의 작은 방적공장/이순희 씨	조선 경상남도→일본 시모노세키 유곽→오사카→아카시 교토	18세(1935), 미혼	가족(어머니)를 찾아서, 방물장수의 꾀임
(5) 후쿠이현福井県 마루오카丸岡의 동네공장町工場/김수하 씨	조선 부산→일본 후쿠이현 마루오카	18세(1938), 기혼	가족(남편)을 찾아서

이들은 '재일조선인'이라는 한 단어로는 일원화할 수 없는 다양한 이동의 사례를 보여 준다. 경제적 궁핍으로 인해 일자리를 찾아서 혹은 연락이 끊긴 어머니나 남편을 찾아서 등 식민지 조선과 자신이 처한 현실적 이유 안에서 이동하고 있지만, 이동의 과정은 모두 다르다.[14] 꼬임

13) 平林久枝, 「糸を紡いだ女たち」, 『季刊三千里』第5号, 1976.5, p.103.

14) 1930년 8월 오사카시 사회부 조사과 조사보고서는 조선인이 일본에 도래한 이유를 현재보다도 더 나은 직업을 구하기 위해 내지로의 이주를 희망하고 있다고 설명하고 있다. 大阪市社会部調査課, 『なぜ朝鮮人は到来するか』, 1930.8, p.19.

에 빠져서 국내의 방적공장으로 가는 사례도 있지만, 어머니가 계신 오사카 방적공장으로 가는 줄 알고 배를 탔는데 실상은 시모노세키의 유곽으로 팔린 사례도 있으며, 방적공장이라 하더라도 신뢰할 수 있는 친구 어머니, 즉 지인의 소개로 함께 이동한 사례도 있었다. 또한, 남편을 찾아 일본으로 건너갔을 때 이미 다른 여성과 동거하는 것을 보고 일본에서 방적여공의 삶을 선택한 사례도 이동의 다양성의 한 측면이라 할 수 있을 것이다. 위의 표에서 주목되는 것은 1929년 이후 이동이 증가하는 점이다. 이와 관련하여 표2는 식민지기의 조선에서 일본으로의 도항자수를 나타낸 것이다.

표2. 식민지기 조선에서 일본으로의 도항자수(1922~1940)[15]

단위: 인(人)

연도	도항		
	학생	노동자	그 외
1922	3,013	41,038	9,743
1924	3,146	104,361	14,708
1926	4,887	63,979	22,226
1928	6,087	130,838	29,361
1930	6,493	64,148	24,814
1932	6,453	68,949	38,213
1934	8,278	95,007	55,891
1936	12,902	59,807	41,005
1937	17,391	60,997	43,494
1938	21,334	83,658	59,931
1939	31,149	154,972	98,605
1940	36,969	192,203	104,994

출전: 朝鮮総督府, 『朝鮮事情』, 各年版: 朝鮮総督府警務局, 『朝鮮治安状況』, 1922: 『朝鮮警察概要客年版』.

15) 外村大, 『在日朝鮮人社会の歴史学的研究』, 緑陰書房, 2004, p.47에서 작성.

조선총독부는 3·1독립운동 이후 조선의 '불령선인'이 무분별하게 무제한적으로 일본으로 도항하는 것을 저지하기 위해 1919년 4월 15일 '조선인 여행단속에 관한 건'을 공포하였다. 즉, 거주지 관할 경찰서로부터 '여행증명서'를 발급받고 그것을 조선의 최종 출발지 경찰서에 제시해야 하는 것이 의무화되었다. 그러나 이 '여행증명서' 제도는 조선인의 반발로 1922년 12월 철폐되었다.[16] 1923년 취항한 기미가요마루는 제주와 오사카를 잇는 정기 항로로서 개설되어 많은 조선인이 일자리를 찾아 일본으로 건너갔다. 1922년 41,038명이었던 노동자의 수가 1924년에는 두 배가 넘는 104,361명으로 급증한 것에서도 알 수 있듯이 일본정부는 조선인 도일을 억제하기 위해서 1925년부터 조선인에 대한 도항 단속을 시작했다. 1928년에는 '도항증명서'를 만들어 지역 경찰로부터 '도항증명서'를 발급받지 못한 조선인은 도항할 수 없도록 단속을 강화했고,[17] 그 후, 도항증명서를 손에 쥔 조선인들이 줄을 이어 부산항에서 관부연락선을 타고 일본으로 건너갔다. 바로 이들이 재일조선인 1세가 되었다.[18]

3. 조선인 여성 5인의 다양한 공장노동 경험

여기서는 조선인 여성 5인의 공장노동 경험을 살펴보자. 겹겹이 쌓아둔 30~40년 전의 다양한 기억의 단면들을 통해 공장노동의 실상과 조선과 일본의 공장노동 경험의 공통점과 차이점을 엿볼 수 있을 것이다.

16) 김광열, 『한인의 일본이주사 연구, 1910~1940년대』, 논형, 2010, p.82.
17) 外村大, 『在日朝鮮人社会の歴史学的研究』, 緑陰書房, 2004, p.32.
18) 이붕언, 『재일동포 1세, 기억의 저편』, 윤상인 옮김, 동아시아, 2009, p.5.

(1) 광주 가네후치방적의 이정선 씨

군산이 고향인 이정선 씨는 12세라는 비교적 이른 나이에 전라남도 광주의 가네보에서 방적 여공의 삶을 시작했다. 그녀의 표현을 빌리자면 1935년 광주에 설립된 가네보는 대지가 넓어서 한 바퀴 도는 것만으로도 꽤 시간이 걸렸고, 공장과 기숙사[19], 작은 영화상영도 가능한 건물과 매점이 모두 공장 안에 있어서 한번 들어오면 나갈 수 없는 '감옥'과 같은 곳이었다고 한다. 14~15세부터 20세 전후가 대다수였던 가네보의 여공은 모두 3년간의 계약으로 이루어졌고 "그동안은 병에 걸려도 무슨 일이 있어도 그만둘 수 없는" 곳이었다. 공장에서의 일은 1일 12시간 노동으로 아침 6시부터 저녁 6시까지의 주간조와 저녁 6시부터 아침 6시까지 야간조로 나뉘어 1주간씩 교대로 근무하는 시스템이었다. 이정선 씨는 1년 반 동안 가네보의 여공으로 일했지만, 쉰 것은 단 이틀뿐으로 1년 내내 휴일도 없이 화장실도 못 가고 기계 앞을 지켜야만 했다고 한다. 공장에서 쉬는 시간은 유일하게 주간조도 야간조도 12시부터 30분간의 식사 시간만 가능했고 그 30분 동안 5~6분간 식사를 서둘러 마치고, 조금이라도 시간이 있으면 지친 몸을 이끌고 일단 기계 앞으로 돌아와 몸을 뉘고 쉬었다고 한다. 이정선 씨는 이 시기의 공장노동이 너무 힘들어서 병가를 내고 쉬는 사람이 부러울 정도였다고 회상한다.[20]

19) 공장 기숙사라는 공간은 바깥세상과는 단절된 폐쇄적이고 갇힌, 규율적인 공간이라는 이미지가 많다. 그러나 같은 공장에서 같은 일을 하는 동년배가 한 공간에 있기에 가능한 주체적인 면에 주목한 논문도 있다. 기숙사가 가진 단절과 폐쇄성이 아니라, 같은 곳에서 함께 일하는 노동자로서의 연결과 주체적 움직임에 주목한 예라고 할 수 있겠다. 황지영, 「근대 여공들의 스트라이크와 기숙사의 지정학 - 1920~30년대 공장소설을 중심으로」, 『이화어문논집』제52집, 이화어문학회, 2020.12.

아침에 일어나면 바로 공장에 갔습니다. 기숙사에는 목욕탕과 침실뿐, 다다미 6조 정도의 방에 10명이 얇은 이불 하나에 2명이 함께 자는 거죠. 5개의 이불로 방은 꽉 차서 다다미는 아예 보이지도 않아요. 목욕도 사람이 많으니까 시간을 나눠서 했죠. 공장에 들어가면 식사하고 6시까지 일터로 가요. 식사는 보리밥에 멀건 된장국, 거기에 소금에 절인 절임요리가 약간, 히지키처럼 조림이 아주 조금. 절임이라고 해도 날 것 같고, 쓰디 쓴 게 엉망이었어요. 그래도 나는 도시락도 가져갈 수 없는 생활을 했으니까 별로 불만스럽게 생각하지 않았어요. 다른 사람도 마찬가지였겠죠. 반찬은 별도로 조림 등을 팔았지만, 그것을 사서 먹는 사람은 별로 없었어요. 임금을 받은 후 하루나 이틀 정도 가끔 사서 먹는 사람도 있었죠. 매일 그렇게 하면 일한 것이 허사가 돼버릴 테니까요. 반찬이 없어도 참았지요. 조금이라도 더 집에 송금하고 싶었으니까요.[21)]

그녀는 식사를 할 수 있다는 사실에 보리밥에 멀건 된장국만 있는 식사에도 그다지 불만스럽게 생각하지 않고 조금이라도 더 집에 송금하고자 일했다고 한다. 그러나 12세라는 어린 나이에 '감옥'과 같은 세상과 단절된 폐쇄된 공장에서 일이 고되고 힘들수록 집에 대한 그리움은 커져만 갔을 것이다.

(2) 대구 가타쿠라 제사와 내지 일본의 기타우치 제사공장의 박분이 씨

14세에 제사공장에서 일하기 시작한 박분이 씨는 제법 규모가 큰 대구의 가타쿠라 공장에 들어가 기숙사에서 생활하게 된다. 그녀가 한 일은 누에고치에서 실을 뽑는 일로 아침에는 조식 전에 한 시간 정도 일한

20) 平林久枝, 「糸を紡いだ女たち」, 『季刊三千里』第5号, 1976.5, p.98-99.

21) 平林久枝, 「糸を紡いだ女たち」, 『季刊三千里』第5号, 1976.5, p.98.

후 식사를 하고, 오전 7시부터 오후 6시까지, 점심은 30분간, 그 후 온종일 작업대 앞에서 하는 일이었다. 여공의 수가 많은 만큼이나 다양한 연령층이 있었고 그중 가장 어린 여공은 9세였고, 아이를 두고 기숙사에 들어온 기혼여성을 포함해 많은 조선인 여성들이 여공으로 일하고 있었다고 한다.[22] 박분이 씨는 당시의 공장생활을 아래와 같이 회상한다.

> 일은 힘들었지. 점심시간까지는 잠깐도 자리를 비울 수가 없었어. 그래서 아기가 있는 여자는 젖이 부풀어 올라와도 아기에게 젖을 물릴 수 없어 흐르는 젖을 그냥 내버려 두고 일을 했지. 그게 말라서 저고리에 커다랗게 배어서 물들어 있었어. 12시가 되면 공장 문 앞에서 아기를 업고 있는 아이들이 마치 기다리고 있던 것처럼 밀려 들어와서 엄마가 젖을 아기에게 먹이는 거야. 그래도 천천히 아기에게 젖을 주면 자신이 밥 먹을 시간이 없으니까. 돌아보지 않았어. 보기에도 불쌍했지. 실이 끊어지면 혼이 나고, 인간의 삶이 아니었어.[23]

박분이 씨는 16세에 대구에서 일본의 기타우치에 있는 제사공장으로 이동한다. 기타우치 제사공장은 친구 어머니의 소개로 간 곳으로 조선인만 있는 공장이었고, 조선에서 했던 일과 똑같은 일이었기 때문에 능률이 올라 월 최고 67엔까지 벌었다.[24] 그녀는 식비를 빼고 간혹 머릿기름도 사고 남는 돈은 전부 고향집에 송금했다. 그것이 그녀의 유일한 즐거움이었다고 한다.

박분이 씨의 경우, 조선에서의 힘든 공장노동의 경험을 바탕으로 일본에서 동종의 일에 종사함으로써 일의 능률이 올라 조선보다 더 나은

---

22) 平林久枝, 「糸を紡いだ女たち」, 『季刊三千里』第5号, 1976.5, p.100.

23) 平林久枝, 「糸を紡いだ女たち」, 『季刊三千里』第5号, 1976.5, pp.100-101.

24) 조선인 여공은 일본의 방적공장에서 내지 일본여성보다 양질의 값싼 노동력으로 평가받고 있었다.

임금을 받고 조선에 있는 자신의 여동생도 불러들여 함께 일하고 있다. 그녀는 여동생과 함께 대구의 상등급의 논(1단보(300평)에 20엔)을 구입했다. 조선인 여성 5인 중 가장 이른 1929년이라는 시기에 도일한 박분이 씨의 사례는 당시의 많은 조선인이 조선보다 더 나은 일자리를 찾아서 근대화된 일본으로 도일하여 돈을 벌어 돌아오겠다던 바로 그 대표적 사례라 할 수 있을 것이다[25].

(3) 도요하시 제사공장의 박분이 씨

22세에 남편을 찾아 일본 요코하마로 건너온 박옥순 씨는 남편과 새살림을 차린 여자로부터의 구박을 견디다 못해 도요하시 제사공장으로 도망쳐 여공의 삶을 살게 된다. 그녀는 공장에서 고치로부터 생사를 뽑는 일을 했고 그곳은 감독하는 사람도 조선인일 정도로 많은 조선인 여자가 일하고 있었다. 다만 그다지 임금을 받은 적이 없어 정확한 금액을 기억하지 못하고 있지만, 요코하마에 두고 온 딸에게 옷감을 사서 면을 넣고 기워서 보냈던 것은 기억하고 있다. 하지만, 약 1년 후 점차 불경기로 인해 공장의 인원 감축으로 그녀는 해고되어 도요하시에서 더 산속으로 더 추운 지역으로 들어가 역시 제사공장에서 생사를 뽑는 일을 했다. 그러나 그곳에서도 1년 정도 일하다 그만두고, 두고 온 딸이 걱정되어 다시 요코하마로 돌아오게 된다.[26]

(4) 아카시 교토의 작은 방적공장

방물장수에게 속아 일본 각지의 유곽을 전전한 이순희 씨는 이윽고

25) 金賛汀, 方鮮姫, 『風の慟哭:在日朝鮮人女工の生活と歴史』, 田畑書店, 1977, pp.38-39.

26) 平林久枝, 「糸を紡いだ女たち」, 『季刊三千里』第5号, 1976.5, p.102.

후시미에서 아카시의 작은 방적공장으로 이동했다. 그녀가 간 아카시의 공장은 주인이 조선인으로 일본인이 경영하는 방적의 작은 하청공장이었다. 많은 조선인 여자가 일하고 있었지만 일이 익숙해지면 1엔에서 1엔 20~30전도 받았고, 이순희 씨는 익숙하지 않은 공장노동으로 1일 70전에서 75전의 일급을 받았다고 한다. 하지만 그 안에서 식사비로 1일 50전을 제하고, 그 외 필요한 일용품이라도 공장에서 구입하면 손에 남는 액수는 얼마 되지 않아 결국 그녀는 4개월 만에 그곳을 그만둔다. 이후 그녀는 교토의 한 공장에서 소나무를 풀어서 인견을 만드는 일을 했다. 고된 일의 특성상, 처음부터 1엔 20전을 받았다고 한다.[27]

(5) 후쿠이현 마루오카의 동네 공장의 김수하 씨

일본에서 일하는 남편을 따라온 김수하 씨는 후쿠이현의 마루오카에서 여공이 50명 정도로 특히 조선인 여자가 많은 소규모의 동네 공장에 다녔다. 그녀가 다닌 공장은 휘장 마크를 만드는 곳으로 S, M, L과 같은 사이즈를 나타내는 마크나 테이프를 직접 만들었다고 한다. 공장은 낮에는 6시부터 저녁 8시까지, 겨울에는 아침 6시 반부터 저녁 8시까지였고, 일이 바쁜 경우에는 저녁 9시나 10시까지 일요일도 쉬지 않고 일을 했다고 한다.[28] 그녀는 견습생일 때 월 4엔 50전 정도 받았지만, 그 후 15엔 정도를 받았고, 그녀의 남편은 25엔에서 30엔 정도를 받았다. 당시

27) 平林久枝, 「糸を紡いだ女たち」, 『季刊三千里』第5号, 1976.5, p.102.

28) 일본 내지에서 시행된 공장법에서는 여성과 연소자에게 12시간 이상의 노동을 금지하고 있다. 김수하 씨가 일하는 후쿠이현 마루오카의 공장의 사례에서도 알 수 있듯이 공장법은 '노동자 보호입법'이라고 불리웠지만, 이익을 추구하는 자본가의 논리 앞에서 실질적으로는 제대로 지켜지지 않는 곳이 많았다. 이와 관련하여 細井和喜蔵, 『女工哀史』, 改造社, 1925.는 여공의 현실을 알려준 대표적 사료라 할 수 있다.

에 쌀 한 섬이 5엔 80전, 한 되가 12~13전 정도였던 것을 비추어 생각하면 맞벌이로 부부가 함께 일해도 넉넉한 살림을 꾸리기는 힘들었을 것으로 짐작된다. 생산량만큼 임금을 받는 시스템이어서 조선인이라는 이유로 받은 임금 차별은 없었지만, 함께 일한 일본인 여공이 "심술궂었는데, 자기들이 깬 그릇을 조선인 탓으로 돌리기도 하고, 아이들이 장난하는 것을 우리 애들 탓으로 돌리기도 하고", "저 조선인이, 저 조선인이" 하면서 조선인이라는 이유로 늘 받아야만 했던 민족적 차별에 대해 언급했다.[29] 그녀는 자녀가 생기고 나서 기혼여성으로서의 공장노동에 대한 고충도 증언했다.

> 아이가 생기고 나서는 아이를 업고 다녔어. 7시 반 정도, 생산량으로 계산이 되었으니까. 업기도 하고, 학교 들어가기 전의 아이를 데려오는 여자가 많이 있었거든. 지금처럼 보육원이 있었던 것도 아니고, 마루오카는 눈이 많이 내리는 곳이었지만, 공장에 올 때, 집에 불씨는 다 끄고 오니까. 추운 집에서 웅크리고 있는 것보다 엄마 곁이 더 좋은 거지. 공장도 따듯한 것은 아니지만 말이야. 그래서 아이들이 사고가 끊이지를 않았지. 기계 벨트에 휘말려 공중에 매달려 크게 다치기도 하고, 작게 다치는 일은 늘 있었고. 또, 아이들 장난으로 열심히 짜놓은 테이프를 아이들이 가위로 자르기도 하고 말이야. 아침에 일을 시작하면 12시까지 서서 일하면서 아기도 내려놓을 수가 없어. 젖이 흘러서 옷이 젖고, 그것이 다 말라버리지. 등에 업은 아기의 소변으로 등은 젖어 버리고, 그렇게 잔업을 하면 9~10시, 그리고는 눈 녹은 강물로 기저귀를 빨고, 씻고 나면 12시가 넘지. 고향에 있었으면 이런 고생 안 했을 텐데 하면서 캄캄한 강에서 울고는 했어.[30]

29) 平林久枝,「糸を紡いだ女たち」,『季刊三千里』第5号, 1976.5, pp.103~104.
30) 平林久枝,「糸を紡いだ女たち」,『季刊三千里』第5号, 1976.5, pp.103~104.

기혼여성의 공장노동 사례는 대구 가타쿠라 방적공장에서 일한 박분이 씨의 증언에서도 찾아볼 수 있다. 위의 후쿠이현 마루오카 공장의 사례에서도 결혼하여 자녀가 있는 기혼여성이 아이를 등에 업은 채로 온종일 작업대에 서서 일하고 있다. 즉, 내지 일본이나 식민지 조선이나 기혼여성이 일할 수 있는 노동환경이 갖추어져 있지 않은 것을 알 수 있다. 그것은 탁아소의 규정에서 그 이유를 찾아볼 수 있다. 1933년 『아동문제연구』에 의하면 도쿄의 전매국 탁아소의 경우 전체 1200명의 여공 중 대부분은 미혼으로 전매국 탁아소에 아이를 맡기는 여공은 10명밖에 되지 않는다. 이것은 만 3세 이하의 유아는 탁아의 대상으로 하지 않는 탁아소의 규정으로 인해 아이를 탁아소에 맡겨도 거부당하기 때문이다.[31] 젖먹이의 아기를 돌봐줄 사람이 없는 경우, 기혼의 여공은 아기를 등에 업고 작업대 앞에 설 수밖에 없었다. 또한, 대구 가타쿠라 방적공장의 사례처럼 조금 큰 아이가 만 3세 이하의 동생을 업고서 돌보다가 엄마의 점심시간에 맞춰 공장 문 앞에서 기다리고 있었을 것이다.

일본의 공장법(1911년 공포, 1916년 시행, 1923년 개정, 1926년 시행)에서는 만 1세 이하의 유아가 있는 기혼의 여성일 경우에는 1일 2회, 각 30분 이내의 수유시간이 주어졌다. 그러나 조선은 공장법의 적용을 받지 않았기 때문에 수유시간 자체가 존재하지 않았고, 이로 인해 갓난아기를 둔 기혼여성은 점심시간 30분 이내에 수유까지 모두 마쳐야만 했다. 또한, 일본의 공장법에서는 14세 이하의 연소자는 공장노동에 종사하게 할 수 없었다. 그러나 광주의 가네보에서 일한 이정선 씨처럼 12세인데도 불구하고, 꾀임의 대상이 되어 방적공장에서 여공으로 일하는 사례를 조선에서 볼 수 있다.[32]

31) 帝大セツルメント託児部, 「託児所訪問記」, 『児童問題研究』, 第1巻第5号, 1933.11~12合併号, pp.57-58.

김수하 씨는 2차 세계대전이 시작된 후, 공장의 기계가 공출되어 공장이 멈추어 육군 비행장 만드는 일에 불려가서 그곳에서 아이를 업고 돌도 나르고 풀도 뽑았다고 한다. 직물공장에 다니던 그녀의 남편은 소나무 뿌리를 캐러 도야마富山 쪽에 갔고, 그곳에 가지 않으면, 징병을 피할 수 없다고 하여 부득이하게 간 것이었다.

4. 나오며: 다양한 층위의 경험

이상으로 조선인 여성 5인의 방적 여공의 삶을 살펴보았다. '재일조선인'이라는 한 단어에 얼마나 많은 다양성이 있는지 5인이라는 조선인 여공의 삶을 통해서도 가히 짐작하고 남을 것이다. 일원화될 수 없는 다양한 층위의 경험은 기억의 저편에 겹겹이 쌓여 있다. 돈을 벌기 위해, 혹은 가족을 찾아서 처럼 일본으로 건너간 동기를 범주화하는 것은 가능할지 몰라도 이동 과정과 결과는 너무나 다양하여 섣불리 범주화하고 결론짓기는 간단치 않다.

이정선 씨는 아버지 없이 자란 자식들이 일본에서 살면서 기죽는 것이 싫어서 지금까지 자신이 겪은 고생담을 단 한 번도 자녀들에게 말한 적이 없다고 한다. 일본인이 아닌 재일조선인의 삶을 물려주어야 하기에 일본에서 당당하게 살기를 바라는 부모의 마음일 것이다. 그녀는 12세에 겪은 광주 가네보를 '감옥'과 같은 곳으로 표현한다. 어른 키 보다 높은 담장에 둘러싸인 공장에서 어린 그녀는 밖을 내다보는 것조차도 불가능했다. '감옥'과 진배없는 공장에서 탈출하고자 맨홀로 뛰어들

32) 金慶玉, 「戦時期における女性の工場労働と保育一女工と銃後女子勤労要因を中心に」, 『年報地域文化研究』第21号, 2018, pp.70-72.

어 흐르는 하수물에 익사한 사람도 있었다고 한다. 이정선 씨가 가네보 공장에 들어간 후, 처음으로 바깥세상을 보게 된 것은 1937년 12월 남경 함락 제등행렬이 열렸을 때였다. 가네보 측은 이 행렬에서 북을 치는 역할을 담당하여 처음으로 모두를 제등행렬에 참가시켰다. 공장 측에서는 도망자는 반드시 찾아내 엄벌을 주겠다고 겁박하며 많은 호위를 붙였지만, 그날 밤 9명이나 탈출했다고 한다. 자유를 찾아 탈출을 시도한 것이다. 이정선 씨는 여공이 되고 1년 반 후에야 공장을 탈출할 수 있었다. 그것은 그녀의 아버지가 공장장 앞으로 보낸 150여 통이나 되는 끈질긴 편지 덕이었다. 그녀는 말한다. "아버지의 간절한 희망으로 나는 1년 반 만에 집으로 돌아왔지요. 돌아올 때, 공장에서 약간의 피륙은 받았지만, 결국 현금은 1전도 받지 못했죠".[33)]

대구에서 일본 기타우치 제사공장으로 이동한 박분이 씨는 여동생과 매입한 고향의 논을 결국 아버지의 병간호를 위해 매각했다. 그녀는 기타우치 제사공장에서 일은 힘들어도 고향에 돈을 송금하는 즐거움으로 열심히 일했다고 한다. 하지만 1929년 뉴욕에서 발생한 세계대공황의 어두운 그림자를 결코 피할 수는 없었다. 수출 저조로 불경기가 계속되면서 생사의 가격 인하로 문을 닫는 공장들이 속출하고 있었다. 박분이 씨가 있었던 제사공장도 예외가 아니어서 그녀는 그곳을 그만두고 요시노吉野의 제사공장과 와카야마和歌山의 제사공장 등으로 옮겼지만 1931년 결혼하면서 공장을 그만두었다.[34)]

도요하시 제사공장에서 일한 박옥순 씨는 요코하마에 두고 온 딸이 그리워 다시 요코하마로 돌아갔다. 1976년 당시 66세인 그녀는 실업대책사업으로 생계를 유지하며, 고향에 있을 무렵, 크리스천이었던 아버지

33) 平林久枝, 「糸を紡いだ女たち」, 『季刊三千里』第5号, 1976.5, p.100.

34) 平林久枝, 「糸を紡いだ女たち」, 『季刊三千里』第5号, 1976.5, p.101.

를 통해 얻은 신앙에 기대어 교회에 가는 것을 유일한 낙으로 삼으며 살고 있다.[35]

방물장수에게 속아서 시모노세키의 유곽으로 팔려간 이순희 씨는 일본 각지의 유곽을 전전하며 이윽고 교토의 작은 방적공장에서 일하게 되었다. 공장 주변의 조선인의 소개로 그녀는 부산에서 도일한 지 5년 만인 23세에 히로시마에 사는 남자와 결혼하게 되었다. 처음에 소개를 받았을 때는 아이가 1명이라고 들었지만, 그녀가 히로시마에 도착해 보니 남자에게는 아이가 5명이나 있었다고 한다. 힘들고 고되지만 13세 연상의 남편의 자상함에 참고 견디며 살았지만, 1945년 8월 6일 히로시마에 투하된 원폭으로 남편과 자신 사이에서 낳은 단 하나의 아이의 목숨을 잃고 그녀 자신도 피폭자가 되고 말았다.[36]

후쿠이현 마루오카의 동네 공장에서 일하던 김수하 씨는 그 후 4명의 자녀가 모두 성인이 되고 1976년 치바에서 남편과 둘이 살고 있다. 해방 후 마루오카에 살고 있던 조선인들은 약 반수가 고향으로 돌아갔고 그 후 북한의 귀국사업이 시작되자, 그 나머지 반이 귀국선에 올라탔다고 한다. 그러나 김수하 씨는 조선적으로 되어 있어 고향인 부산에는 갈 수가 없어 집 근처의 작은 밭에 고향에서 보내온 고추씨를 뿌리며 고향에 대한 그리움을 달래고 있다.[37]

참고문헌

김광열, 『한인의 일본이주사 연구, 1910~1940년대』, 논형, 2010.

35) 平林久枝, 「糸を紡いだ女たち」, 『季刊三千里』第5号, 1976.5, p.102.
36) 平林久枝, 「糸を紡いだ女たち」, 『季刊三千里』第5号, 1976.5, p.103.
37) 平林久枝, 「糸を紡いだ女たち」, 『季刊三千里』第5号, 1976.5, p.104.

서문석, 「近代的 綿紡織工場의 登場과 技術人力 養成制度의 形成」, 『東洋學』第50輯, 檀國大 東洋學研究所, 2011.8.
이붕언, 『재일동포 1세, 기억의 저편』, 윤상인 옮김, 동아시아, 2009.
정혜경, 『조선인 경제연행 강제노동Ⅰ:일본편』, 선인, 2006.
홍양희, 「제국 일본의 '여공'이 된 식민지 조선의 여성들: 그 배경을 중심으로」, 『여성과 역사』29, 2018.12.
황지영, 「근대 여공들의 스트라이크와 기숙사의 지정학－1920~30년대 공장소설을 중심으로」, 『이화어문논집』제52집, 이화어문학회, 2020.12.

金慶玉, 「戦時期における女性の工場労働と保育ー女工と銃後女子勤労要因を中心に」, 『年報地域文化研究』第21号, 2018.
金賛汀, 『朝鮮人女工のうた－1930年·岸和田紡績争議』, 岩波新書, 1982.
金賛汀, 方鮮姫, 『風の慟哭:在日朝鮮人女工の生活と歴史』, 田畑書店, 1977.
大阪市社会部調査課, 『なぜ朝鮮人は到来するか』, 1930.8.
細井和喜蔵, 『女工哀史』, 改造社, 1925.
外村大, 『在日朝鮮人社会の歴史学的研究』, 緑陰書房, 2004.
帝大セツルメント託児部, 「託児所訪問記」, 『児童問題研究』第1巻 第5号, 1933, 11~12合併号.
平林久枝, 「糸を紡いだ女たち」, 『季刊三千里』第5号, 1976.5.

『계간삼천리』와 그 후

『계간삼천리』 사론

사토 노부유키佐藤信行, SATO Nobuyuki

1948년 미야기현 센다이 시 출생. 대학 퇴학 후 1974년부터 자이니치 문학자·연구자가 주재하는 『계간삼천리』 편집부, 1988년부터 재일 대한 기독교회 부속 재일한국인 문제 연구소 『RAIK 통신』 편집장. 2018년 12월 한국 기독교 교회 협의회에서 인권상 수상. 현재, 도쿄 한국 YMCA 이사, 이주자와 연대하는 전국 네트워크 이사, 후쿠시마 이주 여성 지원 네트워크 대표, 외국인 주민 기본법의 제정을 요구하는 전국 그리스도교 연락협의회 사무국 차장, 일한 화해와 평화 플랫폼 사무국장. 주요 논문으로는 「外国人登録法と指紋拒否運動」(小倉利丸他, 『世界のプライバシー権運動と監視社会』(2003), 「韓国で『外国人地方参政権』実現」(田中宏·金敬得編), 『日·韓「共生社会」の展望』(2006), 「移民コミュニティの中の教会ネットワーク」(吉原和男他編), 『人の移動事典』(2013) 외 다수.

1. 『계간삼천리』가 지향한 것

『계간삼천리』는 1975년에 창간되어 1987년에 종간되었다. 『계간삼천리』가 종간된 지 23년째가 되던 해에, 재일한국인 친구의 요청에 따라 『재일코리안 사전在日コリアン辞典』(2010.11)에 나는 다음과 같은 글을 썼다.

'우리는 조선과 일본 사이에 복잡하게 얽힌 실타래를 풀고, 상호 간의 이해와 연대를 도모하기 위한 다리를 하나 놓고자 한다.'

1975년 2월에 창간된 『계간삼천리』의 권두에는 이렇게 적혀 있다. 재일在日 1세인 편집 위원 김달수金達寿(작가), 이철李哲(시인), 김석범金石範(작가), 윤학준尹学準(평론가), 박경식朴慶植(역사가), 이진희李進熙(역사가), 강재언姜在彦(역사가)에 의해 시작된 이 잡지는 1987년 5월에 제50호를 끝으로 종간되기까지, 매호 특집과 함께 편집 위원들의 연재, 젊은 연구자들의 연구 노트나 시론試論 등으로 210~250페이지가 채워져 있었다. 『계간삼천리』에는 젊은 재일 집필자뿐만 아니라, 많은 일본인 문학자, 연구자, 저널리스트가 적극적으로 기고했으며, 연延 1,720명이 집필과 좌담회에 참가했다.

또한 잡지의 발행을 창간에서 종간까지 13년 동안 경제적으로 계속해서 뒷받침한 것이 자이니치 1세 실업가인 서채원徐彩源이다. 제1~50호의 특집 명을 열거하면 다음과 같다.

김지하金芝河/ 조선과 '1975년'朝鮮と「昭和50年」/ 강화도 사건 백년江華島事件百年/ 일본인에게 조선이란日本人にとっての朝鮮/ 현대의 조선

문학現代の朝鮮文学/ 오늘날의 일본과 한국今日の日本と韓国/ 고대의 일본과 조선古代の日本と朝鮮/ 재일조선인在日朝鮮人/ 근대의 조선인 군상近代の朝鮮人群像/ 한국의 민주화 운동韓国の民主化運動/ 일본인과 조선어日本人と朝鮮語/ 재일조선인의 현주소在日朝鮮人の現状/ 조선의 벗이었던 일본인朝鮮の友だった日本人/ 역사 속의 일본과 조선歴史の中の日本と朝鮮/ 8·15와 조선인8·15と朝鮮人/ 조선을 알기 위해서朝鮮を知るために/ 3·1운동 60주년3·1運動60周年/ 재일조선인이란在日朝鮮人とは/ 문화를 통해 본 일본과 조선文化からみた日本と朝鮮/ 재일조선인 문학在日朝鮮人文学/ 근대 일본과 조선近代日本と朝鮮/ '4·19' 20주년과 한국「4·19」20周年と韓国/ 조선·두 개의 36년朝鮮·二つの36年/ 지금 재일조선인은いま在日朝鮮人は/ 조선인관을 생각하다朝鮮人観を考える/ 조선의 통일을 위해서朝鮮の統一のために/ 조선의 민족 운동朝鮮の民族運動/ 재일조선인을 생각하다在日朝鮮人を考える/ 다카마쓰총 고분과 조선高松塚古墳と朝鮮/ 조선의 예능 문화朝鮮の芸能文化/ 15년 전쟁 하의 조선15年戦争下の朝鮮/ 교과서 속의 조선教科書の中の朝鮮/ 동아시아 속의 조선東アジアの中の朝鮮/ 근대 일본의 사상과 조선近代日本の思想と朝鮮/ 오늘날의 재일조선인今日の在日朝鮮人/ 관동 대지진의 시대関東大震災の時代/ 에도 시대의 조선통신사江戸期の朝鮮通信使/ 조선어는 어떤 언어인가朝鮮語とはどんなことばか/ 재일조선인과 외국인 등록법在日朝鮮人と外国人登録法/ 조선의 근대와 갑신정변朝鮮の近代と甲申政変/ 일본의 전후 책임과 아시아日本の戦後責任とアジア/ 재일 외국인과 지문 날인在日外国人と指紋押捺/ 조선 분단 40년朝鮮分断の40年/ 해외 거주 조선인의 현재海外在住朝鮮人の現在/ 또다시 교과서 속의 조선再び教科書の中の朝鮮/ 80년대·재일조선인은 지금80年代·在日朝鮮人はいま/ 식민지 시대의 조선植民地時代の朝鮮/ 전후 초기의 재일조선인戦後初期の在日朝鮮人/ '한일 병합[1]' 전후「日韓併合」前後/ 재일조선인의 현재在日朝鮮人の現在

1) 일본어로 '日韓併合'이라는 표현에는 비판적인 의견이 있기도 하지만 전체적으로 원문에 맞춰서 한일 병합으로 번역했다. 한국 병합도 원문 그대로 번역했다. (역자주)

이것을 일람하기만 해도 이 잡지가 1970년대 후반부터 80년대에 걸쳐 일본과 한국·북한, 한국과 북한의 냉엄한 대립 상황 속에 '자이니치'라는 위치에서 무엇을 지향하려 했는지는 명확하다.

한편, 제8호의 '특집=재일조선인'에 대해 조총련이 『조선신보朝鮮新報』 등을 통해 비난을 퍼부었다. '총련에서 떨어져 나간 변절자 놈들', '놈들은 민족 허무주의와 사대주의를 여기저기 퍼뜨리고 있다'고 비난했다. 이러한 비판은 자주 반복되었지만, 진지한 토론으로도 생산적인 논쟁으로도 이어지지 못했다.

이것을 첫 번째 분기점이라고 한다면, 이 잡지의 두 번째 분기점은 1981년 3월에 있었던 편집 위원 3인(김달수, 강재언, 이진희)의 방한이었다. 창간 시에는 7명의 편집 위원으로 출발했는데, 종간 시에는 4명이 되었다.

그러나 이 잡지는 식민지 시대에 태어나 전후에는 '일본 사회의 차별'과 '조국의 분단'이라는 이중 질곡 하에서 살아야 했던 재일 한국·조선인 1세 지식인들이 '자이니치'로서 전력을 다해 달려 나간 발자취를 남김으로써, 하나의 커다란 기념탑이 되었다.

이상은, 국제고려학회 일본지부 『재일코리안 사전』에 썼던 필자의 글인데, 『계간삼천리』라는 잡지의 약력과 그 의미를 간결하게 객관적으로 쓰려 했다. 물론 독자에 따라서는 이것을 자화자찬의 주관적·독선적인 해설문이라고 간주할 수도 있을 것이다. 그러나 그렇다 해도 일본인인 나는 『계간삼천리』가 재일 한국·조선인에게, 또 일본 사회에 '한 시대의 기념탑'이 되었다고 지금도 확신하고 있다.

2. 편집 실무자가 본 『계간삼천리』

『계간삼천리』 창간 당시의 편집 위원 7명 중, 6명이 이미 세상을 떠났다.

여기에서는 『계간삼천리』의 편집 방침과 편집 작업에 크게 관여한 두 편집 위원, 김달수와 이진희에 대해서 사적 체험담을 섞어 기술하고자 한다.

(1) 재일 문학자 김달수

『계간삼천리』는 매호 1만 부를 발행했으며, '일본어로 된, 일본인을 대상으로 하는 종합 잡지'를 지향했다. 시바 료타로司馬遼太郎 등 저명한 작가에게도, 연구를 이제 막 시작한 대학원생에게도 동일한 원고료를 지불했고, 일반 서점에 책 표지가 보이게 진열되는 것을 목표로 했다. 요컨대, '동인잡지'라는 것, '동인잡지'로 간주되는 것을 거부했다. 그 때문에 재일 한국·조선인 집필자에게는 특히 엄격하게 원고를 다시 쓰게 하거나, 원고를 채용하지 않는 일도 적잖이 있었다.

이러한 편집의 기본 방침을 맨 처음 주장한 이는, 연장자이자 편집 위원회에서 스스로를 '샤포chapeau'라 칭했던 김달수(1920-1997)이다.

1974년9월, 일본의 M신문사 신주쿠 지국이 입주한 잡거빌딩의 한 사무실에 삼천리사를 차린 것도, 편집 경험이 전혀 없는 '일본인'인 나를 편집부에 앉힌 것도, 또, 실질적인 소유주의 이름을 숨기고 창간한 것도, 그때까지 민족 조직에 계속 배반당해 온 재일 작가·김달수의 전략이며 지혜였을 것이다.

물론 1974년에 막 입사한 나는 그러한 사정을 알 수도, 이해할 수도 없어서, 격론이 난무하는 월 1회 편집 회의에서 오직 그저 메모만 했다. 게다가 그 회의록은 내가 귀가한 뒤, 심야에 이르는 2차 편집 회의에서 뒤집히는 일도 종종 있었다. 나는 아직 20대, 편집 위원들도 40대~50대의 혈기 왕성한 시절이었지만, 편집 위원 한 사람 한 사람이 어떤 각오, 어떤 결단을 하고 『계간삼천리』 창간에 참여했던 것은 확실하다.

잡지 종간으로부터 34년이 지난 지금, 『계간삼천리』의 "공죄功罪"를 논한다는 것은 필시 '숨겨진 에피소드'들을 밝혀나가는 것 등을 의미하지는 않을 것이다.

재일 작가·김달수에 대해서는 사후 24년이 지난 지금도 훼예포폄毀譽褒貶이 엇갈린다.

김달수는 자이니치 친구·지인을 평하며 "○○는 위대한 속인이야."라고 자주 말하곤 했는데, 그 말에 모멸적인 감정은 없었고 " … 그러니 어쩔 수 없어."라며 이야기를 이어갔다. 그 말을 그대로 차용하자면, 김달수는 '유례가 드문 문학자'이며, 또한 '틀림없이 위대한 속인'이기도 했다고 할 수 있다. 그렇기에 인간적인 매력을 느끼게 했다.

김달수가 문학자로서 지향하고자 한 위상이, 나에게는 아무리 해도, 에드워드 W. 사이드Edward W. Said가 말하는 '지식인'과 겹쳐지는 것처럼만 여겨진다. 즉, '권력과는 인연이 없는 상태인 채로, 한탄스러운 사상事象의 자초지종을 빠짐없이 간파하는 현장 증인이 되는 것 … . 얼터너티브한 가능성을 엿보게 하는 재원을 철저하게 찾아다니고, 묻혀있는 기록을 발굴하고, 잊힌(또는 폐기된) 역사를 부활시켜야 하는' 지식인으로서(사이드 『지식인의 표상Representations of the Intellectual/知識人とは何か』).

그런 의미에서 젊은 연구자 히로세 요이치廣瀬陽一의 『김달수와 그 시대 – 문학·고대사·국가金達寿とその時代 – 文学·古代史·国家』(2016, 크레인)는 김달수 연구의 도달점이라고도 할 수 있는 역작이자, 걸작이다.

김달수는 '재일조선인 문학'이라는 것의 존재를 문학의 영역을 넘어 널리 일본 사회에서 인정하게끔 하는 데 결정적이라고도 할 수 있는 역할을 해냈다 … . 『일본 속의 조선 문화日本の中の朝鮮文化』 전 12권으로 남겨져 있는 이 방대한 기행문을 읽지 않고는 그의 후반생의 지적 활동, 더 나아가서는 전반생의 문학 활동의 의의도 이해할 수 없다.

그리고 히로세는 이 저술의 마지막에 이렇게 제기한다.

「현해탄玄海灘」에서 「박달의 재판朴達の裁判」으로의 인식론적 전회나, 「귀화인帰化人」이라는 용어로 뒷받침되었던 일본 고대사의 언설 공간에 대한 이의 제기는 그의 지적 활동 속에 '일본과 조선의 관계를 인간적인 것으로 만들기' 위한 바람직한 투쟁 방식의 가능성이 남겨져 있는 것을 나타내고 있다. 그리고 이는 그가 '자이니치'라는 〈자리場〉에서 있었다는 것과 별개로 생각할 수는 없는 것이다. 그가 남긴 과제를 해결하는 길을 찾아내기 위해서는 이것들로 단 한순간 명시되었던 가능성을 재검토하는 일에서부터 시작하지 않으면 안 된다.

김달수가 항상 나를 격려하는 듯 말했던 '삼천리 대학 졸업생'으로서, 나는 『계간삼천리』가 종간된 후에는 오로지 인권 운동 현장에서 활동해 왔는데, 히로세가 말하는 과제를 내 나름대로 생각해 보고자 한다.

나는 감히 이렇게 자문한다. 만약 1975년부터 1987년의 그 시대에 『계간삼천리』라는 잡지가 없었다면, 혹은, 전후 조속히 만들어졌던 『민주 조선民主朝鮮』을 비롯하여, 소설 · 평론 · 기행문 등 방대한 '일본어 작품'을 남긴 김달수라는 문학자에 의한 지적 영위가 만약 없었다면 –, 현재의 '조선과 일본 사이', '조선인과 일본인 사이'에 관한 일본 사회의 논의 양상은 보다 얽히고설킨, 혼돈 상태가 되어 있음에 틀림없다. 우리에게는 지금 『계간삼천리』가 해내지 못했던 것, 김달수가 해내지 못했던 것을 확인하는 일이 요구되고 있는 것은 아닐까.

그러나, 나(우리)를 향한 이 '물음'은 허공에 매달린 채 공전하지 않을 수 없다.

나는 투표라는 것을 한 적이 없다. 하고 싶지 않아서 하지 않았던 게 아니다. 재일조선인인 우리에게는 그런 선거권이 없다. … 우리 재일조선인이 일본 국민이 아니라는 것은 자타가 공히 인정하고 있는 바다. 따라서 그것에 불만은 없지만, 열린 근대 국가인 일본에 정착해 있는 자로서, 선거에 투표도 할 수 없다는 건 무슨 말인가, 라고도 생각하지 않을 수 없다.

김달수가 이렇게 쓴 것은 지금으로부터 40년 이상 전의 일이다.[2] 그러나 외국인 주민의 지방 참정권은, 한국에서는 이미 실현되었지만, 일본에서는 아직도 실현되지 않았다.

심지어 2017년의 중의원 선거 때에 어느 유력 정당에서는 공천 후보자에게 10개 항목의 정책 협정서에 서명하도록 요구했는데, 그 중 1개 항목이 '6. 외국인에 대한 지방 참정권 부여에 반대할 것'이라고 되어 있다. 결국, 입후보자에게 정책의 잘잘못을 따지고 동의를 구하는 것이 아니라, 이데올로기를 선별하는 '도구'로 삼고 있는 것이다. 이는 두려울 정도의 제노포비아이며, 배외주의이다.

(2) 역사학자 이진희

또 한 사람, 『계간삼천리』를 회고하며 역사학자·이진희에 대해 기술하고자 한다. 아래 내용은 2012년에 세상을 떠난 이진희의 추도집(2013)에 기고한 졸문의 발췌이자, 내 이력서이기도 하다.

1972년 대학 투쟁에서 좌절한 나는 많은 친구들이 대학에 복학하고 진로를 바꿔나가는 것을 곁에서 보면서, 다다미 세 장짜리 하숙방에서 김달수와 김석범, 김학영金鶴永의 '자이니치' 문학을 그저 읽었고, 몹시 괴로운 나날을 보내고 있었다. 마침 그 무렵, 도쿄·다카다노바바에서 '서당 사상 강좌寺子屋思想講座'가 열렸는데, 그 강좌들 중 '시민이 만드는 일본 고대사의 사유 방식' 강좌가 시작되었다. 그곳에서 나는 이진희를 만났다.

10명 정도의 수강생 앞에서 열린 '이 선생님'의 주 1회 강의는 일본

2) 『아사히신문』, 1979.10.2.

고대 사학계의 방법론을 날카롭게 따지는 내용이었고, 일본 근대사를 전공하려던 나에게는 더없이 신선하고, 충격적이었다.

그 강의의 수강생 중에는 이 선생님의 출신 대학인 메이지대학 문학부의 학생이 있었다. 그녀는 이 선생님의 후배였지만, 이 선생님의 동료나 은사라고 해야 할 교수들을 규탄하는 '고고학 투쟁 위원회'의 일원이기도 했다.

1973년 여름, 우리는 요코하마의 교회에서 결혼식을 올렸다. 이 선생님은 먼 길을 마다하지 않고 와 주셨고, "축하해."라고 말하며 우리의 손을 꼭 잡아 주셨다. 그 한 마디는 친구들의 격려 이상으로 우리에게 용기를 주었다. 그때 우리는 '일정한 직업'도 가지지 않고 결코 실현되지 않을 '꿈'을 여전히 계속 좇고 있었기에.

1974년 9월, 이 선생님의 강력 추천으로 나는 창간 준비를 막 시작한 『계간삼천리』 편집부에 취직했다. 왜 일본인인 내가, 또 편집 경험도 없는 내가 채용되었는지는 훗날 알게 되었다. 요컨대, 자이니치의 민족 조직과는 전혀 무관한 일본인 청년으로서 채용된 셈이다. 여하튼 그로부터 1987년 5월에 종간될 때까지의 13년여 동안 나는 '이 편집장' 아래에서 수련했다.

이 편집장은 원고 전체를 훑어보았으며, 때로는 집필자에게 '개서改書', '몰서沒書'를 명했다. 그리고 재교정본이 모이면, 신주쿠에 있는 사무소에 머무르며 전부를 체크했다. 『계간삼천리』 창간에 즈음하여 편집 위원회에서 반복해서 확인되었던 사항은, 이 잡지를 동인잡지로 만들지 않는 것, 일본의 사회, 일본의 학계에 문제 제기를 하는 잡지로 만드는 것이다. 그 기본자세를 가장 충실하게 실행하고자 한 이는 이 편집장이었다.

이렇게 이 편집장은 일에 대해서는 엄격했지만, 우리 직원들에게는 다정했다. 다만 '자이니치' 직원에게는 '이랬으면 좋겠다'는 재일 한국

·조선인 1세로서의 마음이 강해서 질책하는 일도 있었다. 그러나 사내에서 유일한 일본인인 나는 예외였다.

『계간삼천리』의 13년 반이 순조로웠던 것은 아니다. 창간 초기에는 발매원이 될 출판사를 찾는 데 난항을 겪었고, 호를 거듭할 때마다 편집 방침을 둘러싸고 편집 위원회에서 격론이 이어졌다. 그런 것들 하나하나에 대해서 속속들이 자세하게 기술해 나간다면, 한 권의 기록 문헌이 될 정도이다. 수습이 불가능한 대립과 격론 속에서 나도 몇 번인가 '그만두고 싶다'고 생각한 적이 있었다. 그럴 때마다 자이니치 2세인 동료가 만류해 주었다.

『계간삼천리』가 50호까지 발행될 수 있었던 것은 사주인 서채원 씨의 힘과, 이 편집장의 열정이 있었기 때문이라고 할 수 있다. 이 편집장이 한편으로는 '연구자'로서의 길을 착실하게 걸으려 하면서도, 동시에 '공동 작업'의 의미와 의의를 이 잡지를 통해서 제시해 나가고 싶다고 강력하게 바라고 있었기 때문이다. 그렇기에 '불 속의 밤을 줍듯火中取栗' 편집장을 계속 떠맡았다.

이 편집장이 제시하고자 했던 '공동 작업'-마이너리티에 의한 이의제기와 사회 참여를 '공동 작업'을 통해 알려 나간다-그 의미와 의의는 지금의 시대에서야말로 요구되고 있을 것이다.

(3) 「삼천리 대학 졸업생」

나의 경우, 『계간삼천리』 시절은 그 후의 내 인생을 결정지어 주었다.

『계간삼천리』가 종간된 후, 나는 '삼천리 대학 졸업생'으로서, 출판계가 아니라 재일 한국·조선인의 인권 획득을 위한 현장으로 들어갔다. 재판 투쟁, 정부 협상, 지자체 협상, 그리스도교 교회를 기반으로 하는 전국 각지 외국인 커뮤니티에서의 학습회와 대학에서의 강의⋯. 그 틈

틈이 2011년 동일본 대지진 때부터는 도호쿠 지방의 피해 지역을 오가며 외국인 이재민 지원을 시작했다.

피해 지역에서는, 일본 각지를 전전하다 도호쿠의 어촌에서 안주할 곳을 얻었지만 쓰나미로 가게도 집도 쓸려가 버린 재일 한국·조선인 고령자나, 1990년대 이후 일본인 남성과 결혼해서 농촌·어촌에 정착해 있던 중국인·한국인·필리핀인 여성들 다수가 가설 주택 등에서 간신히 생활하고 있었다.

매주 시청에서 외국인 이재민 상담 활동을 하는데, 면담은 1명당 2시간, 3시간에 이르는 일도 있었다. 그들·그녀들로부터 일본으로 건너오게 된 경위를 비롯해 그 반생에 대한 이야기를 듣고 있는 동안, 이진희나 김달수 등 자이니치 1세가 기회가 있을 때마다 나에게 말해 주었던 '도일'과 '재일'의 경위와 그 생각을, 나는 어느 샌가 '기준'으로 삼는 일이 종종 있었다. 결국, 지진 피해로 가족을 잃고 생활 기반을 잃은 외국인 이재민의 슬픔에 대해서, 일본인인 나에게는 그 외에 참조할 만한 것이 아무것도 없었기 때문이다.

3. 『계간삼천리』의 역사적·현대적 문맥

(1) 재일 한국·조선인의 현재

구식민지 출신자와 그 자손인 재일 한국·조선인은 이미 5세가 태어나고 있다. 일찍이 식민지를 가지고 있던 구미의 구종주국 사례에서 보듯, 구식민지 출신자인 재일 한국·조선인은 '일본 국민' 혹은 일본 국적과 외국 국적(한국 국적·조선 국적)의 '이중 국적자'와 동등하게 기본적인 권리를 보장받아야 한다. 그러나 외국 국적인 재일 한국·조선인은 전후 76년이 지난 현재에도 하기의 보편적 권리에서 제한 혹은 배제되고 있다.

① 일본에 계속 사는 '영주권'의 부인
② 생활 기반을 가지는 일본에 대한 '재입국권'의 부인
③ 사회 보장을 받을 권리의 제한
④ 연금을 받을 권리의 제한
⑤ 공무원 취임권의 제한
⑥ 지방 자치에 참여할 권리의 부인
⑦ 국제 인권 조약이 정하는 '민족적 마이너리티로서의 권리'. 즉 민족명을 밝힐 권리, 민족교육(모국어·모국 문화 교육)을 받을 권리의 부인

일본 정부는 유엔 자유권 규약 위원회나 인종 차별 철폐 위원회의 일본 심사에서 '국적에 의한 차별은 하고 있지 않다'고 주장하고 있다. 그러나 상기 ①~⑥에 제시되어 있는 바와 같이, 재일 한국·조선인에 대해서 일본 국민과는 다른 '차이에 따른 차별적 취급別異の差別的取り扱い'을 하고 있는 것은 분명하다.

상기 ⑦의 '민족적 마이너리티의 지위와 권리'에 대해서는 일본 국적/이중 국적인 한국·조선인도 그 대상이 된다. 인종 차별 철폐 위원회는 2001년에 총괄 소견에서 '일본의 공립 학교에서 마이너리티 언어에 의한 교육으로의 접근을 확보하도록' 권고했다. 그리고 2010년의 총괄 소견에서는 우려 사항으로서 '아이누 아이들, 또는 다른 민족 집단의 아이들이 자기 언어를 사용한, 또는 자기 언어에 대한 지도를 받을 기회가 충분하지 않은 점', '체약국에 거주하는 외국인, 한국·조선 출신자의 자손 및 중국 출신자의 자손을 위한 학교가 공적 지원, 조성금, 세금 면제에 관해 차별적인 취급을 받고 있는 점'을 지적하고, '마이너리티 집단이 자기 언어를 사용한, 또는 자기 언어의 지도를 받을 충분한 기회를 제공하는 것을 검토하도록' 권고했다.

그러나 일본에서는 재일 한국·조선인의 민족교육을 받을 권리에 대

해 법제도 상으로 명문화하고 있지 않고, 오히려 그 권리를 실질상 저해 또는 제한하는 조치를 취하고 있다. 예를 들어, 일본 정부는 북한과의 외교 문제와 결부시켜서 '고교 무상화 제도'(2010.4), '유아 교육·보육 무상화 제도'(2019.10), '학생 지원 긴급 급부금 제도'(2020.5)에서 조선학교(유치원·고교·대학)를 모조리 배제하고 있다.

2009년 12월 4일, 극우 단체가 교토 조선학교를 습격했다. 그들은 교내에 있던 초등학생 100명을 향해 "조선학교를 쳐부숴라."라고 하는 등 고함을 질렀다.

2016년 1월 31일, 극우 단체의 데모는 재일 한국·조선인이 1930년대부터 집단 거주하고 있는 가와사키 시의 사쿠라모토로 향했다. 200명의 데모대는 '재일 한국·조선인은 새빨간 거짓말쟁이', '돌아가라, 한반도로'라는 문구 등을 쓴 플래카드를 내걸고, "가와사키에 사는 쓰레기, 구더기, 진드기를 몰아내는 데모를 하게 되었습니다.", "한국, 북한은 우리나라의 적국이다. 그런 적국인들에 대해 죽어라, 죽여라라고 하는 것은 당연하다."라는 말들을 외쳐 댔다.

이렇듯 일본에서는 최근 10년간 재일 한국·조선인에 대한 헤이트스피치가 계속되고 있다.

2016년 6월 일본에서는 첫 '반인종차별법'으로서 헤이트스피치 해소법이 시행되었다. 그러나 이 법률은 '헤이트스피치를 허용하지 않는다'고 선언하지만, 금지 규정도 벌칙 규정도 없다. 때문에 헤이트스피치를 외치는 데모 행진, 가두선전, 집회는 지금도 전국 각지에서 이어지고 있으며, 인터넷 상에서의 헤이트스피치는 일본 정부와 한국 정부의 관계 악화로 인해 더욱 급증하고 있다.

2020년 1월 6일, 재일 대한기독교 가와사키 교회가 모체가 되어 설립한 사회복지법인 '세이큐샤青丘社'가 운영하는 다문화 교류 시설 '가와사키시 후레아이관川崎市ふれあい館'에 "근하신년 재일 한국·조선인을

이 세상에서 말살하자. 살아남은 자가 있으면 잔혹하게 죽여 나가자."라고 쓰인 연하장이 배달되었다. 또 2021년 3월 18일, 가와사키시 후레아이관의 관장(자이니치 3세) 앞으로 "조선인 돼지들 근절", "코로나가 들어간 찌꺼기나 먹어라 스스로 죽어라 죽어"라고 14번이나 '죽어라'라는 말을 반복한 문서와 코로나 바이러스가 들어 있을 가능성이 있는 개봉된 과자 봉지가 동봉된 편지가 배달되었다.

이처럼 재일 한국·조선인 단체·개인을 표적으로 하는 헤이트 스피치, 헤이트 크라임이 계속해서 일어나고 있다.

일본 정부는 2016년에 외국인을 대상으로 처음 설문 조사를 실시했다. 그 조사 결과를 정리한 '외국인 주민 조사 보고서'에 따르면, 과거 5년간 임대 아파트 등을 구한 경험이 있는 재일 한국·조선인 중 '외국인이라는 것을 이유로 입주를 거절당한' 사람은 27.2%, '일본인 보증인이 없는 것을 이유로 입주를 거절당한' 사람은 25.8%였다.

게다가 이 5년 동안에 '외국인이라는 것을 이유로 모욕을 당하는 등 차별적인 말을 직접 들은 경험이 있는' 재일 한국·조선인은 29.9%로, 그때의 차별자는 '직장 상사·동료·부하·거래처' 31.1%, '일본인 지인·친구' 30.6%, '동네 주민' 34.7%, '공무원·대중교통기관 직원' 20.1%, '모르는 사람' 38.9%에 달했다.

이 수치들은 이주 노동자나 국제결혼 이주자 등 이민의 피차별 체험 수치보다 낮다. 그러나 일본에서 태어나고 자랐으며 일본어를 모국어로 사용하는 재일 한국·조선인 2세, 3세, 4세에 대한 일본 사회의 '구조화된 차별'의 현실을 보여주는 것이며, 낮은 수치라고는 결코 할 수 없다.

이러한 재일 한국·조선인에 대한 사회적 차별에 대해 국제 인권 기관은 이렇게 우려한다.

> 이주자, 및 체약국에서 태어나서 자라고 교육을 받은 그 자손[재일

한국·조선인이나 이민 2세]이, 주거, 교육, 의료 및 고용의 기회에 대한 제한된 접근을 포함한, 고착화된 사회적 차별에 아직도 직면해 있다.[3)]

요컨대 재일 한국·조선인은 법제도 상 국제인권법에서 규정한 '마이너리티로서의 지위와 권리'를 인정받지 못하고, 더군다나 극도의 '고착화된 사회적 차별'에 노출되어 있다. 바꿔 말하자면, 재일 한국·조선인에 대한 법제도 상의 차별과 사회적 차별의 정도가 심한 기반이 극우 집단의 데마고그에게 '구실'을 제공하고 있는 것이다.

(2) 식민지주의와 인종주의

재일 한국·조선인에 대한 차별적인 법제도는 제2차 세계대전 후의 '전후 민주주의' 속에 이미 배태되어 있었다. 더구나 이것은 일본 국민 중 압도적 다수의 '무관심' 하에서 만들어지고 유지되어 왔다.

2차 대전 전의 일본에 박힌, 코리안에 대한 일본인의 차별과 편견이, 전후에도 '일본 국민' 대 '외국인'이라는 절대적 이분론에 의해 합리화·정당화되고, '일본 국민=일본인'이라는 단일 민족 국가 신화에 의해 보강되어 온 것이다.

재일 한국·조선인은 1세기 이상에 걸쳐 일본 사회에서 생활하고, 지역사회를 구성하는 '주민'으로서 살아 왔지만, 일본 사회에서 주변화되어, 많은 일본인에게는 보이지 않는 존재로 여겨져 왔다. 그것은 '민주주의'를 구가해 온 전후 일본에서 일본인 스스로가 식민지주의, 인종주의와 대치하여 극복해 나가는 작업이 이루어지지 않았다는 것을 나타내고 있다.

1965년, 일본과 한국의 국교가 정상화되고, 재일 한국·조선인에 관한

---

3) 인종 차별 철폐 위원회의 2018년 총괄 소견.

‘재일교포 법적 지위 협정’[4]이 체결되었다. 그러나 그것은 역사책임을 불문에 부쳤으며, 재일 한국·조선인에 대해 ‘영주권’도 ‘민족적 권리’도 인정하는 것이 아니었다. 일본 정부는 당시 이렇게 생각하고 있었다.

> 우리나라에 영주하는 이민족[재일 한국·조선인]이 언제까지나 이민족으로 머무는 것은 일종의 소수 민족으로서 장래에 곤란하고 심각한 사회문제가 된다 … . 피아[한국·조선인과 일본인] 쌍방의 장래에서 생활의 안정과 행복을 위해 귀화하게 하자.[5]

그리고 일본 사회의 여론도 그것을 지지했다.

> 광범위한 내국민 대우를 하게 된다면, 장래에 이 좁은 국토 안에 이상한, 그리고 해결 곤란한 소수 민족을 떠안게 되지는 않을까. 한국 병합이라는 역사도 앞으로 20년, 30년 앞을 생각했을 때, 그것은 대다수 일본인에게 머나먼 과거의 어떤 사실 이상의 것이 아니게 될 것이다.[6]

이렇게 해서 전쟁 이전과 별반 다를 바 없는 일본 정부·일본 사회의 인식 하에서 한일 조약이 체결되었다.

그러한 가운데 재일 한국·조선인 2세, 3세는 자력으로 일본 사회의 민족 차별과 맞서 싸울 수밖에 없었다. 1977년 최고재판소와 투쟁하여 외국 국적(한국 국적)인 채 최초로 변호사가 된 자이니치 2세 김경득金敬得은 2004년 한국 서울에서 열린 심포지엄에서 이렇게 말했다.

4) 원문은 ‘일한 법적 지위 협정’인데 한국에서는 ‘재일교포 법적 지위 협정’으로 많이 알려져서 이 표현으로 사용했다.(역자주)

5) 내각조사실, 『조사월보(調査月報)』, 1965.7.

6) 『아사히신문』, 1965.3.31 사설. 내각조사실 『조사월보(調査月報)』, 1965.7.

재일동포가 일본으로 간 것은 식민지 지배에 기인하고, 일본 정착화는 본국의 남북 분단에 유래한다. 재일동포는 인권과 민족적 존엄을 걸고 일본의 차별에 맞섰고, 본국 국적을 유지한 채로 남북이 통일되기를 바라며 분단 상황을 살아 왔다.[7)]

그들의 그 투쟁은 '해방' 직후부터 시작되어 현재까지 연면히 이어져 온 민족교육을 지키는 투쟁이며, 1970년대부터의 민족 차별 철폐 운동이었다.

지금으로부터 20년 전인 2001년 9월 8일, 남아프리카의 더반에서 열린 유엔 주최 '인종주의, 인종 차별, 배외주의, 및 관련된 불관용에 반대하는 세계 회의'는 과거의 노예 무역·노예제·식민지주의에 대해 첫 역사적 선언과 행동 계획을 채택했다.

> 노예제, 노예 무역, 대서양 횡단 노예 무역, 아파르트헤이트, 식민지주의, 제노사이드가 초래한 대규모적인 인간의 고통과 무수한 남성·여성·어린이들의 곤경을 인정하며, 심히 유감스럽게 생각한다. 관계 각국에 대해 과거 비극에 의한 희생자들의 기억을 존중하고, 그러한 일들이 언제 어디에서 발생하더라도 비난받으며, 재발을 예방하지 않으면 안 된다는 것을 확인하도록 요구한다.

이렇게 세계에 호소한 더반 선언은 우리 일본의 시민 사회와 재일 한국·조선인에게 커다란 격려와 확신을 부여해 주었다.

그러나 일본 정부는 이 20년간, 이 더반 선언 및 행동 계획을 완전히 무시해 왔다. 일본 정부는 지금까지 한국과 북한으로부터 과거의 식민지 지배에 따른 역사적 책임을 계속 추궁 받아 왔지만, '과거 비극에 의한 희생자들의 기억을 존중하여' 성실하게 응하려 하고 있지 않다. 일본 정부는 재일 한국·조선인에 대해서도 마찬가지이다. 즉, 일본 정부는 재

---

7) 김경득, 「재일동포의 국적과 지방 참정권(在日同胞にとって国籍と地方参政権)」 참조.

일 한국·조선인을 '식민지주의의 피해자였고, 지금도 또한 그 귀결에 따른 피해자로 존속하는' 존재로서 인정하고 있지 않는 것이며, 이는 식민지주의를 청산하지 않고 있기 때문이다.

그리고 현대 일본에서 식민지 지배와는 완전히 무관할, 전후에 태어난 일본인. 그 많은 일본인의 재일 한국·조선인에 대한 시선, 또는 한국과 북한의 국가와 그 사람들에 대한 시선은, 과거의 일본인 식민자의 '조선관', '조선인관'과 기저 부분에서 공통성을 가지며, 또한 그것은 '사회 상황의 변화에 따라 끊임없이 새로운 타당성을 부여받고 있는 식민지적 심성'(엘리스 캐시모어Ellis Cashmore)이고, 식민지주의의 잔존이라 할 수 있다.

2001년 더반 선언은 21세기를 살아가는 우리들에게 이전 세기의 '식민지주의'를 과거의 유물로서 봉인하고 망각할 것이 아니라, 상기할 것, 기억할 것, 진실과 마주할 것을 재촉하고 있다. 왜냐하면, '역사의 진실을 말하는 것이 국제적인 화해, 및 정의·평등·연대에 바탕을 둔 사회 창조에 필수 요소이기' 때문이다.

(3) 투쟁을 기록하는 것, 검증하는 것

지금 일본에서 살고 있는 '외국인'은 300만 명, 기타 '외국에 뿌리를 두고 있는 일본국적자'를 포함하면 460만 명 이상이 된다. 일본 사회는 '다민족·다문화·다국적'화가 확실하게 진행되고 있는 한편, 인종 차별/민족 차별이라는 꺼림칙한 현실이 있다.

지금 우리 일본인에게 필요한 것은, 스스로의 윤리, 스스로의 도의라 믿는 것을 포기하는 일 없이, 재일 한국·조선인과 일본인 사이의 '진짜 균열'(한나 아렌트Hannah Arendt)을 직시하는 것이다. 이는 이진희나 김달수 등 자이니치 1세들, 자이니치 2세 친구들과 함께 투쟁하는 가운데 얻은 나의 확신이기도 하다.

우리 일본인의 경우, 1970년대부터 시작된 재일 한국·조선인의 민족 차별 철폐 투쟁, 1980년대 지문 거부 투쟁, 그리고 1990년대 전후 보상을 요구하는 투쟁에 참여한 것은, 일본인 스스로가 편견에서 해방되고, 스스로가 역사를 직시하여 '공통의 기억'으로 삼는, 그런 투쟁이었기 때문이다.

『계간삼천리』는 1970년대부터 80년대에 걸친 그 투쟁의 궤적을, 일본-자이니치-한국·북한이라는 얽히고설킨 시대 상황을 각인하면서 기록하려 했다고 할 수 있을 것이다. 또한, 『계간삼천리』는 이웃 나라 사람들의 풍요로운 문화와 역사를 많은 일본인들에게 알려 나갔을 뿐만 아니라, 일본의 식민지주의를 계속 추궁했다.

『계간삼천리』 종간 후, 특히 2000년을 전후해서 일본-자이니치-한국·북한, 각각의 관계가 반전되고, 바야흐로 각각의 균열이 깊어지고 있는 현재, 이진희나 김달수 등 편집 위원이, 그리고 내가 『계간삼천리』를 통해서 무엇을 지향하려 했는지, 재검증이 필요할 것이다.

『계간삼천리』와 그 시대-를 나는 앞으로도, 매일매일의 운동 현장에서 계속 생각하고자 한다.

참고문헌

『아사히신문』, 1979.10.2.
『아사히신문』, 1965.3.31 사설.
내각조사실, 『조사월보(調査月報)』, 1965.7.

찾아보기

ㅈ

ㅎ

| 집필자 소개 |

감수

서정완 한림대학 일본학연구소 사업단장

제1부

박일 일본 오사카시립대학 교수
도노무라 마사루 일본 도쿄대학 교수
다나카 히로시 일본 도쿄대학 한국학연구센터 특임연구원
안성일 중국 흑룡강대학 교수
김현아 한림대학 일본학연구소 HK연구교수
임성숙 한림대학 일본학연구소 HK연구교수
히다 유이치 고베학생청년센터 이사장

제2부

히로세 요이치 일본학술진흥회 특별연구원 PD
하라 유스케 가나자와대학 부교수
전성곤 한림대학 일본학연구소 HK교수
야마구치 유카 일본 일본학술진흥회 특별연구원(DC1)
사쿠라이 스미레 일본 도쿄대학 박사과정
권연이 한림대학 일본학연구소 HK연구교수
김경옥 한림대학 일본학연구소 HK연구교수
사토 노부유키 일한 화해와 평화플랫폼 사무국장

한림대학교 일본학연구소 일본학자료총서 II

내파하는 국민국가, 가교하는 동아시아

『계간삼천리』 1981

초판 인쇄 2022년 2월 23일
초판 발행 2022년 2월 28일

지 은 이 | 한림대학교일본학연구소
펴 낸 이 | 한림대학교일본학연구소
펴 낸 곳 | 學古房

주 소 | 경기도 고양시 덕양구 통일로 140 삼송테크노밸리 A동 B224
전 화 | (02)353-9908 편집부(02)356-9903
팩 스 | (02)6959-8234
홈페이지 | www.hakgobang.co.kr
전자우편 | hakgobang@naver.com, hakgobang@chol.com
등록번호 | 제311-1994-000001호

ISBN 979-11-6586-439-2 94910
978-89-6071-900-2 (세트)

값 29,000원